MANUAL JURÍDICO DA CONSTRUÇÃO

MARIA MANUEL BUSTO
Jurista

MANUAL JURÍDICO DA CONSTRUÇÃO

Temas Incluídos:
- Novo regime do acesso à Actividade de Construção
- Novo regime da revisão de preços
- Regime da Urbanização e Edificação
- Regime das Empreitadas de Obras Públicas
- Contrato de Empreitada
- Condições de Segurança e Saúde nos Estaleiros Móveis

Inclui:
- Formulários, Minutas e Requerimentos

ALMEDINA

TÍTULO:	MANUAL JURÍDICO DA CONSTRUÇÃO
AUTOR:	MARIA MANUEL BUSTO
EDITOR:	LIVRARIA ALMEDINA – COIMBRA www.almedina.net
LIVRARIAS:	LIVRARIA ALMEDINA ARCO DE ALMEDINA, 15 TELEF. 239 851900 FAX 239 851901 3004-509 COIMBRA – PORTUGAL livraria@almedina.net LIVRARIA ALMEDINA ARRÁBIDA SHOPPING, LOJA 158 PRACETA HENRIQUE MOREIRA AFURADA 4400-475 V. N. GAIA – PORTUGAL arrabida@almedina.net LIVRARIA ALMEDINA – PORTO R. DE CEUTA, 79 TELEF. 22 2059773 FAX 22 2039497 4050-191 PORTO – PORTUGAL porto@almedina.net EDIÇÕES GLOBO, LDA. R. S. FILIPE NERY, 37-A (AO RATO) TELEF. 21 3857619 FAX 21 3844661 1250-225 LISBOA – PORTUGAL globo@almedina.net LIVRARIA ALMEDINA ATRIUM SALDANHA LOJA 71 A 74 PRAÇA DUQUE DE SALDANHA, 1 TELEF. 21 3712690 atrium@almedina.net LIVRARIA ALMEDINA – BRAGA CAMPUS DE GUALTAR UNIVERSIDADE DO MINHO 4700-320 BRAGA TELEF. 25 3678822 braga@almedina.net
EXECUÇÃO GRÁFICA:	G.C. – GRÁFICA DE COIMBRA, LDA. PALHEIRA – ASSAFARGE 3001-453 COIMBRA Email: producao@graficadecoimbra.pt JULHO, 2004
DEPÓSITO LEGAL:	213945/04

Toda a reprodução desta obra, por fotocópia ou outro qualquer processo, sem prévia autorização escrita do Editor, é ilícita e passível de procedimento judicial contra o infractor.

PREFÁCIO

O sector da construção em Portugal – englobando-se aqui as obras públicas e particulares – tem sofrido profundas alterações ao longo dos últimos cinco anos.

Foi publicado o novo regime da **Urbanização e Edificação** e toda a legislação complementar, alterando todos os procedimentos necessários à apresentação e execução de projectos de obras particulares.

No que toca ao sector das obras públicas foi publicado o novo regime jurídico das **empreitadas de obras públicas** e alteradas as regras dos concursos públicos. Recentemente foram publicados os novos Formulários de Concurso-Tipo que alteram todos os procedimentos burocráticos no acesso aos concursos de obras públicas.

Recentemente foi introduzido o novo regime jurídico do acesso à **Actividade de Construção,** o qual define as regras de acesso e permanência na actividade da construção civil e obras públicas, criando um título habilitante único para os empreiteiros de obras públicas e para os industriais da construção civil.

Este conjunto de diplomas legais veio introduzir novas regras e procedimentos, dos quais se pretende nesta obra dar uma visão clara e essencialmente prática.

Com o objectivo de evidenciar os principais aspectos relacionados com a nova actividade de construção apresenta-se um capítulo de **Noções Básicas**, que resume as novas regras que obrigam os profissionais do sector.

Foram introduzidos **Formulários, Minutas e Contratos** como instrumentos de auxílio para todos os profissionais que actuem ou se pretendem lançar no sector da construção e se debatem com o apertado formalismo burocrático que rodeia os projectos de obras.

É este, afinal, o objectivo essencial deste Manual: um trabalho de cariz essencialmente prático, que visa proporcionar o conhecimento, de uma forma simples, da nova realidade da Construção em Portugal.

Janeiro de 2004

A Autora

PLANO DA OBRA

PARTE I – **Noções básicas**

PARTE II – **Legislação**
1. **Acesso à Actividade de Construção e legislação complementar**
2. **Contrato de Empreitada**
3. **Urbanização e Edificação**
4. **Empreitadas de Obras Públicas**
5. **Regime de Revisão de Preços**
6. **Condições de Segurança e Saúde nos Estaleiros Móveis**

PARTE III – **Formulários, Minutas e Requerimentos**
1. **Obras Particulares**
2. **Obras Públicas**
3. **Contrato de empreitada**

ÍNDICE

PARTE I – **Noções básicas – Actividade da Construção** 13

  1. Introdução 15

  2. Definições 16

  3. Condições do exercício da actividade de construção 17

  4. Alvará 17

  5. Habilitações 21

  6. Classificação em empreiteiro geral ou construtor geral 22

  7. Condições de permanência 22

  8. Processamento do pedido de classificação e reclassificação .. 23

  9. Títulos de registo 25

 10. Principais novidades do novo regime face ao anterior Decreto-
-Lei n.º 61/99 de 02/03 26

PARTE II – **Legislação** 33

  1. Acesso à Actividade de Construção e legislação complementar   35

    1.1 Decreto-Lei n.º 12/2004 de 9 de Janeiro – Estabelece o regime jurídico de ingresso e permanência na actividade da construção 35

    1.2 Portaria n.º 14/2004, de 10 de Janeiro – Requisitos e procedimentos para a concessão e revalidação dos títulos de registo   69

    1.3 Portaria n.º 15/2004, de 10 de Janeiro – Estabelece as taxas devidas pelos procedimentos administrativos tendentes à emissão, substituição ou revalidação de alvarás e títulos de registo, à emissão de certidões, bem como pelos demais procedimentos previstos no Decreto-Lei n.º 12/2004, de 9 de Janeiro, relativas à actividade da construção... 73

1.4 Portaria n.º 16/2004, de 10 de Janeiro – Estabelece o quadro mínimo de pessoal das empresas classificadas para o exercício da actividade da construção 77

1.5 Portaria n.º 17/2004, de 10 de Janeiro – Estabelece a correspondência entre as classes das habilitações constantes dos alvarás das empresas de construção e os valores das obras que os seus titulares ficam autorizados a executar 83

1.6 Portaria n.º 18/2004 de 10 de Janeiro – Estabelece quais os documentos comprovativos do preenchimento dos requisitos de ingresso e permanência na actividade da construção 85

1.7 Portaria n.º 19/2004 de 10 de Janeiro – Estabelece as categorias e subcategorias relativas à actividade da construção 89

2. **Contrato de Empreitada** 95

3. **Urbanização e edificação** 103

   Decreto-Lei n.º 555/99 de 16 de Dezembro – Regime jurídico da urbanização e edificação 103

4. **Obras Públicas** 187

   4.1 Regime das empreitadas de obras públicas............................... 187
   Decreto-Lei n.º 59/99, de 2 de Março – Aprova o novo regime jurídico das empreitadas de obras públicas.................... 187

   4.2 Programas de concurso tipo e cadernos de encargos tipo 331
   Portaria n.º 104/2001 de 21 de Fevereiro – Aprova os programas de concurso tipo, os cadernos de encargos tipo, respectivos anexos e memorandos, para serem adoptados nas empreitadas de obras públicas por preço global ou por série de preços e com projectos do dono da obra e nas empreitadas de obras públicas por percentagem. Revoga a Portaria n.º 428/95, de 10 de Maio... 331

   4.3 Publicação dos anúncios de procedimentos........................... 403
   Decreto-Lei n.º 245/2003 de 7 de Outubro – Transpõe para a ordem jurídica nacional a Directiva n.º 2001/78/CE, da Comissão, de 13 de Setembro, alterando os anexos relativos aos modelos dos concursos para os contratos relativos à adjudica-

ção de empreitadas de obras públicas constantes do Decreto-
-Lei n.º 59/99, de 2 de Março, os anexos relativos aos modelos dos concursos para aquisição de bens móveis e serviços
constantes do Decreto-Lei n.º 197/99, de 8 de Junho, e os
anexos relativos aos modelos dos concursos para a celebração de contratos nos sectores da água, energia, transportes e
telecomunicações constantes do Decreto-Lei n.º 223/2001,
de 9 de Agosto 403

5. **Regime de revisão de preços** 409

Decreto-Lei n.º 6/2004 de 6 de Janeiro – Estabelece o regime de
revisão de preços das empreitadas de obras públicas e de obras
particulares e de aquisição de bens e serviços 409

Despacho n.º 1592/2004 (2.ª série), de 23 de Janeiro – Estabelece
novas fórmulas-tipo de revisão de preços para empreitadas postas
a concurso a partir de 1 de Fevereiro de 2004 425

6. **Condições de Segurança e de Saúde nos Estaleiros Móveis** 427

Decreto-Lei n.º 273/2003, de 29 de Outubro 427

PARTE III – **Formulários, Minutas e Requerimentos**

1. **Obras particulares** 461

Termo de responsabilidade do autor do projecto 461
Termo de responsabilidade pela direcção técnica da obra 462
Modelos dos avisos para pedido de autorização para operações
urbanísticas específicas ou promovidas pela Administração Pú-
blica 462
Modelos de alvarás de licenciamento ou autorização de operações
urbanísticas 464
Modelos de aviso a fixar pelo titular de alvará de licenciamento 476
Livro de Obra 484
Elementos estatísticos referentes a operações urbanísticas a serem
remetidas pelas câmaras municipais ao Instituto Nacional de Esta-
tística: 484
– Operações de loteamento com ou sem a realização de obras de
  urbanização 484
– Obras de edificação e de demolição 486
– Utilização de edificação 487
– Trabalhos de remodelação de terrenos 487
– Alteração de utilização 488

Modelo de alvará de licença de utilização relativo aos estabelecimentos que vendem produtos alimentares e de alguns estabelecimentos de comércio não alimentar e de serviços que podem envolver riscos para a saúde e segurança das pessoas............................ 489

2. **Obras Públicas**.. 491
   a) Anexo I   – anúncio de pré-informação;................................ 491
   b) Anexo II   – anúncio de abertura de procedimento;................ 497
   c) Anexo III – anúncio de adjudicação do contrato;................... 505
   d) Anexo IV – concessão de obras públicas;............................ 509
   e) Anexo V   – anúncio de concurso (contrato a adjudicar por um concessionário);.. 512
   f) Anexo VI – anúncio periódico indicativo – sectores especiais (quando não se trate de um apelo à concorrência); 516
   g) Anexo VII – anúncio periódico indicativo – sectores especiais (quando se trate de um apelo à concorrência); 518
   h) Anexo VIII – anúncio de concurso – sectores especiais; 525
   i) Anexo IX – sistema de qualificação – sectores especiais;...... 532
   j) Anexo X   – anúncio de adjudicação do contrato – sectores especiais; 535
   l) Anexo XI – anúncio de concurso de concepção;.................. 541
   m) Anexo XII – resultado do concurso de concepção................... 545

3. **Contrato de empreitada**.. 549

4. **Modelos de alvarás, títulos de registo, minutas e folhas de informação**... 557

5. **Comunicação Prévia de Abertura de Estaleiro** 575

PARTE I
NOÇÕES BÁSICAS

ACTIVIDADE DA CONSTRUÇÃO

1. Introdução

Com a publicação do decreto-lei n.º 12/2004, de 9 de Janeiro foi estabelecido o novo regime jurídico do ingresso e permanência na actividade da construção.

Como principais novidades introduzidas neste diploma destacam-se:

- Criação de um **título habilitante único** que reúne os anteriores certificados de empreiteiro de obras públicas (EOP) e de industrial de construção civil (ICC);
- Redução do número muito alargado de tipos de trabalhos em que as empresas se podem **qualificar**;
- Alargamento a **quadros técnicos** provindos de cursos de aprendizagem e de certificação profissional para as classes de obras de mais baixo valor;
- Maior exigência em matéria de quadros técnicos para as empresas classificadas nas classes mais elevadas e, nomeadamente, **exigência de profissionais** em matéria de segurança e higiene no trabalho;
- Manutenção do regime de **revalidação anual** baseado na declaração fiscal das empresas;
- Introdução de um novo **sistema probatório** para as novas empresas entradas no sistema de qualificação, para cumprimento das condições de habilitação;
- Revisão da tramitação dos **procedimentos**;
- Novas hipóteses de **classificação em empreiteiro geral ou construtor geral**, na perspectiva da responsabilização pela execução de produtos globais, respondendo assim às necessidades que o mercado vem evidenciando;

- Alargamento do conceito actividade de construção como aquela que tem por objecto a **realização de obra,** compreendendo "todo o conjunto de actos necessários à sua concretização".

2. Definições

Estão englobadas no exercício da actividade de construção todas as situações que se encontrem nas seguintes condições:

- **Obra** – todo o trabalho de construção, reconstrução, ampliação, alteração, reparação, conservação, reabilitação, limpeza, restauro e demolição de bens imóveis, bem como qualquer outro trabalho que envolva processo construtivo;
- **Empreiteiro, construtor, ou empresa** – todo o empresário em nome individual ou a sociedade comercial que se encontra habilitado a exercer a actividade da construção;
- **Categoria** – designação que relaciona um conjunto de subcategorias;
- **Subcategoria** – designação de uma obra ou trabalho especializado no âmbito de uma categoria;
- **Subcategorias determinantes** – as que permitem a classificação em empreiteiro geral ou construtor geral;
- **Empreiteiro geral ou construtor geral** – a empresa que, sendo detentora das subcategorias consideradas determinantes, demonstre capacidade de gestão e coordenação para assumir a responsabilidade pela execução de toda a obra;
- **Classe** – escalão de valores das obras que, em cada tipo de trabalhos, as empresas estão autorizadas a executar;
- **Habilitação** – a qualificação em subcategoria de qualquer categoria ou em empreiteiro geral ou construtor geral, numa determinada classe;
- **Título de registo** – documento que habilita a empresa a realizar determinados trabalhos, quando o valor dos mesmos não exceda o limite para o efeito previsto no presente diploma;
- **Alvará** – documento que relaciona todas as habilitações detidas por uma empresa;

- **Declaração de execução de obra** – documento, em modelo próprio, que comprova a realização de uma obra, confirmada por dono de obra, entidade licenciadora ou empresa contratante, conforme o caso.

3. Condições do exercício da actividade de construção

O exercício da actividade da construção depende de **alvará** o qual é concedido pelo IMOPPI, no qual se estabelece os trabalhos que os seus titulares estão habilitados a executar.

Podem obter o alvará:
  – empresários em nome individual; ou
  – sociedades comerciais

que tenham a sua sede em território de qualquer Estado da União Europeia.

O alvará é intransmissível, sendo válido por um período máximo de 12 meses, caducando no dia 31 de Janeiro se não for revalidado.

A revalidação do alvará depende da manutenção dos requisitos que presidiram à sua concessão, ou seja, da verificação cumulativa dos requisitos de:

- Idoneidade;
- Capacidade técnica;
- Capacidade económica e financeira.

4. Alvará

O exercício da actividade da construção depende da atribuição de alvará, o qual é concedido pelo IMOPPI, constituindo título necessário de autorização para o seu titular executar as habilitações nele relacionadas.

O ingresso na actividade de construção depende da verificação cumulativa dos requisitos de idoneidade, capacidade técnica e capacidade económica e financeira, os quais deverão ser comprovados pelos interessados na obtenção do alvará.

Idoneidade

Os requerentes devem provar que possuem idoneidade comercial. A idoneidade comercial é definida no n.º 2 do art. 8.º do Dec.-Lei n.º 12/2004, de 9 de Janeiro.

Entende-se que possuem idoneidade comercial os empresários em nome individual e os representantes legais de sociedades comerciais relativamente aos quais:

- Não tenham sido condenados, por decisão transitada em julgado, em pena de prisão não suspensa pelos crimes previstos nas diferentes alíneas do supra citado n.º 2 do art. 8.º;
- Não tenham sido objecto de proibição legal ou judicial do exercício do comércio e proibição legal, judicial ou administrativa do exercício da actividade da construção, durante o respectivo período de duração;
- Não tenham sido impedidos de celebrar contratos de fornecimentos, obras públicas, empreitadas ou prestações de serviços com o Estado, Regiões Autónomas, institutos públicos, autarquias e instituições particulares de solidariedade social comparticipadas pelo orçamento da segurança social por força do violação das disposições relativas ao trabalho de menores;
- Não tenham sido objecto de três decisões condenatórias definitivas pela prática dolosa de ilícitos de mera ordenação social muito graves, previstos no presente diploma;
- Não tenham sido representante legal de empresa ou empresas de construção que, no exercício das suas funções, no conjunto, tenha ou tenham sido punida ou punidas nos mesmos termos do parágrafo anterior.

Capacidade técnica

A capacidade técnica é aferida segundo os seguintes parâmetros:

- Estrutura organizacional da empresa;
- Meios humanos e técnicos empregues na produção, na gestão de obra e na gestão da segurança, higiene e saúde no trabalho;
- Currículo na actividade.

A estrutura organizacional da empresa é avaliada segundo:

- apreciação do seu organograma, avaliando as funções de direcção, administrativas, de produção e de gestão da obra e de gestão da segurança e da qualidade.

A avaliação dos meios humanos tem em conta:

- o n.º de técnicos na produção e os seus níveis de conhecimento, especialização, experiência profissional na actividade e disponibilidade para o exercício de funções na empresa;
- o n.º de técnicos de segurança, higiene e saúde no trabalho;
- o n.º de encarregados e operários por grupos de remuneração contratual.

As empresas classificadas para o exercício da actividade da construção devem possuir um quadro mínimo de pessoal, definido na Portaria n.º 16/2004, de 10 de Janeiro.

a) Quadro mínimo de pessoal da área da produção

Classes	Engenheiros	Engenheiros técnicos	Encarregados	Operários (*a*)	
				Grupo X do CCT	Grupo XII do CTT
1............	–	1	–	1	1
2............	–	1	–	2	1
3............	–	1	1	3	1
4............	–	1	1	4	2
5............	–	1	2	6	3
6............	1	1	2	8	4
7............	2	2	4	12	6
8............	4	4	6	16	8
9............	6	6	8	24	12

(*a*) Os grupos de remuneração a que se refere este quadro são os previstos no contrato colectivo de trabalho (CCT) em vigor no continente para o sector da construção civil e obras públicas e, com as devidas adaptações, os equivalentes previstos nos instrumentos de regulamentação colectiva aplicáveis nas Regiões Autónomas.

b) Quadro mínimo de técnicos da área da segurança e higiene do trabalho

Classes	TSSHT (CAP nível 5)	TSHT (CAP nível 3)
6	1	–
7	1	1
8	1	2
9	2	2

Capacidade económica e financeira

A capacidade económica e financeira das empresas é avaliada segundo os seguintes parâmetros:
- Valores do capital próprio;
- Volume de negócios global e em obra;
- Equilíbrio financeiro, tendo em conta os indicadores de liquidez geral e autonomia financeira.

a) Indicadores de liquidez geral = (existências + disponibilidades + dívidas de terceiros a curto prazo)/passivo a curto prazo;
b) Indicadores de autonomia financeira = capitais próprios/activo líquido total;
c) Indicadores do grau de cobertura do imobilizado = capitais permanentes (capitais próprios + dívidas a terceiros de médio e longo prazo) /imobilizado líquido.

Os valores de referência destes indicadores têm em conta a evolução dos três últimos exercícios e são calculados através da média desses anos, sendo:

Indicadores	Quartil Inferior	Mediana	Quartil Superior
Liquidez geral (percentagem)	104,26	134,63	234,97
Autonomia financeira (percentagem)	9,72	20,16	33,38
Grau de cobertura do imobilizado (percentagem)	120,45	275,43	1 020,64

5. Habilitações

As habilitações estão agrupadas nas seguintes **categorias**:

1.ª Edifícios e património construído;
2.ª Vias de comunicação, obras de urbanização e outras infra-estruturas;
3.ª Obras hidráulicas;
4.ª Instalações eléctricas e mecânicas;
5.ª Outros trabalhos;

Estas categorias dividem-se em **subcategorias** descritas no art. 1.º da Portaria n.º 19/2004, de 10 de Janeiro.

As habilitações são atribuídas em **classes**, às quais correspondem os valores das obras que os seus titulares ficam autorizados a executar (cfr. Portaria n.º 17/2004, de 10-01).

Classes de habilitações	Valores das obras (em euros)
1	Até 140 000
2	Até 280 000
3	Até 560 000
4	Até 1 120 000
5	Até 2 240 000
6	Até 4 480 000
7	Até 8 400 000
8	Até 14 000 000
9	Acima de 14 000 000

6. Classificação em empreiteiro geral ou construtor geral

A classificação em empreiteiro geral ou construtor geral é concedida com base:

- Na classificação das subcategorias determinantes, podendo, no limite e em função da apreciação que resulte das alíneas seguintes, ser concedida até duas classes acima da classe mais elevada detida naquelas subcategorias;
- Na capacidade de coordenação, avaliada pela experiência profissional detida pelo empresário ou pelos representantes legais da sociedade e pelos seus técnicos em funções de gestão e coordenação de obras;
- No quadro de pessoal exigido para a empresa

Esta classificação habilita o seu titular a subcontratar a execução de trabalhos enquadráveis nas subcategorias necessárias à concretização da obra, sendo responsável pela sua coordenação global.

A classificação em empreiteiro geral ou construtor geral depende da posse cumulativa das subcategorias determinantes, de acordo com o quadro que vem referido no n.º 2 da Portaria n.º 19/2004, de 10 de Janeiro.

As empresas a quem tenham sido concedidas habilitações em classe superior à 1, terão que fazer prova das habilitações anualmente até à quarta revalidação. Este regime não se aplica relativamente às empresas que possuam Alvará há, pelo menos, cinco anos.

7. Condições de permanência

Para além das condições de ingresso existem condições de permanência na actividade, as quais vêm elencadas no art. 18.º do Dec.-Lei n.º 12/2004, de 9 de Janeiro.

O Alvará é revalidado no caso de se verificarem as referidas condições mínimas de permanência e sejam pagas as taxas devidas aos IMOPPI, fixadas na Portaria n.º 15/2004, de 10 de Janeiro.

O pedido de revalidação deve ser apresentado até 31 de Julho de cada ano, referente ao exercício anterior, acompanhado do Balanço e Demonstração de Resultados entregues anualmente ao fisco.

Este prazo é alargado na 31 de Dezembro, mediante o pagamento de uma taxa agravada.

O não cumprimento do pedido de revalidação do Alvará implica o cancelamento das habilitações atribuídas.

As habilitações reclassificadas ou canceladas não podem ser requeridas de novo antes do dia 1 de Agosto seguinte.

A reclassificação não impede o prosseguimento das obras em curso, desde que haja acordo do dono da obra.

O cancelamento das habilitações impede a empresa de finalizar as obras em curso, com excepção das obras enquadráveis em subcategorias não canceladas, com as consequências legais do incumprimento dos contratos de empreitada.

As empresas podem, ainda, ser sujeitas a **reavaliação** nas situações referidas no art. 20.º do Dec-Lei n.º 12/2004, de 9 de Janeiro, com as consequências de manutenção, reclassificação ou cancelamento parcial ou total das habilitações.

8. Processamento do pedido de classificação e reclassificação

Os pedidos de classificação e reclassificação são formulados em **requerimento** dirigido ao presidente do conselho de administração do IMOPPI, acompanhado dos documentos exigíveis nos termos da Portaria n.º 18/2004, de 10 de Janeiro:

a) Cartão de identificação fiscal (NIF) ou cartão de identificação de pessoa colectiva (NIPC), conforme se trate de empresário em nome individual ou de sociedade;

b) Declaração de início de actividade do empresário em nome individual ou certidão de teor do registo comercial da sociedade com todos os registos em vigor;

c) Bilhete de identidade do empresário em nome individual ou dos representantes legais da sociedade;

d) Certificado do registo criminal do empresário em nome individual ou dos representantes legais da sociedade;
e) Declaração de idoneidade comercial do empresário em nome individual ou dos representantes legais da sociedade;
f) Organograma;
g) Ficha curricular do empresário em nome individual ou dos representantes legais da sociedade;
h) Declaração de remunerações, entregue na segurança social, referente ao último mês, à data de entrada do requerimento, com valores que devem cumprir os mínimos estabelecidos no contrato colectivo de trabalho em vigor para o sector.

Quando o envio da declaração tenha sido efectuado em suporte informático (disquete ou Internet), a comprovação deverá ser feita através das folhas de resumo de totais e respectivas listagens do pessoal;

i) Declaração da entidade seguradora, comprovando a posse do seguro de acidentes de trabalho e o número de acidentes de trabalho ocorridos nos últimos três anos;
j) Quadro técnico;
l) Ficha curricular do(s) técnico(s);
m) Bilhete de identidade, NIF e carteira profissional do(s) técnico(s);
n) Vínculo contratual entre técnico e empresa;
o) Relação do equipamento da empresa e correspondentes comprovativos de aquisição, aluguer ou locação financeira, ou, em alternativa, mapa de reintegrações e amortizações;
p) Último balanço e demonstração de resultados, tal como tenham sido apresentados para cumprimento das obrigações fiscais da requerente.

Os **pedidos de novas subcategorias e elevação de classe** são acompanhados dos documentos que sejam necessários à comprovação dos requisitos inerentes ao pedido, excepto os que já anteriormente tenham sido entregues e mantenham validade legal, desde que a requerente declare que a situação comprovada não se alterou.

O **pedido de cancelamento** de todas as habilitações em que a empresa esteja classificada é acompanhado do original do Alvará e de fotocópia da declaração fiscal de cessação de actividade.

9. Títulos de registo

Determinados trabalhos podem ser efectuados sem Alvará, desde que o seu titular seja detentor de um título de registo, nas condições estipuladas na Portaria n.º 14/2004, de 10 de Janeiro e que se resumem basicamente nas seguintes condições:

- os trabalhos não ultrapassarem 10% do limite fixado para a classe 1, e
- estejam enquadrados nas seguintes subcategorias:

   a) Alvenarias, rebocos e assentamento de cantarias;

   b) Estuques, pinturas e outros revestimentos;

   c) Carpintarias;

   d) Trabalhos em perfis não estruturais;

   e) Canalizações e condutas em edifícios;

   f) Instalações sem qualificação específica;

   g) Calcetamentos;

   h) Ajardinamentos;

   i) Instalações eléctricas de utilização de baixa tensão;

   j) Infra-estruturas de telecomunicações;

   l) Sistemas de extinção de incêndios, segurança e detecção;

   m) Armaduras para betão armado;

   n) Cofragens;

   o) Impermeabilizações e isolamentos.

Condições para a emissão de um título de registo:

- os titulares deverão ser empresários em nome individual ou sociedades comerciais com sede em Estado da União Europeia;
- possuir idoneidade comercial (não terem sido punidos por crimes nem afastados do exercício da actividade, nos termos do art. 8.º do Dec-Lei n.º 12/2004, de 9 de Janeiro;
- possuir objecto social ou ramo de actividade adequado às subcategorias.

Procedimento para obter título de registo:

- Deverá ser preenchido o requerimento de modelo oficial dirigido ao presidente do conselho de administração do IMOPPI, devendo ser indicadas as subcategorias pretendidas.
- Documentos a apresentar com o requerimento:

　　c) B.I. do empresário em nome individual ou dos gerentes ou administradores da sociedade;
　　d) Declaração de idoneidade comercial;
　　e) Declaração de Início de Actividade das finanças para o empresário individual ou certidão do Registo Comercial para as sociedades;
　　f) Declaração do seguro de acidentes de trabalho;
　　g) Cartão de identificação fiscal de empresário individual ou cartão de identificação de pessoa colectiva.

Revalidação do título de registo

– O pedido de revalidação é efectuado através de requerimento oficial, dirigido ao presidente do conselho de administração do IMOPPI, no prazo de 60 dias antes do termo da validade do título.

– Documentos a apresentar com o requerimento:

　　a) Certificado do registo criminal;
　　b) Declaração de idoneidade comercial;
　　c) Declaração de Início de actividade ou certidão do Registo Comercial;
　　d) Declaração do seguro de acidentes de trabalho.

10. Principais novidades do novo regime face ao anterior Decreto-Lei n.º 61/99 de 02/03

Introdução

Com a publicação do Decreto-Lei n.º 12/2004, de 9 de Janeiro voltou a estabelecer-se uma cooperação entre o Estado, neste caso o IMOPPI e as Associações ligadas ao sector da construção, nomeadamente a AECOPS e a AICCOPN, cujas competências no âmbito do procedimento de atribuição de Alvará haviam sido atribuídas exclusivamente ao IMOPPI.

Ao abrigo do novo regime as Associações têm competência para receber os dossiers relativos aos pedidos de qualificação, aumento de classe ou classificação em novas categorias, acompanhados de toda a documentação, e em relação aos quais emitem **parecer prévio**.

Posteriormente os dossiers são remetidos ao IMOPPI que se compromete no prazo de 30 dias a dar a classificação. A comissão que aprecia e decide os processos de atribuição reúne uma vez por mês. Estando os dossiers completos, ou seja, com todos os elementos necessários para a atribuição do Alvará e sendo recepcionados 33 dias antes da data de cada reunião são decididos nesta dita reunião.

O novo regime legal

O Decreto-Lei n.º 12/2004, de 9 de Janeiro tem como objectivos essenciais **simplificar** e **responsabilizar**, através:

– maior justiça na actividade

– maior transparência

– maior responsabilização de todos os agentes

– combate aos clandestinos

As empresas devem indicar, juntamente com a denominação social, o n.º de alvará ou do título de registo em todos os contratos, correspondência, documentos contabilísticos, publicações, publicidade e, de um modo geral, em toda a sua actividade externa.

Com a entrada em vigor do novo regime qualquer obra pública ou privada, sujeita a licenciamento municipal, a autorização administrativa, bem como as que estão isentas e dispensadas de licença ou autorização, nos termos dos artigos 6.º e 7.º, do Decreto-Lei n.º 555/99, de 16 de Dezembro, só podem ser executadas por empresários em nome individual ou sociedades comerciais classificadas pelo IMOPPI. Qualquer obra apenas pode ser executada por detentor de Alvará com as habilitações adequadas aos trabalhos a executar.

Os empresários em nome individual ou sociedades comerciais podem ser detentores de Alvará ou de Título de Registo, emitidos pelo IMOPPI.

O exercício da actividade de construção por quem não esteja devidamente habilitado pelo IMOPPI constitui ilícito de mera ordenação social grave, punível por coima, sem prejuízo de outras sanções acessórias em função da gravidade da infracção.

Há, neste novo enquadramento, um acréscimo de exigências ao nível dos quadros técnicos, nomeadamente com a inclusão de técnicos de higiene e segurança no trabalho.

Está em curso a revisão do Regulamento de Segurança e Saúde no Trabalho da Construção, assim como está em curso a revisão do Decreto-Lei n.º 59/99 que consagra o regime das empreitadas de obras públicas.

Está, igualmente, em curso, a criação do *Observatório de Obras* o qual terá por missão fazer o registo, relativo a obras de certa dimensão, do seu valor à partida e valor à chegada, ou seja, apurar-se quais as razões da variação do preço da obra para aferir da responsabilidade da diferença ocorrida no valor final da obra: se foi da parte do dono da obra, do autor do projecto, das condições de execução ou de outras possíveis circunstâncias. Esta medida tem por objectivo criar uma maior responsabilização em todo o processo.

Principais medidas introduzidas pelo Decreto-Lei n.º 12/2004, de 9 de Janeiro:

1. Criação de um título único – Alvará – que reúne os certificados de empreiteiro de obras públicas (EOP) e de industrial da construção civil (ICC);
2. Redução do número de categorias ou tipos de trabalhos;
3. Quadros técnicos com CAP (Certificado de Aptidão Profissional) para as classes mais baixas;
4. Maior exigência nos quadros técnicos para as classes mais elevadas;
5. Extinção, a prazo, do "consultor técnico";
6. Exigências de pessoal em função das classes por grupos de remuneração;
7. Revalidação anual dos Alvarás com base na declaração fiscal;
8. Criação de um regime probatório para as empresas que fazem o pedido pela primeira vez e durante os primeiros 4 anos;
9. Reequacionamento da função empreiteiro/construtor geral;
10. Revisão da tramitação dos procedimentos por encurtamento dos prazos;
11. Títulos de Registo.

Principais aspectos

1. O Alvará reúne os antigos certificados EOP e ICC num título único que vai ter como consequência permitir ao seu titular intervir tanto no mercado das obras públicas como no da construção civil. Esta medida não prejudica os direitos dos seus titulares em termos de classes, uma vez que vai ser tida em conta a classe mais elevada.

2. Quanto à redução do número de trabalhos, passou-se de 76 subcategorias para 55, por força de agregação de tipos de trabalhos com afinidades entre si. Esta medida facilita a progressão das classes menos elevadas, na medida em que existindo menos classes haverá mais facilidade na sua progressão.

3. A aceitação de técnicos com CAP para as classes mais baixas resulta do reconhecimento das aptidões obtidas através dos sistemas de Aprendizagem e de Certificação Profissional e não apenas do sistema formal de ensino ao nível dos bacharelatos e das licenciaturas.
O objectivo foi o de privilegiar os técnicos com formação profissional no sector, tanto mais que é nas classes mais baixas que se insere a maior parte das empresas (80%) inscritas no IMOPPI. Para estas classes não faz sentido exigirem-se condições tão elevadas como as relativas ao ensino superior.
Os técnicos que possuírem um CAP, o qual é obtido no IEFP mediante comprovativo que possuem formação ou experiência profissional no sector, passam a estar habilitados a pedir um Alvará.

4. Para as classe mais elevadas (classes 6, 7, 8 e 9) são formuladas exigências maiores ao nível dos quadros técnicos, nomeadamente em termos de segurança e saúde no trabalho exigindo-se a contratação de técnicos de higiene e segurança no trabalho. A partir de Fevereiro de 2004 as empresas classificadas nestas classes têm um prazo de 2 anos para se redimensionarem e cumprirem estas novas exigências. Esta medida teve em conta a alta sinistralidade de acidentes de trabalho na construção, os quais representam cerca de 49% dos Acidentes de Trabalho no país.

5. Com a medida da extinção da figura do "consultor técnico" cada técnico apenas pode pertencer ao quadro de uma empresa inscrita no

IMOPPI, devendo todas as situações ser regularizadas até 31 de Dezembro de 2005.

6. A nível de mão-de-obra as exigências são feitas em novos moldes, exigindo-se apenas um quadro mínimo de trabalhadores (oficiais e serventes) sem especificação, dado não existirem dados que permitam verificar as qualificações. O controle faz-se por grupos de remuneração.

7. A revalidação do Alvará é automática. O IMOPPI celebrou um acordo de transparência com a Administração Fiscal em que esta transfere para aquele organismo as declarações do imposto sobre o rendimento, agora entregues obrigatoriamente por via electrónica. Destas declarações o IMOPPI retira os indicadores que vão decidir da permanência ou não na classe atribuída. Esta medida conjugada com as obrigações ao nível do quadro técnico é automatizada.

É a partir da transferência electrónica da DGCI das declarações fiscais para o IMOPPI que vai ser possível extrair os dados necessários para se calcular:

– o capital próprio
– o volume de negócios (considerando-se só os negócios em obra)
– equilíbrio financeiro (liquidez geral e autonomia financeira)
– custos com o pessoal

Quanto ao requisito de equilíbrio financeiro verificou-se a inadequação do indicador anteriormente tido em conta – grau de cobertura do imobilizado – por se ter constatado que, na prática, dadas as flutuações nas necessidades das obras e outras razões de ordem prática, não reflectia a real situação das empresas.

Em relação aos indicadores *liquidez geral* e *autonomia financeira* irão ser objecto de discussão por negociação com as entidades representativas e intervenientes no sector, sendo publicados através de portaria para valerem por um ano, para efeitos de revalidação do Alvará.

Quem não possuir aqueles requisitos será desgraduado para a classe 1. Esta medida visa salvaguardar o mercado das concorrências menos saudáveis.

Quanto aos custos com o pessoal fixou-se em 7% do limite da classe imediatamente superior, ou seja, os custos não poderão ultrapassar 7% do volume de negócios.

Nestes termos consegue-se que a revalidação seja automática, podendo os requerentes ser reclassificados, acima ou abaixo do Alvará que detinham ou ser puramente cancelado.

8. Quanto ao regime probatório trata-se de um **período de experiência** para as empresas ainda não registadas e que não possuem, por isso, uma relação de confiança com o IMOPPI. Estas empresas terão de apresentar os dados relativos aos requisitos de idoneidade, capacidade técnica e financeira, sendo a classe obtida reavaliada.

Passado o período de experiência, se as empresas cumprirem os requisitos, permanecem, mas estão submetidas ao regime probatório durante três exercício, até à 4.ª revalidação do Alvará.

Se, no final deste período, as empresas demonstrarem que cumprem os requisitos, serão colocadas nas classes que escolheram. Se tal não acontecer, serão penalizadas, sendo colocadas na classe 1; tratando-se de empresas que pertencem à classe 1, serão, neste caso, desclassificadas.

9. Em relação ao reequacionamento das funções de empreiteiro geral e construtor geral traduziu-se na **fusão das duas figuras**, mantendo-se no entanto as duas designações por uma questão de tradição, já que se trata de exactamente o mesmo para efeitos de classificação e requalificação.

Continua a fazer-se a classificação com base nas subcategorias determinantes, nas duas determinantes e no limite até 2 classes com mais de 2 determinantes. A apreciação tem como limite até 2 classes acima das 2 determinantes, mas terá que se fazer a prova através da capacidade de coordenação e dos quadros técnicos.

10. Em relação aos procedimentos houve uma redefinição e encurtamento dos **prazos**. Mas, a partir de agora, só se aceitam **processos completos**, isto é, que o requerimento venha com todos os documentos e peças que instruem o pedido. O prazo para a decisão só começa a contar depois da recepção no IMOPPI dos dossiers com todos os elementos necessários.

11. Para trabalhos que representem até 10% da classe 1, seja em obras públicas ou particulares, assistiu-se a uma redução significativa do tipo de trabalhos: 14 subcategorias dos edifícios e áreas complementares dos edifícios.

Os seus titulares não estão sujeitos à avaliação da capacidade técnica. A revalidação é feita por requerimento. São válidos por 5 anos.

QUADRO DE EXIGÊNCIAS
Quadro mínimo de pessoal

Classes	Engenheiros	Eng. Técnicos	Encarregado	Operários Grupo X do CCT	Operários Grupo XII do CCT
1	–	1	–	1	1
2	–	1	–	2	1
3	–	1	1	3	1
4	–	1	1	4	2
5	–	1	2	6	3
6	1	1	2	8	4
7	2	2	4	12	6
8	4	4	6	16	8
9	6	6	8	24	12

Quadro mínimo de técnicos da área da segurança e higiene do trabalho ([1])

Classes	TSSHT (CAP nível 5)	TSHT (CAP nível 3)
6	1	–
7	1	1
8	1	2
9	2	2

([1]) Exigível a partir de Fevereiro de 2006.

TÉCNICOS DA PRODUÇÃO – QUALIFICAÇÃO

Subcategoria 1	CAP nível 2 ou superior, adequado à área dos trabalhos em causa;
Subcategorias 1, 2 e 3	Técnico responsável por instalações eléctricas, técnico de gás ou técnico ITED instalador inscrito na DGE ou ANACOM, conforme o caso
Habilitações classes 1 e 2	CAP nível 3 ou superior, adequado à área dos trabalhos em causa
Habilitações classes 1, 2, 3 e 4	Agente técnico de arquitectura e engenharia ou CAP nível 4 comprovativo de curso da especialidade
Habilitações classe 6	Engenheiro técnico com, pelo menos, 5 anos de experiência em obras

PARTE II
LEGISLAÇÃO

1. ACESSO À ACTIVIDADE DE CONSTRUÇÃO

DECRETO-LEI N.º 12/2004
DE 9 DE JANEIRO

Estabelece o regime jurídico de ingresso e permanência na actividade da construção

Um dos aspectos mais relevantes para uma regulação eficaz da actividade da construção é o que se prende com a definição das regras de acesso e permanência na actividade.

A regulação definida no Decreto-Lei n.º 100/88, de 23 de Março, vigorou durante cerca de 11 anos, até à entrada em vigor do Decreto-Lei n.º 61/99, de 2 de Março, que regulou o acesso e a permanência na actividade da construção nestes últimos anos.

As opções seguidas neste último diploma vieram a traduzir-se, em qualquer das vertentes básicas da qualificação – idoneidade, capacidade técnica e capacidade económica e financeira –, em medidas que não atingiram nem um grau satisfatório de cumprimento nem os objectivos que terão sido perspectivados pelo legislador. Podem apontar-se, ao nível da manutenção na actividade, nomeadamente, a preocupante situação actual em matéria de quadros técnicos e a completa ineficácia do sistema de indicadores económico-financeiros em sede de reavaliação, para lá da tardia implementação de acções inspectivas às empresas qualificadas.

Deste modo, impõe-se reequacionar as medidas concretas que, no plano instrumental, materializam os critérios de qualificação. Nesse sentido, foi assumida como prioritária a desburocratização do processo de qualificação, fazendo assentar a análise das empresas em informação sólida, de características estruturadas que potenciem a automatização que é indispensável para avançar no caminho da sociedade digital.

Importante, também, é compreender como funciona o sector da construção, perceber o seu estádio actual e prever soluções que possam revelar-se mais resistentes à mudança, cada vez mais intensa, que caracteriza os dias de hoje.

Da experiência recolhida nos últimos anos reteve-se como fundamental a necessidade de conceber soluções realistas, aplicáveis na prática e proporcionadas aos objectivos em vista.

No presente diploma é assumida uma clara atitude de simplificação, que implica também uma responsabilização dos agentes que operam no mercado da construção, perspectivando também uma partilha de responsabilidades entre o Estado e as associações que representam as empresas de construção, sem que o primeiro abdique da sua função de regulador.

Nesta revisão legislativa tomou-se como objectivo essencial criar as condições para que o título habilitante para a actividade da construção passe a oferecer a credibilidade que o coloque como documento bastante para atestar a capacidade das empresas para o exercício da actividade.

O documento habilitante para o exercício da actividade da construção volta a ser formalmente designado por alvará, por respeito com a tradição e com a própria história. Com efeito, o termo alvará data já de 1371, por altura das Cortes de Lisboa, querendo desde então significar todo o tipo de titulação em que se enquadra a que é actualmente emitida pelo Instituto dos Mercados de Obras Públicas e Particulares e do Imobiliário para o exercício da actividade da construção.

Foram também mantidas as tradicionais designações de empreiteiro e de construtor, relativas às empresas que operam em diferentes segmentos do mercado da construção, no respeito por uma cultura sectorial que importa preservar.

De entre as medidas de simplificação que este diploma propicia, salientam-se as seguintes:

Criação de um título habilitante único, reunindo os actuais certificados de empreiteiro de obras públicas (EOP) e de industrial de construção civil (ICC);

Redução do número muito alargado de tipos de trabalhos em que as empresas se podem qualificar, numa solução mais adequada à realidade do sector;

Aceitação de quadros técnicos provindos dos sistemas nacionais de aprendizagem e de certificação profissional, e não apenas da via formal de ensino, para as classes de obras de mais baixo valor, desde que o conhecimento detido seja adequado aos tipos de trabalhos pretendidos;

Acréscimo de exigência em matéria de quadros técnicos para as empresas classificadas nas classes mais elevadas, com a inclusão de profissionais afectos à gestão da segurança e higiene no trabalho, promovendo desde já o combate à sinistralidade laboral no segmento de trabalhos de maior envergadura e com relações de coordenação mais complexas;

Extinção programada das relações múltiplas entre técnicos e empresas de construção;

Estabelecimento de exigências e avaliação dos efectivos de pessoal em função das classes de valor das obras e segundo os grupos de remuneração contratual;

Manutenção do regime de revalidação anual, baseado, no essencial, na declaração fiscal das empresas, recorrendo a diversos indicadores extraíveis desse documento, na perspectiva de utilização de informação estruturada potenciadora de uma automatização indispensável;

Estabelecimento de um regime probatório para as novas empresas entradas no sistema de qualificação, como forma de ajustar as habilitações inicialmente concedidas ao desempenho entretanto demonstrado;

Reequacionamento da função de empreiteiro geral e construtor geral e das suas regras de classificação, suprimindo a figura nos casos em que se revelou dispensável e enriquecendo-a com novas hipóteses nos casos que aconselham à sua diversificação, tendo em conta, designadamente, os diversos tipos de soluções construtivas;

Revisão da tramitação dos procedimentos, por forma a agilizar os prazos envolvidos.

Foram ouvidas, em consultas regulares ao longo da elaboração deste diploma, as associações mais representativas do sector, bem como a Associação Nacional de Municípios Portugueses e os principais donos de obras públicas.

Assim:

Nos termos da alínea *a*) do n.º 1 do artigo 198.º da Constituição, o Governo decreta o seguinte:

CAPÍTULO I – Disposições gerais

SECÇÃO I – Do âmbito e objecto da actividade

ARTIGO 1.º – Âmbito

O presente diploma estabelece o regime jurídico aplicável ao exercício da actividade da construção.

ARTIGO 2.º – Objecto da actividade

Para efeitos do presente diploma, considera-se que a actividade da construção é aquela que tem por objecto a realização de obra, englobando todo o conjunto de actos que sejam necessários à sua concretização.

ARTIGO 3.º – Definições

Para efeitos do presente diploma, entende-se por:

a) «Obra» todo o trabalho de construção, reconstrução, ampliação, alteração, reparação, conservação, reabilitação, limpeza, restauro e demolição de bens imóveis, bem como qualquer outro trabalho que envolva processo construtivo;

b) «Empreiteiro ou construtor, adiante também designado por empresa» o empresário em nome individual ou a sociedade comercial que, nos termos do presente diploma, se encontra habilitado a exercer a actividade da construção;

c) «Categoria» a designação que relaciona um conjunto de subcategorias;

d) «Subcategoria» a designação de uma obra ou trabalho especializado no âmbito de uma categoria;

e) «Subcategorias determinantes» as que permitem a classificação em empreiteiro geral ou construtor geral;

f) «Empreiteiro geral ou construtor geral» a empresa que, sendo detentora das subcategorias consideradas determinantes, demonstre capacidade de gestão e coordenação para assumir a responsabilidade pela execução de toda a obra;

g) «Classe» o escalão de valores das obras que, em cada tipo de trabalhos, as empresas estão autorizadas a executar;

h) «Habilitação» a qualificação em subcategoria de qualquer categoria ou em empreiteiro geral ou construtor geral, numa determinada classe;

i) «Título de registo» o documento que habilita a empresa a realizar determinados trabalhos, quando o valor dos mesmos não exceda o limite para o efeito previsto no presente diploma;

j) «Alvará» o documento que relaciona todas as habilitações detidas por uma empresa;

l) «Declaração de execução de obra» o documento, em modelo próprio, que comprova a realização de uma obra, confirmada por dono de obra, entidade licenciadora ou empresa contratante, conforme o caso.

ARTIGO 4.º – **Alvará**

1 – Sem prejuízo do disposto no n.º 1 do artigo 6.º do presente diploma, o exercício da actividade da construção depende de alvará a conceder pelo Instituto dos Mercados de Obras Públicas e Particulares e do Imobiliário, adiante designado por IMOPPI, ficando o seu titular autorizado a executar os trabalhos enquadráveis nas habilitações no mesmo relacionadas.

2 – O alvará é intransmissível, a qualquer título e para qualquer efeito.

3 – Podem ser classificados pelo IMOPPI para exercer a actividade da construção os empresários em nome individual e as sociedades comerciais sujeitas à lei pessoal portuguesa ou cuja sede se situe em qualquer Estado do espaço económico europeu.

4 – As habilitações referidas no n.º 1 constam de portaria do Ministro das Obras Públicas, Transportes e Habitação.

5 – O Ministro das Obras Públicas, Transportes e Habitação, sob proposta do IMOPPI, fixará igualmente, por portaria a publicar anualmente até 31 de Outubro, para vigorar durante 12 meses a partir de 1 de Fevereiro do ano seguinte, a correspondência entre as classes referidas na alínea *g)* do artigo 3.º do presente diploma e os valores das obras.

ARTIGO 5.º – **Validade do alvará**

O alvará é válido por um período máximo de 12 meses, caducando no dia 31 de Janeiro se não for revalidado nos termos do presente diploma.

ARTIGO 6.º – Título de registo

1 – Quando a natureza dos trabalhos se enquadre nas subcategorias previstas na portaria referida no n.º 5 do presente artigo e o seu valor não ultrapasse 10% do limite fixado para a classe 1, a execução dos mesmos pode ser efectuada por detentor de título de registo, a conceder pelo IMOPPI.

2 – O título de registo é intransmissível, a qualquer título e para qualquer efeito.

3 – Podem ser detentores de título de registo os empresários em nome individual e as sociedades comerciais sujeitas à lei pessoal portuguesa ou cuja sede se situe em qualquer Estado do espaço económico europeu.

4 – Os títulos de registo são válidos por um período de cinco anos e revalidados por idênticos períodos.

5 – A concessão e a revalidação do título de registo são regulamentadas por portaria do Ministro das Obras Públicas, Transportes e Habitação.

SECÇÃO II – Dos alvarás

ARTIGO 7.º – Requisitos de ingresso e permanência

A concessão e a manutenção de habilitações dependem do preenchimento cumulativo dos seguintes requisitos:
a) Idoneidade;
b) Capacidade técnica;
c) Capacidade económica e financeira.

ARTIGO 8.º – Idoneidade

1 – O empresário em nome individual, as sociedades comerciais e os seus representantes legais devem possuir idoneidade comercial.

2 – Para efeitos do disposto no número anterior, não são considerados comercialmente idóneos os empresários em nome individual e os representantes legais de sociedades comerciais que tenham sido condenados, por decisão transitada em julgado, em pena de prisão não suspensa por qualquer dos seguintes crimes:
a) Ameaça, coacção, sequestro, rapto ou escravidão;

b) Burla ou burla relativa a trabalho ou emprego;

c) Insolvência dolosa, insolvência negligente, favorecimento de credores ou perturbação de arrematações;

d) Falsificação de documento, quando praticado no âmbito da actividade da construção;

e) Incêndios, explosões e outras condutas especialmente perigosas, danos contra a natureza ou poluição;

f) Infracção de regras de construção, dano em instalações e perturbação de serviços;

g) Associação criminosa;

h) Tráfico de influência;

i) Desobediência, quando praticado no âmbito da actividade da construção;

j) Corrupção activa;

l) Tráfico de estupefacientes e de substâncias psicotrópicas;

m) Fraude na obtenção de subsídio ou subvenção, desvio de subvenção, subsídio ou crédito bonificado, fraude na obtenção de crédito, ofensa à reputação económica ou corrupção activa com prejuízo do comércio internacional;

n) Emissão de cheque sem provisão;

o) Concorrência desleal, contrafacção ou imitação e uso ilegal de marca, quando praticado no âmbito da actividade da construção;

p) Crimes relativos a branqueamento de capitais;

q) Crimes tributários.

3 – Para além das situações referidas no número anterior, consideram-se ainda comercialmente não idóneos os empresários em nome individual, as sociedades comerciais e os seus representantes legais relativamente aos quais se verifique qualquer das seguintes situações:

a) Proibição legal ou judicial do exercício do comércio e proibição legal, judicial ou administrativa do exercício da actividade da construção, durante o respectivo período de duração;

b) Ter sido objecto da sanção acessória prevista no n.º 1 do artigo 5.º do Decreto-Lei n.º 396/91, de 16 de Outubro, tornada pública nos termos do n.º 2 do mesmo artigo, durante o período de inabilidade legalmente previsto;

c) Ter sido objecto de três decisões condenatórias definitivas pela prática dolosa de ilícitos de mera ordenação social muito graves, previstos no presente diploma;

d) Ter sido representante legal de empresa ou empresas de construção que, no exercício das suas funções, no conjunto, tenha ou tenham sido punida ou punidas nos mesmos termos da alínea anterior.

4 – As situações referidas nas alíneas *c*) e *d*) do número anterior não relevam após o decurso do prazo de dois anos contados do cumprimento integral das obrigações decorrentes da última decisão aplicada.

5 – Deixam de se considerar idóneos:

a) Os empresários em nome individual e os representantes legais que venham a encontrar-se em qualquer das situações indicadas nos n.ºs 2 e 3 do presente artigo;

b) As sociedades comerciais que venham a encontrar-se em qualquer das situações indicadas no n.º 3 do presente artigo e aquelas cujos representantes legais sejam considerados não idóneos nos termos do presente artigo e não procedam à sua substituição no prazo máximo de 30 dias a contar do conhecimento da situação.

ARTIGO 9.º – **Capacidade técnica**

1 – A capacidade técnica é determinada em função da estrutura organizacional da empresa e da avaliação dos seus meios humanos e técnicos empregues na produção, na gestão de obra e na gestão da segurança, higiene e saúde no trabalho, bem como do seu currículo na actividade.

2 – A estrutura organizacional é aferida em função:

a) Da apreciação do seu organograma, distinguindo as diversas funções, nomeadamente as de direcção, administrativas, de produção e de gestão de obra e de gestão da segurança e da qualidade;

b) Da experiência na execução de obras, do próprio ou, no caso de se tratar de sociedades, dos seus gerentes ou administradores, com referência ao valor e à importância das principais obras que executaram ou em que intervieram e a natureza da sua intervenção.

3 – A avaliação dos meios humanos tem em conta:

a) O número de técnicos na produção e os seus níveis de conhecimento, especialização e experiência profissional na actividade, bem como a sua disponibilidade para o exercício de funções na empresa;

b) O número de profissionais afectos à gestão da segurança, higiene e saúde do trabalho, nos termos da legislação aplicável;

c) O número de encarregados e operários por grupos de remuneração contratual.

4 – O quadro de pessoal das empresas deve integrar um número mínimo de técnicos, encarregados e operários, de acordo com o que vier a ser fixado em portaria do Ministro das Obras Públicas, Transportes e Habitação.

5 – A avaliação dos meios técnicos tem em conta a disponibilidade demonstrada pela empresa no que se refere aos equipamentos de que necessita para a sua actividade.

6 – A experiência da empresa na execução de obras é avaliada em função:

a) Das obras executadas, por tipo de trabalhos;
b) Das obras em curso, por tipo de trabalhos;
c) Dos elementos constantes do registo de informações sobre as empresas de construção previsto no artigo 23.º

ARTIGO 10.º – Capacidade económica e financeira

1 – A capacidade económica e financeira das empresas é avaliada através de:

a) Valores do capital próprio;
b) Volume de negócios global e em obra;
c) Equilíbrio financeiro, tendo em conta os indicadores de liquidez geral e autonomia financeira.

2 – Só podem ser classificadas em classe superior à 1 as empresas que estejam em condições de comprovar capital próprio, volume de negócios em obra e equilíbrio financeiro nos termos do presente diploma.

3 – Pode ainda ser complementada a análise da situação das empresas recorrendo a outra informação extraível da documentação fiscal anual, relacionada com os diversos aspectos da qualificação, que o IMOPPI poderá solicitar às autoridades competentes.

4 – Em casos devidamente fundamentados, o IMOPPI pode exigir às empresas a realização de auditorias externas, quando se trate de empresas habilitadas para executar trabalhos nas três classes mais elevadas.

5 – A definição e os valores de referência dos indicadores financeiros enunciados na alínea *c*) do n.º 1 do presente artigo são objecto de portaria do Ministro das Obras Públicas, Transportes e Habitação, mediante proposta do IMOPPI e depois de ouvido o conselho geral.

CAPÍTULO II – Da habilitação

SECÇÃO I – Da classificação e reclassificação

ARTIGO 11.º – Ingresso

1 – Os interessados que requeiram o ingresso na actividade deverão comprovar:

a) A idoneidade, nos termos do artigo 8.º;

b) A capacidade técnica, nos termos dos n.ºs 2, 3, 4 e 5 do artigo 9.º, adequada à natureza e ao valor dos trabalhos para que pretende ser habilitada;

c) A capacidade económica e financeira, nos termos da alínea *a)* do n.º 1 do artigo anterior, por um valor mínimo de capital próprio igual ou superior a 10% do valor limite da maior das classes solicitadas, excepto no que respeita à classe mais elevada prevista na portaria a que se refere o n.º 5 do artigo 4.º do presente diploma, caso em que o capital próprio deverá ser igual ou superior a 20% do valor limite da classe anterior.

2 – O disposto na alínea *c)* do número anterior não é aplicável para o ingresso na classe 1, em que apenas é exigido que o requerente não tenha capital próprio negativo.

ARTIGO 12.º – Classificação em empreiteiro geral ou construtor geral

1 – A classificação em empreiteiro geral ou construtor geral habilita o seu titular a subcontratar a execução de trabalhos enquadráveis nas subcategorias necessárias à concretização da obra, sendo responsável pela sua coordenação global, desde que:

a) O valor total da obra não exceda o limite definido pela classe que detém;

b) Os trabalhos subcontratados sejam executados por empresas devidamente habilitadas.

2 – A classificação em empreiteiro geral ou construtor geral é concedida com base:

a) Na classificação das subcategorias determinantes, podendo, no limite e em função da apreciação que resulte das alíneas seguintes, ser concedida até duas classes acima da classe mais elevada detida naquelas subcategorias;

b) Na capacidade de coordenação, avaliada pela experiência profissional detida pelo empresário ou pelos representantes legais da sociedade e pelos seus técnicos em funções de gestão e coordenação de obras;

c) No quadro de pessoal exigido pela portaria referida no n.º 4 do artigo 9.º do presente diploma.

3 – A classificação em empreiteiro geral ou construtor geral só pode ser concedida nos casos previstos na portaria referida no n.º 4 do artigo 4.º do presente diploma.

4 – Sem prejuízo do disposto no n.º 2 do presente artigo, a classificação em empreiteiro geral ou construtor geral é concedida e modificada, com as devidas adaptações, nos mesmos termos em que é efectuada para as subcategorias.

ARTIGO 13.º – **Regime probatório**

1 – Ficam sujeitas a um regime probatório, até à data em que ocorrer a quarta revalidação após o ingresso de qualquer empresa na actividade, todas as habilitações concedidas em classe superior à 1.

2 – O regime referido no número anterior consiste na concessão provisória de habilitações, sendo as mesmas mantidas ou automaticamente reclassificadas, em função da capacidade efectiva que a empresa demonstrar, mediante obras executadas ou em curso, dessa natureza ou afins.

3 – No final do regime probatório:

a) São automaticamente reclassificadas na classe 1 as habilitações que envolvam trabalhos em que a empresa não tenha demonstrado qualquer experiência em obra, nos termos do número anterior;

b) São mantidas ou automaticamente reclassificadas em classe inferior, de acordo com o disposto no artigo 14.º do presente diploma, com as necessárias adaptações, as habilitações relativamente às quais a empresa demonstre capacidade efectiva.

4 – Com a elevação de classe, a pedido da empresa, em qualquer das habilitações inicialmente atribuídas, cessa o regime probatório, sendo aplicado a todas as restantes habilitações detidas o disposto no número anterior.

5 – O regime probatório não se aplica a empresas que, nos cinco anos anteriores à data do pedido de ingresso, tenham sido titulares de alvará.

ARTIGO 14.º – **Elevação de classe**

1 – As empresas que pretendam a elevação para a classe imediatamente superior à que detêm deverão comprovar, para além do requisito de idoneidade:

 a) A capacidade técnica, pela verificação do quadro mínimo de pessoal previsto no n.º 4 do artigo 9.º do presente diploma e pela disponibilidade de equipamento adequado;

 b) A experiência, tendo executado, no tipo de trabalho em causa, nos últimos três anos, uma obra, devidamente comprovada, cujo valor seja igual ou superior a 50% do valor limite da classe que detém, ou duas obras, devidamente comprovadas, cujo valor acumulado seja igual ou superior a 80% do valor da classe que detém.

2 – No caso de a empresa solicitar a elevação para classe não imediatamente superior, para além do disposto no número anterior, deve ainda comprovar ter executado, nos três últimos anos, obras de valor acumulado igual ou superior ao valor limite da classe requerida.

3 – Para efeitos do disposto na alínea *b)* do n.º 1 e no n.º 2 do presente artigo, podem também ser considerados os valores já executados de obras em curso desde que a respectiva facturação comprove terem sido realizados, no mínimo, 50% do valor de adjudicação ou da estimativa do valor da obra, consoante se trate de, respectivamente, obras públicas ou particulares.

4 – Caso a elevação requerida seja para classe superior à mais elevada que detém nas subcategorias em que está classificado, deve ainda comprovar deter capacidade económica e financeira, por um valor mínimo de capital próprio igual ou inferior a 10% do valor limite da classe solicitada, excepto no que respeita à classe mais elevada prevista na portaria a que se refere o n.º 5 do artigo 4.º, caso em que o capital próprio deverá ser igual ou superior a 20% do valor limite da classe anterior.

ARTIGO 15.º – **Novas subcategorias**

1 – As empresas que pretendam a inscrição em novas subcategorias de classe igual ou inferior à mais elevada que detêm, para além do requisito de idoneidade, devem comprovar capacidade técnica, pela disponibilidade de quadro técnico e equipamento adequados ao pedido.

2 – Quando pretendam a inscrição em novas subcategorias em classe superior à mais elevada que detêm, para além do disposto no número anterior no que se refere à idoneidade e ao equipamento, devem ainda comprovar o quadro mínimo de pessoal previsto no n.º 4 do artigo 9.º do presente diploma, bem como capacidade económica e financeira, por um valor mínimo de capital próprio igual ou superior a 10% do valor limite da classe solicitada, excepto no que respeita à classe mais elevada prevista na portaria a que se refere o n.º 5 do artigo 4.º do presente diploma, caso em que o capital próprio deverá ser igual ou superior a 20% do valor limite da classe anterior.

ARTIGO 16.º – **Diminuição de classe e cancelamento de subcategorias a pedido**

As subcategorias são objecto de diminuição de classe ou cancelamento quando os titulares do alvará o requeiram.

ARTIGO 17.º – **Técnicos e incompatibilidades**

1 – Os técnicos que integrem o quadro de uma empresa inscrita no IMOPPI não podem:

a) Fazer parte do quadro de pessoal de qualquer outra empresa também inscrita;

b) Desempenhar funções técnicas, a qualquer título, em entidades licenciadoras ou donos de obra pública, excepto se, para o efeito, estiverem devidamente autorizados nos termos legais em vigor sobre incompatibilidades.

2 – As situações em que ocorra cessação de funções de técnicos ou em que os mesmos passem a estar abrangidos pelas incompatibilidades previstas na alínea *b)* do número anterior devem ser comunicadas ao IMOPPI no prazo de 15 dias contados da sua verificação e pode ser efectuada quer pela empresa quer pelo técnico, desde que quem comunique comprove perante o IMOPPI que deu conhecimento ao outro.

3 – As empresas que se encontrem com quadro técnico insuficiente face à classificação que detêm, na sequência do previsto no número anterior, devem regularizar a situação no prazo de 22 dias a contar da data da ocorrência.

SECÇÃO II – **Da permanência**

ARTIGO 18.º – **Condições mínimas de permanência**

1 – Para além do requisito de idoneidade, as empresas detentoras de alvará deverão verificar as seguintes condições mínimas de permanência:

a) Manter um quadro técnico, de acordo com o estabelecido na portaria referida no n.º 4 do artigo 9.º do presente diploma;

b) Deter, no último exercício, um valor de custos com pessoal igual ou superior a 7% do valor limite da classe anterior à maior das classes que detém;

c) Deter, no último exercício, um valor de capital próprio igual ou superior a 10% do valor limite da maior das classes que detém, excepto no que respeita à classe mais elevada prevista na portaria a que se refere o n.º 5 do artigo 4.º do presente diploma, caso em que esse valor deverá ser igual ou superior a 20% do valor limite da classe anterior;

d) Deter, no último exercício, um valor de volume de negócios em obra igual ou superior a 50% do valor limite da classe anterior à maior das classes que detém;

e) Deter, no último exercício, valores de liquidez geral e autonomia financeira iguais ou superiores aos fixados na portaria a que se refere o n.º 5 do artigo 10.º do presente diploma.

2 – Caso as empresas não cumpram qualquer dos valores mínimos previstos nas alíneas *b*), *c*), *d*) e *e*) do número anterior, é igualmente aceite para a satisfação de qualquer desses valores o seu cumprimento por via da média encontrada nos três últimos exercícios.

3 – O disposto nas alíneas *b*), *c*), *d*) e *e*) do n.º 1 do presente artigo não se aplica às empresas detentoras de alvará exclusivamente na classe 1, que deverão, no entanto, apresentar, no último exercício, valor não nulo de custos com pessoal, capital próprio não negativo e, no mínimo, volume de negócios em obra igual ou superior a 10% do valor limite da classe 1, aplicando-se, com as devidas adaptações, o previsto no n.º 2 do presente artigo.

4 – O disposto nas alíneas *b*), *c*), *d*) e *e*) do n.º 1 do presente artigo não se aplica às empresas que se encontrem no regime probatório previsto no artigo 13.º do presente diploma, que deverão, no entanto, apresentar, no último exercício, valor não nulo de custos com pessoal e capital próprio não negativo, aplicando-se, com as devidas adaptações, o previsto no n.º 2.

ARTIGO 19.º – **Revalidação**

1 – Sem prejuízo do disposto no n.º 4 do presente artigo, o alvará é revalidado sempre que se verifiquem as condições mínimas de permanência definidas no artigo anterior e seja paga a respectiva taxa, bem como outras que se encontrem em dívida ao IMOPPI.

2 – Para efeitos de revalidação, deve ser apresentado, até 31 de Julho de cada ano, e com referência ao exercício anterior, balanço e demonstração de resultados, tal como tenha sido apresentado para cumprimento das obrigações fiscais.

3 – Em caso de alteração do calendário fiscal para data posterior a 31 de Julho, o prazo previsto no número anterior será de 10 dias úteis após a nova data fixada.

4 – As empresas que não cumpram o disposto nos n.ºs 2 e 3 do presente artigo poderão fazê-lo, mediante o pagamento de taxa agravada, até 31 de Dezembro do mesmo ano.

5 – No procedimento da revalidação, as habilitações relativamente às quais se verifique que a empresa não apresenta as condições exigidas para a classificação detida são automaticamente reclassificadas ou canceladas em conformidade com o demonstrado.

6 – O disposto no número anterior não obsta a que, em caso de não cumprimento do previsto na alínea *e*) do n.º 1 do artigo anterior, todas as habilitações detidas pela empresa sejam automaticamente reclassificadas na classe 1.

7 – O não cumprimento do disposto nos n.ºs 2 a 4 do presente artigo impede a verificação das condições mínimas de permanência, não sendo o alvará revalidado.

8 – Quando, nos termos do presente artigo, não haja lugar à revalidação do alvará, todas as habilitações são canceladas.

9 – As habilitações reclassificadas ou canceladas nos termos do presente artigo não podem ser de novo requeridas antes do dia 1 de Agosto seguinte.

10 – A reclassificação não prejudica a possibilidade de a empresa finalizar as obras que tem em curso, desde que com o acordo dos donos das obras, tendo os mesmos, contudo, em alternativa, o direito à resolução do contrato por impossibilidade culposa da empresa.

11 – O cancelamento parcial ou total das habilitações inibe a empresa de finalizar as obras em curso, com excepção, no primeiro caso, das obras enquadráveis em subcategorias não canceladas, implicando a imediata

resolução por impossibilidade culposa da empresa de todos os contratos de empreitada celebrados referentes a obras em curso, sem prejuízo dos efeitos já produzidos.

ARTIGO 20.º – **Reavaliação**

1 – A reavaliação consiste na apreciação da situação global da empresa, em função da idoneidade, da capacidade técnica e da capacidade económica e financeira, e tem em conta todos os elementos que o IMOPPI possa vir a obter com interesse para o efeito.

2 – As empresas podem ser sujeitas a reavaliação:

a) Aquando deixem de ser consideradas idóneas nos termos do artigo 8.º do presente diploma;

b) Quando o capital próprio, em qualquer dos exercícios, seja negativo;

c) Na sequência de acção de inspecção;

d) Quando sejam objecto de processos de recuperação ou de falência;

e) Na sequência de escolha aleatória, depois de ouvida a Comissão de Classificação de Empresas de Obras Públicas e Particulares;

f) Quando qualquer outra circunstância o aconselhe ou o IMOPPI o entenda.

3 – O IMOPPI pode exigir todos os documentos e esclarecimentos que entenda necessários à análise da situação da empresa.

4 – A reavaliação pode conduzir à manutenção, reclassificação ou cancelamento parcial ou total das habilitações.

5 – As habilitações reclassificadas ou canceladas nos termos do número anterior não podem ser de novo requeridas antes de decorridos seis meses após a data da notificação da decisão definitiva.

6 – A reclassificação não prejudica a possibilidade de a empresa finalizar as obras que tem em curso, desde que com o acordo dos donos das obras, tendo os mesmos, contudo, em alternativa, o direito à resolução do contrato por impossibilidade culposa da empresa.

7 – O cancelamento parcial ou total das habilitações inibe a empresa de finalizar as obras em curso, com excepção, no primeiro caso, das obras enquadráveis em subcategorias não canceladas, implicando a imediata resolução por impossibilidade culposa da empresa de todos os contratos de empreitada celebrados referentes a obras em curso, sem prejuízo dos efeitos já produzidos.

8 – Em caso de reclassificação ou cancelamento parcial ou total das habilitações, a empresa deve entregar o alvará no IMOPPI no prazo má-

ximo de oito dias contados da data da notificação da decisão, findo o qual o alvará será apreendido pelas autoridades competentes.

CAPÍTULO III – Do processo e registo de informação

ARTIGO 21.º – **Instrução de processos**

1 – Os pedidos de classificação e reclassificação previstos no presente diploma são formulados em requerimento dirigido ao presidente do conselho de administração do IMOPPI.

2 – Com o requerimento, são entregues todos os documentos comprovativos do preenchimento dos requisitos exigidos no artigo 7.º, os quais são especificados em portaria do Ministro das Obras Públicas, Transportes e Habitação, só sendo admissível a sua entrega em momento posterior se o requerente provar que não os pôde apresentar com o requerimento ou se se destinarem a provar facto ocorrido posteriormente.

3 – São recusados, mediante a indicação por escrito do fundamento da rejeição, os pedidos relativamente aos quais se verifique:

a) Não ter sido junto o documento comprovativo do prévio pagamento da taxa inicial;

b) Manifesta insuficiência da documentação referida no número anterior, sem justificação adequada;

c) Falta de assinatura do requerimento;

d) Ininteligibilidade do pedido;

e) Que os documentos apresentados não obedecem aos requisitos regulamentares;

f) Inadmissibilidade nos termos do presente diploma.

4 – São igualmente recusados os pedidos das empresas que não tenham dado cumprimento ao disposto no n.º 2 do artigo 19.º

5 – A recusa do pedido, nos termos do presente artigo, implica a devolução dos documentos, excepto daqueles que, no caso de empresas já classificadas, o IMOPPI entenda necessários à actualização do processo.

ARTIGO 22.º – **Tramitação**

1 – O IMOPPI deve, no prazo máximo de 30 dias contados da data de recepção do pedido, notificar o requerente para a prestação de informações ou apresentação de provas que considere necessárias à apreciação do pedido.

2 – No caso previsto no número anterior, o IMOPPI fixa um prazo, que não pode exceder 22 dias, o qual pode ser prorrogado se o requerente provar, dentro daquele período, que as causas de incumprimento lhe são alheias.

3 – O IMOPPI deve notificar a empresa do projecto de decisão e emitir a correspondente guia, quando haja lugar ao pagamento de taxa, no prazo máximo de 66 dias contados da data em que o processo seja considerado completo.

4 – A decisão final será proferida no prazo máximo de 10 dias a contar da data do conhecimento pelo IMOPPI do pagamento da taxa.

5 – Os pedidos de reclassificação entrados enquanto estiver em curso um processo de reavaliação da empresa requerente são suspensos até à conclusão daquela reavaliação.

6 – Em caso de extinção do procedimento por falta de pagamento da taxa devida, um novo pedido formulado antes de decorrido um ano desde a data da extinção implica um agravamento da respectiva taxa, nos termos estabelecidos pela portaria referida no n.º 1 do artigo 49.º do presente diploma.

ARTIGO 23.º – **Informações sobre as empresas**

1 – O IMOPPI deve manter registo de informações sobre as empresas de construção, com todos os elementos necessários à sua qualificação nos termos deste diploma.

2 – Devem também ser registadas:

a) Todas as sanções aplicadas nos termos do presente diploma;

b) As ocorrências que, não compreendidas na alínea anterior, constituam violação dos deveres estabelecidos no artigo 24.º

3 – Os registos a que se refere o número anterior que sejam objecto de acção judicial ou administrativa não podem ser utilizados para os efeitos previstos na lei nem disponibilizados aos donos de obra até que ocorra decisão definitiva.

4 – Os registos a que se refere a alínea *b)* do n.º 2 do presente artigo sobre os quais não impenda acção judicial ou administrativa também não podem ser utilizados nem disponibilizados sem que tenha sido garantido o direito do contraditório às empresas em causa.

5 – O IMOPPI deve ainda manter registo dos pedidos extintos ou indeferidos, bem como dos alvarás e títulos de registo cancelados.

CAPÍTULO IV – Do exercício da actividade

ARTIGO 24.º – **Deveres no exercício da actividade**

1 – As empresas no exercício da sua actividade devem agir segundo as regras da boa fé na formação e execução do contrato e proceder à realização da obra em conformidade com o que foi convencionado, sem vícios que excluam ou reduzam o valor dela ou a sua aptidão para o uso ordinário ou o previsto no contrato, e no respeito pelas disposições legais e regulamentares aplicáveis.

2 – Constituem, nomeadamente, violação ao disposto no número anterior:

a) Prática de actos ou celebração de convenções ou acordos susceptíveis de falsearem as condições normais de concorrência;

b) Não haver o adjudicatário prestado em tempo a caução e não ter sido impedido de o fazer por facto independente da sua vontade;

c) Não apresentar o adjudicatário os documentos necessários à outorga do contrato, no prazo para o efeito fixado, e não ter sido impedido de o fazer por facto independente da sua vontade;

d) Não comparecer para a outorga do contrato e não ter sido impedido de o fazer por motivo independente da sua vontade;

e) Não comparecer para a consignação da obra e não ter sido impedido de o fazer por motivo independente da sua vontade;

f) Inscrever dolosamente nos autos de medição trabalhos não efectuados;

g) Incumprimento do prazo estipulado ou abandono da obra, em qualquer dos casos por causa imputável à empresa;

h) Desrespeito por normas legais relativas à segurança, higiene e saúde no trabalho;

i) Desrespeito por prescrições mínimas de segurança, higiene e saúde no trabalho;

j) Incumprimento de qualquer disposição legal, regulamentar ou contratual com repercussão na qualidade do produto em execução ou já executado.

3 – Sem prejuízo de outras exigências legais, em todos os contratos, correspondência, documentos contabilísticos, publicações, publicidade e, de um modo geral, em toda a sua actividade externa, as empresas devem indicar a sua denominação social e o número do alvará ou do título de registo, sem prejuízo de outras exigências legais.

4 – Em cada obra, a empresa responsável deve afixar de forma bem visível placa identificativa com a sua denominação social e número de alvará no local de acesso ao estaleiro e manter cópia dos alvarás e títulos de registo de todos os subcontratados nela intervenientes.

ARTIGO 25.° – **Deveres para com o IMOPPI**

1 – As empresas são obrigadas a comunicar ao IMOPPI, no prazo de 22 dias:

a) Quaisquer alterações nas condições de ingresso e permanência previstas nos artigos 8.°, 9.° e 10.° do presente diploma que possam determinar modificação na classificação para os tipos de trabalhos em que estão habilitadas;

b) As alterações à denominação e sede, assim como a nomeação ou demissão de representantes legais, quando se trate de sociedades;

c) As alterações da firma comercial e do domicílio fiscal, quando se trate de empresários em nome individual;

d) Os processos de recuperação ou de falência de que sejam objecto, a contar da data do conhecimento;

e) A cessação da respectiva actividade.

2 – As empresas são também obrigadas perante o IMOPPI, no prazo de 22 dias, a:

a) Enviar cópias das sentenças ou das decisões que ponham termo a processos em que tenham sido parte relacionados com a idoneidade, tal como definida no artigo 8.°, e com os deveres a que estão obrigadas no exercício da actividade, nos termos do artigo 24.°;

b) Prestar todas as informações relacionadas com a sua actividade, no âmbito do presente diploma, e disponibilizar toda a documentação a ela referente, quando solicitado.

3 – As empresas são ainda obrigadas a facultar ao IMOPPI, no exercício da sua competência de inspecção, o acesso às instalações e estaleiros, bem como a toda a informação e documentação relacionada com a actividade.

ARTIGO 26.° – **Consórcios e agrupamentos de empresas**

1 – Para a realização de obras, as empresas de construção podem organizar-se, entre si ou com empresas que se dediquem a actividade diversa, em consórcios ou em qualquer das modalidades jurídicas de agru-

pamento de empresas admitidas e reguladas pelo quadro legal vigente, desde que as primeiras satisfaçam, todas elas, as disposições legais relativas ao exercício da actividade.

2 – Os consórcios ou agrupamentos de empresas aproveitam das habilitações das empresas associadas, devendo pelo menos uma das empresas de construção deter a habilitação que cubra o valor total da obra e respeite ao tipo de trabalhos mais expressivo e cada uma das outras empresas de construção a habilitação que cubra o valor da parte da obra que se propõe executar.

3 – Os consórcios e agrupamentos de empresas estão ainda sujeitos ao seguinte:

a) Cada empresa associada ou agrupada é sempre solidariamente responsável com o grupo pelo pontual cumprimento de todas as obrigações emergentes do contrato;

b) A cada empresa associada é imputado, para efeitos de aplicação de sanções previstas no presente diploma, o incumprimento pelo consórcio das obrigações referidas na alínea anterior, bem como das demais resultantes do presente diploma;

c) Sem prejuízo do disposto nos números anteriores, os agrupamentos de empresas ficam vinculados ao cumprimento das demais obrigações previstas no presente diploma, respondendo subsidiariamente as empresas agrupadas pelo pagamentos das coimas aplicadas ao agrupamento por decisão tornada definitiva nos termos do artigo 37.º

ARTIGO 27.º – **Subcontratação**

1 – Não é permitida a subcontratação total de qualquer obra nem a subcontratação a empresas que não estejam devidamente habilitadas nos termos do presente diploma.

2 – As empresas que não detenham todas as habilitações necessárias para a execução da obra, e por esse facto recorram à subcontratação, aproveitam das habilitações detidas pelas subcontratadas.

3 – As empresas devem exigir a comprovação das habilitações detidas pelas suas subcontratadas.

4 – As empresas devem confirmar as declarações de obra executada ou em curso, a pedido das subcontratadas, em modelos a definir pelo IMOPPI.

ARTIGO 28.º – **Morte, interdição, inabilitação e falência**

1 – Quando ocorra o falecimento, interdição ou inabilitação de empresário em nome individual, ou a falência de sociedade, o alvará caduca, sendo canceladas todas as habilitações dele constantes, devendo de imediato ser entregue no IMOPPI.

2 – Não obstante o disposto no número anterior, se existirem obras em curso à data do falecimento, interdição ou inabilitação, podem os herdeiros, o tutor ou o curador, respectivamente, requerer autorização para concluir os trabalhos por executar, desde que comprovem dispor dos necessários meios técnicos e financeiros e que o dono da obra aceite que eles tomem sobre si o encargo do cumprimento do contrato.

3 – Em caso de falência da empresa titular de alvará, podem as obras em curso ser concluídas desde que o dono da obra o permita e exista, da parte do liquidatário judicial, acordo nesse sentido.

4 – Nos casos previstos nos n.ºs 2 e 3 do presente artigo, o IMOPPI emite um título transitório com validade até à conclusão dos trabalhos.

CAPÍTULO V – **Do contrato de empreitada de obra particular**

ARTIGO 29.º – **Forma e conteúdo**

1 – Os contratos de empreitada e subempreitada de obra particular cujo valor ultrapasse 10% do limite fixado para a classe 1 são obrigatoriamente reduzidos a escrito e devem ter o seguinte conteúdo mínimo:

a) Identificação completa das partes outorgantes;

b) Identificação dos alvarás;

c) Identificação do objecto do contrato, incluindo as peças escritas e desenhadas, quando as houver;

d) Valor do contrato;

e) Prazo de execução;

f) Forma e prazos de pagamento.

2 – A não observância do disposto no número anterior gera a nulidade do contrato e presume-se imputável à empresa adjudicatária.

3 – As empresas são obrigadas a guardar os contratos celebrados em que são adjudicatárias pelo período de cinco anos a contar da data da conclusão das obras.

ARTIGO 30.º – **Regime legal**

O disposto no artigo anterior prevalece sobre o regime jurídico das empreitadas previsto no Código Civil, na parte em que com o mesmo não se conforme.

CAPÍTULO VI – Obrigações dos donos das obras, das entidades licenciadoras e de outros

ARTIGO 31.º – **Exigibilidade e verificação das habilitações**

1 – Nos concursos de obras públicas e no licenciamento municipal, deve ser exigida uma única subcategoria em classe que cubra o valor global da obra, a qual deve respeitar ao tipo de trabalhos mais expressivo, sem prejuízo da eventual exigência de outras subcategorias relativas aos restantes trabalhos a executar e nas classes correspondentes.

2 – A habilitação de empreiteiro geral ou construtor geral, desde que adequada à obra em causa e em classe que cubra o seu valor global, dispensa a exigência a que se refere o número anterior.

3 – Os donos de obras públicas, os donos de obras particulares nos casos de isenção ou dispensa de licença ou autorização administrativa e as entidades licenciadoras de obras particulares devem assegurar que as obras sejam executadas por detentores de alvará ou título de registo contendo as habilitações correspondentes à natureza e valor dos trabalhos a realizar, nos termos do disposto nas portarias referidas nos n.os 4 e 5 do artigo 4.º e no n.º 5 do artigo 6.º

4 – A comprovação das habilitações é feita pela exibição do original do alvará ou do título de registo, sem prejuízo de outras exigências legalmente previstas, podendo em qualquer caso a sua verificação ser efectuada no sítio do IMOPPI na Internet.

5 – Nenhuma obra poderá ser dividida por fases tendo em vista subtraí-la à consideração do seu valor global para efeitos de determinação da classe de valor de trabalhos exigível.

ARTIGO 32.º – **Informações a prestar por donos de obras, entidades licenciadoras e outros**

1 – Os donos de obra e as entidades licenciadoras devem comunicar ao IMOPPI o conhecimento de qualquer ocorrência ou conduta que ponha

em causa a boa execução da obra por motivo imputável à empresa ou a qualquer das suas subcontratadas.

2 – Sem prejuízo de outras comunicações legalmente previstas, devem igualmente comunicar ao IMOPPI, no prazo de vinte e quatro horas, os acidentes de que resulte morte ou lesão grave de trabalhadores ou de terceiros ou que, independentemente da produção de tais danos, assumam particular gravidade.

3 – Os donos de obra e as entidades licenciadoras devem ainda comunicar o incumprimento de qualquer obrigação sancionável nos termos do presente diploma.

4 – Os donos de obra e as entidades licenciadoras devem confirmar as declarações de obra executada ou em curso, a pedido das empresas, em modelos a definir pelo IMOPPI.

CAPÍTULO VII – Fiscalização e sanções

ARTIGO 33.º – Competências de inspecção e fiscalização do IMOPPI

1 – O IMOPPI, no âmbito das suas competências, inspecciona e fiscaliza a actividade da construção.

2 – No exercício das suas competências de inspecção e fiscalização, o IMOPPI pode solicitar a quaisquer serviços públicos ou autoridades toda a colaboração ou auxílio que julgue necessário.

3 – Todas as autoridades e seus agentes devem participar ao IMOPPI quaisquer infracções ao presente diploma e respectivas disposições regulamentares.

ARTIGO 34.º – Auto de notícia

1 – Quando, no exercício de funções inspectivas, se verificar ou comprovar, pessoal e directamente, ainda que por forma não imediata, qualquer infracção ao presente diploma punível com coima, é levantado auto de notícia.

2 – O auto de notícia deve mencionar os factos que constituem infracção, o dia, a hora, o local e as circunstâncias em que foi cometida, a identificação dos agentes que a presenciaram e tudo o que puderem averiguar acerca da identificação dos agentes da infracção e, quando possível, a indicação de, pelo menos, uma testemunha que possa depor sobre os factos.

3 – O auto de notícia é assinado pelos agentes que o levantaram e pelas testemunhas, quando for possível.

4 – A autoridade ou agente da autoridade que tiver notícia, no exercício das suas funções, de infracção ao presente diploma levanta auto a que é correspondentemente aplicável o disposto nos n.os 1 e 2 do presente artigo, com as necessárias adaptações.

ARTIGO 35.º – **Participação e denúncia**

1 – Se algum funcionário sem competência para levantar auto de notícia tiver conhecimento, no exercício ou por causa do exercício das suas funções, de qualquer infracção ao presente diploma punível com coima, participá-la-á, por escrito ou verbalmente, aos serviços competentes para o seu processamento.

2 – Qualquer pessoa pode denunciar infracções ao presente diploma junto do IMOPPI.

3 – A participação e denúncia devem conter, sempre que possível, os elementos exigidos para o auto de notícia.

4 – O disposto neste artigo é também aplicável quando se trate de funcionário competente para levantar auto de notícia, desde que não tenha verificado pessoalmente a infracção.

ARTIGO 36.º – **Notificações**

1 – As notificações efectuam-se:
a) Por contacto pessoal com o notificando no lugar em que for encontrado;
b) Mediante carta registada expedida para o domicílio ou sede do notificando;
c) Mediante carta simples expedida para o domicílio ou sede do notificando.

2 – A notificação por contacto pessoal deve ser efectuada, sempre que possível, no acto de autuação, podendo ainda ser utilizada quando o notificando for encontrado pela entidade competente.

3 – Se não for possível, no acto de autuação, proceder nos termos do número anterior ou se estiver em causa qualquer outro acto, a notificação pode ser efectuada através de carta registada expedida para o domicílio ou sede do notificando.

4 – Se, por qualquer motivo, a carta prevista no número anterior for devolvida à entidade remetente, a notificação é reenviada ao notificando, para o seu domicílio ou sede, através de carta simples.

5 – A notificação nos termos do n.º 3 considera-se efectuada no 3.º dia útil posterior ao do envio, devendo a cominação aplicável constar do acto de notificação.

6 – No caso previsto no n.º 4, o funcionário da entidade competente lavra uma cota no processo com a indicação da data da expedição da carta e do domicílio para o qual foi enviada, considerando-se a notificação efectuada no 5.º dia posterior à data indicada, cominação que deverá constar do acto de notificação.

7 – Se o notificando se recusar a receber ou a assinar a notificação, o funcionário certifica a recusa, considerando-se efectuada a notificação.

ARTIGO 37.º – **Contra-ordenações**

1 – Às contra-ordenações previstas neste artigo são aplicáveis as seguintes coimas, sem prejuízo da aplicação de pena ou sanção mais grave que lhes couber por força de outra disposição legal:

a) Quando sejam qualificadas como muito graves, de € 7 500 a € 44 800, reduzindo-se o limite mínimo para € 2 000 e o limite máximo na parte que exceda o respectivo montante máximo de coima previsto no regime geral das contra-ordenações e coimas, quando aplicada a pessoa singular;

b) Quando sejam qualificadas como graves, de € 1 000 a € 3 000 e de € 5 000 a € 30 000, conforme sejam praticadas por pessoa singular ou pessoa colectiva;

c) Quando sejam qualificadas como simples, de € 500 a € 1 500 e de € 3 000 a € 20 000, conforme sejam praticadas por pessoa singular ou pessoa colectiva.

2 – Constituem ilícitos de mera ordenação social muito graves:

a) Violação do disposto no n.º 1 do artigo 4.º;
b) Violação do disposto no n.º 2 do artigo 4.º;
c) Violação do disposto no n.º 1 do artigo 6.º;
d) Violação do disposto no n.º 2 do artigo 6.º;
e) Violação do disposto no n.º 1 do artigo 12.º;
f) Violação do disposto no n.º 1 do artigo 27.º

3 – Constituem ilícitos de mera ordenação social graves:

a) Violação do disposto na alínea *a)* do n.º 2 do artigo 24.º;

b) Violação do disposto na alínea *b)* do n.º 2 do artigo 24.º;
c) Violação do disposto na alínea *c)* do n.º 2 do artigo 24.º;
d) Violação do disposto na alínea *d)* do n.º 2 do artigo 24.º;
e) Violação do disposto na alínea *e)* do n.º 2 do artigo 24.º;
f) Violação do disposto na alínea *f)* do n.º 2 do artigo 24.º;
g) Violação do disposto na alínea *g)* do n.º 2 do artigo 24.º;
h) Violação do disposto na alínea *a)* do n.º 1 do artigo 25.º;
i) Violação do disposto na alínea *d)* do n.º 1 do artigo 25.º;
j) Violação do disposto na alínea *e)* do n.º 1 do artigo 25.º;
l) Violação do disposto na alínea *b)* do n.º 2 do artigo 25.º;
m) Violação do disposto no n.º 3 do artigo 25.º;
n) Violação do disposto no n.º 4 do artigo 27.º;
o) Violação do disposto no n.º 1 do artigo 29.º
4 – Constituem ilícitos de mera ordenação social simples:
a) Violação do disposto no n.º 3 do artigo 24.º;
b) Violação do disposto no n.º 4 do artigo 24.º;
c) Violação do disposto na alínea *b)* do n.º 1 do artigo 25.º;
d) Violação do disposto na alínea *c)* do n.º 1 do artigo 25.º;
e) Violação do disposto na alínea *a)* do n.º 2 do artigo 25.º;
f) Violação do disposto no n.º 3 do artigo 27.º;
g) Violação do disposto no n.º 3 do artigo 29.º
5 – A tentativa e a negligência são puníveis, sendo, nestes casos, os limites máximo e mínimo da coima reduzidos a metade.

ARTIGO 38.º – **Sanções acessórias**

1 – Quando a gravidade da infracção o justifique, podem ser aplicadas as seguintes sanções acessórias, nos termos do regime geral das contra-ordenações:
a) Interdição do exercício da actividade;
b) Suspensão dos títulos de registo e dos alvarás;
c) Privação do direito de participar em feiras ou mercados;
d) Privação do direito de participar em arrematações ou concursos públicos que tenham por objecto a empreitada ou a concessão de obras públicas e a concessão de serviços públicos.
2 – A aplicação das sanções de suspensão ou interdição implica a entrega imediata do alvará ou título de registo e a invalidade de todas as suas eventuais reproduções, ficando ainda a empresa obrigada a comunicar ao IMOPPI as obras que tem em curso.

3 – As sanções referidas no n.º 1 têm a duração máxima de dois anos contados a partir da decisão condenatória definitiva.

4 – A empresa sujeita às sanções de suspensão ou interdição deve, para reinício da actividade, cumprir as condições exigidas pelo artigo 11.º do presente diploma.

ARTIGO 39.º – **Interdição do exercício da actividade**

1 – A aplicação da sanção acessória de interdição implica a interdição de finalizar as obras em curso e de celebrar novos contratos de empreitada de obras públicas ou particulares e de praticar todos e quaisquer actos relacionados com a actividade, seja para que efeito for, junto de entidades licenciadoras ou donos de obra.

2 – O IMOPPI comunica de imediato aos donos das obras a interdição e seus fundamentos, implicando a interdição a imediata resolução por impossibilidade culposa da empresa de todos os contratos de empreitada celebrados referentes a obras em curso, sem prejuízo dos efeitos já produzidos.

ARTIGO 40.º – **Suspensão dos títulos de registo e dos alvarás**

1 – A aplicação da sanção acessória de suspensão inibe a empresa de celebrar novos contratos de empreitada de obras públicas ou particulares e de praticar todos e quaisquer actos relacionados com a actividade, seja para que efeito for, junto de entidades licenciadoras ou donos de obra.

2 – Sem prejuízo do disposto no número anterior, a empresa sujeita a suspensão pode finalizar as obras em curso desde que com o acordo dos donos das obras, devendo para tal o IMOPPI comunicar-lhes a suspensão e seus fundamentos, tendo os mesmos, contudo, em alternativa, o direito à resolução do contrato por impossibilidade culposa da empresa.

ARTIGO 41.º – **Medidas cautelares**

1 – Quando se revele necessário para a instrução do processo de contra-ordenação ou resultem fortes indícios da prática de facto que constitua contra-ordenação nos termos do presente diploma, o IMOPPI pode determinar uma das seguintes medidas:

a) Suspensão preventiva total ou parcial da actividade, no caso de violação do disposto no n.º 1 do artigo 4.º e no n.º 1 do artigo 6.º do presente diploma;

b) Suspensão da apreciação de pedido de classificação, reclassificação ou revalidação formulado pela empresa junto do IMOPPI.

2 – A aplicação da medida prevista na alínea *a)* do número anterior efectua-se mediante notificação pessoal e via postal ou mediante a afixação de editais nas instalações da empresa ou nos locais de acesso aos estaleiros das obras onde a mesma esteja a exercer a actividade.

3 – As medidas determinadas nos termos do n.º 1 do presente artigo vigoram, consoante os casos:

a) Até ao seu levantamento pelo presidente do conselho de administração do IMOPPI ou por decisão judicial;

b) Até ao início da aplicação da sanção acessória de interdição do exercício da actividade.

4 – Não obstante o disposto no número anterior, as medidas cautelares referidas no n.º 1 têm a duração máxima de um ano contado a partir da decisão que as imponha.

ARTIGO 42.º – **Procedimento de advertência**

1 – Quando a contra-ordenação consistir em irregularidade sanável da qual não tenham resultado prejuízos para terceiros, o IMOPPI pode advertir o infractor, notificando-o para sanar a irregularidade.

2 – Da notificação deve constar a identificação da infracção, as medidas necessárias para a sua regularização, o prazo para o cumprimento das mesmas e a advertência de que o seu não cumprimento dá lugar à instauração de processo de contra-ordenação.

3 – Se o infractor não sanar a irregularidade no prazo fixado, o processo de contra-ordenação é instaurado.

ARTIGO 43.º – **Determinação da sanção aplicável**

A determinação da coima, das sanções acessórias e das medidas cautelares faz-se em função da gravidade da contra-ordenação, da ilicitude concreta do facto, da culpa do infractor e dos benefícios obtidos e tem em conta a sua situação económica e anterior conduta.

ARTIGO 44.° – **Competência para instrução dos processos de contra--ordenação e aplicação de sanções e medidas cautelares**

1 – A instrução do processo de contra-ordenação é da competência dos serviços do IMOPPI.

2 – Compete ao presidente do conselho de administração do IMOPPI a aplicação das coimas, das sanções acessórias e da medida cautelar prevista na alínea *b*) do n.° 1 do artigo 41.° do presente diploma.

3 – Compete aos serviços de inspecção do IMOPPI a aplicação da medida cautelar prevista na alínea *a*) do n.° 1 do artigo 41.° do presente diploma.

4 – Sem prejuízo do número anterior, o IMOPPI pode confiar a execução da referida medida cautelar às autoridades policiais.

ARTIGO 45.° – **Cobrança coerciva de coimas e publicidade das sanções e medidas cautelares**

1 – As coimas aplicadas em processo de contra-ordenação, quando não pagas, são cobradas coercivamente.

2 – As decisões definitivas de aplicação de coimas pela prática de ilícitos de mera ordenação social previstos no artigo 37.°, de aplicação de sanções acessórias previstas no artigo 38.° e da aplicação de medidas cautelares previstas no artigo 41.° são publicitadas no sítio do IMOPPI na Internet.

3 – O presidente do conselho de administração do IMOPPI deve, ainda, determinar a publicação em jornal de difusão nacional, regional ou local das decisões definitivas de aplicação de coimas pela prática dos ilícitos de mera ordenação social muito graves previstos no n.° 2 do artigo 37.°, de aplicação das sanções acessórias previstas nas alíneas *a*) e *b*) do n.° 1 do artigo 38.° e da aplicação da medida cautelar prevista na alínea *a*) do n.° 1 artigo 41.° do presente diploma.

ARTIGO 46.° – **Produto das coimas**

O produto das coimas recebidas por infracção ao disposto no presente diploma reverte em 60% para os cofres do Estado e em 40% para o IMOPPI.

ARTIGO 47.° – **Apreensão do alvará ou título de registo**

O alvará ou título de registo de empresa sujeita à sanção de interdição que não seja entregue no IMOPPI no prazo máximo de oito dias contados da data da notificação será apreendido pelas autoridades competentes.

ARTIGO 48.° – **Responsabilidade criminal**

1 – O desrespeito pelas decisões tomadas pelo IMOPPI, nos termos do disposto no n.° 1 do artigo 38.° e no n.° 1 do artigo 41.° do presente diploma, integra o crime de desobediência nos termos do artigo 348.° do Código Penal.

2 – A remoção, destruição, alteração, danificação ou qualquer outra forma de actuação que impeça o conhecimento do edital afixado ao abrigo do disposto no n.° 2 do artigo 41.° integra o crime de arrancamento, destruição ou alteração de editais, nos termos do artigo 357.° do Código Penal.

3 – As falsas declarações e as falsas informações prestadas, no âmbito dos procedimentos previstos no presente diploma, pelos empresários em nome individual, representantes legais das sociedades comerciais e técnicos das empresas integram o crime de falsificação de documentos, nos termos do artigo 256.° do Código Penal.

CAPÍTULO VIII – Das taxas

ARTIGO 49.° – **Taxas**

1 – Os procedimentos administrativos tendentes à emissão, substituição ou revalidação de alvarás e títulos de registo e a emissão de certidões, bem como os demais procedimentos previstos no presente diploma, dependem do pagamento de taxas, nos termos a fixar por portaria do Ministro das Obras Públicas, Transportes e Habitação.

2 – As taxas previstas no número anterior constituem receita do IMOPPI.

3 – Não são devidas taxas em virtude de alteração da designação do arruamento ou do número de polícia, respeitante às sedes das empresas, quando essas alterações resultem de decisão administrativa.

4 – Não serão igualmente sujeitas ao pagamento de taxas as empresas que se encontrem abrangidas por programa de recuperação de empresas e durante o tempo que durar esse regime, desde que o solicitem ao IMOPPI.

ARTIGO 50.º – **Cobrança coerciva**

A cobrança coerciva das taxas é da competência da repartição de finanças da área do domicílio ou sede do devedor, em processo de execução fiscal.

CAPÍTULO IX – **Disposições finais e transitórias**

ARTIGO 51.º – **Impugnação das decisões**

As decisões tomadas pelo IMOPPI ao abrigo do presente diploma podem ser impugnadas nos termos do Código do Procedimento Administrativo.

ARTIGO 52.º – **Dever de cooperação**

1 – As entidades públicas têm o dever de prestar ao IMOPPI toda a colaboração que este lhes solicitar, facultando os dados e documentos necessários à aplicação do presente diploma, designadamente os referentes à capacidade técnica e económico-financeira das empresas, nos termos dos artigos 9.º, 10.º e 19.º

2 – No uso da faculdade prevista no número anterior, o IMOPPI pode solicitar, nomeadamente, à administração fiscal e à segurança social os elementos necessários à verificação das condições de ingresso e permanência nos termos e para os efeitos previstos nos artigos 9.º e 10.º e no n.º 2 do artigo 19.º

3 – O disposto nos números anteriores não prejudica as restrições legais existentes, nos casos devidamente justificados pelos organismos competentes.

4 – Os elementos solicitados devem ser fornecidos nas condições e prazos estabelecidos pelo IMOPPI por forma a assegurar a normal execução dos procedimentos previstos no presente diploma.

ARTIGO 53.º – **Acesso aos documentos**

O IMOPPI deve vedar o acesso a documentos constantes dos processos das empresas cuja comunicação ponha em causa segredos comerciais, industriais ou sobre a vida das empresas, nos termos da legislação sobre acesso a documentos administrativos.

ARTIGO 54.º – **Idioma dos documentos**

Os requerimentos e demais documentos referidos no presente diploma devem ser redigidos em língua portuguesa ou, quando for utilizado outro idioma, ser acompanhados de tradução legal, nos termos do artigo 172.º do Código do Notariado.

ARTIGO 55.º – **Contagem de prazos**

Na contagem de todos os prazos fixados no presente diploma aplicam-se as regras do Código do Procedimento Administrativo.

ARTIGO 56.º – **Actos sujeitos a publicação**

São publicados na 2.ª série do *Diário da República* a concessão, a modificação e o cancelamento de alvarás e títulos de registo e todas as sanções aplicadas nos termos do presente diploma.

ARTIGO 57.º – **Disposição transitória**

1 – A validade dos actuais certificados é prorrogada até 31 de Janeiro de 2004.

2 – A substituição dos actuais certificados pelos correspondentes alvarás deve ser feita até 1 de Fevereiro de 2004.

3 – Sem prejuízo do disposto no número seguinte, as classificações constantes do alvará são as mais elevadas que resultem para cada empresa, a partir das autorizações constantes dos actuais certificados de empreiteiro de obras públicas ou industrial de construção civil que a empresa detenha, tendo em atenção as regras de correspondência entre as autorizações constantes daqueles certificados e as habilitações definidas na portaria a que se refere o n.º 4 do artigo 4.º

4 – Nas condições fixadas na portaria a que alude o número anterior, as empresas podem, caso não pretendam alguma das habilitações a que têm direito nos termos do número anterior, indicar ao IMOPPI quais as habilitações que não pretendem ou que pretendem em classe inferior à que resulte da aplicação daqueles princípios.

5 – Todos os pedidos de classificação e reclassificação que derem entrada no IMOPPI até 31 de Janeiro de 2004 são apreciados ao abrigo do Decreto-Lei n.º 61/99, de 2 de Março.

ARTIGO 58.º – **Norma revogatória**

1 – Sem prejuízo do disposto no artigo anterior, é revogado o Decreto-Lei n.º 61/99, de 2 de Março, e respectiva legislação regulamentar.

2 – A Portaria n.º 1547/2002, de 24 de Dezembro, mantém-se, no entanto, em vigor para os efeitos previstos no n.º 19.3 da Portaria n.º 104/2001, de 21 de Fevereiro, na redacção que lhe foi dada pela Portaria n.º 1465/2002, de 14 de Novembro, enquanto vigorar o Decreto-Lei n.º 59/99, de 2 de Março.

PORTARIA N.º 14/2004
DE 10 DE JANEIRO

Estabelece os requisitos e procedimentos a cumprir para a concessão e revalidação dos títulos de registo

O Decreto-Lei n.º 12/2004, de 9 de Janeiro, diploma que estabelece o regime jurídico de ingresso e permanência na actividade da construção, prevê no n.º 1 do seu artigo 6.º que determinados trabalhos podem ser efectuados por detentor de título de registo, desde que os mesmos não ultrapassem 10% do limite fixado para a classe 1 e estejam enquadrados em subcategorias a regulamentar, estabelecendo o n.º 5 do mesmo artigo que a concessão e a revalidação do título de registo são regulamentadas por portaria do Ministro das Obras Públicas, Transportes e Habitação.

Este diploma legal vem, assim, estabelecer quais os requisitos que os requerentes têm de cumprir e como os comprovar perante o Instituto dos Mercados de Obras Públicas e Particulares e do Imobiliário e quais os tipos de trabalhos que lhes são permitidos realizar.

Assim, ao abrigo do n.º 5 do artigo 6.º do Decreto-Lei n.º 12/2004, de 9 de Janeiro:

Manda o Governo, pelo Ministro das Obras Públicas, Transportes e Habitação, o seguinte:

1.º A emissão do título de registo depende de:

a) Verificação do requisito da idoneidade, conforme prevista no artigo 8.º do Decreto-Lei n.º 12/2004, de 9 de Janeiro;

b) Objecto social ou ramo de actividade adequado às subcategorias pretendidas, consoante se trate de sociedade ou empresário em nome individual.

2.º O pedido de concessão de título de registo é efectuado através de requerimento dirigido ao presidente do conselho de administração do Instituto dos Mercados de Obras Públicas e Particulares e do Imobiliário (IMOPPI), com indicação das subcategorias pretendidas.

3.º O requerimento é acompanhado da seguinte documentação:
a) Bilhete de identidade do empresário em nome individual ou dos representantes legais da sociedade;
b) Certificado do registo criminal do empresário em nome individual ou dos representantes legais da sociedade;
c) Declaração de idoneidade do empresário em nome individual ou dos representantes legais da sociedade;
d) Documento da administração fiscal comprovativo da data do início e do ramo de actividade em que está inscrito ou certidão de registo comercial, consoante se trate de empresário em nome individual ou sociedade;
e) Declaração da entidade seguradora comprovando a posse do seguro de acidentes de trabalho;
f) Cartão de identificação fiscal (NIF) ou cartão de identificação de pessoa colectiva (NIPC), conforme se trate de empresário em nome individual ou sociedade.

4.º O pedido de revalidação, efectuado através de requerimento dirigido ao presidente do conselho de administração do IMOPPI, deve ser apresentado até 60 dias antes da data do termo da sua validade, acompanhado dos documentos referidos nas alíneas *b*), *c*), *d*) e *e*) do n.º 3.º da presente portaria, devidamente actualizados.

5.º As empresas detentoras de título de registo só podem executar trabalhos enquadráveis nas seguintes subcategorias:
a) Alvenarias, rebocos e assentamento de cantarias;
b) Estuques, pinturas e outros revestimentos;
c) Carpintarias;
d) Trabalhos em perfis não estruturais;
e) Canalizações e condutas em edifícios;
f) Instalações sem qualificação específica;
g) Calcetamentos;
h) Ajardinamentos;

i) Instalações eléctricas de utilização de baixa tensão;
j) Infra-estruturas de telecomunicações;
l) Sistemas de extinção de incêndios, segurança e detecção;
m) Armaduras para betão armado;
n) Cofragens;
o) Impermeabilizações e isolamentos.

6.º Às subcategorias detidas nos títulos de registo concedidos ao abrigo do Decreto-Lei n.º 61/99, de 2 de Março, aplica-se o quadro de correspondência constante da portaria referida no n.º 4 do artigo 4.º do Decreto-Lei n.º 12/2004, de 9 de Janeiro.

7.º Os detentores de título de registo de que constem subcategorias que, aplicado o quadro de correspondência referido no número anterior, não estejam previstas no n.º 5.º da presente portaria mantêm o título até à data limite da sua validade, caducando nessa data essas subcategorias, sem prejuízo da revalidação do mesmo com as restantes subcategorias, nos termos do presente diploma.

8.º Os requerimentos referidos nos n.ᵒˢ 2.º e 4.º e os documentos referidos nas alíneas *c*) e *e*) do n.º 3.º são apresentados em modelos aprovados pelo conselho de administração do IMOPPI.

9.º Os preços dos modelos a que se refere o número anterior são fixados pelo conselho de administração do IMOPPI.

10.º Em tudo o que não estiver especialmente regulado nesta portaria aplica-se aos titulares de registo, com as necessárias adaptações, o disposto no Decreto-Lei n.º 12/2004, de 9 de Janeiro.

11.º A presente portaria produz efeitos à data da entrada em vigor do Decreto-Lei n.º 12/2004, de 9 de Janeiro.

PORTARIA N.º 15/2004
DE 10 DE JANEIRO

Estabelece as taxas devidas pelos procedimentos administrativos tendentes à emissão, substituição ou revalidação de alvarás e títulos de registo, à emissão de certidões, bem como pelos demais procedimentos previstos no Decreto-Lei n.º 12/2004, de 9 de Janeiro, relativas à actividade da construção

O Decreto-Lei n.º 12/2004, de 9 de Janeiro, diploma que estabelece o regime jurídico de ingresso e permanência na actividade da construção, determina no n.º 1 do artigo 49.º que os procedimentos administrativos tendentes à emissão, substituição ou revalidação de alvarás e títulos de registo, a emissão de certidões, bem como os demais procedimentos no mesmo previstos, dependem do pagamento de taxas, nos termos a fixar por portaria do Ministro das Obras Públicas, Transportes e Habitação.

Assim, ao abrigo do disposto no n.º 1 do artigo 49.º do Decreto-Lei n.º 12/2004, de 9 de Janeiro:

Manda o Governo, pelo Ministro da Obras Públicas, Transportes e Habitação, o seguinte:

1.º Ficam sujeitos ao pagamento de taxas, destinadas a cobrir os encargos com a gestão do sistema de ingresso, permanência e fiscalização da actividade da construção, os seguintes procedimentos:

a) Concessão de alvará;
b) Elevação de classe;
c) Concessão de novas habilitações;
d) Revalidação do alvará;
e) Emissão de alvará por alteração de sede social, domicílio fiscal ou denominação social;

f) Emissão de alvará em segunda via;
g) Concessão de título de registo;
h) Revalidação do título de registo;
i) Emissão de título de registo em segunda via;
j) Emissão de certidões.

2.° – 1 – Para promoção do processo de concessão de alvará, assim como dos processos de elevação de classe e de concessão de novas habilitações, é devida uma taxa inicial no montante de 50% do índice 100 da escala salarial das carreiras do regime geral do sistema retributivo da função pública, em vigor à data em que seja devido o pagamento da taxa, doravante designado por índice 100.

2 – O pagamento da taxa inicial é prévio à apresentação do processo, sendo o mesmo da iniciativa da empresa.

3 – O pagamento da taxa inicial é efectuado directamente no Instituto dos Mercados de Obras Públicas e Particulares e do Imobiliário (IMOPPI) ou através de sistema electrónico, a favor do IMOPPI, sem prejuízo de este Instituto poder disponibilizar ou permitir outras formas de pagamento.

4 – O documento comprovativo do pagamento antecipado da taxa inicial tem a validade de 60 dias após a data do pagamento e contém obrigatoriamente o montante pago de acordo com o n.° 1 do presente número e a data do pagamento.

5 – O pagamento comprova-se através da entrega ou remessa ao IMOPPI do documento referido no número anterior, juntamente com o requerimento e demais documentos que constituem o processo respectivo, desde que seja o original, esteja legível e seja apresentado dentro do prazo referido no n.° 4 do presente número.

6 – Se o interessado não tiver utilizado o documento comprovativo do pagamento da taxa inicial nos 60 dias subsequentes à data da sua emissão, pode requerer a devolução da quantia despendida ao IMOPPI, no prazo máximo de um ano a contar da data da sua emissão, mediante a entrega do original do documento, sob pena de esse montante reverter a favor do IMOPPI.

7 – Em caso de pedido de devolução, de acordo com o previsto no número anterior, o IMOPPI deve proceder à devolução requerida no prazo máximo de 30 dias.

3.º O pagamento da taxa final devida pelos processos de concessão de alvará, de elevação de classe e de novas habilitações bem como o pagamento das taxas devidas pelos demais procedimentos previstos na presente portaria são efectuados após emissão de guia pelo IMOPPI.

4.º – 1 – As taxas devidas pelos procedimentos administrativos indicados nas alíneas *a)* a *d)* do n.º 1.º da presente portaria resultam da soma de duas parcelas, A e B, a primeira variável, segundo o número e o tipo de habilitações, em categoria ou subcategoria, e respectivas classes, e a segunda em função do índice 100, de acordo com o quadro seguinte:

Taxa = A + B, em que:

		A		B
	\multicolumn{3}{c	}{Concorrem todas as habilitações a inscrever no alvará}	
Concessão de alvará	Habilitações em subcategoria das classes 1 e 2.	0,1‰ do limite da classe 1	Metade do índice 100.
	Habilitações em empreiteiro/ construtor geral das classes 1 e 2.	0,2‰ do limite da classe 1	
	Habilitações em subcategoria das classes 3 a 6.	0,15‰ do limite da classe anterior.	Índice 100.
	Habilitações em empreiteiro/ construtor geral das classes 3 a 6.	0,3‰ do limite anterior da classe anterior.	
	Habilitações em subcategoria das classes 7 a 9.	0,25‰ do limite da classe anterior.	No caso de alvarás com habilitações da classe 7, *B* toma o valor de 2×índice 100.
	Habilitações em empreiteiro/ construtor geral das classes 7 a 9.	0,5‰ do limite da classe anterior.	No caso de alvarás com habilitações da classe 8, *B* toma o valor de 4×índice 100. No caso de alvarás com habilitações da classe 9, *B* toma o valor de 8×índice 100.
	\multicolumn{3}{c	}{Concorrem apenas as habilitações reclassificadas ou novas}	
Elevação de classe e concessão de novas habilitações.	Habilitações em subcategoria das classes 1 e 2.	0,1‰ do limite da classe 1	Metade do índice 100.
	Habilitações em empreiteiro/ construtor geral das classes 1 e 2.	0,2‰ do limite da classe 1	
	Habilitações em subcategoria das classes 3 a 6.	0,15‰ do limite da classe anterior.	Índice 100.
	Habilitações em empreiteiro/ construtor geral das classes 3 a 6.	0,3‰ do limite da classe anterior.	
	Habilitações em subcategoria das classes 7 a 9.	0,25‰ do limite da classe anterior.	No caso de alvarás com habilitações da classe 7, *B* toma o valor de 2×índice 100.
	Habilitações em empreiteiro/ construtor geral das classes 7 a 9.	0,5‰ do limite da classe anterior.	No caso de alvarás com habilitações da classe 8, *B* toma o valor de 4×índice 100. No caso de alvarás com habilitações da classe 9, *B* toma o valor de 8×índice 100.

		Concorrem todas as habilitações constantes do alvará	
Revalidação de alvará	Habilitações em subcategoria das classes 1 e 2. Habilitações em empreiteiro/construtor geral das classes 1 e 2.	1/20×0,1‰ do limite da classe 1, com limite mínimo de € 5 por habilitação. 1/20×0,2‰ do limite da classe 1, com limite mínimo de € 5 por habilitação.	Metade do índice 100.
	Habilitações em subcategoria das classes 3 a 6. Habilitações em empreiteiro/construtor geral das classes 3 a 6.	1/20×0,15‰ do limite da classe anterior, com limite mínimo de € 5 por habilitação. 1/20×0,3‰ do limite da classe anterior, com limite mínimo de € 5 por habilitação.	Índice 100.
	Habilitações em subcategoria das classes 7 a 9.	1/20×0,25‰ do limite da classe anterior.	No caso de alvarás com habilitações da classe 7, B toma o valor de 2×índice 100.
	Habilitações em empreiteiro/construtor geral das classes 7 a 9.	1/20×0,5‰ do limite da classe anterior.	No caso de alvarás com habilitações da classe 8, B toma o valor de 4×índice 100. No caso de alvarás com habilitações da classe 9, B toma o valor de 8×índice 100.

PORTARIA N.º 16/2004
DE 10 DE JANEIRO

Estabelece o quadro mínimo de pessoal das empresas classificadas para o exercício da actividade da construção

O Decreto-Lei n.º 12/2004, de 9 de Janeiro, diploma que estabelece o regime jurídico do acesso e permanência na actividade da construção, determina que a capacidade técnica das empresas em termos de meios humanos é avaliada em função do seu quadro de pessoal, o qual deve integrar um número mínimo de elementos que disponham do conhecimento e da experiência adequados à execução dos trabalhos enquadráveis nas diversas habilitações, tendo em conta a sua natureza e classe.

De acordo com o n.º 4 do artigo 9.º do mesmo diploma, esse número é fixado por portaria do Ministro das Obras Públicas, Transportes e Habitação.

Com este diploma procura-se adaptar as exigências em termos de meios humanos à realidade actual do sector da construção, decorrente da fusão dos certificados de classificação de EOP e ICC num alvará único, para todas as empresas de construção, independentemente da natureza pública ou particular do cliente para quem executam as obras.

A experiência veio a demonstrar que certos níveis de exigência, tanto no plano quantitativo como no qualitativo, se traduziram em dificuldades de cumprimento, em várias situações, e em soluções claramente lesivas da credibilidade que um sistema de qualificação deve possuir, em muitas outras.

Uma das carências mais sentidas nos últimos anos no sector da construção tem sido a da escassez de quadros intermédios, cada vez mais necessários para que as empresas aumentem a sua produtividade e a qualidade do serviço prestado. Neste aspecto particular, o presente diploma assume que não apenas o sistema formal de ensino, mas também outras vias de certificação do conhecimento, nomeadamente no âmbito do Sistema Nacional de Aprendizagem e do Sistema Nacional de Certificação Profissional, devem ser postos ao serviço da construção, em especial no segmento de obras de valores mais reduzidos, sem que isso signifique, bem pelo contrário, qualquer diminuição da exigência do conhecimento que as empresas devem ter à sua disposição para um bom desempenho.

Por outro lado, torna-se indispensável prever a inclusão de técnicos da área da segurança e higiene no trabalho nas empresas classificadas para a execução de trabalhos de maior envergadura, contribuindo assim para um maior apetrechamento em meios técnicos com vista à redução da sinistralidade laboral.

Por fim, fica desde já programada a extinção de relações múltiplas entre os técnicos e as empresas de construção, por se constatar que, em elevado grau, não se traduziu na efectiva colaboração que terá sido pensada pelo legislador.

Assim, ao abrigo do disposto no n.º 4 do artigo 9.º do Decreto-Lei n.º 12/2004, de 9 de Janeiro:

Manda o Governo, pelo Ministro das Obras Públicas, Transportes e Habitação, o seguinte:

1.º – 1 – A presente portaria estabelece condições mínimas que devem ser respeitadas pelas empresas detentoras de alvará para a actividade da construção, no que se refere ao seu quadro de pessoal.

2 – Considera-se que uma empresa de construção dispõe de capacidade técnica em termos de meios humanos quando demonstre ter ao seu serviço um número de técnicos, com conhecimento comprovado nas diversas áreas da classificação detida, bem como encarregados e operários em número e nível de qualificação, nos termos dos instrumentos de contratação colectiva aplicáveis ao sector da construção, que respeitem os mínimos estabelecidos nos quadros constantes do anexo a esta portaria e o disposto nos números seguintes.

2.º – 1 – A classificação em subcategorias implica uma disponibilidade de meios humanos que satisfaça os mínimos estabelecidos no quadro I, sem prejuízo das soluções mais flexíveis previstas na presente portaria, no que se refere aos técnicos, quando o caso concreto assim o permitir.

2 – A empresa classificada em subcategoria, ou subcategorias afins, de trabalhos que não envolvam especial complexidade ou risco pode ter como técnico, em alternativa ao engenheiro técnico:

a) No caso de subcategorias de classe 1, um profissional com conhecimento na área dos trabalhos em causa, comprovado através de certificado de aptidão profissional (CAP) de nível 2 ou superior, e que tenha, no mínimo, 18 anos de idade;

b) No caso de subcategorias das áreas de electricidade, gás ou comunicações, nas classes 1, 2 e 3, um técnico responsável por instalações eléctricas, um técnico de gás ou um técnico ITED instalador, respectivamente, desde que o mesmo esteja inscrito como tal na Direcção-Geral da Energia (DGE) ou na autoridade nacional de comunicações (ANACOM), conforme o caso.

3.º A classificação em empreiteiro geral ou construtor geral implica uma disponibilidade de meios humanos, em termos de técnicos e encarregados, que satisfaça os mínimos estabelecidos no quadro I da presente portaria para a classe mais elevada, desde que da classificação detida em subcategorias não resulte maior exigência, sem prejuízo das soluções mais flexíveis previstas no número seguinte, no que se refere aos técnicos, quando o caso concreto assim o permitir.

4.º – 1 – A empresa classificada em classes 1 e 2 pode ter como técnico, em alternativa ao engenheiro técnico, um profissional com conhecimento na área dos trabalhos em causa, comprovado através de CAP de nível 3 ou superior.

2 – A empresa classificada em classes inferiores à 5 pode ter como técnico, em alternativa ao engenheiro técnico:

a) Um agente técnico de arquitectura e engenharia;

b) Um profissional que tenha concluído com aproveitamento um curso de especialização tecnológica (CET), comprovado através de CAP de nível 4, cuja valia para o efeito venha a ser reconhecida por despacho do Ministro das Obras Públicas, Transportes e Habitação.

3 – A empresa classificada em classe 6 pode ter como técnico, em alternativa ao engenheiro, um engenheiro técnico com, pelo menos, cinco anos de experiência na empresa.

5.º – 1 – Não obstante o disposto nos números anteriores, os mínimos estabelecidos no quadro I constante do anexo à presente portaria não dispensam a empresa de satisfazer, ainda, os seguintes requisitos:

a) Ter ao seu serviço técnicos com disponibilidade e conhecimento adequados às diversas áreas da classificação detida;

b) Comprovar a inscrição desses técnicos junto dos respectivos organismos profissionais, quando tal for obrigatório para o exercício da profissão.

2 – Sempre que as habilitações detidas envolvam trabalhos cuja execução dependa, por força de legislação especial, de inscrição de técnico junto de qualquer entidade reguladora, deve ser feita a comprovação dessa inscrição.

6.º – 1 – Para os efeitos estabelecidos no quadro I anexo a esta portaria, poderão também ser aceites como técnicos licenciados ou bacharéis de áreas científicas diversas da engenharia desde que verificadas, cumulativamente, as seguintes condições:

a) Sejam essas áreas científicas adequadas à classificação detida;

b) Detenham os técnicos experiência profissional relevante nos trabalhos em causa.

2 – Os requisitos constantes do n.º 1 do presente número são verificáveis, respectivamente, pelo conteúdo curricular do curso e pelo currículo do técnico.

7.º – 1 – A classificação em classe 6 ou superior depende ainda, para além do disposto nos n.ºs 2.º e 3.º da presente portaria, do reforço do quadro de pessoal com um número mínimo, estabelecido no quadro II do anexo à presente portaria, de técnicos superiores de segurança e higiene do trabalho (TSSHT) e de técnicos de segurança e higiene do trabalho (TSHT), certificados por CAP de nível 5 e CAP de nível 3, respectivamente, emitidos de acordo com o estabelecido no Decreto-Lei n.º 110/2000, de 30 de Junho, alterado pela Lei n.º 14/2001, de 4 de Junho.

2 – Os técnicos a que se refere o número anterior devem ter formação em matéria de segurança do trabalho na construção, obtida no âmbito da formação complementar específica.

3 – O estipulado no presente número só é exigido a partir de 1 de Fevereiro de 2006.

8.º As empresas que, ao abrigo da legislação revogada, tenham consultores ou encarregados no desempenho de funções técnicas devem, até

31 de Dezembro de 2005, adaptar-se às exigências previstas na presente portaria.

9.º A presente portaria produz efeitos à data da entrada em vigor do Decreto-Lei n.º 12/2004, de 9 de Janeiro, sem prejuízo do disposto no n.º 3 do n.º 7.º e no n.º 8.º

ANEXO

QUADRO I
Quadro mínimo de pessoal da área da produção

Classes	Engenheiros	Engenheiros técnicos	Encarregados	Operários (a) Grupo X do CCT	Operários (a) Grupo XII do CTT
1	–	1	–	1	1
2	–	1	–	2	1
3	–	1	1	3	1
4	–	1	1	4	2
5	–	1	2	6	3
6	1	1	2	8	4
7	2	2	4	12	6
8	4	4	6	16	8
9	6	6	8	24	12

(a) Os grupos de remuneração a que se refere este quadro são os previstos no contrato colectivo de trabalho (CCT) em vigor no continente para o sector da construção civil e obras públicas e, com as devidas adaptações, os equivalentes previstos nos instrumentos de regulamentação colectiva aplicáveis nas Regiões Autónomas.

QUADRO II
Quadro mínimo de técnicos da área da segurança e higiene do trabalho

Classes	TSSHT (CAP nível 5)	TSHT (CAP nível 3)
6	1	–
7	1	1
8	1	2
9	2	2

PORTARIA N.º 17/2004
DE 10 DE JANEIRO

Estabelece a correspondência entre as classes das habilitações constantes dos alvarás das empresas de construção e os valores das obras que os seus titulares ficam autorizados a executar

O Decreto-Lei n.º 12/2004, de 9 de Janeiro, diploma que estabelece o regime jurídico de ingresso e permanência na actividade da construção, determina que as habilitações concedidas para o exercício da actividade da construção são atribuídas em classes, estipulando no seu n.º 5 do artigo 4.º que a correspondência entre as classes e os valores das obras que os seus titulares ficam autorizados a executar é fixada por portaria do Ministro das Obras Públicas, Transportes e Habitação.

Assim, ao abrigo do disposto no n.º 5 do artigo 4.º do Decreto-Lei n.º 12/2004, de 9 de Janeiro:

Manda o Governo, pelo Ministro das Obras Públicas, Transportes e Habitação, o seguinte:

1.º As classes das habilitações relacionadas nos alvarás emitidos a partir de 1 de Fevereiro de 2004, ao abrigo do Decreto-Lei n.º 12/2004, de 9 de Janeiro, e os correspondentes valores são os fixados no quadro seguinte:

Classes de habilitações	Valores das obras (em euros)
1	Até 140 000
2	Até 280 000
3	Até 560 000
4	Até 1 120 000
5	Até 2 240 000
6	Até 4 480 000
7	Até 8 400 000
8	Até 14 000 000
9	Acima de 14 000 000

2.º A presente portaria produz efeitos à data da entrada em vigor do Decreto-Lei n.º 12/2004, de 9 de Janeiro, e vigorará até 31 de Janeiro de 2005.

PORTARIA N.º 18/2004
DE 10 DE JANEIRO

Estabelece quais os documentos comprovativos do preenchimento dos requisitos de ingresso e permanência na actividade da construção

O Decreto-Lei n.º 12/2004, de 9 de Janeiro, diploma que estabelece o regime jurídico de ingresso e permanência na actividade da construção, determina no n.º 2 do artigo 21.º que os documentos necessários à comprovação da posse dos requisitos de ingresso e permanência na actividade da construção, exigidos no artigo 7.º do referido diploma legal, são especificados em portaria do Ministro das Obras Públicas, Transportes e Habitação.

Assim, ao abrigo do disposto no n.º 2 do artigo 21.º do Decreto-Lei n.º 12/2004, de 9 de Janeiro:

Manda o Governo, pelo Ministro das Obras Públicas, Transportes e Habitação, o seguinte:

1.º – 1 – Os pedidos de ingresso, novas subcategorias, elevação de classe, diminuição de classe e cancelamento parcial ou total de subcategorias são formulados em requerimento dirigido ao presidente do conselho de administração do Instituto dos Mercados de Obras Públicas e Particulares e do Imobiliário (IMOPPI).

2 – O pedido de ingresso na actividade é acompanhado dos seguintes documentos:

a) Cartão de identificação fiscal (NIF) ou cartão de identificação de pessoa colectiva (NIPC), conforme se trate de empresário em nome individual ou de sociedade;

b) Declaração de início de actividade do empresário em nome individual ou certidão de teor do registo comercial da sociedade com todos os registos em vigor;

c) Bilhete de identidade do empresário em nome individual ou dos representantes legais da sociedade;

d) Certificado do registo criminal do empresário em nome individual ou dos representantes legais da sociedade;

e) Declaração de idoneidade comercial do empresário em nome individual ou dos representantes legais da sociedade;

f) Organograma;

g) Ficha curricular do empresário em nome individual ou dos representantes legais da sociedade;

h) Declaração de remunerações, entregue na segurança social, referente ao último mês, à data de entrada do requerimento, com valores que devem cumprir os mínimos estabelecidos no contrato colectivo de trabalho em vigor para o sector.

Quando o envio da declaração tenha sido efectuado em suporte informático (disquete ou Internet), a comprovação deverá ser feita através das folhas de resumo de totais e respectivas listagens do pessoal;

i) Declaração da entidade seguradora, comprovando a posse do seguro de acidentes de trabalho e o número de acidentes de trabalho ocorridos nos últimos três anos;

j) Quadro técnico;

l) Ficha curricular do(s) técnico(s);

m) Bilhete de identidade, NIF e carteira profissional do(s) técnico(s);

n) Vínculo contratual entre técnico e empresa;

o) Relação do equipamento da empresa e correspondentes comprovativos de aquisição, aluguer ou locação financeira, ou, em alternativa, mapa de reintegrações e amortizações;

p) Último balanço e demonstração de resultados, tal como tenham sido apresentados para cumprimento das obrigações fiscais da requerente.

3 – Os pedidos de novas subcategorias e elevação de classe são acompanhados dos documentos referidos no n.º 2 do presente número que sejam necessários à comprovação dos requisitos inerentes ao pedido, excepto os que já anteriormente tenham sido entregues e mantenham validade legal, desde que a requerente declare que a situação comprovada não se alterou.

4 – O pedido de cancelamento de todas as habilitações em que a empresa esteja classificada é acompanhado do original do alvará e de fotocópia da declaração de alteração ou cessação de actividade entregue junto da administração fiscal.

5 – Em caso de dúvida, o IMOPPI pode solicitar a apresentação dos originais dos documentos que tenham sido entregues em fotocópia.

2.º – 1 – A experiência das empresas na execução de obras, prevista no n.º 6 do artigo 9.º do Decreto-Lei n.º 12/2004, de 9 de Janeiro, é comprovada mediante a entrega de declarações de execução de obra depois de certificadas pela entidade licenciadora, após a emissão da licença de utilização, ou pelo dono de obra pública, após recepção provisória, consoante se trate de obra particular ou obra pública.

2 – Tratando-se de obra particular isenta ou dispensada de licença ou autorização administrativas, a declaração deve ser confirmada pelo dono de obra, após a recepção provisória.

3 – Tratando-se de obra, pública ou particular, executada em regime de subempreitada, a declaração deve ser confirmada pela empresa que deu a obra de empreitada, após a recepção dos trabalhos contratados.

4 – Quando, para os efeitos previstos nos artigos 13.º, 14.º e 20.º do Decreto-Lei n.º 12/2004, de 9 de Janeiro, seja necessário comprovar obras em curso, as respectivas declarações devem ser confirmadas pelas entidades referidas nos números antecedentes.

5 – Em caso de dúvida, o IMOPPI pode solicitar a apresentação da facturação correspondente às obras declaradas nos termos do presente número.

3.º A comunicação de alterações ao quadro técnico, prevista no n.º 3 do artigo 17.º do Decreto-Lei n.º 12/2004, de 9 de Janeiro, é efectuada mediante a entrega dos documentos previstos nas alíneas h), j), l), m) e n) do n.º 2 do n.º 1.º da presente portaria.

4.º – 1 – As alterações de denominação e sede ou domicílio fiscal, previstas nas alíneas b) e c) do n.º 1 do artigo 25.º do Decreto-Lei n.º 12/2004, de 9 de Janeiro, são comunicadas pela empresa, mediante a entrega da declaração de alteração de actividade entregue junto da administração fiscal, sem prejuízo de posterior entrega de certidão comercial actualizada com o registo da alteração ocorrida, no caso de se tratar de sociedade.

2 – A comunicação da cessação de actividade prevista na alínea e) do n.º 1 do artigo 25.º é acompanhada do original do alvará ou título de registo, conforme o caso, e da declaração de cessação de actividade entregue junto da administração fiscal.

3 – As restantes comunicações previstas no n.º 1 do artigo 25.º do Decreto-Lei n.º 12/2004, de 9 de Janeiro, são efectuadas por declaração, podendo o IMOPPI solicitar a junção dos documentos que forem necessários à comprovação da alteração ocorrida ou actualização do processo da empresa.

5.º O requerimento referido no n.º 1.º, os documentos referidos nas alíneas *e)*, *g)*, *i)*, *j)*, *l)*, *n)* e *o)* do n.º 2 do n.º 1.º e as declarações de execução de obra referidas no n.º 2.º da presente portaria são apresentados em modelos aprovados pelo conselho de administração do IMOPPI.

6.º Os preços dos modelos a que se refere o número anterior são fixados pelo conselho de administração do IMOPPI.

7.º A presente portaria produz efeitos à data da entrada em vigor do Decreto-Lei n.º 12/2004, de 9 de Janeiro.

PORTARIA N.º 19/2004
DE 10 DE JANEIRO

Estabelece as categorias e subcategorias relativas à actividade da construção

O Decreto-Lei n.º 12/2004, de 9 de Janeiro, diploma que estabelece o regime jurídico de ingresso e permanência na actividade da construção, determina no n.º 4 do artigo 4.º que os tipos de trabalhos que os titulares de alvará estão habilitados a executar constem de portaria do Ministro das Obras Públicas, Transportes e Habitação.

Este diploma procura reorganizar, numa solução menos desagregada, os tipos de trabalhos que são executados por empresas de construção, tendo presente a natureza dos trabalhos e os processos de construção que essas empresas utilizam, evitando o detalhe excessivo, que não é potenciador de especialização e dificulta, muito objectivamente, as naturais elevações de classe que devem ocorrer nas empresas em fase de crescimento.

São também previstas novas hipóteses de classificação em empreiteiro geral ou construtor geral, na perspectiva da responsabilização pela execução de produtos globais, respondendo assim às necessidades que o mercado vem evidenciando. De igual modo, são abandonadas as anteriores hipóteses de classificação em empreiteiro geral ou construtor geral relativamente às quais se considerou desnecessária a sua existência.

Em anexo é estabelecido o quadro de correspondência entre as autorizações constantes dos certificados emitidos ao abrigo do Decreto-Lei n.º 61/99, de 2 de Março, e as novas habilitações.

Assim, ao abrigo do disposto no n.º 4 do artigo 4.º do Decreto-Lei n.º 12/2004, de 9 de Janeiro:

Manda o Governo, pelo Ministro das Obras Públicas, Transportes e Habitação, o seguinte:

1.º As habilitações a que se refere o n.º 4 do artigo 4.º do Decreto-Lei n.º 12/2004, de 9 de Janeiro, estão agrupadas nas seguintes categorias:

1.ª Edifícios e património construído;
2.ª Vias de comunicação, obras de urbanização e outras infra-estruturas;
3.ª Obras hidráulicas;
4.ª Instalações eléctricas e mecânicas;
5.ª Outros trabalhos;

que englobam as seguintes subcategorias:

1.ª categoria – Edifícios e património construído:
1.ª Estruturas e elementos de betão;
2.ª Estruturas metálicas;
3.ª Estruturas de madeira;
4.ª Alvenarias, rebocos e assentamento de cantarias;
5.ª Estuques, pinturas e outros revestimentos;
6.ª Carpintarias;
7.ª Trabalhos em perfis não estruturais;
8.ª Canalizações e condutas em edifícios;
9.ª Instalações sem qualificação específica;
10.ª Restauro de bens imóveis histórico-artísticos;

2.ª categoria – Vias de comunicação, obras de urbanização e outras infra-estruturas:
1.ª Vias de circulação rodoviária e aeródromos;
2.ª Vias de circulação ferroviária;
3.ª Pontes e viadutos de betão;
4.ª Pontes e viadutos metálicos;
5.ª Obras de arte correntes;
6.ª Saneamento básico;
7.ª Oleodutos e gasodutos;
8.ª Calcetamentos;
9.ª Ajardinamentos;
10.ª Infra-estruturas de desporto e de lazer;
11.ª Sinalização não eléctrica e dispositivos de protecção e segurança;

3.ª categoria – Obras hidráulicas:
   1.ª Obras fluviais e aproveitamentos hidráulicos;
   2.ª Obras portuárias;
   3.ª Obras de protecção costeira;
   4.ª Barragens e diques;
   5.ª Dragagens;
   6.ª Emissários;

4.ª categoria – Instalações eléctricas e mecânicas:
   1.ª Instalações eléctricas de utilização de baixa tensão;
   2.ª Redes eléctricas de baixa tensão e postos de transformação;
   3.ª Redes e instalações eléctricas de tensão de serviço até 60 kV;
   4.ª Redes e instalações eléctricas de tensão de serviço superior a 60 kV;
   5.ª Instalações de produção de energia eléctrica;
   6.ª Instalações de tracção eléctrica;
   7.ª Infra-estruturas de telecomunicações;
   8.ª Sistemas de extinção de incêndios, segurança e detecção;
   9.ª Ascensores, escadas mecânicas e tapetes rolantes;
   10.ª Aquecimento, ventilação, ar condicionado e refrigeração;
   11.ª Estações de tratamento ambiental;
   12.ª Redes de distribuição e instalações de gás;
   13.ª Redes de ar comprimido e vácuo;
   14.ª Instalações de apoio e sinalização em sistemas de transportes;
   15.ª Outras instalações mecânicas e electromecânicas;

5.ª categoria – Outros trabalhos:
   1.ª Demolições;
   2.ª Movimentação de terras;
   3.ª Túneis e outros trabalhos de geotecnia;
   4.ª Fundações especiais;
   5.ª Reabilitação de elementos estruturais de betão;
   6.ª Paredes de contenção e ancoragens;
   7.ª Drenagens e tratamento de taludes;
   8.ª Reparações e tratamentos superficiais em estruturas metálicas;
   9.ª Armaduras para betão armado;
   10.ª Cofragens;

11.ª Impermeabilizações e isolamentos;
12.ª Andaimes e outras estruturas provisórias;
13.ª Caminhos agrícolas e florestais.

2.º A classificação em empreiteiro geral ou construtor geral, nos termos da alínea *a*) do n.º 2 do artigo 12.º do Decreto-Lei n.º 12/2004, de 9 de Janeiro, depende da posse cumulativa das subcategorias determinantes, de acordo com o seguinte quadro:

Categorias	Empreiteiro geral ou construtor geral	Subcategorias determinantes
1.ª	Edifícios de construção tradicional.	1.ª Estruturas e elementos de betão. 4.ª Alvenarias, rebocos e assentamento de cantarias.
1.ª	Edifícios com estrutura metálica.	2.ª Estruturas metálicas. 4.ª Alvenarias, rebocos e assentamento de cantarias.
1.ª	Edifícios de madeira	3.ª Estruturas de madeira. 6.ª Carpintarias.
1.ª	Reabilitação e conservação de edifícios.	4.ª Alvenarias, rebocos e assentamento de cantarias. 5.ª Estuques, pinturas e outros revestimentos.
2.ª	Obras rodoviárias	1.ª Vias de circulação rodoviária e aeródromos. 3.ª Pontes e viadutos de betão.
2.ª	Obras ferroviárias	2.ª Vias de circulação ferroviária. 3.ª Pontes e viadutos de betão; ou 4.ª Pontes e viadutos metálicos.
2.ª	Obras de urbanização	1.ª Vias de circulação rodoviária e aeródromos. 6.ª Saneamento básico.

3.º   Os titulares de certificados concedidos ao abrigo do Decreto-Lei n.º 61/99, de 2 de Março, deverão entregar no IMOPPI, nos 10 dias úteis subsequentes à entrada em vigor da presente portaria, indicação expressa de quais as habilitações, de entre as que têm direito por força da aplicação do disposto no quadro anexo, que não pretendem ou que pretendem em classe mais baixa, nos termos dos n.ºs 3 e 4 do artigo 57.º do Decreto-Lei n.º 12/2004, de 9 de Janeiro.

4.º   Se até ao limite do prazo fixado no número anterior nada for comunicado ao IMOPPI, ser-lhes-ão atribuídas as habilitações a que têm direito de acordo com o número anterior.

5.º   A presente portaria produz efeitos à data da entrada em vigor do Decreto-Lei n.º 12/2004, de 9 de Janeiro.

ANEXO

Correspondência entre as autorizações contidas nos certificados de classificação concedidos ao abrigo do Decreto-Lei n.º 61/99, de 2 de Março, e as habilitações previstas na presente portaria

\multicolumn{3}{c}{Portaria n.º 412/99, de 4 de Junho, com a redacção dada pela Portaria n.º 660/99, de 1/ de Agosto}	\multicolumn{3}{c}{N.º 1.º da presente portaria}
Categoria	Subcategoria	Designação	Categoria	Subcategoria	Designação
1.ª	—	Empreiteiro geral ou construtor geral de edifícios	1.ª	—	Empreiteiro geral ou construtor geral de edifícios de construção tradicional.
1.ª	1.ª	Estruturas de betão armado	1.ª	1.ª	Estruturas e elementos de betão.
1.ª	2.ª	Estruturas de betão pré-esforçado	1.ª	1.ª	Estruturas e elementos de betão.
1.ª	3.ª	Estruturas metálicas	1.ª	2.ª	Estruturas metálicas.
1.ª	4.ª	Estruturas de madeira	1.ª	3.ª	Estruturas de madeira.
1.ª	5.ª	Alvenarias, rebocos e assentamento de cantarias	1.ª	4.ª	Alvenarias, rebocos e assentamento de cantarias.
1.ª	6.ª	Reparação, alteração e reconstrução de coberturas.	—	—	
1.ª	7.ª	Carpintaria de limpos	1.ª	6.ª	Carpintarias.
1.ª	8.ª	Estuques	1.ª	5.ª	Estuques, pinturas e outros revestimentos.
1.ª	9.ª	Pinturas	1.ª	5.ª	Estuques, pinturas e outros revestimentos.
1.ª	10.ª	Revestimentos cerâmicos e de materiais pétreos	1.ª	5.ª	Estuques, pinturas e outros revestimentos.
1.ª	11.ª	Revestimentos de pavimentos em madeira	1.ª	5.ª	Estuques, pinturas e outros revestimentos.
1.ª	12.ª	Outros revestimentos	1.ª	5.ª	Estuques, pinturas e outros revestimentos.
1.ª	13.ª	Serralharias, caixilharias e vidros	1.ª	7.ª	Trabalhos em perfis não estruturais.
				9.ª	Instalações sem qualificação específica.
1.ª	14.ª	Tectos e pavimentos falsos e divisórias	1.ª	9.ª	Instalações sem qualificação específica.
1.ª	15.ª	Limpeza e conservação de edifícios	1.ª	4.ª	Alvenarias, rebocos e assentamento de cantarias.
				5.ª	Estuques, pinturas e outros revestimentos.
2.ª	1.ª	Consolidações estruturais	1.ª	10.ª	Restauro de bens imóveis histórico-artísticos.
2.ª	2.ª	Alvenarias	1.ª	10.ª	Restauro de bens imóveis histórico-artísticos.
2.ª	3.ª	Carpintarias e marcenarias	1.ª	10.ª	Restauro de bens imóveis histórico-artísticos.
2.ª	4.ª	Coberturas	1.ª	10.ª	Restauro de bens imóveis histórico-artísticos.
2.ª	5.ª	Pinturas e caiações	1.ª	10.ª	Restauro de bens imóveis histórico-artísticos.
2.ª	6.ª	Rebocos	1.ª	10.ª	Restauro de bens imóveis histórico-artísticos.
2.ª	7.ª	Revestimentos cerâmicos	1.ª	10.ª	Restauro de bens imóveis histórico-artísticos.
2.ª	8.ª	Trabalhos em gesso e estuque	1.ª	10.ª	Restauro de bens imóveis histórico-artísticos.
2.ª	9.ª	Limpeza e reparação de paramentos em pedra	1.ª	10.ª	Restauro de bens imóveis histórico-artísticos.

3.ª	–	Empreiteiro geral ou construtor geral de estradas	2.ª	–	Empreiteiro geral ou construtor geral de obras rodoviárias.
3.ª	–	Empreiteiro geral ou construtor geral de vias férreas	2.ª	–	Empreiteiro geral ou construtor geral de obras ferroviárias.
3.ª	–	Empreiteiro geral ou construtor geral de obras de urbanização.	2.ª	–	Empreiteiro geral ou construtor geral de obras de urbanização.
3.ª	1.ª	Pavimentos flexíveis	2.ª 5.ª	1.ª 13.ª	Vias de circulação rodoviária e aeródromos. Caminhos agrícolas e florestais.
3.ª	2.ª	Pavimentos rígidos	2.ª 5.ª	1.ª 13.ª	Vias de circulação rodoviária e aeródromos. Caminhos agrícolas e florestais.
3.ª	3.ª	Pavimentos com blocos	2.ª 5.ª	1.ª 13.ª	Vias de circulação rodoviária e aeródromos. Caminhos agrícolas e florestais.
3.ª	4.ª	Pavimentos com solos e materiais granulares	2.ª 5.ª	1.ª 13.ª	Vias de circulação rodoviária e aeródromos. Caminhos agrícolas e florestais.
3.ª	5.ª	Vias férreas	2.ª	2.ª	Vias de circulação ferroviária.
3.ª	6.ª	Pontes e viadutos de betão armado ou pré-esforçado.	2.ª	3.ª	Pontes e viadutos de betão.
3.ª	7.ª	Pontes e viadutos metálicos	2.ª	4.ª	Pontes e viadutos metálicos.
3.ª	8.ª	Obras de arte correntes	2.ª	5.ª	Obras de arte correntes.
3.ª	9.ª	Redes de esgotos	2.ª	6.ª	Saneamento básico.
3.ª	10.ª	Adução e abastecimento de água	2.ª	6.ª	Saneamento básico.
3.ª	11.ª	Oleodutos e gasodutos	2.ª	7.ª	Oleodutos e gasodutos.
3.ª	12.ª	Calcetamentos	2.ª	8.ª	Calcetamentos.
3.ª	13.ª	Parques, jardins e trabalhos de integração paisagística.	2.ª	9.ª	Ajardinamentos.
3.ª	14.ª	Infra-estruturas de desporto e de lazer	2.ª	10.ª	Infra-estruturas de desporto e de lazer.
3.ª	15.ª	Sinalização não eléctrica e dispositivos de protecção e segurança.	2.ª	11.ª	Sinalização não eléctrica e dispositivos de protecção e segurança.
4.ª	–	Empreiteiro geral ou construtor geral de obras hidráulicas.	–	–	–
4.ª	1.ª	Obras fluviais e canais	3.ª	1.ª	Obras fluviais e aproveitamentos hidráulicos.
4.ª	2.ª	Obras portuárias	3.ª	2.ª	Obras portuárias.
4.ª	3.ª	Obras de protecção costeira	3.ª	3.ª	Obras de protecção costeira.
4.ª	4.ª	Barragens e diques	3.ª	4.ª	Barragens e diques.
4.ª	5.ª	Dragagens	3.ª	5.ª	Dragagens.
4.ª	6.ª	Emissários	3.ª	6.ª	Emissários.
4.ª	7.ª	Captação de água	–	–	–
5.ª	–	Empreiteiro geral ou construtor geral de instalações eléctricas.	–	–	–
5.ª	–	Empreiteiro geral ou construtor geral de instalações mecânicas.	–	–	–
5.ª	1.ª	Instalações eléctricas de baixa tensão	4.ª	1.ª	Instalações eléctricas de utilização de baixa tensão.
5.ª	2.ª	Instalações eléctricas de média e alta tensão e instalações de produção até 50 MW.	4.ª 4.ª	2.ª 3.ª	Redes eléctricas de baixa tensão e postos de transformação. Redes e instalações eléctricas de tensão de serviço até 60 kV (a).
			5.ª		Instalações de produção de energia eléctrica (a).
5.ª	3.ª	Instalações eléctricas de muito alta tensão e instalações de produção com mais de 50 MW.	4.ª 5.ª	4.ª	Redes e instalações eléctricas de tensão de serviço superior a 60 kV. Instalações de produção de energia eléctrica.
5.ª	4.ª	Instalações para alimentação de tracção eléctrica	4.ª	6.ª	Instalações de tracção eléctrica.
5.ª	5.ª	Ascensores, escadas mecânicas e tapetes rolantes	4.ª	9.ª	Ascensores, escadas mecânicas e tapetes rolantes.
5.ª	6.ª	Redes de comunicações e instalações de electrónica.	4.ª	7.ª	Infra-estruturas de telecomunicações.
5.ª	7.ª	Sistemas de segurança e de detecção	4.ª	8.ª	Sistemas de extinção de incêndios, segurança e detecção.
5.ª	8.ª	Aquecimento, ventilação e ar condicionado	4.ª	10.ª	Aquecimento, ventilação, ar condicionado e refrigeração.
5.ª	9.ª	Instalações de tratamento de água, águas residuais e resíduos sólidos.	4.ª	11.ª	Estações de tratamento ambiental.
5.ª	10.ª	Instalações de águas e esgotos em edifícios	1.ª	8.ª	Canalizações e condutas em edifícios.
5.ª	11.ª	Redes de distribuição e instalações de gás em edifícios.	4.ª	12.ª	Redes de distribuição e instalações de gás.
5.ª	12.ª	Redes de ar comprimido e vácuo	4.ª	13.ª	Redes de ar comprimido e vácuo.
5.ª	13.ª	Instalação de equipamento a incorporar em obras hidráulicas.	–	–	–
5.ª	14.ª	Instalações de apoio e sinalização em sistemas de transportes.	4.ª	14.ª	Instalações de apoio e sinalização em sistemas de transportes.
5.ª	15.ª	Outras instalações mecânicas e electromecânicas	4.ª	15.ª	Outras instalações mecânicas e electromecânicas.
6.ª	1.ª	Demolições	5.ª	1.ª	Demolições.
6.ª	2.ª	Movimentação de terras	5.ª 5.ª	2.ª 13.ª	Movimentação de terras. Caminhos agrícolas e florestais.
6.ª	3.ª	Prospecção geotécnica	5.ª	3.ª	Túneis e outros trabalhos de geotecnia.
6.ª	4.ª	Túneis e outras obras subterrâneas	5.ª	3.ª	Túneis e outros trabalhos de geotecnia.
6.ª	5.ª	Fundações especiais	5.ª	4.ª	Fundações especiais.
6.ª	6.ª	Reabilitação de fundações	5.ª	5.ª	Reabilitação de elementos estruturais de betão.
6.ª	7.ª	Paredes de contenção e ancoragens	5.ª	6.ª	Paredes de contenção e ancoragens.
6.ª	8.ª	Tratamento de taludes	5.ª	7.ª	Drenagens e tratamento de taludes.
6.ª	9.ª	Drenagens	5.ª	7.ª	Drenagens e tratamento de taludes.
6.ª	10.ª	Reabilitação de estruturas de betão	5.ª	5.ª	Reabilitação de elementos estruturais de betão.
6.ª	11.ª	Reparações e tratamentos superficiais em estruturas metálicas.	5.ª	8.ª	Reparações e tratamentos superficiais em estruturas metálicas.
6.ª	12.ª	Armaduras para betão armado	5.ª	9.ª	Armaduras para betão armado.
6.ª	13.ª	Cofragens	5.ª	10.ª	Cofragens.
6.ª	14.ª	Impermeabilizações e isolamentos	5.ª	11.ª	Impermeabilizações e isolamentos.
6.ª	15.ª	Andaimes e outras estruturas provisórias	5.ª	12.ª	Andaimes e outras estruturas provisórias.

(a) Dependendo da existência de técnico inscrito na DGE no grupo profissional 02 ou 01.

2. CONTRATO DE EMPREITADA

CÓDIGO CIVIL

CAPÍTULO XII – Empreitada

SECÇÃO I – Disposições gerais

ARTIGO 1207.º – Noção

Empreitada é o contrato pelo qual uma das partes se obriga em relação a outra a realizar certa obra, mediante um preço.

ARTIGO 1208.º – Execução da obra

O empreiteiro deve executar a obra em conformidade com o que foi convencionado, e sem vícios que excluam ou reduzam o valor dela, ou a sua aptidão para o uso ordinário ou previsto no contrato.

ARTIGO 1209.º – Fiscalização

1 – O dono da obra pode fiscalizar, à sua custa, a execução dela, desde que não perturbe o andamento ordinário da empreitada.

2 – A fiscalização feita pelo dono da obra, ou por comissário, não impede aquele, findo o contrato, de fazer valer os seus direitos contra o empreiteiro, embora sejam aparentes os vícios da coisa ou notória a má execução do contrato, excepto se tiver havido da sua parte concordância expressa com a obra executada.

ARTIGO 1210.º – **Fornecimento dos materiais e utensílios**

1 – Os materiais e utensílios necessários à execução da obra devem ser fornecidos pelo empreiteiro, salvo convenção ou uso em contrário.

2 – No silêncio do contrato, os materiais devem corresponder às características da obra e não podem ser de qualidade inferior à média.

ARTIGO 1211.º – **Determinação e pagamento do preço**

1 – É aplicável à determinação do preço, com as necessárias adaptações, o disposto no artigo 883.º.

2 – O preço deve ser pago, não havendo cláusula ou uso em contrário, no acto de aceitação da obra.

ARTIGO 1212.º – **Propriedade da obra**

1 – No caso de empreitada de construção de coisa móvel com materiais fornecidos, no todo ou na sua maior parte, pelo empreiteiro, a aceitação da coisa importa a transferência da propriedade para o dono da obra; se os materiais foram fornecidos por este, continuam a ser propriedade dele, assim como é propriedade sua a coisa logo que seja concluída.

2 – No caso de empreitada de construção de imóveis, sendo o solo ou a superfície pertença do dono da obra, a coisa é propriedade deste, ainda que seja o empreiteiro quem fornece os materiais; estes consideram-se adquiridos pelo dono da obra à medida que vão sendo incorporados no solo.

ARTIGO 1213.º – **Subempreitada**

1 – Subempreitada é o contrato pelo qual um terceiro se obriga para com o empreiteiro a realizar a obra a que este se encontra vinculado, ou uma parte dela.

2 – É aplicável à subempreitada, assim como ao concurso de auxiliares na execução da empreitada, o disposto no artigo 264.º, com as necessárias adaptações.

SECÇÃO II – Alterações e obras novas

ARTIGO 1214.º – Alterações da iniciativa do empreiteiro

1 – O empreiteiro não pode, sem autorização do dono da obra, fazer alterações ao plano convencionado.

2 – A obra alterada sem autorização é havida como defeituosa; mas, se o dono quiser aceitá-la tal como foi executada não fica obrigado a qualquer suplemento de preço nem a indemnização por enriquecimento sem causa.

3 – Se tiver sido fixado para a obra um preço global e a autorização não tiver sido dada por escrito com fixação do aumento de preço, o empreiteiro só pode exigir do dono da obra uma indemnização correspondente ao enriquecimento deste.

ARTIGO 1215.º – Alterações necessárias

1 – Se, para execução da obra, for necessário, em consequência de direitos de terceiro ou de regras técnicas, introduzir alterações ao plano convencionado, e as partes não vierem a acordo, compete ao tribunal determinar essas alterações e fixar as correspondentes modificações quanto ao preço e prazo de execução.

2 – Se, em consequência das alterações, o preço for elevado em mais de vinte por cento, o empreiteiro pode denunciar o contrato e exigir uma indemnização equitativa.

ARTIGO 1216.º – Alterações exigidas pelo dono da obra

1 – O dono da obra pode exigir que sejam feitas alterações ao plano convencionado, desde que o seu valor não exceda a quinta parte do preço estipulado e não haja modificação da natureza da obra.

2 – O empreiteiro tem direito a um aumento do preço estipulado, correspondente ao acréscimo de despesa e trabalho, e a um prolongamento do prazo para a execução da obra.

3 – Se das alterações introduzidas resultar uma diminuição de custo ou de trabalho, o empreiteiro tem direito ao preço estipulado, com dedução do que, em consequência das alterações, poupar em despesas ou adquirir por outras aplicações da sua actividade.

ARTIGO 1217.º – **Alterações posteriores à entrega e obras novas**

1 – Não é aplicável o disposto nos artigos precedentes às alterações feitas depois da entrega da obra, nem às obras que tenham autonomia em relação às previstas no contrato.

2 – O dono da obra tem o direito de recusar as alterações e as obras referidas no número anterior, se as não tiver autorizado; pode, além disso, exigir a sua eliminação, se esta for possível, e, em qualquer caso, uma indemnização pelo prejuízo, nos termos gerais.

SECÇÃO III – **Defeitos da obra**

ARTIGO 1218.º – **Verificação da obra**

1 – O dono da obra deve verificar, antes de a aceitar, se ela se encontra nas condições convencionadas e sem vícios.

2 – A verificação deve ser feita dentro do prazo usual ou, na falta de uso, dentro do período que se julgue razoável depois de o empreiteiro colocar o dono da obra em condições de a poder fazer.

3 – Qualquer das partes tem o direito de exigir que a verificação seja feita, à sua custa, por peritos.

4 – Os resultados da verificação devem ser comunicados ao empreiteiro.

5 – A falta da verificação ou da comunicação importa aceitação da obra.

ARTIGO 1219.º – **Casos de irresponsabilidade do empreiteiro**

1 – O empreiteiro não responde pelos defeitos da obra, se o dono a aceitou sem reserva, com conhecimento deles.

2 – Presumem-se conhecidos os defeitos aparentes, tenha ou não havido verificação da obra.

ARTIGO 1220.º – **Denúncia dos defeitos**

1 – O dono da obra deve, sob pena de caducidade dos direitos conferidos nos artigos seguintes, denunciar ao empreiteiro os defeitos da obra dentro dos trinta dias seguintes ao seu descobrimento.

2 – Equivale à denúncia o reconhecimento, por parte do empreiteiro, da existência do defeito.

ARTIGO 1221.º – **Eliminação dos defeitos**

1 – Se os defeitos puderem ser suprimidos, o dono da obra tem o direito de exigir do empreiteiro a sua eliminação; se não puderem ser eliminados, o dono pode exigir nova construção.

2 – Cessam os direitos conferidos no número anterior, se as despesas forem desproporcionadas em relação ao proveito.

ARTIGO 1222.º – **Redução do preço e resolução do contrato**

1 – Não sendo eliminados os defeitos ou construída de novo a obra, o dono pode exigir a redução do preço ou a resolução do contrato, se os defeitos tornarem a obra inadequada ao fim a que se destina.

2 – A redução do preço é feita nos termos do artigo 884.º.

ARTIGO 1223.º – **Indemnização**

O exercício dos direitos conferidos nos artigos antecedentes não exclui o direito a ser indemnizado nos termos gerais.

ARTIGO 1224.º – **Caducidade**

1 – Os direitos de eliminação dos defeitos, redução do preço, resolução do contrato e indemnização caducam, se não forem exercidos dentro de um ano a contar da recusa da aceitação da obra ou da aceitação com reserva, sem prejuízo da caducidade prevista no artigo 1220.º.

2 – Se os defeitos eram desconhecidos do dono da obra e este a aceitou, o prazo de caducidade conta-se a partir da denúncia; em nenhum caso, porém, aqueles direitos podem ser exercidos depois de decorrerem dois anos sobre a entrega da obra.

ARTIGO 1225.º – **Imóveis destinados a longa duração**

1 – Sem prejuízo do disposto nos artigos 1219.º e seguintes, se a empreitada tiver por objecto a construção, modificação ou reparação de

edifícios ou outros imóveis destinados por sua natureza a longa duração e, no decurso de cinco anos a contar da entrega, ou no decurso do prazo de garantia convencionado, a obra, por vício do solo ou da construção, modificação ou reparação, ou por erros na execução dos trabalhos, ruir total ou parcialmente, ou apresentar defeitos, o empreiteiro é responsável pelo prejuízo causado ao dono da obra ou a terceiro adquirente.

2 – A denúncia, em qualquer dos casos, deve ser feita dentro do prazo de um ano e a indemnização deve ser pedida no ano seguinte à denúncia.

3 – Os prazos previstos no número anterior são igualmente aplicáveis ao direito à eliminação dos defeitos, previstos no artigo 1221.º.

4 – O disposto nos números anteriores é aplicável ao vendedor de imóvel que o tenha construído, modificado ou reparado.

ARTIGO 1226.º – **Responsabilidade dos subempreiteiros**

O direito de regresso do empreiteiro contra os subempreiteiros quanto aos direitos conferidos nos artigos anteriores caduca, se não lhes for comunicada a denúncia dentro dos trinta dias seguintes à sua recepção.

SECÇÃO IV – **Impossibilidade de cumprimento e risco pela perda ou deterioração da obra**

ARTIGO 1227.º – **Impossibilidade de execução da obra**

Se a execução da obra se tornar impossível por causa não imputável a qualquer das partes, é aplicável o disposto no artigo 790.º; tendo, porém, havido começo de execução, o dono da obra é obrigado a indemnizar o empreiteiro do trabalho executado e das despesas realizadas.

ARTIGO 1228.º – **Risco**

1 – Se, por causa não imputável a qualquer das partes, a coisa perecer ou se deteriorar, o risco corre por conta do proprietário.

2 – Se, porém, o dono da obra estiver em mora quanto à verificação ou aceitação da coisa, o risco corre por conta dele.

SECÇÃO V – **Extinção do contrato**

ARTIGO 1229.º – **Desistência do dono da obra**

O dono da obra pode desistir da empreitada a todo o tempo, ainda que tenha sido iniciada a sua execução contanto que indemnize o empreiteiro dos seus gastos e trabalho e do proveito que poderia tirar da obra.

ARTIGO 1230.º – **Morte ou incapacidade das partes**

1 – O contrato de empreitada não se extingue por morte do dono da obra, nem por morte ou incapacidade do empreiteiro, a não ser que, neste último caso, tenham sido tomadas em conta, no acto da celebração, as qualidades pessoais deste.

2 – Extinto o contrato por morte ou incapacidade do empreiteiro, considera-se a execução da obra como impossível por causa não imputável a qualquer das partes.

3. REGIME JURÍDICO DA URBANIZAÇÃO E EDIFICAÇÃO

DECRETO-LEI N.º 555/99
DE 16 DE DEZEMBRO
(com as alterações introduzidas pelo Decreto-Lei
n.º 177/2001 de 4 de Junho)

Regime jurídico da urbanização e edificação

A revisão dos regimes jurídicos do licenciamento municipal de loteamentos urbanos e obras de urbanização e de obras particulares constitui uma necessidade porque, embora recente, a legislação actualmente em vigor não tem. conseguido compatibilizar as exigências de salvaguarda do interesse público com a eficiência administrativa a que legitimamente aspiram os cidadãos.

Os regimes jurídicos que regem a realização destas operações urbanísticas encontram-se actualmente estabelecidos em dois diplomas legais, nem sempre coerentes entre si, e o procedimento administrativo neles desenhado é excessivamente complexo, determinando tempos de espera na obtenção de uma licença de loteamento ou de construção que ultrapassam largamente os limites do razoável.

Neste domínio, a Administração move-se num tempo que não tem correspondência na vida real, impondo um sacrifício desproporcional aos direitos e interesses dos particulares.

Mas, porque a revisão daqueles regimes jurídicos comporta também alguns riscos, uma nova lei só é justificável se representar um esforço sério de simplificação do sistema sem, contudo, pôr em causa um nível adequado de controlo público, que garanta o respeito intransigente dos interesses públicos urbanísticos e ambientais.

Se é certo que, por via de um aumento da responsabilidade dos particulares, é possível diminuir a intensidade do controlo administrativo a que actualmente se sujeita a realização de certas operações urbanísticas, designadamente no que respeita ao respectivo controlo prévio, isso não pode nem deve significar menor responsabilidade da Administração.

A Administração tem de conservar os poderes necessários para fiscalizar a actividade dos particulares e garantir que esta se desenvolve no estrito cumprimento das disposições legais e regulamentares aplicáveis.

O regime que agora se institui obedece, desde logo, a um propósito de simplificação legislativa.

Na impossibilidade de avançar, desde já, para uma codificação integral do direito do urbanismo, a reunião num só diploma destes dois regimes jurídicos, a par da adopção de um único diploma para regular a elaboração, aprovação, execução e avaliação dos instrumentos de gestão territorial, constitui um passo decisivo nesse sentido.

Pretende-se, com isso, ganhar em clareza e coerência dos respectivos regimes jurídicos, evitando-se a dispersão e a duplicação desnecessárias de normas legais.

Numa época em que a generalidade do território nacional já se encontra coberto por planos municipais, e em que se renova a consciência das responsabilidades públicas na sua execução, o loteamento urbano tem de deixar de ser visto como um mecanismo de substituição da Administração pelos particulares no exercício de funções de planeamento e gestão urbanística.

As operações de loteamento urbano e obras de urbanização, tal como as obras particulares, concretizam e materializam as opções contidas nos instrumentos de gestão territorial, não se distinguindo tanto pela sua natureza quanto pelos seus fins. Justifica-se, assim, que a lei regule num único diploma o conjunto daquelas operações urbanísticas, tanto mais que, em regra, ambas são de iniciativa privada e a sua realização está sujeita a idênticos procedimentos de controlo administrativo.

A designação adoptada para o diploma – regime jurídico da urbanização e edificação – foge à terminologia tradicional no intuito de traduzir a maior amplitude, do seu objecto.

Desde logo, porque, não obstante a particular atenção conferida às normas de procedimento administrativo, o mesmo não se esgota no regime de prévio licenciamento ou autorização das operações de loteamento urbano, obras de urbanização e obras particulares.

Para além de conter algumas normas do regime substantivo daquelas operações urbanísticas, o diploma abrange a actividade desenvolvida por entidades públicas ou privadas em todas as fases do processo urbano, desde a efectiva afectação dos solos à construção urbana até à utilização das edificações nele implantadas.

É no âmbito da regulamentação do controlo prévio que se faz sentir mais intensamente o propósito de simplificação de procedimentos que este anteprojecto visa prosseguir.

O sistema proposto diverge essencialmente daquele que vigora actualmente, ao fazer assentar a distinção das diferentes formas de procedimento não apenas na densidade de planeamento vigente na área de realização da operação urbanística mas também nó tipo de operação a realizar.

Na base destes dois critérios está a consideração de que a intensidade do controlo que a administração municipal realiza preventivamente pode e deve variar em função do grau de concretização da posição subjectiva do particular perante determinada pretensão.

Assim, quando os parâmetros urbanísticos de uma pretensão já se encontram definidos em plano ou anterior acto da Administração, ou quando a mesma tenha escassa ou nenhuma relevância urbanística, o tradicional procedimento de licenciamento é substituído por um procedimento simplificado de autorização ou por um procedimento de mera comunicação prévia.

O procedimento de licença não se distingue, no essencial, do modelo consagrado na legislação em vigor.

Como inovações mais significativas são de salientar o princípio da sujeição a prévia discussão pública dos procedimentos de licenciamento de operações de loteamento urbano e a possibilidade de ser concedida uma licença parcial para a construção da estrutura de um edifício, mesmo antes da aprovação final do projecto da obra.

No primeiro caso, por se entender que o impacte urbanístico causado por uma operação de loteamento urbano em área não abrangida por plano de pormenor tem implicações no ambiente urbano que justificam a participação das populações locais no respectivo processo de decisão, não obstante poder existir um plano
director municipal ou plano de urbanização, sujeitos, eles próprios, a prévia discussão pública.

No segundo caso, por existir a convicção de que, ultrapassada a fase de apreciação urbanística do projecto da obra, é razoavelmente seguro permitir o início da execução da mesma enquanto decorre a fase de apreciação dos respectivos projectos de especialidade, reduzindo-se assim, em termos úteis, o tempo de espera necessário para a concretização de um projecto imobiliário.

O procedimento de autorização caracteriza-se pela dispensa de consultas a entidades estranhas ao município, bem como de apreciação dos projectos de arquitectura e das especialidades, os quais são apresentados em simultâneo juntamente com o requerimento inicial.

Ao diminuir substancialmente a intensidade do controlo realizado preventivamente pela Administração, o procedimento de autorização envolve necessariamente uma maior responsabilização do requerente e dos autores dos respectivos projectos, pelo que tem como «contrapartida» um regime mais apertado de fiscalização.

Deste modo, nenhuma obra sujeita a autorização pode ser utilizada sem que tenha, pelo menos uma vez, sido objecto de uma inspecção ou vistoria pelos fiscais municipais de obras, seja no decurso da sua execução, seja após a sua conclusão e como condição prévia da emissão da respectiva autorização de utilização.

Também nos casos em que a realização de uma obra depende de mera comunicação prévia, a câmara municipal pode, através dó seu presidente, determinar se a mesma se subsume ou não à previsão normativa que define a respectiva forma de procedimento, sujeitando-a, se for caso disso, a licenciamento ou autorização.

Do mesmo modo, a dispensa de licença ou autorização não envolve diminuição dos poderes de fiscalização podendo a obra ser objecto de qualquer das medidas de tutela da legalidade urbanística .previstas no diploma, para além da aplicação das sanções que ao caso couberem.

Para além do seu tronco comum, os procedimentos de licenciamento ou autorização sujeitam-se ainda às especialidades resultantes do tipo de operação urbanística a realizar.

Em matéria de operações de loteamento urbano, e no que se refere a cedências gratuitas ao município de parcelas para implantação de espaços verdes públicos, equipamentos de utilização colectiva e infra-estruturas urbanísticas, estabelece-se, para além do direito de reversão sobre as parcelas cedidas quando as mesmas não sejam afectas pelo município aos fins para as quais hajam sido cedidas, que o cedente tem a possibilidade de, em alternativa, exigir o pagamento de uma indemnização, nos termos estabelecidos para a expropriação por utilidade pública.

Consagra-se ainda expressamente o princípio da protecção do existente em matéria de obras de edificação, retomando assim um princípio – já aflorado nas disposições do Regulamento Geral das Edificações Urbanas mas esquecido nas sucessivas revisões do regime do licenciamento municipal de obras particulares.

Assim, à realização de obras em construções já existentes não se aplicam as disposições legais e regulamentares que lhe sejam supervenientes, desde que tais obras não se configurem como obras de ampliação e não agravem a desconformidade com as normas em vigor.

Por esta via se dá um passo importante na recuperação do património construído, já que, sem impor um sacrifício desproporcional aos proprietários, o regime proposto permite a realização de um conjunto de obras susceptíveis de melhorar as condições de segurança e salubridade das construções existentes.

A realização de uma vistoria prévia à utilização das edificações volta a constituir a regra geral nos casos de obras sujeitas a mera autorização, em virtude da menor intensidade do controlo prévio a que as mesmas foram sujeitas.

Porém, mesmo nesses casos é possível dispensar a realização daquela vistoria prévia, desde que no decurso da sua execução a obra tenha sido inspeccionada ou vistoriada pelo menos uma vez.

Manifesta-se, aqui, uma clara opção pelo reforço da fiscalização em detrimento do controlo prévio, na expectativa de que este regime constitua um incentivo à reestruturação e modernização dos serviços municipais de fiscalização de obras.

Para além da definição das condições legais do início dos trabalhos, em conjugação com o novo regime de garantias dos particulares, estabelece-se um conjunto de regras que acompanham todas as fases da execução de uma operação urbanística.

No que respeita à utilização e conservação do edificado, foram recuperadas e actualizadas disposições dispersas por diversos diplomas legais, designadamente o Regulamento Geral das Edificações Urbanas e a Lei das Autarquias Locais, obtendo-se assim um ganho de sistematização e de articulação das normas respeitantes às tradicionais atribuições municipais de polícia das edificações com as relativas aos seus poderes de tutela da legalidade urbanística.

No domínio da fiscalização da execução das operações urbanísticas estabelece-se uma distinção clara entre as acções de verificação do cumprimento das disposições legais e regulamentares aplicáveis e de repressão das infracções cometidas, distinguindo neste último caso as sanções propriamente ditas das medidas de tutela da legalidade urbanística.

Quanto a estas medidas, e porque a sua função é única e exclusivamente a de reintegrar a legalidade urbanística violada, estabelece-se um regime que, sem diminuir a intensidade dos poderes atribuídos às entidades fiscalizadoras, submete o seu exercício ao cumprimento estrito do princípio da proporcionalidade.

Merece especial destaque a este propósito o reconhecimento da natureza provisória do embargo de obras, cuja função é a de acautelar a utilidade das medidas que, a título definitivo, reintegrem a legalidade urbanística violada, incluindo nestas o licenciamento ou autorização da obra.

Procura-se assim evitar o prolongamento indefinido da vigência de ordens de embargo que, a pretexto da prossecução do interesse público, consolidam situações de facto que se revelam ainda mais prejudiciais ao ambiente e à qualidade de vida dos cidadãos do que aquelas que o próprio embargo procurava evitar.

Em matéria de garantias, procede-se à alteração da função do deferimento tácito nas operações urbanísticas sujeitas a licenciamento, sem que daí advenha qualquer prejuízo para os direitos dos particulares.

Com efeito, na sequência da revisão do artigo 268.º da CRP propõe-se a substituição da intimação judicial para a emissão do alvará pela intimação judicial para a prática de acto legalmente devido como instrumento privilegiado de protecção jurisdicional.

Significa isto que deixa de ser necessário ficcionar a existência de um acto tácito de deferimento do projecto para permitir o recurso do requerente aos tribunais para a obtenção de uma intimação judicial para à emissão do alvará.

O particular pode agora recorrer aos tribunais no primeiro momento em que se verificar o silêncio da Administração, já não lhe sendo exigível que percorra todas as fases do procedimento com base em sucessivos actos de deferimento tácito, com os riscos daí inerentes.

E, se o silêncio da Administração só se verificar no momento da emissão do alvará, o particular dispõe do mesmo mecanismo para obter uma intimação para a sua emissão.

O deferimento tácito tem, assim, a sua função restrita às operações sujeitas a mera autorização, o que também é reflexo da maior concretização da posição jurídica do particular e da consequente menor intensidade do controlo prévio da sua actividade.

Diferentemente do que acontece hoje, porém, nestes casos o particular fica dispensado de recorrer aos tribunais, podendo dar início à execução da sua operação urbanística sem a prévia emissão do respectivo alvará desde que se mostrem pagas as taxas urbanísticas devidas.

Propõe-se igualmente um novo regime das taxas urbanísticas devidas pela realização de operações urbanísticas, no sentido de terminar com a polémica sobre se no licenciamento de obras particulares pode ou não ser cobrada a taxa pela realização, manutenção e reforço das infra-estruturas urbanísticas actualmente prevista no artigo 19.°, alínea *a*), da Lei das Finanças Locais, clarificando-se que a realização daquelas obras está sujeita ao pagamento da aludida taxa, sempre que pela sua natureza impliquem um acréscimo dos encargos públicos de realização, manutenção e reforço das infra-estruturas e serviços gerais do município equivalente ou até mesmo superior ao que resulta do licenciamento de uma operação de loteamento urbano.

Sujeita-se, assim, a realização de obras de construção e de ampliação ao pagamento daquela taxa, excepto se as mesmas se situarem no âmbito de uma operação de loteamento urbano onde aquelas taxas já tenham sido pagas.

Desta forma se alcança uma solução que, sem implicar com o equilíbrio precário das finanças municipais, distingue de forma equitativa o regime tributário da realização de obras de construção em função da sua natureza e finalidade.

Pelas mesmas razões, se prevê que os regulamentos municipais de taxas possam e devam distinguir o montante das taxas devidas, não apenas em função das necessidades concretas de infra-estruturas e serviços gerais do município, justificadas no respectivo programa plurianual de investimentos, como também em função dos usos e tipologias das edificações e, eventualmente, da respectiva localização.

Tendo sido ouvida a Associação Nacional de Municípios Portugueses, foram ouvidos os órgãos de Governo próprio dos Regiões Autónomas.

Assim, no uso da autorização legislativa concedida pelo artigo 1.° da Lei n.° 110/99, de 3 de Agosto, e nos termos da alínea *b*) do n.° 1 do artigo 198.° da Constituição, o Governo decreta o seguinte:

CAPÍTULO I – Disposições preliminares

ARTIGO 1.º – Objecto

O presente diploma estabelece o regime jurídico da urbanização e da edificação.

ARTIGO 2.º – Definições

Para efeitos do presente diploma, entende-se por:

a) Edificação: a actividade ou o resultado da construção, reconstrução, ampliação, alteração ou conservação de um imóvel destinado a utilização humana, bem como de qualquer outra construção que se incorpore no solo com carácter de permanência;

b) Obras de construção: as obras de criação de novas edificações;

c) Obras de reconstrução: as obras de construção subsequentes à demolição total ou parcial de uma edificação existente, das quais resulte a manutenção ou a reconstituição da estrutura das fachadas, da cércea e do número de pisos;

d) Obras de ampliação: as obras de que resulte o aumento da área de pavimento ou de implantação, da cércea ou do volume de uma edificação existente;

e) Obras de alteração: as obras de que resulte a modificação das características físicas de uma edificação existente ou sua fracção, designadamente a respectiva estrutura resistente, o número de fogos ou divisões interiores, ou a natureza e cor dos materiais de revestimento exterior, sei aumento da área de pavimento ou de implantação ou da cércea;

f) Obras de conservação: as obras destinadas a manter uma edificação nas condições existentes à data da sua construção, reconstrução, ampliação ou alteração, designadamente as obras de restauro, reparação ou limpeza;

g) Obras de demolição: as obras de destruição, total ou parcial, de uma edificação existente;

h) Obras de urbanização: as obras de criação e remodelação de infra-estruturas destinadas a servir directamente os espaços urbanos ou as edificações, designadamente arruamentos viários e pedonais, redes de esgotos e de abastecimento de água, electricidade, gás e telecomunicações, e ainda espaços verdes e outros espaços de utilização colectiva;

i) Operações de loteamento: as acções que tenham por objecto ou por efeito a constituição de um ou mais lotes destinados imediata ou subsequentemente à edificação urbana, e que resulte da divisão de um ou vários prédios, ou do seu emparcelamento ou, reparcelamento;

j) Operações urbanísticas: as operações materiais de urbanização, de edificação ou de utilização do solo e das edificações nele implantadas para fins não exclusivamente agrícolas, pecuários, florestais, mineiros ou de abastecimento público de água;

l) Trabalhos de remodelação dos terrenos: as operações urbanísticas não compreendidas nas alíneas anteriores que impliquem a destruição do revestimento vegetal, a alteração do relevo natural e das camadas de solo arável ou o derrube de árvores de alto porte ou em maciço para fins não exclusivamente agrícolas, pecuários, florestais ou mineiros.

ARTIGO 3.º – **Regulamentos municipais**

1 – No exercício do seu poder regulamentar próprio, os municípios aprovam regulamentos municipais de urbanização e ou de edificação, bem como regulamentos relativos ao lançamento e liquidação das taxas que, nos termos da lei, sejam devidas pela realização de operações urbanísticas.

2 – Os regulamentos previstos no número anterior devem especificar os montantes das taxas a cobrar no caso de deferimento tácito, não podendo estes valores exceder os previstos pára o acto expresso.

3 – Os projectos dos regulamentos referidos no n.º 1 são submetidos a apreciação pública, por prazo não inferior a 30 dias, antes da sua aprovação. pelos órgãos municipais.

4 – Os regulamentos referidos no n.º 1 são objecto de publicação na 2.ª série do Diário da República, sem prejuízo das demais formas de publicidade previstas na lei.

CAPÍTULO II – **Controlo prévio**

SECÇÃO I – **Âmbito e competência**

ARTIGO 4.º – **Licenças e autorizações administrativas**

1 – A realização de operações urbanísticas depende de prévia licença ou autorização administrativas, nos termos e com as excepções constantes da presente secção.

2 – Estão sujeitas a licença administrativa:

a) As operações de loteamento em área não abrangida por plano de pormenor ou abrangida por plano de pormenor que não contenha as menções constantes das alíneas a), c), d), e) e f) do n.º 1 do artigo 91.º do Decreto-Lei n.º 380/99, de 22 de Setembro; ([1])

b) As obras de urbanização e os trabalhos de remodelação de terrenos em área não abrangida por operação de loteamento, bem como a criação ou remodelação de infra-estruturas que, não obstante se inserirem em área abrangida por operação de loteamento, estejam sujeitas a legislação específica que exija a intervenção de entidades exteriores ao município no procedimento de aprovação dos respectivos projectos de especialidades;

c) As obras de construção, de ampliação ou de alteração em área não abrangida por operação de loteamento nem por plano de pormenor que contenha as menções referidas na alínea a), sem prejuízo do disposto na alínea b) do n.º 1 do artigo 6.º;

d) As obras de reconstrução, ampliação, alteração ou demolição de edifícios classificados ou em vias de classificação e as obras de construção, reconstrução, ampliação, alteração ou demolição de edifícios situados em zona de protecção de imóvel classificado ou em vias de classificação ou em áreas sujeitas a servidão administrativa ou restrição de utilidade pública;

e) A alteração da utilização de edifícios ou suas fracções em área não abrangida por operação de loteamento ou plano municipal de ordenamento do território, quando a mesma não tenha sido precedida da realização de obras sujeitas a licença ou autorização administrativas.

3 – Estão sujeitas a autorização administrativa:

a) As operações de loteamento em área abrangida por plano de pormenor que contenha as menções referidas na parte final da alínea a) do número anterior;

b) As obras de urbanização e os trabalhos de remodelação de terrenos em área abrangida por operação de loteamento e que não respeitem à criação ou remodelação de infra-estruturas sujeitas à legislação específica referida na parte final da alínea b) do número anterior;

c) As obras de construção, de ampliação ou de alteração em área abrangida por operação de loteamento ou por plano de pormenor que contenha as menções referidas na parte final da alínea a) do número anterior, sem prejuízo do disposto na alínea b) do n.º 1 do artigo 6.º;

([1]) Redacção do DL 177/2001, de 04-06.

d) As obras de reconstrução salvo as previstas na alínea *d*) do número anterior;

e) As obras de demolição de edificações existente que não se encontrem previstas em licença ou autorização de obras de reconstrução, salvo as previstas na alínea *d*) do número anterior;

f) A utilização de edifícios ou suas fracções, bem como as alterações à mesma que não se encontrem previstas na alínea *e*) do número anterior;

g) As demais operações urbanísticas que não estejam isentas ou dispensadas de licença ou autorização, nos termos do presente diploma.

ARTIGO 5.º – **Competência**

1 – A concessão da licença prevista no n.º 2 do artigo anterior é da competência da câmara municipal, com faculdade de delegação no presidente e de subdelegação deste nos vereadores.

2 – A concessão da autorização prevista no n.º 3 do artigo anterior é da competência do presidente da câmara, podendo ser delegada nos vereadores, com faculdade de subdelegação, ou nos dirigentes dos serviços municipais.

3 – A aprovação da informação prévia regulada no presente diploma é da competência da câmara municipal, podendo ser delegada no seu presidente, com faculdade de subdelegação nos vereadores.

4 – Quando a informação prévia respeite as operações urbanísticas sujeitas a autorização, a competência prevista no número anterior pode ainda ser subdelegada nos dirigentes dos serviços municipais.

ARTIGO 6.º – **Isenção e dispensa de licença ou autorização**

1 – Estão isentas de licença ou autorização:

a) As obras de conservação;

b) As obras de alteração no interior de edifícios não classificados ou suas fracções que não impliquem modificações da estrutura resistente dos edifícios, das cérceas, das fachadas e da forma dos telhados;

c) Os destaques referidos nos n.ºs 4 e 5.

2 – Podem ser dispensadas de licença ou autorização, mediante previsão em regulamento municipal, as obras de edificação ou demolição que,

pela sua natureza, dimensão ou localização, tenham escassa relevância urbanística.

3 – As obras referidas na alínea *b*) do n.º 1, bem como aquelas que sejam dispensadas de licença ou autorização nos termos do número anterior, ficam sujeitas ao regime de comunicação prévia previsto nos artigos 34.º a 36.º

4 – Os actos que tenham por efeito o destaque de uma única parcela de prédio com descrição predial que se situe em perímetro urbano estão isentos de licença ou autorização, desde que cumpram, cumulativamente, as seguintes condições:

a) As parcelas resultantes do destaque confrontem com arruamentos públicos;

b) A construção erigida ou a erigir na parcela a destacar disponha de projecto aprovado quando exigível no momento da construção.

5 – Nas áreas situadas fora dos perímetros urbanos, os actos a que se refere o número anterior estão isentos de licença ou autorização quando, cumulativamente, se mostrem cumpridas as seguintes condições:

a) Na parcela destacada só seja construído edifício que se destine exclusivamente a fins habitacionais e que não tenha mais de dois fogos;

b) Na parcela restante se respeite a área mínima fixada no projecto de intervenção em espaço rural em vigor ou, quando aquele não exista, a área de unidade de cultura fixada nos termos da lei geral para a região respectiva.

6 – Nos casos referidos nos n.ºs 4 e 5, não é permitido efectuar, na área correspondente ao prédio originário, novo destaque nos termos aí referidos por um prazo de 10 anos contados da data do destaque anterior.

7 – O condicionamento da construção bem como o ónus do não fraccionamento, previstos nos n.ºs 5 e 6 devem ser inscritos no registo predial sobre as parcelas resultantes do destaque, sem o que não pode ser licenciada ou autorizada qualquer obra de construção nessas parcelas.

8 – O disposto neste artigo não isenta a realização das operações urbanísticas nele previstas da observância das normas legais e regulamentares aplicáveis, designadamente as constantes de plano municipal e plano especial de ordenamento do território e as normas técnicas de construção.

9 – A certidão emitida pela câmara municipal constitui documento bastante para efeitos de registo predial da parcela destacada.

ARTIGO 7.º – **Operações urbanísticas promovidas pela Administração Pública**

1 – Estão igualmente isentas de licença ou autorização:

a) As operações urbanísticas promovidas pelas autarquias locais e suas associações em área abrangida por plano municipal de ordenamento do território;

b) As operações urbanísticas promovidas pelo Estado relativas a equipamentos ou infra-estruturas destinados à instalação de serviços públicos ou afectos ao uso directo e imediato do público, sem prejuízo do disposto no n.º 4;

c) As obras de edificação ou demolição promovidas pelos institutos públicos que tenham por atribuições específicas a promoção e gestão do parque habitacional do Estado e que estejam directamente relacionadas com a prossecução destas atribuições;

d) As obras de edificação ou demolição promovidas por entidades públicas que tenham por atribuições específicas a administração das áreas portuárias ou do domínio público ferroviário ou aeroportuário, quando realizadas na respectiva área de jurisdição e directamente relacionadas com a prossecução daquelas atribuições;

e) As obras de edificação ou de demolição e os trabalhos promovidos por entidades concessionárias de obras ou serviços públicos, quando se reconduzam à prossecução do objecto da concessão.

2 – A execução das operações urbanísticas previstas no número anterior, com excepção das promovidas pelos municípios, fica sujeita a parecer prévio não vinculativo da câmara municipal, que deve ser emitido no prazo de 20 dias a contar da data da recepção do respectivo pedido.

3 – As operações de loteamento e as obras de urbanização promovidas pelas autarquias locais e suas associações em área não abrangida por plano director municipal devem ser previamente autorizadas pela assembleia municipal, depois de submetidas a parecer prévio vinculativo da direcção regional do ambiente e do ordenamento do território, que deve pronunciar-se no prazo de 20 dias a contar da recepção do respectivo pedido.

4 – As operações de loteamento e as obras de urbanização promovidas pelo Estado devem ser previamente autorizadas pelo ministro da tutela e pelo Ministro do Ambiente e do Ordenamento do Território, depois de

ouvida a câmara municipal e a direcção regional do ambiente e do ordenamento do território, que devem pronunciar-se no prazo de 20 dias após a recepção do respectivo pedido.

5 – As operações de loteamento e as obras de urbanização promovidas pelas autarquias locais e suas associações ou pelo Estado, em área não abrangida por plano de urbanização ou plano de pormenor, são submetidas a discussão pública, nos termos estabelecidos no artigo 77.º do Decreto-Lei n.º 380/99, de 22 de Setembro, com as necessárias adaptações, excepto no que se refere aos períodos de anúncio e duração da discussão pública que são, respectivamente, de 8 e de 15 dias.

6 – A realização das operações urbanísticas previstas neste artigo deve observar as normas legais e regulamentares que lhes forem aplicáveis, designadamente as constantes de instrumento de gestão territorial e as normas técnicas de construção.

7 – A realização das operações urbanísticas previstas neste artigo aplica-se ainda, com as devidas adaptações, o disposto nos artigos 10.º, 12.º e 78.º

SECÇÃO II – **Formas de procedimento**

SUBSECÇÃO I – **Disposições gerais**

ARTIGO 8.º – **Procedimento**

1 – O controlo prévio das operações urbanísticas obedece às formas de procedimento previstas na presente secção, devendo ainda ser observadas as condições especiais de licenciamento ou autorização previstas na secção III do presente capítulo.

2 – A direcção da instrução do procedimento compete ao presidente da câmara municipal, podendo ser delegada nos vereadores, com faculdade de subdelegação, ou nos dirigentes dos serviços municipais.

ARTIGO 9.º – **Requerimento e instrução**

1 – Salvo disposição em contrário, os procedimentos previstos no presente diploma iniciam-se através de requerimento escrito, dirigido ao presidente da câmara municipal, do qual deve constar sempre a identifica-

ção do requerente, incluindo o domicílio ou sede, bem como a indicação da qualidade de titular de qualquer direito que lhe confira a faculdade de realizar a operação urbanística a que se refere a pretensão.

2 – Do requerimento inicial consta igualmente a indicação do pedido em termos claros e precisos, identificando o tipo de operação urbanística a realizar por referência ao disposto no artigo 2.º, bem como a respectiva localização.

3 – Quando o pedido respeite a mais de um dos tipos de operações urbanísticas referidos no artigo 2.º directamente relacionadas, o requerimento deve identificar todas as operações nele abrangidas, aplicando-se neste caso a forma de procedimento correspondente ao tipo de operação mais complexa.

4 – O pedido é acompanhado dos elementos instrutórios previstos em portaria aprovada pelos Ministros do Equipamento Social e do Ambiente e do Ordenamento do Território, para além dos documentos especialmente referidos no presente diploma.

5 – O município fixa em regulamento o numero mínimo de cópias dos elementos que devem instruir cada processo.

6 – O requerimento inicial deve ser apresentado em duplicado, sendo a cópia devolvida ao requerente depois de nela se ter aposto nota, datada, da recepção do original.

7 – No requerimento inicial pode o interessado solicitar a indicação das entidades que, nos termos da lei, devam emitir parecer, autorização ou aprovação relativamente ao pedido apresentado, o qual lhe é notificado no prazo de 15 dias, salvo rejeição liminar do pedido nos termos do disposto no artigo 11.º

8 – O responsável pela instrução do procedimento regista no processo a junção subsequente de quaisquer novos documentos e a data das consultas a entidades exteriores ao município e da recepção das respectivas respostas, quando for caso disso, bem como a data e o teor das decisões dos órgãos municipais.

9 – No caso de substituição do requerente, do responsável por qualquer dos projectos apresentados ou do director técnico da obra, o substituto deve disso fazer prova junto do presidente da câmara municipal para que este proceda ao respectivo averbamento no prazo de 15 dias a contar da data da substituição.

ARTIGO 10.º – **Termo de responsabilidade**

1 – O requerimento inicial é sempre instruído com declaração dos autores dos projectos da qual conste que foram observadas na elaboração dos mesmos as normas legais e regulamentares aplicáveis, designadamente as normas técnicas de construção em vigor.

2 – Da declaração mencionada no número anterior deve ainda constar referência à conformidade do projecto com os planos municipais de ordenamento do território aplicáveis à pretensão, bem como com a licença tu autorização de loteamento, quando exista.

3 – Só podem subscrever os projectos os técnicos que se encontrem inscritos em associação pública de natureza profissional e que façam prova da validade da sua inscrição aquando da apresentação do requerimento inicial, sem prejuízo do disposto no número seguinte.

4 – Os técnicos cuja actividade não, esteja abrangida por associação pública podem subscrever os projectos para os quais possuam habilitação adequada, nos termos do disposto no regime da qualificação profissional exigível aos autores de projectos de obras ou em legislação especial relativa a organismo público oficialmente reconhecido.

5 – Nas situações previstas no artigo 60.º os técnicos autores dos projectos devem declarar quais as normas técnicas ou regulamentares em vigor que não foram observadas na elaboração dos mesmos, fundamentando as razões da sua não observância.

ARTIGO 11.º – **Saneamento e apreciação liminar**

1 – Compete ao presidente da câmara municipal decidir as questões de ordem formal e processual que possam obstar ao conhecimento de qualquer pedido apresentado no âmbito do presente diploma.

2 – O presidente da câmara municipal profere despacho de rejeição liminar do pedido, no prazo de oito dias a contar da respectiva apresentação, sempre que o requerimento não contenha a identificação do requerente, do pedido no da localização da operação urbanística a realizar, bem como no caso de faltar documento instrutório exigível que seja indispensável ao conhecimento da pretensão.

3 – No prazo de 15 dias a contar da apresentação do requerimento inicial, o presidente da câmara municipal pode igualmente proferir despacho de rejeição liminar quando da análise dos elementos instrutórios resul-

tar que o pedido é manifestamente contrário às normas legais e regulamentares aplicáveis.

4 – Caso sejam supríveis ou sanáveis as deficiências ou omissões verificadas, e estas não possam ser oficiosamente supridas pelo responsável pela instrução do procedimento, o requerente será notificado, no prazo referido no número anterior, para corrigir ou completar o pedido, ficando suspensos os termos ulteriores do procedimento.

5 – Não ocorrendo rejeição liminar, ou convite para corrigir ou completar o pedido, no prazo previsto nos n.os 2 e 4, presume-se que o processo se encontra correctamente instruído.

6 – Sem prejuízo do disposto nos números anteriores, o presidente da câmara municipal deve conhecer a qualquer momento, até à decisão final, de qualquer questão que prejudique o desenvolvimento normal do procedimento ou impeça a tomada de decisão sobre o objecto do pedido, nomeadamente a ilegitimidade do requerente e a caducidade do direito que se pretende exercer.

7 – Salvo no que respeita às consultas a que se refere o artigo 19.°, se a decisão final depender da decisão de uma questão que seja da competência de outro órgão administrativo ou dos tribunais, deve o presidente da câmara municipal suspender o procedimento até que o órgão ou o tribunal competente se pronunciem, notificando o requerente desse acto, sem prejuízo do disposto no n.° 2 do artigo 31.° do Código do Procedimento Administrativo.

8 – Havendo rejeição do pedido, nos termos do presente artigo, o interessado que apresente novo pedido para o mesmo fim está dispensado de juntar os documentos utilizados no pedido anterior que se mantenham válidos e adequados.

9 – O presidente da câmara municipal pode delegar nos vereadores com faculdade, de subdelegação ou nos dirigentes dos serviços municipais as competências referidas nos n.os 1 a 4 e 7.

ARTIGO 12.° – **Publicidade do pedido**

O pedido de licenciamento ou autorização de operação urbanística deve ser publicitado pelo requerente sob forma de aviso, segundo modelo aprovado por portaria do Ministro do Ambiente e do Ordenamento do Território, a colocar no local de execução daquela de forma visível da via pública, no prazo de 15 dias a contar da apresentação do requerimento inicial.

ARTIGO 13.º – **Suspensão do procedimento**

Nas áreas a abranger por novas regras urbanísticas constantes de plano municipal ou especial de ordenamento do território ou sua revisão, os procedimentos de informação prévia, de licenciamento ou de autorização ficam suspensos a partir da data fixada para o início do período de discussão pública e até à data da entrada em vigor daquele instrumento, aplicando-se o disposto no artigo 117.º do regime jurídico dos instrumentos de gestão territorial. ([1])

SUBSECÇÃO II – **Informação prévia**

ARTIGO 14.º – **Pedido de informação prévia**

1 – Qualquer interessado pode pedir à câmara municipal, a título prévio, informação sobre a viabilidade de realizar determinada operação urbanística e respectivos condicionamentos legais ou regulamentares, nomeadamente relativos a infra-estruturas, servidões administrativas e restrições de utilidade pública, índices urbanísticos, cérceas, afastamentos e demais condicionantes aplicáveis à pretensão.

2 – Quando o pedido respeite a operação de loteamento, em área não abrangida por plano de pormenor, ou a obra de construção, ampliação ou alteração em área não abrangida por plano de pormenor ou operação de loteamento, o interessado pode requerer que a informação prévia contemple especificamente os seguintes aspectos, em função dos elementos por si apresentados:

a) A volumetria da edificação e a implantação da mesma e dos muros de vedação;

b) Condicionantes para um adequado relacionamento formal e funcional com a envolvente;

c) Programa de utilização das edificações, incluindo a área bruta de construção a afectar aos diversos usos e o número de fogos e outras unidades de utilização;

d) Infra-estruturas locais e ligação às infra-estruturas gerais;

e) Estimativa de encargos urbanísticos devidos.

([1]) Redacção do DL 177/2001, de 04-06.

3 – Quando o interessado não seja o proprietário do prédio, o pedido de informação prévia inclui a identificação daquele bem como dos titulares de qualquer outro direito real sobre o prédio, através de certidão emitida pela conservatória do registo predial.

4 – No caso previsto no número anterior, a câmara municipal deve notificar o proprietário e os demais titulares de qualquer outro direito real sobre o prédio da abertura do procedimento.

ARTIGO 15.º – **Consultas no âmbito do procedimento de informação prévia**

No âmbito do procedimento de informação prévia há lugar a consulta, nos termos do disposto no artigo 19.º, às entidades cujos pareceres, autorizações ou aprovações condicionem, nos termos da lei, a informação a prestar, sempre que tal consulta deva ser promovida num eventual pedido de licenciamento da pretensão em causa.

ARTIGO 16.º – **Deliberação**

1 – A câmara municipal delibera sobre o pedido de informação prévia no prazo de 20 dias ou, no caso previsto no n.º 2 do artigo 14.º, no prazo de 30 dias contados a partir: ([1])

a) Da data da recepção do pedido ou dos elementos solicitados nos termos do n.º 4 do artigo 11.º; ou

b) Da data da recepção do último dos pareceres, autorizações ou aprovações emitidos pelas entidades exteriores ao município, quando tenha havido lugar a consultas; ou ainda

c) Do termo do prazo para a recepção dos pareceres, autorizações ou aprovações, sempre que alguma das entidades consultadas não se pronuncie até essa data.

2 – Os pareceres, autorizações ou aprovações emitidos pelas entidades exteriores ao município são obrigatoriamente notificados ao requerente juntamente com a informação prévia aprovada pela câmara municipal, dela fazendo parte integrante. ([1])

3 – A câmara municipal indica sempre, na informação aprovada, o procedimento de controlo prévio a que se encontra sujeita a realização da

---

([1]) Redacção do DL 177/2001, de 04-06.

operação urbanística projectada, de acordo com o disposto na secção I do capítulo II do presente diploma.

4 – No caso de a informação ser desfavorável, dela deve constar a indicação dos termos em que a mesma, sempre que possível, pode ser revista por forma a serem cumpridas as prescrições urbanísticas aplicáveis, designadamente as constantes de plano municipal de ordenamento do território ou de operação de loteamento.

ARTIGO 17.º – Efeitos

1 – O conteúdo da informação prévia aprovada vincula as entidades competentes na decisão sobre um eventual pedido de licenciamento ou autorização da operação urbanística a que respeita, desde que tal pedido seja apresentado no prazo de um ano a contar da data da notificação da mesma ao requerente.

2 – Nos casos abrangidos pelo número anterior, é dispensada no procedimento de licenciamento a consulta às entidades exteriores ao município em matéria sobre a qual se tenham pronunciado no âmbito do pedido de informação prévia, desde que esta tenha sido favorável e o pedido de licenciamento com ela se conforme. ([1])

3 – Quando a informação prévia favorável respeite a pedido formulado nos termos do n.º 2 do artigo 14.º e tenha carácter vinculativo nos termos do n.º 1 do presente artigo, é reduzido para metade o prazo para decisão sobre o pedido de licenciamento ou autorização. ([1])

4 – Não se suspende o procedimento de licenciamento ou autorização nos termos do artigo 13.º sempre que o pedido tenha sido instruído com informação prévia favorável de carácter vinculativo, nos termos do n.º 1 do presente artigo.

SUBSECÇÃO III – Licença

ARTIGO 18.º – Âmbito

1 – Obedece ao procedimento regulado na presente subsecção a apreciação dos pedidos relativos às operações urbanísticas previstas no n.º 2 do artigo 4.º

([1]) Redacção do DL 177/2001, de 04-06.

2 – No âmbito do procedimento de licenciamento há lugar a consulta às entidades que, nos termos da lei, devam emitir parecer, autorização ou aprovação sobre o pedido, excepto nos casos previstos no n.º 2 do artigo 17.º

ARTIGO 19.º – Consultas a entidades exteriores ao município

1 – Compete ao presidente da câmara municipal promover a consulta às entidades que, nos termos da lei, devam emitir parecer, autorização ou aprovação relativamente às operações urbanísticas sujeitas a licenciamento.

2 – O interessado pode solicitar previamente os pareceres, autorizações ou aprovações legalmente exigidos junto das entidades competentes, entregando-os com o requerimento inicial do pedido de licenciamento, caso em que não há lugar a nova consulta desde que, até à data da apresentação de tal pedido na câmara municipal, não haja decorrido mais de um ano desde a emissão dos pareceres, autorizações ou aprovações emitidos e não se tenha verificado alteração dos pressupostos de facto ou de direito em que os mesmos se basearam.

3 – Para os efeitos do número anterior, caso qualquer das entidades consultadas não se haja pronunciado dentro do prazo referido no n.º 8, o requerimento inicial pode ser instruído com prova da solicitação das consultas e declaração do requerente de que os mesmos não foram emitidos dentro daquele prazo.

4 – O presidente da câmara municipal promove as consultas a que haja lugar em simultâneo, no prazo de 10 dias a contar da data do requerimento inicial ou da data da entrega dos elementos solicitados nos termos do n.º 4 do artigo 11.º

5 – No prazo máximo de 10 dias a contar da data de recepção do processo, as entidades consultadas podem solicitar, por uma única vez, a apresentação de outros elementos que considerem indispensáveis à apreciação do pedido, dando desse facto conhecimento à câmara municipal.

6 – No termo do prazo fixado no n.º 4, o interessado pode solicitar a passagem de certidão da promoção das consultas devidas, a qual será emitida pela câmara municipal no prazo de oito dias.

7 – Se a certidão for negativa, o interessado pode promover directamente as consultas que não hajam sido realizadas ou pedir ao tribunal

administrativo que intime a câmara municipal a fazê-lo, nos termos do artigo 112.º do presente diploma.

8 – O parecer, autorização ou aprovação das entidades consultadas deve ser recebido pelo presidente da câmara municipal ou pelo requerente, consoante quem houver promovido a consulta, no prazo de 20 dias ou do estabelecido na legislação aplicável a contar da data da recepção do processo ou dos elementos a que se refere o n.º 5.

9 – Considera-se haver concordância daquelas entidades com a pretensão formulada se os respectivos pareceres, autorizações ou aprovações não forem recebidos dentro do prazo fixado no número anterior, sem prejuízo do disposto em legislação específica.

10 – As entidades exteriores ao município devem pronunciar-se exclusivamente no âmbito das suas atribuições e competências.

11 – Os pareceres das entidades exteriores ao município só têm carácter vinculativo quando tal resulte da lei, desde que se fundamentem em condicionalismos legais ou regulamentares e sejam recebidos dentro do prazo fixado no n.º 8, sem prejuízo do disposto em legislação específica.

12 – O presidente da câmara municipal pode delegar nos vereadores ou nos dirigentes dos serviços municipais as competências previstas nos n.ºs 1 e 4.

ARTIGO 20.º – **Apreciação dos projectos de obras de edificação**

1 – A apreciação do projecto de arquitectura, no caso de pedido de licenciamento relativo a obras previstas nas alíneas c) e d) do n.º 2 do artigo 4.º, incide sobre a sua conformidade com planos municipais de ordenamento no território, planos especiais de ordenamento do território, medidas preventivas, área de desenvolvimento urbano prioritário, área de construção prioritária, servidões administrativas, restrições de utilidade pública e quaisquer outras normas legais e regulamentares relativas ao aspecto exterior e a inserção urbana e paisagística das edificações, bem como sobre o uso proposto.

2 – Para os efeitos do número anterior, a apreciação da inserção urbana das edificações é efectuada na perspectiva formal e funcional, tendo em atenção o edificado existente, bem como o espaço público envolvente e as infra-estruturas existentes e previstas.

3 – A câmara municipal delibera sobre o projecto de arquitectura no prazo de 30 dias contado a partir:

a) Da data da recepção do pedido ou dos elementos solicitados nos termos do n.º 4 do artigo 11.º; ou

b) Da data da recepção do último dos pareceres, autorizações ou aprovações emitidos pelas entidades exteriores ao município, quando tenha havido lugar a consultas; ou ainda

c) Do termo do prazo para a recepção dos pareceres, autorizações ou aprovações, sempre que alguma das entidades consultadas não se pronuncie até essa data.

4 – O interessado deve requerer a aprovação dos projectos das especialidades necessários à execução da obra no prazo de seis meses a contar da notificação do acto que aprovou o projecto de arquitectura, caso não tenha apresentado tais projectos com o requerimento inicial.

5 – O presidente da câmara poderá prorrogar o prazo referido no número anterior, por uma só vez e por período não superior a três meses, mediante requerimento fundamentado apresentado antes do respectivo termo.

6 – A falta de apresentação dos projectos das especialidades no prazo estabelecido no n.º 4, ou naquele que resultar da prorrogação concedida nos termos do n.º 5, implica a caducidade do acto que aprovou o projecto de arquitectura e o arquivamento oficioso do processo de licenciamento.

7 – Há lugar a consulta às entidades que, nos termos da lei, devam emitir parecer, autorização ou aprovação sobre os projectos das especialidades, a qual deve ser promovida no prazo de 10 dias a contar da apresentação dos mesmos, ou da data da aprovação do projecto de arquitectura, se o interessado os tiver entregue juntamente com o requerimento inicial.

8 – Às declarações de responsabilidade dos autores dos projectos das especialidades que estejam inscritos em associação pública constituem garantia bastante do cumprimento das normas legais e regulamentares aplicáveis aos projectos, excluindo a sua apreciação prévia pelos serviços municipais, salvo quando as declarações sejam formuladas nos termos do n.º 5 do artigo 10.

ARTIGO 21.º – **Apreciação dos projectos de loteamento, obras de urbanização e trabalhos de remodelação de terrenos**

A apreciação dos projectos de loteamento, de obras de urbanização e dos trabalhos de remodelação de terrenos pela câmara municipal incide sobre a sua conformidade com planos municipais de ordenamento do território, planos especiais de ordenamento do território, medidas preventivas, área de desenvolvimento urbano prioritário, área de construção prioritária, servidões administrativas, restrições de utilidade pública e quaisquer outras normas legais ou regulamentares aplicáveis, bem como sobre o uso e a integração urbana e paisagística.

ARTIGO 22.º – **Discussão pública**

1 – A aprovação pela câmara municipal do pedido de licenciamento de operação de loteamento é precedida de um período de discussão pública a efectuar nos termos do disposto no artigo 77.º do Decreto-Lei n.º 380/99, de 22 de Setembro, sem prejuízo do disposto nos números seguintes.

2 – Mediante regulamento municipal podem ser dispensadas de discussão pública as operações de loteamento que não excedam nenhum dos seguintes limites:

a) 4 ha;

b) 100 fogos;

c) 10% da população do aglomerado urbano em que se insere a pretensão.

3 – A discussão pública é anunciada com uma antecedência mínima de 8 dias a contar da data da recepção do último dos pareceres, autorizações ou aprovações emitidos pelas entidades exteriores ao município ou do termo do prazo para a sua emissão não podendo a sua duração ser inferior a 15 dias.

4 – A discussão pública tem por objecto o projecto de loteamento, que deve ser acompanhado da informação técnica elaborada pelos serviços municipais, bem como dos pareceres, autorizações ou aprovações emitidos pelas entidades exteriores ao município.

5 – Os planos municipais de ordenamento do território podem sujeitar a prévia discussão pública o licenciamento de operações urbanísticas de significativa relevância urbanística.

ARTIGO 23.º – **Deliberação final**

1 – A câmara municipal delibera sobre o pedido de licenciamento:

a) No prazo de 45 dias, no caso de operação de loteamento;

b) No prazo de 30 dias, no caso de obras de urbanização;

c) No prazo de 45 dias, no caso de obras previstas nas alíneas c) e d) do n.º 2 do artigo 4.º;

d) No prazo de 30 dias, no caso de alteração da utilização de edifício ou de sua fracção.

2 – O prazo previsto na alínea *a)* do número anterior conta-se, consoante os casos, a partir do termo do período de discussão pública ou, quando não haja lugar à sua realização, nos termos previstos no n.º 3.

3 – Os prazos previstos nas alíneas *b)* e *d)* do n.º 1 contam-se a partir:

a) Da data da recepção do pedido ou dos elementos solicitados nos termos do n.º 4 do artigo 11,º

b) Da data da recepção do último dos pareceres, autorizações ou aprovações emitidos pelas entidades exteriores ao município, quando tenha havido lugar a consultas; ou ainda

c) Do termo do prazo para a recepção dos pareceres, autorizações ou aprovações, sempre que alguma das entidades consultadas não se pronuncie até essa data.

4 – O prazo previsto na alínea *c)* do n.º 1 conta-se:

a) Da data da apresentação dos projectos das especialidades ou da data da aprovação do projecto de arquitectura, se o interessado os tiver apresentado juntamente com o requerimento inicial; ou

b) Da data da recepção do último dos pareceres, autorizações ou aprovações emitidos pelas entidades consultadas sobre os projectos das especialidades; ou ainda

c) Do termo do prazo para a recepção dos pareceres, autorizações ou aprovações, sempre que alguma das entidades consultadas não se pronuncie até essa data.

5 – Quando o pedido de licenciamento de obras de urbanização seja apresentado em simultâneo com o pedido de licenciamento de operação de loteamento, o prazo previsto na alínea *b)* do n.º 1 conta-se a partir da deliberação que aprove o pedido de loteamento.

6 – No caso das obras previstas nas alíneas *c)* e *d)* do n.º 2 do artigo 4.º, a câmara municipal pode, a requerimento do interessado, aprovar uma licença parcial para construção da estrutura, imediatamente após a entrega de todos os projectos das especialidades e desde que se mostrem aprovado o projecto de arquitectura e prestada caução para demolição da estrutura até ao piso de menor cota em caso de indeferimento.

7 – Nos casos referidos no número anterior, o deferimento do pedido de licença parcial dá lugar à emissão de alvará.

ARTIGO 24.º – **Indeferimento do pedido de licenciamento**

1 – O pedido de licenciamento é indeferido quando:

a) Violar plano municipal de ordenamento do território, plano especial de ordenamento do território, medidas preventivas, área de desenvolvimento urbano prioritário, área de construção prioritária, servidão administrativa, restrição de utilidade pública ou quaisquer outras normas legais e regulamentares aplicáveis;

b) Existir declaração de utilidade pública para efeitos de expropriação que abranja o prédio objecto do pedido de licenciamento, salvo se tal declaração tiver por fim a realização da própria operação urbanística;

c) Tiver sido objecto de parecer. negativo, ou recusa de aprovação ou autorização de qualquer entidade consultada nos termos do presente diploma cuja. decisão seja vinculativa para os órgãos municipais.

2 – Quando o pedido de licenciamento tiver por objecto a realização das operações urbanísticas referidas nas alíneas *a)*, *b)*, *c)* e *d)* do n.º 2 do artigo 4.º, o indeferimento pode ainda ter lugar com fundamento em:

a) A operação urbanística afectar negativamente o património arqueológico, histórico, cultural ou paisagístico, natural ou edificado;

b) A operação urbanística constituir, comprovadamente, uma sobrecarga incomportável para as infra-estruturas ou serviços gerais existentes ou implicar, para o município, a construção ou manutenção de equipamentos, a realização de trabalhos ou a prestação de serviços por este não previstos, designadamente quanto a arruamentos e redes de abastecimento de água, de energia eléctrica ou de saneamento.

3 – Quando o pedido de licenciamento tiver por objecto a realização das operações urbanísticas referidas na alínea *b)* do n.º 2 do artigo 4.º, o indeferimento pode ainda ter lugar com fundamento na desconformidade com as condições impostas no licenciamento ou autorização da operação de loteamento nos casos em que esta tenha precedido ou acompanhado o pedido.

4 – Quando o pedido de licenciamento tiver por objecto a realização das obras referidas nas alíneas *c)* e *d)* do n.º 2 do artigo 4.º, pode ainda ser indeferido quando a obra seja susceptível de manifestamente afectar a estética das povoações, a sua adequada inserção no ambiente urbano ou a beleza das paisagens, designadamente em resultado da desconformidade com as cérceas dominantes, a volumetria das edificações e outras prescrições expressamente previstas em regulamento.

5 – O pedido de licenciamento das obras referidas nas alíneas c) e d) do n.º 2 do artigo 4.º deve ser indeferido na ausência de arruamentos ou de infra-estruturas de abastecimento de água e saneamento.

6 – O pedido de licenciamento das operações referidas na alínea e) do n.º 2 do artigo 4.º pode ainda ser indeferido quando se conclua pela não verificação das condições referidas no n.º 1 do artigo 62.º, ou que suscitam sobrecarga incomportável para as infra-estruturas existentes.

ARTIGO 25.º – **Reapreciação do pedido**

1 – Quando exista projecto de decisão de indeferimento com os fundamentos referidos na alínea b) do n.º 2 e no n.º 4 do artigo anterior, pode haver deferimento do pedido desde que o requerente, na audiência prévia, se comprometa a realizar os trabalhos necessários ou a assumir os encargos inerentes à sua execução, bem como os encargos de funcionamento das infra-estruturas por um período mínimo de 10 anos.

2 – O disposto no número anterior é igualmente aplicável quando exista projecto de indeferimento de pedido de licenciamento das operações referidas na alínea e) do n.º 2 do artigo 4.º com fundamento no facto de suscitarem sobrecarga incomportável para as infra-estruturas existentes.

3 – Em caso de deferimento nos termos dos números anteriores, o requerente deve, antes da emissão do alvará, celebrar com a câmara municipal contrato relativo ao cumprimento das obrigações assumidas e prestar caução adequada, beneficiando de redução proporcional das taxas por realização de infra-estruturas urbanísticas, nos termos a fixar em regulamento municipal.

4 – A prestação da caução referida no número anterior, bem como a execução ou manutenção das obras de urbanização que o interessado se comprometa a realizar ou a câmara municipal entenda indispensáveis, devem ser mencionadas expressamente como condição do deferimento do pedido.

5 – A prestação da caução referida no n.º 3 aplica-se, com as necessárias adaptações, o disposto no artigo 54.º

6 – Os encargos a suportar pelo requerente ao abrigo do contrato referido no n.º 3 devem ser proporcionais à sobrecarga para as infra-estruturas existentes resultante da operação urbanística.

ARTIGO 26.º – Licença

A deliberação final de deferimento do pedido de licenciamento consubstancia a licença para a realização da operação urbanística.

ARTIGO 27.º – Alterações à licença

1 – A requerimento do interessado, podem ser alterados os termos e condições da licença antes do início das obras ou trabalhos a que a mesma se refere.

2 – A alteração da licença da operação de loteamento é precedida de discussão pública, a efectuar nos termos estabelecidos no n.º 3 do artigo 22.º, com as necessárias adaptações, salvo se houver consentimento escrito dos proprietários de todos os lotes constantes do alvará, sem prejuízo do disposto no artigo 48.º

3 – A alteração da licença de operação de loteamento não pode ser aprovada se ocorrer oposição escrita dos proprietários da maioria dos lotes constantes do alvará, desde que nela se inclua a maioria dos proprietários abrangidos pela alteração.

4 – A alteração à licença obedece ao procedimento estabelecido na presente subsecção, com as especialidades constantes dos números seguintes.

5 – É dispensada a consulta às entidades exteriores ao município desde que o pedido de alteração se conforme com os pressupostos de facto e de direito dos pareceres, autorizações ou aprovações que hajam sido emitidos no procedimento.

6 – Podem ser utilizados, no procedimento de alteração, os documentos constantes do processo que se mantenham válidos e adequados.

7 – A alteração da licença dá lugar a aditamento ao alvará, que, no caso de operação de loteamento, deve ser comunicado oficiosamente à conservatória do registo predial competente, para efeitos de averbamento.

8 – As alterações à licença de loteamento que se traduzam na variação das áreas de implantação e de construção até 3%, desde que não impliquem aumento do número de fogos ou alteração de parâmetros urbanísticos constantes de plano municipal de ordenamento do território, são aprovadas por simples deliberação da câmara municipal, com dispensa de quaisquer outras formalidades, sem prejuízo das demais disposições legais e regulamentares aplicáveis.

9 – Exceptuam-se do disposto nos n.ᵒˢ 2 a 6 as alterações às condições da licença que se refiram ao prazo de conclusão das operações urbanísticas licenciadas ou ao montante da caução para garantia das obras de urbanização, que se regem pelos artigos 53.º, 54.º e 58.º

SUBSECÇÃO IV – **Autorização**

ARTIGO 28.º – **Âmbito**

1 – Obedece ao procedimento regulado na presente subsecção a apreciação dos pedidos relativos às operações urbanísticas previstas no n.º 3 do artigo 4.º, bem como àquelas que o regulamento referido no n.º 2 do artigo 6.º determine.

2 – Sem prejuízo do disposto nos artigos 37.º e seguintes, no âmbito do procedimento de autorização não há lugar a consultas a entidades exteriores ao município.

ARTIGO 29.º – **Apreciação liminar**

1 – Sem prejuízo do disposto nos n.ᵒˢ 2 e 3 do artigo 11.º, o pedido de autorização é liminarmente rejeitado quando se verifique que a operação urbanística a que respeita não se integra na previsão do n.º 3 do artigo 4.º, nem se encontra sujeita ao regime de autorização nos termos do regulamento municipal a que se refere o n.º 2 do artigo 6.º

2 – Aplica-se igualmente o disposto no número anterior quando seja manifesto que:

a) O pedido de autorização das operações urbanísticas referidas na alínea *a)* do n.º 3 do artigo 4.º viola plano de pormenor;

b) Os pedidos de autorização das operações urbanísticas referidas nas alíneas *b)* e *c)* do n.º 3 do artigo 4.º violam licença de loteamento ou plano de pormenor.

ARTIGO 30.º – **Decisão final**

1 – O presidente da câmara municipal decide sobre o pedido de autorização:

a) No prazo de 30 dias, no caso de operação de loteamento;

b) No prazo de 20 dias, no caso das demais operações urbanísticas previstas no n.º 3 do artigo 4.º

2 – Sem prejuízo do disposto no n.º 3 do artigo 37.º, os prazos previstos no número anterior contam-se a partir da recepção do pedido ou dos elementos solicitados nos termos do n.º 4 do artigo 11.º, com excepção do disposto nos números seguintes.

3 – No caso de pedido de autorização para a utilização de edifício ou de sua fracção, bem como para alteração à utilização nos termos previstos na alínea *f*) do n.º 3 do artigo 4.º, o prazo para a decisão do presidente da câmara municipal conta-se a partir:

a) Da data da recepção do pedido ou da recepção dos elementos solicitados, nos termos do n.º 4 do artigo 11.º; ou

b) Da data da realização da vistoria, quando a ela houver lugar, nos termos do disposto no artigo 64.º

4 – Quando o pedido de autorização de obras de urbanização seja apresentado em simultâneo com o pedido de autorização de operação de loteamento, o prazo previsto na alínea *b*) do n.º 1 conta-se a partir da deliberação que aprove o pedido de loteamento.

ARTIGO 31.º – **Indeferimento do pedido de autorização**

1 – O pedido de autorização é indeferido nos casos previstos nas alíneas *a*) e *b*) do n.º 1 do artigo 24.º, bem como quando se verifique a recusa das aprovações previstas no artigo 37.º

2 – Quando o pedido de autorização tiver por objecto a realização das operações urbanísticas referidas nas alíneas *a*), *b*), *c*) ou *d*) do n.º 3 do artigo 4.º, o indeferimento pode ainda ter lugar com fundamento no disposto na alínea *b*) do n.º 2 do artigo 24.º

3 – Quando o pedido de autorização tiver por objecto a realização das obras referidas nas alíneas *c*) e *d*) do n.º 3 do artigo 4.º, pode ainda ser indeferido nos seguintes casos:

a) A obra seja manifestamente susceptível de afectar a estética das povoações, a sua adequada inserção no ambiente urbano ou a beleza das paisagens;

b) Quando se verifique a ausência de arruamentos ou de infra-estruturas de abastecimento de água e saneamento.

4 – O disposto nos números anteriores é aplicável às operações previstas na alínea *g*) do n.º 3 do artigo 4.º, com as necessárias adaptações.

5 – Quando o pedido de autorização se referir às operações urbanísticas referidas na alínea *b*) do n.º 3 do artigo 4.º, o indeferimento pode

ainda ter lugar com fundamento na desconformidade com as condições impostas no licenciamento ou autorização da operação de loteamento nos casos em que esta tenha precedido ou acompanhado o pedido de autorização das obras de urbanização.

6 – O pedido de autorização das operações referidas na alínea *f)* do n.º 3 do artigo 4.º pode ainda ser objecto de indeferimento quando:

a) Não respeite as condições constantes dos n.ºˢ 2 e 3 do artigo 62.º, consoante o caso;

b) Constitua, comprovadamente, uma sobrecarga incomportável para as infra-estruturas existentes.

7 – Quando exista projecto de indeferimento com os fundamentos constantes do n.º 2 e da alínea *b)* do n.º 6 do presente artigo, é aplicável o disposto no artigo 25.º, com as necessárias adaptações.

ARTIGO 32.º – **Autorização**

O acto de deferimento do pedido consubstancia a autorização para a realização da operação urbanística.

ARTIGO 33.º – **Alterações à autorização**

1 – A requerimento do interessado, podem ser alterados os termos e condições da autorização antes do início das obras ou trabalhos a que a mesma se refere.

2 – A alteração da autorização da operação de loteamento é precedida de discussão pública, a efectuar nos termos estabelecidos no n.º 3 do artigo 22.º, com as necessárias adaptações, salvo se houver consentimento escrito dos proprietários de todos os lotes constantes do alvará, sem prejuízo do disposto no artigo 48.º

3 – A alteração da autorização de loteamento não pode ser licenciada se ocorrer oposição escrita dos proprietários da maioria dos lotes constantes do alvará, desde que nela se inclua a maioria dos proprietários abrangidos pela alteração.

4 – A alteração à autorização obedece ao procedimento estabelecido na presente subsecção, aplicando-se, com as necessárias adaptações, o que se dispõe no artigo 27.º

SUBSECÇÃO V – **Comunicação prévia**

ARTIGO 34.º – **Âmbito**

Obedece ao procedimento regulado na presente subsecção a realização das operações urbanísticas referidas no n.º 3 do artigo 6.º

ARTIGO 35.º – **Comunicação à câmara municipal**

1 – As obras referidas no artigo anterior podem realizar-se decorrido o prazo de 30 dias sobre a apresentação de comunicação prévia dirigida ao presidente da câmara municipal.

2 – A comunicação prévia deve conter a identificação do interessado e é acompanhada das peças escritas e desenhadas indispensáveis à identificação das obras ou trabalhos a realizar e da respectiva localização, assinadas por técnico legalmente habilitado e acompanhadas do termo de responsabilidade a que se refere o artigo 10.º

ARTIGO 36.º – **Apreciação liminar**

1 – No prazo de 20 dias a contar da entrega da comunicação e demais elementos a que se refere o artigo anterior, o presidente da câmara municipal deve determinar a sujeição da obra a licenciamento ou autorização quando verifique que a mesma não se integra no âmbito a que se refere o artigo 34.º

2 – Aplica-se ainda o disposto no número anterior quando se verifique haver fortes indícios de que a obra viola as normas legais e regulamentares aplicáveis, designadamente as constantes de plano municipal de ordenamento do território ou as normas técnicas de construção em vigor.

SUBSECÇÃO VI – **Procedimentos especiais**

ARTIGO 37.º – **Operações urbanísticas cujo projecto carece de aprovação da administração central**

1 – As operações urbanísticas referidas no artigo 4.º cujo projecto, nos termos da legislação especial aplicável, careça de aprovação da administração central, nomeadamente as relativas a empreendimentos industriais, recintos de espectáculos e divertimentos públicos e as que tenham

lugar em imóveis classificados ou em vias de classificação estão também sujeitas a licença ou autorização administrativa municipal, nos termos do disposto no presente diploma.

2 – Salvo o disposto em lei especial, os órgãos municipais não podem aprovar informação prévia favorável, nem deferir pedidos de licença ou de autorização relativos a operações urbanísticas previstas no n.º 1, sem que o requerente apresente documento comprovativo da aprovação da administração central.

3 – Os prazos para a câmara municipal decidir sobre os pedidos de informação prévia, de licença ou de autorização relativos a operações urbanísticas previstas no n.º 1 contam-se a partir da data da entrega pelo requerente do documento referido no número anterior.

ARTIGO 38.º – **Empreendimentos turísticos**

1 – Os empreendimentos turísticos estão sujeitos ao regime jurídico das operações de loteamento nos casos em que se pretenda efectuar a divisão jurídica do terreno em lotes.

2 – Nas situações referidas no número anterior não é aplicável o disposto no artigo 41.º, podendo a operação de loteamento realizar-se em áreas em que o uso turístico seja compatível com o disposto nos instrumentos de gestão territorial válidos e eficazes.

ARTIGO 39.º – **Autorização prévia de localização**

Sempre que as obras se situem em área que nos termos de plano de urbanização, plano de pormenor ou licença ou autorização de loteamento em vigor, esteja expressamente afecta ao uso proposto, é dispensada a autorização prévia de localização que, nos termos da lei, devesse ser emitida por parte de órgãos da administração central, sem prejuízo das demais autorizações ou aprovações exigidas por lei relativas a servidões administrativas ou restrições de utilidade pública.

ARTIGO 40.º – **Licença ou autorização de funcionamento**

1 – A vistoria necessária à concessão da licença de funcionamento deve ser sempre efectuada em conjunto com a vistoria referida no artigo 64.º, quando a ela haja lugar.

2 – A câmara municipal dá conhecimento da data da vistoria às entidades da administração central que tenham competência para licenciar o funcionamento do estabelecimento.

3 – Salvo o disposto em lei especial, a licença de funcionamento de qualquer estabelecimento só pode ser concedida mediante a exibição do alvará de licença ou de autorização de utilização.

SECÇÃO III – Condições especiais de licenciamento ou autorização

SUBSECÇÃO I – Operações de loteamento

ARTIGO 41.º – Localização

As operações de loteamento só podem realizar-se nas áreas situadas dentro do perímetro urbano e em terrenos já urbanizados ou cuja urbanização se encontre programada em plano municipal de ordenamento do território.

ARTIGO 42.º – Parecer da direcção regional do ambiente e do ordenamento do território

1 – O licenciamento de operação de loteamento que se realize em área não abrangida por qualquer plano municipal de ordenamento do território está sujeito a parecer prévio favorável da direcção regional do ambiente e do ordenamento do território.

2 – O parecer da direcção regional do ambiente e do ordenamento do território destina-se a avaliar a operação de loteamento do ponto de vista do ordenamento do território e a verificar a sua articulação com os instrumentos de desenvolvimento territorial previstos na lei.

3 – O parecer da direcção regional do ambiente e do ordenamento do território caduca no prazo de dois anos, salvo se, dentro desse prazo, for licenciada a operação de loteamento.

4 – A apresentação de requerimento nos termos referidos no artigo 112.º suspende a contagem do prazo referido no número anterior.

ARTIGO 43.º – **Áreas para espaços verdes e de utilização colectiva, infra-estruturas e equipamentos**

1 – Os projectos de loteamento devem prever áreas destinadas à implantação de espaços verdes e de utilização colectiva, infra-estruturas viárias e equipamentos.

2 – Os parâmetros para o dimensionamento das áreas referidas no número anterior são os que estiverem definidos em plano municipal de ordenamento do território, de acordo com as directrizes estabelecidas pelo Programa Nacional da Política de Ordenamento do Território e pelo plano regional de ordenamento do território.

3 – Para aferir se o projecto de loteamento respeita os parâmetros a que alude o número anterior consideram-se quer as parcelas de natureza privada a afectar àqueles fins quer as parcelas a ceder à câmara municipal nos termos do artigo seguinte.

4 – Os espaços verdes e de utilização colectiva, infra-estruturas viárias e equipamentos de natureza privada constituem partes comuns dos lotes resultantes da operação de loteamento e dos edifícios que neles venham a ser construídos e regem-se pelo disposto nos artigos 1420.º a 1438.º-A do Código Civil.

ARTIGO 44.º – **Cedências**

1 – O proprietário e os demais titulares de direitos reais sobre o prédio a lotear cedem gratuitamente ao município as parcelas para implantação de espaços verdes públicos e equipamentos de utilização colectiva e as infra-estruturas que, de acordo com a lei e a licença ou autorização de loteamento, devam integrar o domínio municipal.

2 – Para os efeitos do número anterior, o requerente deve assinalar as áreas de cedência ao município em planta a entregar com o pedido de licenciamento ou autorização.

3 – As parcelas de terrenos cedidas ao município integram-se automaticamente no domínio público municipal com a emissão de alvará.

4 – Se o prédio a lotear já estiver servido pelas infra-estruturas a que se refere a alínea *h)* do artigo 2.º ou não se justificar a localização de qualquer equipamento ou espaço verde públicos no referido prédio, ou ainda nos casos referidos no n.º 4 do artigo anterior, não há lugar a qualquer cedência para esses fins, ficando, no entanto, o proprietário obrigado ao

pagamento de uma compensação ao município, em numerário ou em espécie, nos termos definidos em regulamento municipal.

ARTIGO 45.º – **Reversão**

1 – O cedente tem o direito de reversão sobre as parcelas cedidas nos termos do artigo anterior sempre que estas sejam afectas a fins diversos daqueles para que hajam sido cedidas.

2 – Ao exercício do direito de reversão previsto no número anterior aplica-se, com as necessárias adaptações, o disposto no Código das Expropriações.

3 – Em alternativa ao exercício do direito referido no n.º 1 ou no caso do n.º 9, o cedente pode exigir ao município uma indemnização, a determinar nos termos estabelecidos no Código das Expropriações com referência ao fim a que se encontre afecta a parcela, calculada à data em que pudesse haver lugar à reversão.

4 – As parcelas que, nos termos do n.º 1, tenham revertido para o cedente ficam sujeitas às mesmas finalidades a que deveriam estar afectas aquando da cedência, salvo quando se trate de parcela a afectar a equipamento de utilização colectiva, devendo nesse caso ser afecta a espaço verde, procedendo-se ainda ao averbamento desse facto no respectivo alvará.

5 – Os direitos referidos nos n.os 1 a 3 podem ser exercidos pelos proprietários de, pelo menos, um terço dos lotes constituídos em consequência da operação de loteamento.

6 – Havendo imóveis construídos na parcela revertida, o tribunal pode ordenar a sua demolição, a requerimento do cedente, nos termos estabelecidos nos artigos 86.º e seguintes do Decreto-Lei n.º 267/85, de 16 de Julho.

7 – O município é responsável pelos prejuízos causados aos proprietários dos imóveis referidos no numero anterior, nos termos estabelecidos no Decreto-Lei n.º 48 051, de 21 de Novembro de 1967, em matéria de actos ilícitos.

8 – A demolição prevista no n.º 6 é aplicável o disposto nos artigos 52.º e seguintes do Decreto-Lei n.º 794/76, de 5 de Novembro.

9 – O direito de reversão previsto no n.º 1 não pode ser exercido quando os fins das parcelas cedidas sejam alterados ao abrigo do disposto no n.º 1 do artigo 48.º

ARTIGO 46.º – **Gestão das infra-estruturas e dos espaços verdes e de utilização colectiva**

1 – A gestão das infra-estruturas e dos espaços verdes e de utilização colectiva pode ser confiada a moradores ou a grupos de moradores das zonas loteadas e urbanizadas, mediante a celebração com o município de acordos de cooperação ou de contratos de concessão do domínio municipal.

2 – Os acordos de cooperação podem incidir, nomeadamente, sobre os seguintes aspectos:
 a) Limpeza e higiene;
 b) Conservação de espaços verdes existentes;
 c) Manutenção dos equipamentos de recreio e lazer;
 d) Vigilância da área, por forma a evitar a sua degradação.

3 – Os contratos de concessão devem ser celebrados sempre que se pretenda realizar investimentos em equipamentos de utilização colectiva ou em instalações fixas e não desmontáveis em espaços verdes, ou a manutenção de infra-estruturas.

ARTIGO 47.º – **Contrato de concessão**

1 – Os princípios a que devem subordinar-se os contratos administrativos de concessão do domínio municipal a que se refere o artigo anterior são estabelecidos em decreto-lei, no qual se fixam as regras a observar em matéria de prazo de vigência, conteúdo do direito de uso privativo, obrigações do concessionário e do município em matéria de realização de obras, prestação de serviços e manutenção de infra-estruturas, garantias a prestar e modos e termos do sequestro e rescisão.

2 – A utilização das áreas concedidas nos termos do número anterior e a execução dos contratos respectivos estão sujeitas a fiscalização da câmara municipal, nos termos a estabelecer no decreto-lei aí referido.

3 – Os contratos referidos no número anterior não podem, sob pena de nulidade das cláusulas respectivas, proibir o acesso e utilização do espaço concessionado por parte do público, sem prejuízo das limitações a tais acesso e utilização que sejam admitidas no decreto-lei referido no n.º 11.

ARTIGO 48.º – Execução de instrumentos de planeamento territorial e outros instrumentos urbanísticos

1 – As condições da licença ou autorização de operação de loteamento podem ser alteradas por iniciativa da câmara municipal, desde que tal alteração se mostre necessária à execução de plano municipal de ordenamento do território, plano especial de ordenamento do território, área de desenvolvimento urbano prioritário, área de construção prioritária ou área crítica de recuperação e reconversão urbanística.

2 – A deliberação da câmara municipal que determine as alterações referidas no número anterior é devidamente fundamentada e implica a emissão de novo alvará, e a publicação e submissão a registo deste, a expensas do município.

3 – A deliberação referida no número anterior é precedida da audiência prévia do titular do alvará e demais interessados, que dispõem do prazo de 30 dias para se pronunciarem sobre o projecto de decisão.

4 – A pessoa colectiva que aprovar os instrumentos referidos no n.º 1 que determinem directa ou indirectamente os danos causados ao titular do alvará e demais interessados, em virtude do exercício da faculdade prevista no n.º 1, é responsável pelos mesmos nos termos estabelecidos no Decreto-Lei n.º 48 051, de 21 de Novembro de 1967, em matéria de responsabilidade por actos lícitos.

ARTIGO 49.º – Negócios jurídicos

1 – Nos títulos de arrematação ou outros documentos judiciais, bem como nos instrumentos notariais relativos a actos ou negócios jurídicos de que resulte, directa ou indirectamente, a constituição de lotes nos termos da alínea *l*) do artigo 2.º, sem prejuízo do disposto nos artigos 6.º e 7.º, ou a transmissão de lotes legalmente constituídos, deve constar o número do alvará, a data da sua emissão pela câmara municipal e a certidão do registo predial.

2 – Não podem ser celebradas escrituras públicas de primeira transmissão de imóveis construídos nos lotes ou de fracções autónomas desses imóveis sem que seja exibida, perante o notário, certidão emitida pela câmara municipal, comprovativa da recepção provisória das obras de urbanização ou certidão, emitida pela câmara municipal, comprovativa de que a caução a que se refere o artigo 54.º é suficiente para garantir a boa execução das obras de urbanização.

3 – Caso as obras de urbanização sejam realizadas nos termos dos artigos 84.º e 85.º, as escrituras referidas no número anterior podem ser celebradas mediante a exibição de certidão, emitida pela câmara municipal, comprovativa da conclusão de tais obras, devidamente executadas em conformidade com os projectos aprovados.

4 – A exibição das certidões referidas nos n.os 2 e 3 é dispensada sempre que o alvará de loteamento tenha sido emitido ao abrigo dos Decretos-Leis n.os 289/73, de 6 de Junho, e 400/84, de 31 de Dezembro.

ARTIGO 50.º – **Fraccionamento de prédios rústicos**

1 – Ao fraccionamento de prédios rústicos aplica-se o disposto nos Decretos-Leis n.os 384/88, de 25 de Outubro, e 103/90, de 22 de Março.

2 – Os negócios jurídicos de que resulte o fraccionamento ou divisão de prédios rústicos são comunicados pelas partes intervenientes à câmara municipal do local da situação dos prédios e ao Instituto Português de Cartografia e Cadastro.

3 – A comunicação a que se refere o número anterior é efectuada no prazo de 20 dias a contar da celebração do negócio.

ARTIGO 51.º – **Estatísticas dos alvarás**

1 – O conservador do registo predial remete mensalmente à direcção regional do ambiente e do ordenamento do território, até ao 15.º dia de cada mês, cópia, entregue pelo respectivo titular, dos alvarás de loteamento e respectivos anexos cujos registos tenham sido requeridos no mês anterior.

2 – A falta de entrega dos documentos referidos no número anterior determina a realização do registo como provisório.

ARTIGO 52.º – **Publicidade à alienação**

Na publicidade à alienação de lotes de terreno, de edifícios ou frações autónomas neles construídos, em construção ou a construir, é obrigatório mencionar o número do alvará e a data da sua emissão pela câmara municipal, bem como o respectivo prazo de validade.

SUBSECÇÃO II – Obras de urbanização

ARTIGO 53.º – **Condições e prazo de execução**

1 – Com a deliberação prevista no artigo 26.º ou a decisão referida no artigo 32.º consoante os casos, o órgão competente para o licenciamento ou a autorização das obras de urbanização estabelece:

a) As condições a observar na execução das mesmas e o prazo para a sua conclusão;

b) O montante da caução destinada a assegurar a boa e regular execução das obras;

c) As condições gerais do contrato de urbanização a que se refere o artigo 55.º, se for caso disso.

2 – O prazo estabelecido nos termos da alínea *a*) do n.º 1 pode ser prorrogado a requerimento fundamentado do interessado, por uma única vez e por período não superior a metade do prazo inicial, quando não seja possível concluir as obras dentro do prazo para o efeito estabelecido.

3 – Quando a obra se encontre em fase de acabamentos, pode ainda o presidente da câmara municipal, a requerimento fundamentado do interessado, conceder nova prorrogação, mediante o pagamento de um adicional à taxa referida no n.º 2 do artigo 116.º, de montante a fixar em regulamento municipal.

4 – O prazo referido no n.º 2 pode ainda ser prorrogado em consequência de alteração da licença ou da autorização.

5 – A prorrogação do prazo nos termos referidos nos números anteriores não dá lugar à emissão de novo alvará, devendo ser averbada no alvará em vigor.

6 – As condições da licença ou autorização de obras de urbanização podem ser alteradas por iniciativa dá câmara municipal, nos termos e com os fundamentos estabelecidos no artigo 48.º

ARTIGO 54.º – **Caução**

1 – O requerente presta caução destinada a garantir a boa e regular execução das obras de urbanização.

2 – A caução referida no número anterior é prestada a favor da câmara municipal, mediante garantia bancária autónoma à primeira solicitação, sobre bens imóveis propriedade do requerente, depósito em dinheiro

ou seguro-caução, devendo constar do próprio título que a mesma está sujeita a actualização nos termos do n.º 3 e se mantém válida até à recepção definitiva das obras de urbanização.

3 – O montante da caução é igual ao valor constante dos orçamentos para execução dos projectos das obras a executar, eventualmente corrigido pela câmara municipal com a emissão da licença ou da autorização, a que pode ser acrescido um montante, não superior a 5%l daquele valor, destinado a remunerar encargos de administração caso se mostre necessário aplicar o disposto nos artigos 84.º e 85.º

4 – O montante da caução deve ser:

a) Reforçado, precedendo deliberação fundamentada da câmara municipal, tendo em atenção a correcção do valor dos trabalhos por aplicação das regras legais e regulamentares relativas á revisões de preços dos contratos de empreitada de obras públicas, quando se mostre insuficiente para garantir a conclusão dos trabalhos, em caso de prorrogação do prazo de conclusão ou em consequência de acentuada subida no custo dos materiais ou de salários;

b) Reduzido, nos mesmos termos, em conformidade com o andamento dos trabalhos a requerimento do interessado, que deve ser decidido no prazo de 45 dias.

5 – O conjunto das reduções efectuadas ao abrigo do disposto na alínea *b)* do número anterior não pode ultrapassar 90 % do montante inicial da caução, sendo o remanescente libertado com a recepção definitiva das obras de urbanização.

6 – O reforço ou a redução da caução, nos termos do n.º 4, não dá lugar à emissão de novo alvará.

ARTIGO 55.º – **Contrato de urbanização**

1 – Quando a execução de obras de urbanização envolva, em virtude de disposição legal ou regulamentar ou por força de convenção, mais de um responsável, a realização das mesmas pode ser objecto de contrato de urbanização.

2 – São partes no contrato de urbanização, obrigatoriamente, o município e o proprietário e outros titulares de direitos reais sobre o prédio e, facultativamente, as empresas que prestem serviços públicos, bem como outras entidades envolvidas na operação de loteamento ou na urbanização dela resultante, designadamente interessadas na aquisição dos lotes.

3 – O contrato de urbanização estabelece as obrigações das partes contratantes relativamente à execução das obras de urbanização e as responsabilidades a que ficam sujeitas, bem como o prazo para cumprimento daquelas.

4 – Quando haja lugar à celebração de contrato de urbanização, a ele se fará menção no alvará.

5 – Juntamente com o requerimento inicial ou a qualquer momento do procedimento até à aprovação das obras de urbanização, o interessado pode apresentar proposta de contrato de urbanização.

ARTIGO 56.º – **Execução por fases**

1 – O interessado pode requerer a execução por fases das obras de urbanização, identificando as obras incluídas em cada fase e indicando o orçamento correspondente e os prazos dentro dos quais se propõe requerer a respectiva licença ou autorização.

2 – O requerimento referido no número anterior deve ser apresentado com o pedido de licenciamento ou de autorização de loteamento, ou, quando as obras de urbanização não se integrem em operação de loteamento, com o pedido de licenciamento das mesmas.

3 – Cada fase deve ter coerência interna e corresponder a uma zona da área a lotear ou a urbanizar que possa funcionar autonomamente.

4 – O requerimento é decidido no prazo de 30 dias a contar da data da sua apresentação.

5 – Admitida a execução por fases, o alvará abrange apenas a primeira fase das obras de urbanização, implicando cada fase subsequente um aditamento ao alvará.

SUBSECÇÃO III – **Obras de edificação**

ARTIGO 57.º – **Condições de execução**

1 – A câmara municipal fixa, com o deferimento do pedido de licenciamento ou autorização das obras referidas nas alíneas c) e d) do n.º 2 e c) a e) do n.º 3 do artigo 4.º, as condições a observar na execução da obra.

2 – As condições relativas à ocupação da via pública ou à colocação de tapumes e vedações são estabelecidas mediante proposta do requerente,

não podendo a câmara municipal alterá-las senão com fundamento na violação de normas legais ou regulamentares aplicáveis, ou na necessidade de articulação com outras ocupações previstas ou existentes.

3 – No caso previsto no artigo 113.°, as condições a observar na execução das obras são aquelas que forem propostas pelo requerente.

4 – O alvará de autorização de obras de construção situadas em área abrangida por operação de loteamento não pode ser emitido antes da recepção provisória das respectivas obras de urbanização ou da prestação de caução a que se refere o artigo 49.°, n.° 2.

5 – O disposto no artigo 43.° é aplicável aos pedidos de licenciamento ou autorização das obras referidas nas alíneas c) e d) do n.° 2 e d) do n.° 3 do artigo 4.°, bem como as referidas na alínea c) do n.° 3 do artigo 4.° em área não abrangida por operação de loteamento, quando respeitem a edifícios contíguos e funcionalmente ligados entre si que determinem, em termos urbanísticos, impactes semelhantes a uma operação de loteamento, nos termos a definir por regulamento municipal.

6 – O disposto no n.° 4 do artigo 44.° é aplicável aos pedidos de licenciamento ou autorização das obras referidas nas alíneas c) e d) do n.° 2 e d) do n.° 3 do artigo 4.° quando a operação contemple a criação de áreas de circulação viária e pedonal, espaços verdes e equipamentos de uso privativo.

7 – O disposto no número anterior é igualmente aplicável aos pedidos de licenciamento de autorização das obras referidas na alínea c) do n.° 3 do artigo 4.° desde que esteja prevista a sua realização em área não abrangida por operação de loteamento.

ARTIGO 58.° – **Prazo de execução**

1 – A câmara municipal fixa, com o deferimento do pedido de licenciamento ou de autorização das obras referidas nas alíneas c) e d) do n.° 2 e c) a e) do n.° 3 do artigo 4.°, o prazo para a conclusão das obras.

2 – O prazo referido no número anterior começa a contar da data de emissão do respectivo alvará, ou, nas situações previstas no artigo 113.°, a contar da data do pagamento ou do depósito das taxas ou da caução.

3 – O prazo para a conclusão da obra é estabelecido em conformidade com a programação proposta pelo requerente, podendo ser fixado diferente prazo por motivo de interesse público devidamente fundamentado.

4 – Quando não saia possível concluir as obras no prazo previsto na licença ou autorização, o prazo estabelecido nos termos dos números anteriores pode ser prorrogado, a requerimento fundamentado do interessado, por uma única vez e por período não superior a metade do prazo inicial, salvo o disposto nos números seguintes.

5 – Quando a obra se encontre em fase de acabamentos, pode o presidente da câmara municipal, a requerimento fundamentado do interessado, conceder nova prorrogação, mediante o pagamento de um adicional à taxa referida no n.º 1 do artigo 116.º, de montante a fixar em regulamento municipal.

6 – O prazo estabelecido nos termos dos números anteriores pode ainda ser prorrogado em consequência da alteração da licença ou autorização.

7 – A prorrogação do prazo nos termos referidos nos números anteriores não dá lugar à emissão de novo alvará, devendo ser averbada no alvará em vigor.

8 – No caso previsto no artigo 113.º, o prazo para a conclusão da obra é aquele que for proposto pelo requerente.

ARTIGO 59.º – **Execução por fases**

1 – O requerente pode optar pela execução faseada da obra, devendo para o efeito, em caso de operação urbanística sujeita a licenciamento, identificar no projecto de arquitectura os trabalhos incluídos em cada uma das fases e indicar os prazos, a contar da data de aprovação daquele projecto, em que se propõe requerer a aprovação dos projectos de especialidades relativos a cada uma dessas fases, podendo a câmara municipal fixar diferentes prazos por motivo de interesse público devidamente fundamentado.

2 – Cada fase deve corresponder a uma parte da edificação passível de utilização autónoma.

3 – Nos casos referidos no n.º 1, o requerimento referido no n.º 4 do artigo 20.º deverá identificar a fase da obra a que se reporta.

4 – A falta de apresentação do requerimento referido no número anterior dentro dos prazos previstos no n.º 1 implica a caducidade do acto de aprovação do projecto de arquitectura e o arquivamento oficioso do processo.

5 – Quando se trate de operação urbanística sujeita a autorização, o requerente identificará, no projecto de arquitectura, as fases em que pre-

tende proceder à execução da obra e o prazo para início de cada uma delas, podendo optar por juntar apenas os projectos de especialidades referentes à fase que se propõe executar inicialmente, juntando nesse caso os projectos relativos às fases subsequentes com o requerimento de emissão do alvará da fase respectiva.

6 – Admitida a execução por fases, o alvará abrange apenas a primeira fase das obras, implicando cada fase subsequente um aditamento ao alvará.

ARTIGO 60.º – **Edificações existentes**

1 – As edificações construídas ao abrigo do direito anterior e as utilizações respectivas não são afectadas por normas legais e regulamentares supervenientes,

2 – A concessão de licença ou autorização para a realização de obras de reconstrução ou de alteração das edificações não pode ser recusada com fundamento em normas legais ou regulamentares supervenientes à construção originária, desde que tais obras não originem ou agravem desconformidade com as normas em vigor, ou tenham como resultado a melhoria das condições de segurança e de salubridade da edificação.

3 – Sem prejuízo do disposto nos números anteriores, a lei pode impor condições específicas para o exercício de certas actividades em edificações já afectas a tais actividades ao abrigo do direito anterior, bem como condicionar a concessão da licença ou autorização para a execução das obras referidas no n.º 2 à realização dos trabalhos acessórios que se mostrem necessários para a melhoria das condições de segurança e salubridade da edificação.

ARTIGO 61.º – **Identificação dos técnicos responsáveis**

O titular da licença ou autorização de construção fica obrigado a afixar uma placa em material imperecível no exterior da edificação, ou a gravar num dos seus elementos exteriores, com a identificação dos técnicos autores do respectivo projecto de arquitectura e do director técnico da obra.

SUBSECÇÃO IV – **Utilização de edifícios ou suas fracções**

ARTIGO 62.º – **Âmbito**

1 – A licença de alteração da utilização prevista na alínea *e*) do n.º 2 do artigo 4.º destina-se a verificar a conformidade do uso previsto com as normas legais e regulamentares que lhe são aplicáveis e a idoneidade do edifício ou sua fracção autónoma para o fim a que se destina.

2 – A autorização de utilização prevista na alínea *f*) do n.º 3 do artigo 4.º destina-se a verificar a conformidade da obra concluída com o projecto aprovado e com as condições do licenciamento ou autorização.

3 – Quando não haja lugar à realização de obras ou nos casos previstos no artigo 6.º, a autorização de utilização referida no número anterior destina-se a verificar a conformidade do uso previsto com as normas legais e regulamentares aplicáveis e a idoneidade do edifício ou sua fracção autónoma para o fim pretendido.

ARTIGO 63.º – **Instrução do pedido**

1 – O requerimento de licença ou autorização de utilização deve ser instruído com termo de responsabilidade subscrito pelo responsável pela direcção técnica da obra, na qual aquele deve declarar que a obra foi executada de acordo com o projecto aprovado e com as condições da licença e ou autorização e, se for caso disso, se as alterações efectuadas ao projecto estão em conformidade com as normas legais e regulamentares que lhe são aplicáveis.

2 – Se o responsável pela direcção técnica da obra não estiver legalmente habilitado para subscrever projectos de arquitectura, o termo de responsabilidade deve ser igualmente apresentado pelo técnico autor do projecto ou por quem, estando mandatado para o efeito pelo dono da obra, tenha a habilitação legalmente exigida para o efeito.

ARTIGO 64.º – **Vistoria**

1 – A concessão da licença ou autorização de utilização não depende de prévia vistoria municipal, salvo o disposto no número seguinte.

2 – O presidente da câmara municipal pode determinar a realização de vistoria, no prazo de 15 dias a contar da entrega do requerimento referido no artigo anterior, se a obra não tiver sido inspeccionada ou visto-

riada no decurso da sua execução ou se dos elementos constantes do processo ou do livro de obra resultarem indícios de que a mesma foi executada em desconformidade com o respectivo projecto e condições da licença, ou com as normas legais e regulamentares que lhe são aplicáveis.

ARTIGO 65.º – **Realização da vistoria**

1 – A vistoria realiza-se no prazo de 30 dias a contar da data de entrega do requerimento a que se refere o n.º 1 do artigo 63.º, sempre que possível em data a acordar com o requerente.

2 – A vistoria é efectuada por uma comissão composta, no mínimo, por três técnicos, a designar pela câmara municipal, dos quais pelo menos dois devem ter formação e habilitação legal para assinar projectos correspondentes à obra objecto de vistoria.

3 – A data da realização da vistoria é notificada pela câmara municipal às entidades que a ela devem comparecer nos termos de legislação específica, bem como ao requerente da licença de utilização que pode fazer-se acompanhar dos autores dos projectos e pelo técnico responsável pela direcção técnica da obra, que participam, sem direito a voto, na vistoria.

4 – As conclusões da vistoria são obrigatoriamente seguidas na decisão sobre o pedido de licenciamento ou autorização de utilização.

5 – No caso de obras de alteração decorrentes da vistoria, a emissão do alvará depende da verificação da sua adequada realização, através de nova vistoria.

ARTIGO 66.º – **Propriedade horizontal**

1 – No caso de edifícios constituídos em regime de propriedade horizontal, a licença ou autorização de utilização pode ter por objecto o edifício na sua totalidade ou cada uma das suas fracções autónomas.

2 – A licença ou autorização de utilização só pode ser concedida autonomamente para uma ou mais fracções autónomas quando as partes comuns dos edifícios em que se integram estejam também em condições de serem utilizadas.

3 – Caso o interessado não tenha ainda requerido a certificação pela câmara municipal de que o edifício satisfaz os requisitos legais para a sua constituição em regime de propriedade horizontal, tal pedido pode integrar o requerimento de licença ou autorização de utilização.

SECÇÃO IV – Validade o eficácia dos actos do licenciamento ou autorização

SUBSECÇÃO I – Validade

ARTIGO 67.º – Requisitos

A validade das licenças ou autorizações das operações urbanísticas depende da sua conformidade com as normas legais e regulamentares aplicáveis em vigor à data da sua prática, sem prejuízo do disposto no artigo 60.º

ARTIGO 68.º – Nulidades

São nulas as licenças ou autorizações previstas no presente diploma que:

a) Violem o disposto em plano municipal de ordenamento do território, plano especial de ordenamento do território, medidas preventivas ou licença ou autorização de loteamento em vigor;

b) Violem o disposto no n.º 2 do artigo 37.º

c) Não tenham sido precedidas de consulta das entidades cujos pareceres, autorizações ou aprovações sejam legalmente exigíveis, bem como quando não estejam em conformidade com esses pareceres, autorizações ou aprovações. ([1])

ARTIGO 69.º – Participação e recurso contencioso

1 – Os factos geradores das nulidades previstas no artigo anterior e quaisquer outros factos de que possa resultar a invalidade dos actos administrativos previstos no presente diploma devem ser participados, por quem deles tenha conhecimento, ao Ministério Público, para efeitos de interposição do competente recurso contencioso e respectivos meios processuais acessórios.

2 – Quando tenha por objecta actos de licenciamento ou autorização com fundamento em qualquer das nulidades previstas no artigo anterior, a citação ao titular da licença ou da autorização para contestar o recurso

---

([1]) Redacção do DL 177/2001, de 04-06.

referido no n.º 1 tem os efeitos previstos no artigo 103.º para o embargo, sem prejuízo do disposto no número seguinte.

3 – O tribunal pode, oficiosamente ou a requerimento dos interessados, autorizar o prosseguimento dos trabalhos caso do recurso resultem indícios de ilegalidade da sua interposição ou da sua improcedência, devendo o juiz decidir esta questão, quando a ela houver lugar, no prazo de 10 dias.

ARTIGO 70.º – **Responsabilidade civil da Administração**

1 – O município responde civilmente pelos prejuízos causados em caso de revogação, anulação ou declaração de nulidade de licenças ou autorizações sempre que a causa da revogação, anulação ou declaração de nulidade resulte de uma conduta ilícita dos titulares dos seus órgãos ou dos seus funcionários e agentes.

2 – Os titulares dos órgãos do município e os seus funcionários e agentes, respondem solidariamente com aquele quando tenham dolosamente dado causa à ilegalidade que fundamenta a revogação, anulação ou declaração de nulidade.

3 – Quando a ilegalidade que fundamenta a revogação, anulação ou declaração de nulidade resulte de parecer vinculativo, autorização ou aprovação legalmente exigível, a entidade que o emitiu responde solidariamente com o município, que tem sobre aquela direito de regresso.

4 – O disposto no presente artigo em matéria de responsabilidade solidária não prejudica o direito de regresso que ao caso couber, nos termos gerais de direito.

SUBSECÇÃO II – **Caducidade e revogação da licença ou autorização**

ARTIGO 71.º – **Caducidade**

1 – A licença ou autorização para a realização de operação de loteamento caduca se:

a) Não for requerida a autorização para a realização das respectivas obras de urbanização no prazo de um ano a contar da notificação do acto de licenciamento ou de autorização; ou se

b) Não for requerido o alvará único a que se refere o n.º 3 do artigo 76.º no prazo de um ano a contar da notificação do acto de autorização das respectivas obras de urbanização.

2 – A licença ou autorização para a realização de operação de loteamento que não exija a realização de obras de urbanização, bem como a licença para a realização das operações urbanísticas previstas nas alíneas *b)* a *d)* do n.º 2 e nas alíneas *b)* a *e)* e *g)* do n.º 3 do artigo 4.º caduca se, no prazo de um ano a contar da notificação do acto de licenciamento ou autorização, não for requerida a emissão do respectivo alvará.

3 – Para além das situações previstas no numero anterior, a licença ou autorização para a realização das operações urbanísticas referidas no número anterior, bem como a licença ou a autorização para a realização de operação de loteamento que exija a realização de obras de urbanização, caduca ainda:

a) Se as obras não forem iniciadas no prazo de nove meses a contar da data de emissão do alvará ou, nos casos previstos no artigo 113.º, da data do pagamento das taxas, do seu depósito ou da garantia do seu pagamento;

b) Se as obras estiverem suspensas por período superior a seis meses, salvo se a suspensão decorrer de facto não imputável ao titular da licença ou autorização;

c) Se as obras estiverem abandonadas por período superior a seis meses;

d) Se as obras não forem concluídas no prazo fixado na licença ou na autorização ou suas prorrogações, contado a partir da data de emissão do alvará;

e) Se o titular da licença ou autorização for declarado falido ou insolvente.

4 – Para os efeitos do disposto na alínea *c)* do número anterior, presumem-se abandonadas as obras ou trabalhos sempre que:

a) Se encontrem suspensos sem motivo justificativo registado no respectivo livro de obra;

b) Decorram na ausência do técnico responsável pela respectiva execução;

c) Se desconheça o paradeiro do titular da respectiva licença, sem que este haja indicado à câmara municipal procurador bastante que o represente.

5 – A caducidade prevista na alínea *d)* do n.º 3 é declarada pela câmara municipal, com audiência prévia do interessado.

6 – Os prazos a que se referem os números anteriores contam-se de acordo com o disposto no artigo 279.º do Código Civil.

7 – Tratando-se de licença para a realização de operação de loteamento ou de obras de urbanização, a caducidade pelos motivos previstos nos n.º 3 e 4 não produz efeitos relativamente aos lotes para os quais já haja sido aprovado pedido de licenciamento ou de autorização das obras de edificação neles previstas.

ARTIGO 72.º – **Renovação**

1 – O titular da licença ou autorização que haja caducado pode requerer nova licença ou autorização.

2 – No caso referido no número anterior, poderão ser utilizados no novo processo os pareceres, autorizações e aprovações que instruíram o processo anterior, desde que o novo requerimento seja apresentado no prazo de 18 meses a contar da data da caducidade da licença ou autorização anterior e os mesmos sejam confirmados pelas entidades que os emitiram.

3 – Os pedidos das confirmações previstas no número anterior devem ser decididos no prazo de 15 dias a contar da data em que sejam solicitados, considerando-se confirmados tais pareceres, autorizações ou aprovações se a entidade competente não se pronunciar dentro deste prazo.

ARTIGO 73.º – **Revogação**

1 – Sem prejuízo do que se dispõe no numero seguinte, a licença ou autorização só pode ser revogada nos termos estabelecidos na lei para os actos constitutivos de direitos.

2 – Nos casos a que se refere o n.º 2 do artigo 105.º a licença ou autorização pode ser revogada pela câmara municipal decorrido o prazo de seis meses a contar do termo do prazo estabelecido de acordo com o n.º 1 do mesmo artigo.

SUBSECÇÃO III – **Alvará de licença ou autorização**

ARTIGO 74.º – **Título**

1 – O licenciamento ou autorização das operações urbanísticas é titulado por alvará.

2 – A emissão do alvará é condição de eficácia da licença ou autorização, e depende do pagamento das taxas devidas pelo requerente.

ARTIGO 75.º – Competência

Compete ao presidente da câmara municipal emitir o alvará de licença ou autorização para a realização das operações urbanísticas, podendo delegar esta competência nos vereadores com faculdade de subdelegação, ou nos dirigentes dos serviços municipais.

ARTIGO 76.º – Requerimento

1 – O interessado deve, no prazo de um ano a contar da data da notificação do acto de licenciamento ou autorização, requerer a emissão do respectivo alvará, apresentando para o efeito os elementos previstos em portaria aprovada pelo Ministro do Ambiente e do Ordenamento do Território.

2 – Pode ainda o presidente da câmara municipal, a requerimento fundamentado do interessado, conceder prorrogação, por uma única vez, do prazo previsto no número anterior.

3 – No caso de operação de loteamento que exija a realização de obras de urbanização é emitido um único alvará, que deve ser requerido no prazo de um ano a contar da notificação do acto de autorização das obras de urbanização.

4 – O alvará é emitido no prazo de 30 dias a contar da apresentação do requerimento previsto nos números anteriores, ou da recepção dos elementos a que se refere o n.º 4 do artigo 11.º, desde que se mostrem pagas as taxas devidas.

5 – O requerimento de emissão de alvará só pode ser indeferido com fundamento na caducidade, suspensão, revogação, anulação ou declaração de nulidade da licença ou autorização ou na falta de pagamento das taxas referidas no número anterior.

6 – O alvará obedece a um modelo tipo a estabelecer por portaria aprovada pelo Ministro do Ambiente e do Ordenamento do Território.

ARTIGO 77.º – Especificações

1 – O alvará de licença ou autorização de operação de loteamento ou de obras de urbanização deve conter, nos termos da licença ou autorização, a especificação dos seguintes elementos, consoante forem aplicáveis:

a) Identificação do titular do alvará;

b) Identificação do prédio objecto da operação de loteamento ou das obras de urbanização;

c) Identificação dos actos dos órgãos municipais relativos ao licenciamento ou autorização da operação de loteamento e das obras de urbanização;

d) Enquadramento da operação urbanística em plano municipal do ordenamento do território em vigor, bem como na respectiva unidade de execução, se a houver;

e) Número de lotes e indicação da área, localização, finalidade, área de implantação, área de construção, número de pisos e número de fogos de cada um dos lotes, com especificação dos fogos destinados a habitações a custos controlados, quando previstos;

f) Cedências obrigatórias, sua finalidade e especificação das parcelas a integrar no domínio municipal;

g) Prazo para a conclusão das obras de urbanização;

h) Montante da caução prestada e identificação do respectivo título.

2 – O alvará a que se refere o número anterior deve conter, em anexo, as plantas representativas dos elementos referidos nas alíneas *e)* e *f).*

3 – As especificações do alvará a que se refere o n.º 1 vinculam a câmara municipal, o proprietário do prédio, bem como os adquirentes dos lotes.

4 – O alvará de licença ou autorização para a realização das operações urbanísticas a que se referem as alíneas *b)* a *g)* e *l)* do artigo 2.º deve conter, nos termos da licença ou autorização, os seguintes elementos, consoante sejam aplicáveis:

a) Identificação do titular da licença ou autorização;

b) Identificação do lote ou do prédio onde se realizam as obras ou trabalhos;

c) Identificação dos actos dos órgãos municipais relativos ao licenciamento ou autorização das obras ou trabalhos;

d) Enquadramento das obras em operação de loteamento ou plano municipal de ordenamento do território em vigor, no caso das obras previstas nas alíneas *b), c)* e *e)* do artigo 2.º;

e) Os condicionamentos a que fica sujeita a licença ou autorização;

f) As cérceas e o número de pisos acima e abaixo da cota de soleira;

g) A área de construção e a volumetria dos edifícios;

h) O uso a que se destinam as edificações;

i) O prazo de validade da licença ou autorização, o qual corresponde ao prato para a conclusão das obras ou trabalhos.

5 – O alvará de licença ou autorização relativo à utilização de edifício ou de sua fracção deve conter, nos termos da licença ou autorização, a especificação dos seguintes elementos:

    a) Identificação do titular da licença ou autorização;
    b) Identificação do edifício ou fracção autónoma;
    c) O uso a que se destina o edifício ou fracção autónoma.

6 – O alvará de licença ou autorização a que se refere o número anterior deve ainda mencionar, quando for caso disso, que o edifício a que respeita preenche os requisitos legais pari a constituição da propriedade horizontal.

7 – No caso de substituição do titular de alvará de licença ou autorização, o substituto deve disso fazer prova junto do presidente da câmara para que este proceda ao respectivo averbamento no prazo de 15 dias a contar da data da substituição.

ARTIGO 78.º – **Publicidade**

1 – O titular do alvará deve promover, no prazo de 10 dias após a emissão do alvará, a afixação no prédio objecto de qualquer operação urbanística um aviso, bem visível do exterior, que deve aí permanecer até à conclusão das obras.

2 – A emissão do alvará de licença ou autorização de loteamento deve ainda ser publicitada pela câmara municipal, no prazo estabelecido no n.º 1, através de:

    a) Publicação de aviso em boletim municipal ou, quando este não exista, através de edital a afixar nos paços do concelho e nas sedes das juntas de freguesia abrangidas;
    b) Publicação de aviso num jornal de âmbito local, quando o número de lotes seja inferior a 20, ou num jornal de âmbito nacional, nos restantes casos.

3 – Compete ao Ministro do Ambiente e do Ordenamento do Território aprovar, por portaria, os modelos dos avisos referidos nos números anteriores.

4 – Os editais e os avisos previstos nos números anteriores devem mencionar, consoante os casos, as especificações previstas nas alíneas *a)* a *g)* do n.º 1 e *a)* a *c)* e *f)* a *i)* do n.º 4 do artigo 77.º

ARTIGO 79.º – Cassação

1 – O alvará é cassado pelo presidente da câmara municipal quando caduque a licença ou autorização por ele titulada ou quando esta seja revogada, anulada ou declarada nula.

2 – A cassação do alvará de loteamento é comunicada pelo presidente da câmara municipal à conservatória do registo predial competente, para efeitos de anotação à descrição e de cancelamento do registo do alvará.

3 – Com a comunicação referida no número anterior, o presidente da câmara municipal dá igualmente conhecimento à conservatória dos lotes que se encontrem na situação referida no n.º 7 do artigo 71.º, requerendo a esta o cancelamento parcial do alvará nos termos da alínea *f*) do n.º 2 do artigo 101.º do Código do Registo Predial e indicando as descrições a manter.

4 – O alvará cassado é apreendido pela câmara municipal, na sequência de notificação ao respectivo titular.

CAPÍTULO III – Execução e fiscalização

SECÇÃO I – Início dos trabalhos

ARTIGO 80.º – Início dos trabalhos

1 – A execução das obras e trabalhos sujeitos a licença ou autorização nos termos do presente diploma só pode iniciar-se depois de emitido o respectivo alvará, com excepção das situações referidas no artigo 81.º e salvo o disposto no artigo 113.º

2 – As obras e trabalhos sujeitos ao regime de comunicação prévia podem iniciar-se logo que decorrido o prazo referido no n.º 1 do artigo 35.º

3 – As obras e trabalhos referidos no artigo 7.º só podem iniciar-se depois de emitidos os pareceres ou autorizações aí referidos, ou após o decurso dos prazos fixados para a respectiva emissão.

4 – No prazo de 60 dias a contar do início dos trabalhos relativos às operações urbanísticas referidas nas alíneas *c*) e *d*) do n.º 2 e *c*) e *d*) do n.º 3 do artigo 4.º deve o promotor da obra apresentar na câmara munici-

pal cópia do projecto de execução de arquitectura e das várias especialidades salvo nos casos de escassa relevância urbanística em que tal seja dispensado por regulamento municipal.

ARTIGO 81.º – **Demolição, escavação e contenção periférica**

1 – Quando o procedimento de licenciamento ou autorização haja sido precedido de informação prévia favorável que vincule a câmara municipal, emitida nos termos do disposto no n.º 2 do artigo 14.º, pode o presidente da câmara municipal, a pedido do interessado, permitir a execução de trabalhos de demolição ou de escavação e contenção periférica até à profundidade do piso de menor cota, logo após o saneamento referido no artigo 11.º, desde que seja prestada caução para reposição do terreno nas condições em que se encontrava antes do início dos trabalhos.

2 – Nas obras sujeitas a licença nos termos do presente diploma, a decisão referida no número anterior pode ser proferida em qualquer momento após a aprovação do projecto de arquitectura.

3 – Para os efeitos dos números anteriores, o requerente deve apresentar, consoante os casos, o plano de demolições, o projecto de estabilidade ou o projecto de escavação e contenção periférica até à data da apresentação do pedido referido no mesmo número.

4 – O presidente da câmara decide sobre o pedido previsto no n.º 1 no prazo de 15 dias a contar da data da sua apresentação.

5 – É título bastante para a execução dos trabalhos de demolição, escavação ou contenção periférica a notificação do deferimento do respectivo pedido, que o requerente, a partir do início da execução dos trabalhos por ela abrangidos, deverá guardar no local da obra.

ARTIGO 82.º – **Ligação às redes públicas**

1 – Os alvarás a que se referem os n.ºs 1 e 4 do artigo 77.º, bem como a notificação referida no n.º 5 do artigo anterior, constituem título bastante para instruir os pedidos de ligação das redes de água, de saneamento, de gás, de electricidade e de telecomunicações, podendo os requerentes optar, mediante autorização das entidades fornecedoras, pela realização das obras indispensáveis à sua concretização nas condições regulamentares e técnicas definidas por aquelas entidades.

2 – Até à apresentação do alvará de licença ou autorização de utilização, as ligações referidas no numero anterior são efectuadas pelo prazo fixado no alvará respectivo e apenas podem ser prorrogadas pelo período correspondente à prorrogação daquele prazo, salvo nos casos em que aquele alvará não haja sido emitido por razões exclusivamente imputáveis à câmara municipal.

3 – Na situação prevista no artigo 113.º, os pedidos de ligação referidos no n.º 1 podem ser instruídos com o recibo do pagamento ou do depósito das taxas ou da caução.

4 – Nos casos referidos no n.º 3 do artigo 6.º, os pedidos de ligação podem ser instruídos com cópia da comunicação prévia.

SECÇÃO II – **Execução dos trabalhos**

ARTIGO 83.º – **Alterações durante a execução da obra**

1 – Podem ser realizadas em obra alterações ao projecto, mediante comunicação prévia nos termos previstos nos artigos 34.º a 36.º, desde que essa comunicação seja efectuada com a antecedência necessária para que as obras estejam concluídas antes da apresentação do requerimento a que se refere o n.º 1 do artigo 63.º

2 – Podem ser efectuadas sem dependência de comunicação prévia à câmara municipal as alterações em obra que não correspondam a obras que estivessem sujeitas a prévio licenciamento ou autorização administrativa.

3 – As alterações em obra ao projecto inicialmente aprovado que envolvam a realização de obras de ampliação ou de alterações à implantação das edificações estão sujeitas ao procedimento previsto nos artigos 27.º ou 33.º, consoante os casos.

ARTIGO 84.º – **Execução das obras pela câmara municipal**

1 – Sem prejuízo do disposto no presente diploma em matéria de suspensão e caducidade das licenças ou autorizações ou de cassação dos respectivos alvarás, a câmara municipal, para salvaguarda da qualidade do meio urbano e do meio ambiente, da segurança das edificações e do público em geral ou, no caso de obras de urbanização, também para protecção de interesses de terceiros adquirentes de lotes, pode promover a reali-

zação das obras por conta do titular do alvará quando, por causa que seja imputável a este último:

   a) Não tiverem sido iniciadas no prazo de um ano a contar da data da emissão do alvará;

   b) Permanecerem interrompidas por mais de um ano;

   c) Não tiverem sido concluídas no prazo fixado ou suas prorrogações, nos casos em que a câmara municipal tenha declarado a caducidade;

   d) Não hajam sido efectuadas as correcções ou alterações que hajam sido intimadas nos termos do artigo 105.º

   2 – A execução das obras referidas no número anterior e o pagamento das despesas suportadas com as mesmas efectuam-se nos termos dos artigos 107.º e 108.º

   3 – A câmara municipal pode ainda accionar as cauções referidas nos artigos 25.º e 54.º

   4 – Logo que se mostre reembolsada das despesas efectuadas nos termos do presente artigo, a câmara municipal procede ao levantamento do embargo que possa ter sido decretado ou, quando se trate de obras de urbanização, emite oficiosamente novo alvará, competindo ao presidente da câmara dar conhecimento das respectivas deliberações, quando seja caso disso, à direcção regional do ambiente e do ordenamento do território e ao conservador do registo predial.

ARTIGO 85.º – **Execução das obras de urbanização por terceiro**

   1 – Qualquer adquirente dos lotes, de edifícios construídos nos lotes ou de fracções autónomas dos mesmos tem legitimidade para requerer a autorização judicial para promover directamente a execução das obras de urbanização quando, verificando-se as situações previstas no n.º 1 do artigo anterior, a câmara municipal não tenha promovido a sua execução.

   2 – O requerimento é instruído com os seguintes elementos:

   a) Cópia do alvará;

   b) Orçamento, a preços correntes do mercado, relativo à execução das obras de urbanização em conformidade com os projectos aprovados e condições fixadas no licenciamento;

   c) Quaisquer outros elementos que o requerente entenda necessários para o conhecimento do pedido.

   3 – Antes de decidir, o tribunal notifica a câmara municipal e o titular do alvará para responderem no prazo de 30 dias e ordena a realização

das diligências que entenda úteis para o conhecimento do pedido, nomeadamente a inspecção judicial do local.

4 – Se deferir o pedido, o tribunal fixa especificadamente as obras a realizar e o respectivo orçamento e determina que a caução a que se refere o artigo 54.º fique à sua ordem, a fim de responder pelas despesas com as obras até ao limite do orçamento.

5 – Na falta ou insuficiência da caução o tribunal determina que os custos sejam suportados pelo município, sem prejuízo do direito de regresso deste sobre o titular do alvará.

6 – O processo a que se referem os números anteriores é urgente e isento de custas.

7 – Da sentença cabe recurso nos termos gerais.

8 – Compete ao tribunal judicial da comarca onde se localiza o prédio no qual se devem realizar as obras de urbanização conhecer dos pedidos previstos no presente artigo.

9 – A câmara municipal emite oficiosamente novo alvará, competindo ao seu presidente dar conhecimento das respectivas deliberações à direcção regional do ambiente e do ordenamento do território e ao conservador do registo predial, quando:

a) Tenha havido recepção provisória das obras; ou

b) Seja integralmente reembolsada das despesas efectuadas, caso se verifique a situação prevista no n.º 5.

SECÇÃO III – **Conclusão e recepção dos trabalhos**

ARTIGO 86.º – **Limpeza da área e reparação de estragos**

1 – Concluída a obra, o dono da mesma é obrigado a proceder ao levantamento do estaleiro e à limpeza da área, removendo os materiais, entulhos e demais detritos que se hajam acumulado no decorrer da execução dos trabalhos, bem como à reparação de quaisquer estragos ou deteriorações que tenha causado em infra-estruturas públicas.

2 – O cumprimento do disposto no número anterior é condição da emissão do alvará de licença ou autorização de utilização ou da recepção provisória das obras de urbanização, salvo quando tenha sido prestada, em prazo a fixar pela câmara municipal, caução para garantia da execução das operações referidas no mesmo número.

3 – O cumprimento do disposto nos n.ᵒˢ 1 e 2 é condição de emissão do alvará de licença ou autorização de utilização ou da recepção provisória das obras de urbanização, salvo quando seja prestada, em prazo a fixar pela câmara municipal, caução para garantia da execução das reparações referidas no número anterior, caso em que a emissão do alvará pode ter lugar logo que a mesma se mostre prestada.

ARTIGO 87.º – **Recepção provisória e definitiva das obras de urbanização**

1 – É da competência da câmara municipal deliberar sobre a recepção provisória e definitiva das obras de urbanização após a sua conclusão e o decurso do prazo de garantia, respectivamente, mediante requerimento do interessado.

2 – A recepção é precedida de vistoria, a realizar por uma comissão da qual fazem parte o interessado ou um seu representante e, pelo menos, dois representantes da câmara municipal.

3 – A recepção provisória e definitiva, bem como às respectivas vistorias, é aplicável, com as necessárias adaptações, o regime aplicável à recepção provisória e definitiva das empreitadas de obras públicas.

4 – Em caso de deficiência das obras de urbanização, como tal assinaladas no auto de vistoria, se o titular das obras de urbanização não reclamar ou vir indeferida a sua reclamação e não proceder à sua correcção no prazo para o efeito fixado, a câmara municipal procede em conformidade com o disposto no artigo 84.º

5 – O prazo de garantia das obras de urbanização é de cinco anos.

ARTIGO 88.º – **Obras inacabadas**

1 – Quando as obras já tenham atingido um estado avançado de execução mas a licença ou autorização haja caducado por motivo de falência ou insolvência do seu titular, pode qualquer terceiro, que tenha adquirido, em relação ao prédio em questão, a legitimidade prevista no n.º 1 do artigo 9.º, requerer a concessão de uma licença especial para a sua conclusão.

2 – A concessão da licença especial referida no número anterior segue o procedimento previsto nos artigos 27.º ou 33.º, consoante se trate de obras sujeitas a licença ou autorização, aplicando-se o disposto no artigo 60.º

3 – Independentemente dos motivos que tenham determinado a caducidade da licença ou da autorização, a licença referida no n.º 1 pode também ser concedida quando a câmara municipal reconheça o interesse na conclusão da obra e não se mostre aconselhável a demolição da mesma, por razões ambientais, urbanísticas, técnicas ou económicas.

SECÇÃO IV – **Utilização e conservação do edificado**

ARTIGO 89.º – **Dever de conservação**

1 – As edificações devem ser objecto de obras de conservação pelo menos uma vez em cada período de oito anos.

2 – Sem prejuízo do disposto no número anterior, a câmara municipal pode a todo o tempo, oficiosamente ou a requerimento de qualquer interessado, determinar a execução de obras de conservação necessárias à correcção de más condições de segurança ou de salubridade.

3 – A câmara municipal pode, oficiosamente ou a requerimento de qualquer interessado, ordenar a demolição total ou parcial das construções que ameacem ruína ou ofereçam perigo para a saúde pública e para a segurança das pessoas.

4 – Os actos referidos nos números anteriores são eficazes a partir da sua notificação ao proprietário.

ARTIGO 90.º – **Vistoria prévia**

1 – As deliberações referidas nos n.ºs 2 e 3 do artigo anterior são precedidas de vistoria a realizar por três técnicos a nomear pela câmara municipal.

2 – Do acto que determinar a realização da vistoria e respectivos fundamentos é notificado o proprietário do imóvel, mediante carta registada expedida com, pelo menos, sete dias de antecedência.

3 – Até à véspera da vistoria, o proprietário pode indicar um perito para intervir na realização da vistoria e formular quesitos a que deverão responder os técnicos nomeados.

4 – Da vistoria é imediatamente lavrado auto, do qual consta obrigatoriamente a identificação do imóvel, a descrição do estado do mesmo e as obras preconizadas e, bem assim, as respostas aos quesitos que sejam formuladas pelo proprietário.

5 – O auto referido no número anterior é assinado por todos os técnicos e pelo perito que hajam participado na vistoria e, se algum deles não quiser ou não puder assiná-lo, faz-se menção desse facto.

6 – Quando o proprietário não indique perito até à data referida no número anterior, a vistoria é realizada sem a presença deste, sem prejuízo de, em eventual impugnação administrativa ou contenciosa da deliberação em causa, o proprietário poder alegar factos não constantes do auto de vistoria, quando prove que não foi regularmente notificado nos termos do n.º 2.

7 – As formalidades previstas no presente artigo podem ser preteridas quando exista risco iminente de desmoronamento ou grave perigo para a saúde pública, nos termos previstos na lei para o estado de necessidade.

ARTIGO 91.º – **Obras coercivas**

1 – Quando o proprietário não iniciar as obras que lhe sejam determinadas nos termos do artigo 89.º ou não as concluir dentro dos prazos que para o efeito lhe forem fixados, pode a câmara municipal tomar posse administrativa do imóvel para lhes dar execução imediata.

2 – A execução coerciva das obras referidas no número anterior aplica-se, com as devidas adaptações, o disposto nos artigos 107.º e 108.º

ARTIGO 92.º – **Despejo administrativo**

1 – A câmara municipal pode ordenar o despejo sumário dos prédios ou parte de prédios nos quais haja de realizar-se as obras referidas nos n.ºs 2 e 3 do artigo 89.º, sempre que tal se mostre necessário à execução das mesmas.

2 – O despejo referido no número anterior pode ser determinado oficiosamente ou, quando o proprietário pretenda proceder às mesmas, a requerimento deste.

3 – A deliberação que ordene o despejo é eficaz a partir da sua notificação aos ocupantes.

4 – O despejo deve executar-se no prazo de 45 dias a contar da sua notificação aos ocupantes, salvo quando houver risco iminente de desmoronamento ou grave perigo para a saúde pública, em que poderá executar-se imediatamente.

5 – Fica garantido aos inquilinos o direito à reocupação dos prédios, uma vez concluídas as obras realizadas, havendo lugar a aumento de renda nos termos gerais.

SECÇÃO V – Fiscalização

SUBSECÇÃO I – Disposições gerais

ARTIGO 93.º – Âmbito

1 – A realização de quaisquer operações urbanísticas está sujeita a fiscalização administrativa, independentemente da sua sujeição a prévio licenciamento ou autorização.

2 – A fiscalização administrativa destina-se a assegurar a conformidade daquelas operações com as disposições legais e regulamentares aplicáveis e a prevenir os perigos que da sua realização possam resultar para a saúde e segurança das pessoas.

ARTIGO 94.º – Competência

1 – Sem prejuízo das competências atribuídas por lei a outras entidades, a fiscalização prevista no artigo anterior compete ao presidente da câmara municipal, com a faculdade de delegação em qualquer dos vereadores.

2 – Os actos praticados pelo presidente da câmara municipal no exercício dos poderes de fiscalização previstos no presente diploma e que envolvam um juízo de legalidade de actos praticados pela câmara municipal respectiva, ou que suspendam ou ponham termo à sua eficácia, podem ser por esta revogados ou suspensos.

3 – No exercício da actividade de fiscalização, o presidente da câmara municipal é auxiliado por funcionários municipais com formação adequada, a quem incumbe preparar e executar as suas decisões.

4 – O presidente da câmara municipal pode ainda solicitar colaboração de quaisquer autoridades administrativas ou policiais.

5 – A câmara municipal pode contratar com empresas privadas habilitadas a efectuar fiscalização de obras a realização das inspecções a que se refere o artigo seguinte, bem como as vistorias referidas no artigo 64.º

6 – A celebração dos contratos referidos no numero anterior depende da observância das regras constantes de decreto regulamentar, de onde consta o âmbito das obrigações a assumir pelas empresas, o respectivo regime da responsabilidade e as garantias a prestar.

ARTIGO 95.º – **Inspecções**

1 – Os funcionários municipais responsáveis pela fiscalização de obras ou as empresas privadas a que se refere o n.º 5 do artigo anterior podem realizar inspecções aos locais onde se desenvolvam actividades sujeitas a fiscalização nos termos do presente diploma, sem dependência de prévia notificação.

2 – O disposto no número anterior não dispensa a obtenção de prévio mandado judicial para a entrada no domicílio de qualquer pessoa sem o seu consentimento.

3 – O mandado previsto no número anterior é concedido pelo juiz da comarca respectiva a pedido do presidente da câmara municipal e segue os termos do procedimento cautelar comum.

ARTIGO 96.º – **Vistorias**

1 – Para além dos casos especialmente previstos no presente diploma, o presidente da câmara municipal pode ordenar a realização de vistorias aos imóveis em que estejam a ser executadas operações urbanísticas quando o exercício dos poderes de fiscalização dependa da prova de factos que, pela sua natureza ou especial complexidade, impliquem uma apreciação valorativa de carácter pericial.

2 – As vistorias ordenadas nos termos do numero anterior regem-se pelo disposto no artigo 90.º e as suas conclusões são obrigatoriamente seguidas na decisão a que respeita.

ARTIGO 97.º – **Livro de obra**

1 – Todos os factos relevantes relativos à execução de obras licenciadas ou autorizadas devem ser registados pelo respectivo director técnico no livro de obra, a conservar no local da sua realização para consulta pelos funcionários municipais responsáveis pela fiscalização de obras.

2 – São obrigatoriamente registados no livro de obra, para além das respectivas datas de início e conclusão, todos os factos que impliquem a sua paragem ou suspensão, bem como todas as alterações feitas ao projecto licenciado ou autorizado.

3 – O modelo, e demais registos a inscrever no livro de obra, é o definido por portaria conjunta dos Ministros do Equipamento Social e do Ambiente e do Ordenamento do Território.

SUBSECÇÃO II – **Sanções**

ARTIGO 98.º – **Contra-ordenações**

1 – Sem prejuízo da responsabilidade civil, criminal ou disciplinar, são puníveis como contra-ordenação:

a) A realização de quaisquer operações urbanísticas sujeitas a prévio licenciamento ou autorização sem o respectivo alvará, excepto nos casos previstos nos artigos 81.º e 113.º;

b) A realização de quaisquer operações urbanísticas em desconformidade com o respectivo projecto ou com as condições do licenciamento ou autorização;

c) A não conclusão de quaisquer operações urbanísticas nos prazos fixados para o efeito;

d) A ocupação de edifícios ou suas fracções autónomas sem licença ou autorização de utilização ou em desacordo com o uso fixado no respectivo alvará, salvo se este não tiver sido emitido no prazo legal por razões exclusivamente imputáveis à câmara municipal;

e) As falsas declarações dos autores dos projectos no termo de responsabilidade, relativamente à observância das normas técnicas gerais e específicas de construção, bem como das disposições legais e regulamentares aplicáveis ao projecto;

f) Falsas declarações do director técnico da obra ou de quem esteja mandatado para esse efeito pelo dono da obra no termo de responsabilidade, relativamente à conformidade da obra com o projecto aprovado e com as condições da licença e ou autorização, bem como relativas à conformidade das alterações efectuadas ao projecto com as normas legais e regulamentares aplicáveis;

g) A subscrição de projecto da autoria de quem, por razões de ordem técnica, legal ou disciplinar, se encontre inibido de o elaborar;

h) O prosseguimento de obras cujo embargo tenha sido legitimamente ordenado;

i) A não afixação ou a afixação de forma não visível do exterior do prédio, durante o decurso do procedimento de licenciamento ou autorização, do aviso que publicita o pedido de licenciamento ou autorização;

j) A não afixação ou a afixação de forma não visível do exterior do prédio, até à conclusão da obra, do aviso que publicita o alvará;

l) A falta do livro de obra no local onde se realizam as obras;

m) A falta dos registos do estado de execução das obras no livro de obra;

n) A não remoção dos entulhos e demais detritos resultantes da obra nos termos do artigo 86.º;

o) A ausência de requerimento a solicitar à câmara municipal o averbamento de substituição do requerente, do autor do projecto ou director técnico da obra, bem como do titular de alvará de licença ou autorização;

p) A ausência do número de alvará de loteamento nos anúncios ou em quaisquer outras formas de publicidade à alienação dos lotes de terreno, de edifícios ou fracções autónomas nele construídos;

q) A não comunicação à câmara municipal e ao Instituto Português de Cartografia e Cadastro dos negócios jurídicos de que resulte o fraccionamento ou a divisão de prédios rústicos no prazo de 20 dias a contar da data de celebração;

r) A realização de operações urbanísticas sujeitas a comunicação prévia sem que esta haja sido efectuada;

s) A não conclusão das operações urbanísticas referidas nos n.ºs 2 e 3 do artigo 89.º nos prazos fixados para o efeito.

2 – A contra-ordenação prevista na alínea *a*) do número anterior é punível com coima graduada de 100 000$ até ao máximo de 40 000 000$, no caso de pessoa singular, ou até 90 000 000$, no caso de pessoa colectiva.

3 – A contra-ordenação prevista na alínea *b*) do n.º 1 é punível com coima graduada de 50 000$ até ao máximo de 40 000 000$, no caso de pessoa singular, ou até 90 000 000$, no caso de pessoa colectiva.

4 – A contra-ordenação prevista nas alíneas *c*), *d*) e *s*) do n.º 1 é punível com coima graduada de 100 000$00 até ao máximo de 20 000 000$00, no caso de pessoa singular, ou até 50 000 000$00, no caso de pessoa colectiva.

5 – As contra-ordenações previstas nas alíneas *e*) a *h*) do n.º 1 são puníveis com coima graduada de 100 000$00 até ao máximo de 40 000 000$00.

6 – As contra-ordenações previstas nas alíneas *i*) a *n*) e *p*) do n.º 1 são puníveis com coima graduada de 50 000$00 até ao máximo de 10 000 000$00, ou até 20 000 000$00, no caso de pessoa colectiva.

7 – A contra-ordenação prevista nas alíneas *o*), *q*) e *r*) do n.º 1 é punível com coima graduada de 20 000$00 até ao máximo de 500 000$00, no caso de pessoa singular, ou até 2 000 000$00, no caso de pessoa colectiva.

8 – Quando as contra-ordenações referidas no n.º 1 sejam praticadas em relação a operações urbanísticas que hajam sido objecto de autorização administrativa nos termos do presente diploma, os montantes máximos das coimas referidos nos n.ºs 3 a 5 anteriores são agravados em 10 000 000$ e os das coimas referidas nos n.ºs 6 e 7 em 5 000 000$.

9 – A tentativa e a negligência são puníveis.

10 – A competência para determinar a instauração dos processos de contra-ordenação, para designar o instrutor e para aplicar as coimas pertence ao presidente da câmara municipal, podendo ser delegada em qualquer dos seus membros.

11 – O produto da aplicação das coimas referidas no presente artigo reverte para o município, inclusive quando as mesmas sejam cobradas em juízo.

ARTIGO 99.º – **Sanções acessórias**

1 – As contra-ordenações previstas no n.º 1 do artigo anterior podem ainda determinar, quando a gravidade da infracção o justifique, a aplicação das seguintes sanções acessórias:

a) A apreensão dos objectos pertencentes ao agente que tenham sido utilizados como instrumento na prática da infracção;

b) A interdição do exercício no município, até ao máximo de dois anos, da profissão ou actividade conexas com a infracção praticada;

c) A privação do direito a subsídios outorgados por entidades ou serviços públicos.

2 – As sanções previstas no n.º 1, bem como as previstas no artigo anterior, quando aplicadas a industriais de construção civil, são comunicadas ao Instituto de Mercados de Obras Públicas e Particulares e do Imobiliário.

3 – As sanções aplicadas ao abrigo do disposto nas alíneas *e)*, *f)*, e *g)* do n.º 1 do artigo anterior aos autores dos projectos, responsáveis pela direcção técnica da obra ou a quem subscreva o termo de responsabilidade previsto no artigo 63.º, são comunicadas à respectiva ordem ou associação profissional, quando exista.

ARTIGO 100.º – **Responsabilidade criminal**

1 – O desrespeito dos actos administrativos que determinem qualquer das medidas de tutela da legalidade urbanística previstas no presente diploma constitui crime de desobediência, nos termos do artigo 348.º do Código Penal.

2 – As falsas declarações ou informações prestadas pelos responsáveis referidos nas alíneas *e)* e *f)* do n.º 1 do artigo 98.º, nos termos de responsabilidade ou no livro de obra integram o crime de falsificação de documentos, nos termos do artigo 256.º do Código Penal.

SUBSECÇÃO II – Sanções

ARTIGO 101.º – **Responsabilidade dos funcionários e agentes da Administração Pública**

Os funcionários e agentes da Administração Pública que deixem de participar infracções às entidades fiscalizadoras ou prestem informações falsas ou erradas sobre as infracções à lei e aos regulamentos de que tenham conhecimento no exercício das suas funções incorrem em responsabilidade disciplinar, punível com pena de suspensão a demissão.

SUBSECÇÃO III – Medidas de tutela da legalidade urbanística

ARTIGO 102.º – **Embargo**

1 – Sem prejuízo das competências atribuídas por lei a outras entidades, o presidente da câmara municipal é competente para embargar obras de urbanização, de edificação ou de demolição, bem como quaisquer trabalhos de remodelação de terrenos, quando estejam a ser executadas:

a) Sem a necessária licença ou autorização; ou

b) Em desconformidade com o respectivo projecto ou com as condições do licenciamento ou autorização, salvo o disposto no artigo 83.°; ou

c) Em violação das normas legais e regulamentares aplicáveis.

2 – A notificação é feita ao responsável pela direcção técnica da obra, bem como ao titular do alvará de licença ou autorização, sendo suficiente qualquer dessas notificações para obrigar à suspensão dos trabalhos, devendo ainda, quando possível, ser notificado o proprietário do imóvel no qual estejam a ser executadas as obras, ou seu representante.

3 – Após o embargo, é de imediato lavrado o respectivo auto, que contém, obrigatória e expressamente, a identificação (o funcionário municipal responsável pela fiscalização de obras, das testemunhas e do notificado, a data, hora e local da diligência e as razões de facto e de direito que a justificam, o estado da obra e a indicação da ordem de suspensão e proibição de prosseguir a obra e do respectivo prazo, bem como as cominações legais do seu incumprimento.

4 – O auto é redigido em duplicado e assinado pelo funcionário e pelo notificado, ficando o duplicado na posse deste.

5 – No caso de a ordem de embargo incidir apenas sobre parte da obra, o respectivo auto fará expressa menção de que o embargo é parcial e identificará claramente qual é a parte da obra que se encontra embargada.

6 – O embargo e respectivo auto são notificados ao requerente ou titular da licença ou autorização ou, quando estas não tenham sido requeridas, ao proprietário do imóvel no qual estejam a ser executadas as obras.

7 – No caso de as obras estarem a ser executadas por pessoa colectiva, o embargo e o respectivo auto são ainda comunicados para a respectiva sede social ou representação em território nacional.

8 – O embargo é objecto de registo na conservatória do registo predial, mediante comunicação do despacho que o determinou, procedendo-se aos necessários averbamentos.

ARTIGO 103.° – **Efeitos do embargo**

1 – O embargo obriga à suspensão imediata, no todo ou em parte, dos trabalhos de execução da obra.

2 – Tratando-se de obras licenciadas ou autorizadas, o embargo determina também a suspensão da eficácia da respectiva licença ou autorização, bem como, no caso de obras de urbanização, da licença ou autorização de loteamento urbano a que as mesmas respeitam.

3 – E interdito o fornecimento de energia eléctrica, gás e água às obras embargadas, devendo para o efeito ser notificado o acto que o ordenou às entidades responsáveis pelos referidos fornecimentos.

4 – O embargo, ainda que parcial, suspende o prazo que estiver fixado para a execução das obras no respectivo alvará de licença ou autorização.

ARTIGO 104.º – **Caducidade do embargo**

1 – A ordem de embargo caduca logo que for proferida uma decisão que defina a situação jurídica da obra com carácter definitivo ou no termo do prazo que tiver sido fixado para o efeito.

2 – Na falta de fixação de prazo para o efeito, a ordem de embargo caduca se não for proferida uma decisão definitiva no prazo de seis meses, prorrogável uma única vez por igual período.

ARTIGO 105.º – **Trabalhos de correcção ou alteração**

1 – Nas situações previstas nas alíneas *b)* e *c)* do n.º 1 do artigo 102.º, o presidente da câmara municipal pode ainda, quando for caso disso, ordenar a realização de trabalhos de correcção ou alteração da obra, fixando um prazo para o efeito, tendo em conta a natureza e o grau de complexidade dos mesmos.

2 – Decorrido o prazo referido no número anterior sem que aqueles trabalhos se encontrem integralmente realizados, a obra permanece embargada até ser proferida uma decisão que defina a sua situação jurídica com carácter definitivo.

3 – Tratando-se de obras de urbanização ou de outras obras indispensáveis para assegurar a protecção de interesses de terceiros ou o correcto ordenamento urbano, a câmara municipal pode promover a realização dos trabalhos de correcção ou alteração por conta do titular da licença ou autorização, nos termos dos artigos 107.º e 108.º

4 – A ordem de realização de trabalhos de correcção ou alteração suspende o prazo que estiver fixado no respectivo alvará de licença ou autorização pelo período estabelecido nos termos do n.º 1.

5 – O prazo referido no n.º 1 interrompe-se com a apresentação de um pedido de alteração à licença ou autorização, nos termos, respectivamente, dos artigos 27.º e 33.º

ARTIGO 106.º – **Demolição da obra e reposição do terreno**

1 – O presidente da câmara municipal pode igualmente, quando for caso disso, ordenar a demolição total ou parcial da obra ou a reposição do terreno nas condições em que se encontrava antes da data de início das obras ou trabalhos, fixando um prazo para o efeito.

2 – A demolição pode ser evitada se a obra for susceptível de ser licenciada ou autorizada ou se for possível assegurar a sua conformidade com as disposições legais e regulamentares que lhe são aplicáveis mediante a realização de trabalhos de correcção ou de alteração.

3 – A ordem de demolição ou de reposição a que se refere o n.º 1 é antecedida de audição do interessado, que dispõe de 15 dias a contar da data da sua notificação para se pronunciar sobre o conteúdo da mesma.

4 – Decorrido o prazo referido no n.º 1 sem que a ordem de demolição da obra ou de reposição do terreno se mostre cumprida, o presidente da câmara municipal determina a demolição da obra ou a reposição do terreno por conta do infractor.

ARTIGO 107.º – **Posse administrativa e execução coerciva**

1 – Sem prejuízo da responsabilidade criminal, em caso de incumprimento de qualquer das medidas de tutela da legalidade urbanística previstas nos artigos anteriores o presidente da câmara pode determinar a posse administrativa do imóvel onde está a ser realizada a obra, por forma a permitir a execução coerciva de tais medidas.

2 – O acto administrativo que tiver determinado a posse administrativa é notificado ao dono da obra e aos demais titulares de direitos reais sobre o imóvel por carta registada com aviso de recepção.

3 – A posse administrativa é realizada pelos funcionários municipais responsáveis pela fiscalização de obras, mediante a elaboração de um auto onde, para além de se identificar o acto referido no número anterior, é especificado o estado em que se encontra o terreno, a obra e as demais construções existentes no local, bem como os equipamentos que ali se encontrarem.

4 – Tratando-se da execução coerciva de uma ordem de embargo, os funcionários municipais responsáveis pela fiscalização de obras procedem à selagem do estaleiro da obra e dos respectivos equipamentos.

5 – Em casos devidamente justificados, o presidente da câmara pode autorizar a transferência ou a retirada dos equipamentos do local de realização da obra, por sua iniciativa ou a requerimento do dono da obra ou do seu empreiteiro.

6 – O dono da obra ou o seu empreiteiro devem ser notificados sempre que os equipamentos sejam depositados noutro local.

7 – A posse administrativa do terreno e dos equipamentos mantém-se pelo período necessário à execução coerciva da respectiva medida de tutela da legalidade urbanística, caducando no termo do prazo fixado para a mesma.

8 – Tratando-se de execução coerciva de uma ordem de demolição ou de trabalhos de correcção ou alteração de obras, estas devem ser executadas no mesmo prazo que havia sido concedido para o efeito ao seu destinatário, contando-se aquele prazo a partir da data de início da posse administrativa.

9 – A execução a que se refere o número anterior pode ser feita por administração directa ou em regime de empreitada por ajuste directo, mediante consulta a três empresas titulares de alvará de empreiteiro de obras públicas de classe e categoria adequadas à natureza e valor das obras.

ARTIGO 108.º – Despesas realizadas com a execução coerciva

1 – As quantias relativas às despesas realizadas nos termos do artigo anterior, incluindo quaisquer indemnizações ou sanções pecuniárias que a Administração tenha de suportar para o efeito, são de conta do infractor.

2 – Quando aquelas quantias não forem pagas voluntariamente no prazo de 20 dias a contar da notificação para o efeito, são cobradas judicialmente em processo de execução fiscal, servindo de título executivo certidão, passada pelos serviços competentes, comprovativa das despesas efectuadas, podendo ainda a câmara aceitar, para extinção da dívida, dação em cumprimento ou em função do cumprimento nos termos da lei;

3 – O crédito referido no n.º 1 goza de privilégio imobiliário sobre o lote ou terrenos onde se situa a edificação, graduado a seguir aos créditos referidos na alínea *b*) do artigo 748.º do Código Civil.

ARTIGO 109.º – **Cessação da utilização**

1 – Sem prejuízo do disposto nos n.ᵒˢ 1 e 2 do artigo 2.º do Decreto--Lei n.º 281/99, de 26 de Julho, o presidente da câmara municipal é competente para ordenar e fixar prazo para a cessação da utilização de edifícios ou de suas fracções autónomas quando sejam ocupados sem a necessária licença ou autorização de utilização ou quando estejam a ser afectos a fim diverso do previsto no respectivo alvará.

2 – Quando os ocupantes dos edifícios ou suas fracções não cessem a utilização indevida no prazo fixado, pode a câmara municipal determinar o despejo administrativo, aplicando-se, com as devidas adaptações, o disposto no artigo 92.º

3 – O despejo determinado nos termos do numero anterior deve ser sobrestado quando, tratando-se de edifício ou sua fracção que estejam a ser utilizados para habitação, o ocupante mostre, por atestado médico, que a execução do mesmo põe em risco de vida por razão de doença aguda, a pessoa que se encontre no local.

4 – Na situação referida no número anterior, o despejo não pode prosseguir enquanto a câmara municipal não providencie pelo realojamento da pessoa em questão, a expensas do responsável pela utilização indevida, nos termos do artigo 108.º

CAPÍTULO IV – **Garantias dos particulares**

ARTIGO 110.º – **Direito à informação**

1 – Qualquer interessado tem o direito de ser informado pela respectiva câmara municipal:

a) Sobre os instrumentos de desenvolvimento e planeamento territorial em vigor para determinada área do município, bem como das demais condições gerais a que devem obedecer as operações urbanísticas a que se refere o presente diploma;

b) Sobre o estado e andamento dos processos que lhes digam directamente respeito, com especificação dos actos já praticados e do respectivo conteúdo, e daqueles que ainda devam sê-lo, bem como dos prazos aplicáveis a estes últimos.

2 – As informações previstas no número anterior devem ser prestadas independentemente de despacho e no prazo de 15 dias.

3 – Os interessados têm o direito de consultar os processos que lhes digam directamente respeito, e de obter as certidões ou reproduções autenticadas dos documentos que os integram, mediante o pagamento das importâncias que forem devidas.

4 – O acesso aos processos e a passagem de certidões deve ser requerido por escrito e é facultado independentemente de despacho e no prazo de 10 dias a contar da data da apresentação do respectivo requerimento.

5 – A câmara municipal fixa, no mínimo, um dia por semana para que os serviços municipais competentes estejam especificadamente à disposição dos cidadãos para a apresentação de eventuais pedidos de esclarecimento ou de informação ou reclamações.

6 – Os direitos referidos nos n.os 1 e 3 são extensivos a quaisquer pessoas que provem ter interesse legítimo no conhecimento dos elementos que pretendem e ainda, para defesa de interesses difusos definidos na lei, quaisquer cidadãos no gozo dos seus direitos civis e políticos e as associações e fundações defensoras de tais interesses.

ARTIGO 111.º – **Silêncio da Administração**

Decorridos os prazos fixados para a prática de qualquer acto especialmente, regulado no presente diploma sem que o mesmo se mostre praticado, observa-se o seguinte:

a) Tratando-se de acto que devesse ser praticado por qualquer órgão municipal no âmbito do procedimento de licenciamento, o interessado pode recorrer ao processo regulado no artigo 112.º;

b) Tratando-se de acto que devesse ser praticado no âmbito do procedimento de autorização, considera-se tacitamente deferida a pretensão formulada, com as consequências referidas no artigo 113.º;

c) Tratando-se de qualquer outro acto, considera-se tacitamente deferida a pretensão, com as consequências gerais.

ARTIGO 112.º – **Intimação judicial para a prática de acto legalmente devido** ([1])

1 – No caso previsto na alínea *a)* do artigo 111.º, pode o interessado pedir ao tribunal administrativo de círculo da área da sede da autoridade

---

([1]) Redacção da L 4-A/2003 de 19 de Fevereiro.

requerida a intimação da autoridade competente para proceder à prática do acto que se mostre devido.

2 – O requerimento de intimação deve ser apresentado em duplicado e instruído com cópia do requerimento para a prática do acto devido.

3 – A secretaria, logo que registe a entrada do requerimento, expede por via postal notificação à autoridade requerida, acompanhada do duplicado, para responder no prazo de 14 dias.

4 – Junta a resposta ou decorrido o respectivo prazo, o processo vai com vista ao Ministério Público, por dois dias, e seguidamente é concluso ao juiz, para decidir no prazo de cinco dias.

5 – Se não houver fundamento de rejeição, o requerimento só será indeferido quando a autoridade requerida faça prova da prática do acto devido até ao termo do prazo fixado para a resposta.

6 – Na decisão, o juiz estabelece prazo não superior a 30 dias para que a autoridade requerida pratique o acto devido e fixa sanção pecuniária compulsória, nos termos previstos no Código de Processo nos Tribunais Administrativos.

7 – Ao pedido de intimação é aplicável o disposto no Código de Processo nos Tribunais Administrativos quanto aos processos urgentes.

8 – O recurso da decisão tem efeito meramente devolutivo.

9 – Decorrido o prazo fixado pelo Tribunal sem que se mostre praticado o acto devido, o interessado pode prevalecer-se do disposto no artigo 113.º, com excepção do disposto no número seguinte.

10 – Na situação prevista no número anterior, tratando-se de aprovação do projecto de arquitectura, o interessado pode juntar os projectos de especialidade ou, caso já o tenha feito no requerimento inicial, inicia-se a contagem do prazo previsto na alínea c) do n.º 1 do artigo 23.º

ARTIGO 113.º – **Deferimento tácito**

1 – Nas situações referidas na alínea b) do artigo 111.º e no n.º 9 do artigo anterior, o interessado pode iniciar e prosseguir a execução dos trabalhos de acordo com o requerimento apresentado nos termos do n.º 4 do artigo 9.º, ou dar de imediato utilização à obra.

2 – O início dos trabalhos ou da utilização depende do prévio pagamento das taxas que se mostrem devidas nos termos do presente diploma.

3 – Quando a câmara municipal se recuse a liquidar ou a receber as taxas devidas, o interessado pode proceder ao depósito do respectivo montante em instituição de crédito à ordem da câmara municipal, ou, quando não esteja efectuada a liquidação, provar que se encontra garantido o seu pagamento mediante caução, por qualquer meio em direito admitido, por montante calculado nos termos do regulamento referido no artigo 3.º

4 – Para os efeitos previstos no número anterior, deve ser afixado nos serviços de tesouraria da câmara municipal o número e a instituição bancária em que a mesma tenha conta e onde seja possível efectuar o depósito, bem como a indicação do regulamento municipal no qual se encontram previstas as taxas a que se refere o n.º 2.

5 – Caso a câmara municipal não efectue a liquidação da taxa devida nem dê cumprimento ao disposto no número anterior, o interessado pode iniciar os trabalhos ou dar de imediato utilização à obra, dando desse facto conhecimento à câmara municipal e requerendo ao tribunal administrativo de círculo da área da sede da autarquia que intime esta a emitir o alvará de licença ou autorização de utilização.

6 – Ao pedido de intimação referido no numero anterior aplica-se o disposto no n.º 7 do artigo anterior.

7 – A certidão da sentença transitada em julgado que haja intimado à emissão do alvará de licença ou autorização de utilização substitui, para todos os efeitos legais, o alvará não emitido.

8 – Nas situações referidas no presente artigo, a obra não pode ser embargada por qualquer autoridade administrativa com fundamento na falta de licença ou autorização.

ARTIGO 114.º – Impugnação administrativa

1 – Os pareceres expressos que sejam emitidos por órgãos da administração central no. âmbito dos procedimentos regulados no presente diploma podem ser objecto de impugnação administrativa autónoma.

2 – A impugnação administrativa de quaisquer actos praticados ou pareceres emitidos nos termos do presente diploma deve ser decidida no prazo de 30 dias, findo o qual se considera deferida.

ARTIGO 115.º – **Recurso contencioso**

1 – O recurso contencioso dos actos previstos no artigo 106.º tem efeito suspensivo.

2 – Com a citação da petição de recurso, a autoridade administrativa tem o dever de impedir, com urgência, o início ou a prossecução da execução do acto recorrido.

3 – A todo o tempo e até à decisão em 1.ª instância, o juiz pode conceder o efeito meramente devolutivo ao recurso, oficiosamente ou a requerimento do recorrido ou do Ministério Público, caso do mesmo resultem indícios da ilegalidade da sua interposição ou da sua improcedência.

4 – Da decisão referida no número anterior cabe recurso com efeito meramente devolutivo, que sobe imediatamente, em separado.

CAPÍTULO V – Taxas inerentes às operações urbanísticas

ARTIGO 116.º – **Taxa pela realização, manutenção e reforço de infra--estruturas urbanísticas**

1 – A emissão dos alvarás de licença e autorização previstos no presente diploma está sujeita ao pagamento das taxas a que se refere a alínea b) do artigo 19.º da Lei n.º 42/98, de 6 de Agosto.

2 – A emissão do alvará de licença ou autorização de loteamento e de obras de urbanização está sujeita ao pagamento da taxa referida na alínea a) do artigo 19.º da Lei n.º 42/98, de 6 de Agosto.

3 – A emissão do alvará de licença ou autorização de obras de construção ou ampliação em área não abrangida por operação de loteamento ou alvará de obras de urbanização está igualmente sujeita ao pagamento da taxa referida no número anterior.

4 – A emissão do alvará de licença parcial a que se refere o n.º 5 do artigo 23.º está também sujeita ao pagamento da taxa referida no n.º 1, não havendo lugar à liquidação da mesma aquando da emissão do alvará definitivo.

5 – Os projectos de regulamento municipal da taxa pela realização, manutenção e reforço de infra-estruturas urbanísticas devem ser acompa-

nhados da fundamentação do cálculo das taxas previstas, tendo em conta, designadamente, os seguintes elementos:

a) Programa plurianual de investimentos municipais na execução, manutenção e reforço das infra-estruturas gerais, que pode ser definido por áreas geográficas diferenciadas;

b) Diferenciação das taxas aplicáveis em função dos usos e tipologias das edificações e, eventualmente, da respectiva localização e correspondentes infra-estruturas locais.

ARTIGO 117.º – **Liquidação das taxas**

1 – O presidente da câmara municipal, com o deferimento do pedido de licenciamento ou de autorização, procede à liquidação das taxas, em conformidade com o regulamento aprovado pela assembleia municipal.

2 – O pagamento das taxas referidas nos n.ᵒˢ 2 a 4 do artigo anterior pode, por deliberação da câmara municipal, com faculdade de delegação no presidente e de subdelegação deste nos vereadores ou nos dirigentes dos serviços municipais, ser fraccionado até ao termo do prazo de execução fixado no alvará, desde que seja prestada caução nos termos do artigo 54.º

3 – Da liquidação das taxas cabe reclamação graciosa ou impugnação judicial, nos termos e com os efeitos previstos no Código de Processo Tributário.

4 – A exigência, pela câmara municipal ou por qualquer dos seus membros, de mais-valias não previstas na lei ou de quaisquer contrapartidas, compensações ou donativos confere ao titular da licença ou autorização para a realização de operação urbanística, quando dê cumprimento àquelas exigências, o direito a reaver as quantias indevidamente pagas ou, nos casos em que as contrapartidas, compensações ou donativos sejam realizados em espécie, o direito à respectiva devolução e à indemnização a que houver lugar.

5 – Nos casos de autoliquidação previstos no presente diploma, as câmaras municipais devem obrigatoriamente disponibilizar os regulamentos e demais elementos necessários à sua efectivação, podendo os requerentes usar do expediente previsto no n.º 3 do artigo 113.º

CAPÍTULO VI – **Disposições finais e transitórias**

ARTIGO 118.º – **Conflitos decorrentes da aplicação dos regulamentos municipais**

1 – Para a resolução de conflitos na aplicação dos regulamentos municipais previstos no artigo 3.º podem os interessados requerer a intervenção de uma comissão arbitral.

2 – Sem prejuízo do disposto no n.º 5, a comissão arbitral é constituída por um representante da câmara municipal, um representante do interessado e um técnico designado por cooptação, especialista na matéria sobre que incide o litígio, o qual preside.

3 – Na falta de acordo, o técnico é designado pelo presidente do tribunal administrativo de círculo competente, na circunscrição administrativa do município.

4 – A constituição e funcionamento das comissões arbitrais aplica-se o disposto na lei sobre a arbitragem voluntária.

5 – As associações públicas de natureza profissional e as associações empresariais do sector da construção civil podem promover a criação de centros de arbitragem institucionalizada para a realização de arbitragens no âmbito das matérias previstas neste artigo, nos termos da lei.

ARTIGO 119.º – **Relação dos instrumentos de gestão territorial e das servidões e restrições de utilidade pública e outros instrumentos relevantes**

1 – As câmaras municipais devem manter actualizada a relação dos instrumentos de gestão territorial e as servidões administrativas e restrições de utilidade pública especialmente aplicáveis na área do município, nomeadamente:

a) Os referentes a plano regional de .ordenamento do território, planos especiais de ordenamento do território, planos municipais e intermunicipais de ordenamento do território, medidas preventivas, áreas de desenvolvimento urbano prioritário, áreas de construção prioritária, áreas críticas de recuperação e reconversão urbanística e alvarás de loteamento em vigor;

b) Zonas de protecção de imóveis classificados a que se referem os Decretos n.ºs 20 785, de 7 de Março de 1932, e 46 349, de 2 de Maio de 1965, e a Lei n.º 13/85, de 6 de Julho;

c) Zonas de protecção a edifícios públicos de reconhecido valor arquitectónico e edifícios públicos não classificados como monumentos nacionais, a que se referem os Decretos-Leis n.ºs 21 875, de 18 de Novembro de 1932, e 34 993, de 11 de Novembro de 1945, respectivamente;

d) Zonas de protecção a edifícios e outras construções de interesse público, a que se refere o Decreto-Lei n.° 40 388, de 21 de Novembro de 1955;

e) Imóveis ou elementos naturais classificados como valores concelhios, a que se refere a Lei n.° 2 032, de 11 de Junho de 1949;

f) Zonas de protecção de albufeiras de águas públicas, a que se refere o Decreto-Lei n.° 502/71, de 18 de Novembro;

g) Áreas integradas no domínio hídrico público ou privado, a que se refere o Decreto-Lei n.° 468/71, de 5 de Novembro;

h) Parques nacionais, parques naturais, reservas naturais, reservas de recreio, áreas de paisagem protegida e lugares, sítios, conjuntos e objectos classificados, a que se refere o Decreto-Lei n.° 19/93, de 23 de Janeiro;

i) Áreas integradas na Reserva Agrícola Nacional, a que se refere o Decreto-Lei n.° 196/89, de 14 de Junho;

j) Áreas integradas na Reserva Ecológica Nacional, a que se refere o Decreto-Lei n.° 93/90, de 19 de Março.

2 – As câmaras municipais mantêm igualmente actualizada a relação dos regulamentos municipais referidos no artigo 3.°, dos programas de acção territorial em execução, bem como das unidades de execução delimitadas.

ARTIGO 120.° – **Dever de informação**

1 – As câmaras municipais e as direcções regionais do ambiente e do ordenamento do território têm o dever de informação mútua sobre processos relativos a operações urbanísticas, o qual deve ser cumprido mediante comunicação a enviar no prazo de 20 dias a contar da data de recepção do respectivo pedido.

2 – Não sendo prestada a informação prevista no número anterior, as entidades que a tiverem solicitado podem recorrer ao processo de intimação regulado nos artigos 82.° e seguintes do Decreto-Lei n.° 267/85, de 16 de Julho.

ARTIGO 121.º – **Regime das notificações e comunicações**

Todas as notificações e comunicações referidas neste diploma e dirigidas aos requerentes devem ser feitas por carta registada, caso não seja viável a notificação pessoal.

ARTIGO 122.º – **Legislação subsidiária**

A tudo o que não esteja especialmente previsto no presente diploma aplica-se subsidiariamente o Código do Procedimento Administrativo.

ARTIGO 123.º – **Relação das disposições legais referentes à construção**

Até à codificação das normas técnicas de construção, compete aos Ministros do Equipamento Social e do Ambiente e do Ordenamento do Território promover a publicação da relação das disposições legais e regulamentares a observar pelos técnicos responsáveis dos projectos de obras e sua execução.

ARTIGO 124.º – **Depósito legal dos projectos**

O Governo regulamentará, no prazo de seis meses a contar da data de entrada em vigor do presente diploma, o regime do depósito legal dos projectos de urbanização e edificação.

ARTIGO 125.º – **Alvarás anteriores**

As alterações aos alvarás emitidos ao abrigo da legislação agora revogada e dos Decretos-Leis n.ºs 166/70, de 15 de Abril, 46 673, de 29 de Novembro de 1965, 289/73, de 6 de Junho, e 400/84, de 31 de Dezembro, regem-se pelo disposto no presente diploma.

ARTIGO 126.º – **Elementos estatísticos**

1 – A câmara municipal envia mensalmente para o Instituto Nacional de Estatística os elementos estatísticos identificados em portaria conjunta dos Ministros do Planeamento e do Ambiente e do Ordenamento do Território.

2 – Os suportes a utilizar na prestação da informação referida no número anterior serão fixados pelo Instituto Nacional de Estatística, após auscultação das entidades envolvidas.

ARTIGO 127.º – **Regiões Autónomas**

O regime previsto neste diploma é aplicável às Regiões Autónomas, sem prejuízo das adaptações decorrentes da estrutura própria da administração regional autónoma, a introduzir por diploma regional adequado.

ARTIGO 128.º – **Regime transitório**

1 – Às obras de edificação e às operações de loteamento, obras de urbanização e trabalhos de remodelação de terrenos cujo processo de licenciamento decorra na respectiva câmara municipal à data da entrada em vigor do presente diploma é aplicável o regime dos Decretos--Leis n.º S 445/91, de 20 de Novembro, e do 448/91, de 29 de Novembro, respectivamente, sem prejuízo do disposto no número seguinte.

2 – A requerimento do interessado, o presidente da câmara municipal pode autorizar que aos procedimentos em curso se aplique o regime constante do presente diploma, determinando qual o procedimento de controlo prévio a que o procedimento fica sujeito, tendo em conta o disposto no artigo 4.º

3 – Até ao estabelecimento, nos termos do n.º 2 do artigo 43.º, dos parâmetros para o dimensionamento das áreas referidas no n.º 1 do mesmo artigo, continuam os mesmos a ser fixados por portaria do Ministro do Ambiente e do Ordenamento do Território.

4 – Até à entrada em vigor do regime de verificação da qualidade e de responsabilidade civil nos projectos e obras de edificação, o requerimento de licença ou autorização de utilização, previsto no n.º 1 do artigo 63.º, deve também ser instruído com as seguintes peças desenhadas:

a) Telas finais do projecto de arquitectura;

b) Telas finais dos projectos de especialidades quando exigidos por regulamento municipal.

5 – Para os efeitos do número anterior, consideram-se telas finais as peças escritas e desenhadas que correspondam, exactamente, à obra executada.

ARTIGO 129.º – Revogações

São revogados:
a) O Decreto-Lei n.º 445/91, de 20 de Novembro;
b) O Decreto-Lei n.º 448/91, de 29 de Novembro;
c) O Decreto-Lei n.º 83/94, de 14 de Março;
d) O Decreto-Lei n.º 92/95, de 9 de Maio;
e) Os artigos 9.º, 10.º e 165.º a 168.º do Regulamento Geral das Edificações Urbanas, aprovado pelo Decreto-Lei n.º 38 382, de 7 de Agosto de 1951.

ARTIGO 130.º – Entrada em vigor

O presente diploma entra em vigor 120 dias após a data da sua publicação.

4. OBRAS PÚBLICAS

4.1 Regime das Empreitadas de Obras Públicas

DECRETO-LEI N.º 59/99
DE 2 DE MARÇO

Aprova o novo regime jurídico das empreitadas de obras públicas

1 – O Decreto-Lei n.º 405/93, de 10 Dezembro, que regula o regime jurídico das empreitadas de obras públicas, não contempla, contudo, de forma adequada, as medidas relativas à coordenação dos processos de adjudicação de empreitadas de obras públicas adoptadas pela Directiva n.º 93/37/CE, do Conselho, de 14 de Junho de 1993.

Por outro lado, constatou-se que o regime legal em vigor carecia de outras alterações, em ordem à melhor regulação do mercado de obras públicas, no sentido de tornar mais rigoroso e transparente todo o processo de concurso.

Assim, foi criado, no âmbito dos Ministérios das Finanças, do Equipamento, do Planeamento e da Administração do Território e da Justiça, um grupo de trabalho com a finalidade de proceder à adequada transposição da Directiva n.º 93/37/CE, tendo-se posteriormente determinado a alteração legislativa global do regime jurídico das empreitadas de obras públicas.

Procedeu-se, assim, a uma revisão global do Decreto-Lei n.º 405/93, vertida no presente diploma – após longa preparação e no decurso da qual foram ouvidas múltiplas e variadas entidades com experiência reconhecida neste sector, tendo sido colhidas sugestões efectuadas, bem como testadas algumas soluções previstas.

O presente diploma apresenta, face ao regime anterior, inovações resultantes de imperativos do direito comunitário e de exigências de sistematização do direito interno, com vista à criação de um sistema coerente com as restantes medidas legislativas levadas a cabo no sector das obras públicas, traduzidas no novo diploma que regula o acesso e permanência na actividade de empreiteiro de obras públicas e industrial de construção civil e na criação de um novo instituto público regulador deste sector.

Para além da adequação da transposição da Directiva n.° 93/37//CE, o presente diploma procede também à transposição da Directiva n.° 97/52/CE, do Parlamento Europeu e do Conselho, de 13 de Outubro de 1997.

II – Cumpre agora relevar alguns aspectos constantes do presente diploma:

1) Alarga-se o âmbito de aplicação deste regime às concessionárias de serviço público e às sociedades de interesse colectivo que exerçam actividades em regime exclusivo ou privilégio;

2) Criam-se duas comissões, uma responsável pela qualificação dos concorrentes e a outra responsável pela análise das propostas;

3) Explicita-se a possibilidade de o concorrente apresentar proposta com preço firme, renunciando assim à revisão de preços;

4) Introduzem-se alterações no regime da garantia dos contratos, traduzidas essencialmente nos seguintes aspectos:

Substituição da caução pela retenção de 10% dos pagamentos a efectuar no caso de obras de valor inferior a 5 000 contos;

Aumento da caução, até 30% do preço total do contrato, em casos excepcionais devidamente justificados e publicitados;

Substituição da caução por contrato de seguro adequado à execução da obra pelo preço total do respectivo contrato;

Manutenção da caução por um período de cinco anos, correspondente ao prazo de garantia;

5) Regula-se ex novo a subcontratação em obra pública, criando-se um regime para o contrato de empreitada de direito privado, derrogatório daquele que está previsto no capítulo XII do título II do livro II do Código Civil, regime este que, para além das vantagens em termos de conhecimento da actividade, até para efeitos de classificação dos empreiteiros de obras públicas, cria condições de sã concorrência;

6) Interdita-se a possibilidade de subempreitar trabalhos ou partes da obra de valor superior a 75% do valor da obra;

7) Consagram-se normas reguladoras específicas para o contrato de concessão de obras públicas.

Tal resulta, por um lado, de um imperativo comunitário, já que a Directiva n.º 93/37/CE tem disposições concretas sobre esta matéria (designadamente quanto às matérias de publicidade, prazo para apresentação das propostas e subcontratação), e, por outro, das próprias exigências de sistematização e coerência do direito interno, que, até ao momento, apresenta uma lacuna quanto a este regime;

8) Inclui-se uma disposição sobre higiene, saúde e segurança no trabalho – matérias reguladas em legislação especial –, cujo não cumprimento dá ao dono da obra o direito de rescindir o contrato;

9) Impõe-se aos donos de obra fazer publicar no 1.º trimestre de cada ano todas as adjudicações efectuadas no ano anterior, qualquer que tivesse sido a forma conducente às adjudicações;

10) Acentua-se, com algum relevo, que foram explicitadas medidas desburocratizadoras, das quais se destaca a presunção de existência de idoneidade, capacidade técnica e capacidade económica e financeira pela posse do certificado de classificação de empreiteiro de obras públicas adequado para a obra posta a concurso.

Tal implica um maior rigor em todo o processo de qualificação das empresas, sobretudo na verificação das condições de manutenção na actividade;

Inclui-se, finalmente, um regime relativo ao «controlo de custos de obras públicas», o que implica uma restrição muito significativa da possibilidade de execução de trabalhos que envolvam aumento de custos resultantes, designadamente, de trabalhos a mais e erros ou omissões do projecto, instituindo-se mecanismos de controlo das condições em que tais trabalhos possam ser autorizados.

Foram ouvidos os órgãos de governo próprio das Regiões Autónomas, a Associação Nacional de Municípios Portugueses e as associações empresariais representativas do sector.

Assim:

Nos termos da alínea *a*) do n.º 1 do artigo 198.º da Constituição, o Governo decreta o seguinte:

TÍTULO I – Disposições gerais

ARTIGO 1.º – Obras públicas

1 – Para os efeitos deste diploma são consideradas obras públicas quaisquer obras de construção, reconstrução, ampliação, alteração, reparação, conservação, limpeza, restauro, reparação, adaptação, beneficiação e demolição de bens imóveis, destinadas a preencher, por si mesmas, uma função económica ou técnica, executadas por conta de um dono de obra pública.

2 – As obras públicas podem ser executadas por empreitada, por concessão ou por administração directa.

3 – Nos casos em que seja possível o recurso à administração directa, o dono da obra pode celebrar contratos para fornecimento dos materiais e equipamentos necessários à execução da obra, os quais se regerão pelo regime geral dos fornecimentos.

ARTIGO 2.º – Âmbito de aplicação objectiva

1 – O presente diploma estabelece o regime do contrato administrativo de empreitada de obras públicas.

2 – O mesmo regime é aplicável, com as necessárias adaptações, às concessões de obras públicas.

3 – Entende-se por empreitada de obras públicas o contrato administrativo, celebrado mediante o pagamento de um preço, independentemente da sua forma, entre um dono de obra pública e um empreiteiro de obras públicas e quê tenha por objecto quer a execução quer conjuntamente a concepção e a execução das obras mencionadas no n.º 1 do artigo 1.º, bem como das obras ou trabalhos que se enquadrem nas subcategorias previstas no diploma que estabelece o regime do acesso e permanência na actividade de empreiteiro de obras públicas, realizados seja por que meio for e que satisfaçam as necessidades indicadas pelo dono da obra.

4 – Entende-se por concessão de obras públicas o contrato administrativo que, apresentando as mesmas características definidas no número anterior, tenha como contrapartida o direito de exploração da obra, acompanhado ou não do pagamento de um preço.

5 – O regime do presente diploma aplica-se ainda às empreitadas que. sejam financiadas directamente, em mais de 50%, por qualquer das entidades referidas no artigo seguinte.

6 – Estão excluídos do âmbito de aplicação do presente diploma os contratos de concessão de serviço público, mesmo que incluam uma parte da obra.

ARTIGO 3.º – **Âmbito de aplicação subjectiva**

1 – Para efeitos do disposto no presente diploma são considerados donos de obras públicas:
a) O Estado;
b) Os institutos públicos;
c) Ás associações públicas;
d) As autarquias locais e outras entidades sujeitas a tutela administrativa;
e) As Regiões Autónomas dos Açores e da Madeira;
f) As associações de que façam parte autarquias locais ou outras pessoas colectivas de direito público;
g) As empresas públicas e as sociedades anónimas de capitais maioritária ou exclusivamente públicos, sem prejuízo do disposto no n.º 3 do artigo 4.º;
h) As concessionárias de serviço público, sempre que o valor da obra seja igual ou superior ao estabelecido para efeitos de aplicação das directivas da União Europeia relativas à coordenação dos processos de adjudicação de empreitadas de obras públicas;
l) As entidades definidas no número seguinte, assim como as associações dessas entidades.

2 – Para efeitos do disposto na alínea *l*) do número anterior são consideradas donos de obras públicas as entidades dotadas de personalidade jurídica, criadas para satisfazer de um modo específico necessidades de interesse geral, sem carácter industrial ou comercial e em relação às quais se verifique uma das seguintes circunstâncias:
a) Cuja actividade seja financiada maioritariamente por alguma das entidades referidas no número anterior ou no presente número;
b) Cuja gestão esteja sujeita a um controlo por parte de alguma das entidades referidas no número anterior ou no presente número;

c) Cujos órgãos de administração, de direcção ou de fiscalização sejam compostos, em mais de metade, por membros designados por alguma das entidades referidas no número anterior ou no presente número.

ARTIGO 4.º – **Exclusões**

1 – Estão excluídos da aplicação do presente diploma, qualquer que seja o seu valor:

a) Os contratos regidos por regras processuais diferentes, destinados à execução ou à exploração conjunta de uma obra e celebrados entre o Estado Português e um ou vários países terceiros à União Europeia, ao abrigo de um acordo internacional notificado à Comissão Europeia;

b) Os contratos regidos por regras processuais diferentes e celebrados com empresas de outro Estado, por força de um acordo internacional relativo ao estacionamento de tropas;

c) Os contratos celebrados por força de regras específicas de uma organização internacional.

2 – Podem, contudo, ser aplicadas, total ou parcialmente, aos contratos mencionados no número anterior as regras do presente diploma que não colidam com a natureza especial desses contratos.

3 – Nas empreitadas de valor inferior ao estabelecido para efeitos de aplicação das directivas da União Europeia relativas à coordenação dos processos de adjudicação de empreitadas de obras públicas, podem as entidades referidas na alínea *g*) do n.º 1 do artigo 3.º ser isentadas da aplicação do presente diploma, mediante decreto-lei.

ARTIGO 5.º – **Contratos mistos**

1 – Na contratação pública que abranja simultaneamente prestações autónomas de aquisição de serviços ou de bens e empreitadas de obras públicas aplica-se o regime previsto para a componente de maior expressão financeira.

2 – Quando, por aplicação da regra do n.º 1, se tenha aberto determinado concurso, mas se verifique, após conhecimento das propostas dos concorrentes, que se deveria ter aberto concurso diferente, o concurso aberto prosseguirá os seus termos até à celebração do contrato, desde que

a componente financeira do tipo de contrato que determinou a abertura do concurso não seja inferior a 40% do valor global do contrato.

3 – Em qualquer caso, para a execução das obras que fazem parte desse contrato será sempre exigível a titularidade de certificado de classificação de empreiteiro de obras públicas com as subcategorias adequadas, de acordo com o estabelecido em diploma próprio, ou de certificado de inscrição em lista oficial de empreiteiros aprovados nos termos previstos no artigo 68.º, se for o caso.

ARTIGO 6.º – **Garantias de imparcialidade**

1 – Os donos de obras públicas, titulares dos seus órgãos, membros das comissões de acompanhamento do concurso e da fiscalização da empreitada devem actuar com isenção e imparcialidade, sendo-lhes aplicáveis, sendo caso disso, as normas sobre impedimentos, escusa e suspeição dos titulares de órgãos públicos, bem como de funcionários e agentes da Administração Pública.

2 – Os donos de obras públicas zelarão por que não haja discriminação entre os diferentes empreiteiros.

3 – Os donos de obras públicas aplicarão, em relação aos concorrentes da União Europeia ou do espaço económico europeu, condições tão favoráveis quanto as concedidas a países terceiros em aplicação do Acordo sobre Contratos Públicos da Organização Mundial do Comércio.

ARTIGO 7.º – **Partes do contrato**

1 – As partes do contrato de empreitada de obras públicas são o dono da obra e o empreiteiro.

2 – O dono da obra é a pessoa colectiva que manda executá-la.

3 – Sempre que no presente diploma se faça referência a decisões e deliberações do dono da obra, entender-se-á que serão tomadas pelo órgão que, segundo as leis ou estatutos por que a pessoa colectiva se rege, for competente para o efeito ou, no caso de omissão da lei ou de estatuto pelo órgão superior de administração.

TÍTULO II – Tipos de empreitadas

ARTIGO 8.º – **Âmbito**

1 – De acordo com o modo de retribuição do empreiteiro, as empreitadas de obras públicas podem ser:
a) Por preço global;
b) Por série de preços;
c) Por percentagem.

2 – É lícito adoptar, na mesma empreitada, diversos modos de retribuição para distintas partes da obra ou diferentes tipos de trabalhos.

3 – Sem prejuízo do disposto no artigo 10.º do Decreto-Lei n.º 55/95, de 29 de Março, a empreitada pode ser de partes ou da totalidade da obra e, salvo convenção em contrário, implica a subministração pelo empreiteiro dos materiais a empregar.

CAPÍTULO I – Empreitada por preço global

ARTIGO 9.º – **Conceito e âmbito**

1 – Entende-se por preço global a empreitada cujo montante da remuneração, correspondente à realização de todos os trabalhos necessários para a execução da obra ou parte da obra objecto do contrato, é previamente fixado.

2 – Devem ser contratadas por preço global as obras cujos projectos permitam determinar a natureza e as quantidades dos trabalhos a executar, bem como os custos dos materiais e da mão-de-obra a empregar. ([1])

ARTIGO 10.º – **Objecto da empreitada**

O dono da obra definirá, com a maior precisão possível, nos elementos escritos e desenhados do projecto e no caderno de encargos, as características da obra e as condições técnicas da sua execução, bem como

---

([1]) Redacção alterada pela Lei 163/99 de 14/09.

a qualidade dos materiais a aplicar, e apresentará mapas-resumo de quantidades de trabalhos.

ARTIGO 11.º – **Apresentação de projecto base pelos concorrentes**

1 – Quando se trate de obras cuja complexidade técnica ou especialização o justifiquem, o dono da obra posta a concurso poderá solicitar aos concorrentes a apresentação de projecto base, devendo para o efeito definir, com suficiente precisão, em documento pelo menos com o grau equivalente ao de programa base, os objectivos que deseje atingir, especificando os aspectos que considere vinculativos.

2 – Escolhido no concurso um projecto base, servirá este para a elaboração do projecto de execução.

3 – O caderno de encargos poderá impor a realização de contrato de seguro, que garanta a cobertura dos riscos e danos directa ou indirectamente emergentes de deficiente concepção do projecto e da execução da obra.

4 – Nos casos do presente artigo, o dono da obra poderá atribuir prémios aos concorrentes cujos projectos base tenham sido classificados para efeitos de adjudicação, caso em que deverá fixar, no programa do concurso ou no caderno de encargos, os critérios para atribuição de prémios.

5 – Não poderá ser atribuído qualquer prémio ao concorrente que venha a ser escolhido como adjudicatário.

ARTIGO 12.º – **Variantes ao projecto**

1 – O dono da obra posta a concurso pode autorizar, mediante declaração expressa constante do respectivo programa, que os concorrentes apresentem variantes ao projecto ou a parte dele, e com o mesmo grau de desenvolvimento, conjuntamente com a proposta para a execução da empreitada tal como posta a concurso.

2 – A variante aprovada substitui, para todos os efeitos, o projecto do dono da obra na parte respectiva.

ARTIGO 13.º – **Elementos e método de cálculo dos projectos base e variantes**

Os projectos base e as variantes da autoria do concorrente devem conter todos os elementos necessários para a sua perfeita apreciação e para a justificação do método de cálculo utilizado, podendo sempre o dono da obra exigir quaisquer esclarecimentos, pormenores, planos e desenhos explicativos.

ARTIGO 14.º – **Reclamações quanto a erros e omissões do projecto**

1 – No prazo de 66 dias, ou no que for para o efeito estabelecido no caderno de encargos, de acordo com a dimensão e complexidade da obra, mas não inferior a 15 dias, contados da data da consignação, o empreiteiro poderá reclamar:

a) Contra erros ou omissões do projecto, relativos à natureza ou volume dos trabalhos, por se verificarem diferenças entre as condições locais existentes e as previstas ou entre os dados em que o projecto se baseia e a realidade;

b) Contra erros de cálculo, erros materiais e outros erros ou omissões das folhas de medições discriminadas e referenciadas e respectivos mapas-resumo de quantidades de trabalhos, por se verificarem divergências entre estas e o que resulta das restantes peças do projecto.

2 – Findo o prazo estabelecido no número anterior, admitir-se-ão ainda reclamações com fundamento em erros ou omissões do projecto, desde que, arguindo o erro ou omissão nos 11 dias subsequentes ao da verificação, o empreiteiro demonstre que lhe era impossível descobri-lo mais cedo.

3 – Na reclamação prevista nos dois números anteriores, o empreiteiro indicará o valor que atribui aos trabalhos resultantes da rectificação dos erros ou omissões arguidos.

4 – O dono da obra deverá, no prazo máximo de 44 dias contados da data da respectiva apresentação, notificar o empreiteiro da sua decisão sobre as reclamações referidas no presente artigo, as quais são aceites se não tiver havido notificação da decisão no referido prazo.

5 – Se o dono da obra verificar, em qualquer altura da execução, a existência de erros ou omissões no projecto, devidos a causas cuja previsão ou descoberta fosse impossível mais cedo, deve notificar dos mesmos o empreiteiro, indicando o valor que lhes atribui.

6 – Sobre a interpretação e o valor dados pelo dono da obra aos erros ou omissões a que alude o número anterior pode o empreiteiro reclamar no prazo de 11 dias.

7 – Na falta de acordo quanto aos valores a que se referem os números anteriores, poderão as partes, de comum acordo, recorrer a uma comis-

são conciliatória constituída por três representantes, sendo um designado pelo dono da obra, outro pelo empreiteiro e o terceiro escolhido por ambas as partes.

ARTIGO 15.º – **Rectificações de erros ou omissões do projecto**

1 – Rectificado qualquer erro ou omissão do projecto, o respectivo valor será acrescido ou deduzido ao valor da adjudicação.

2 – No caso de o projecto base ou variante ter sido da sua autoria, o empreiteiro suportará os danos resultantes de erros ou omissões desse projecto ou variante ou das correspondentes folhas de medições discriminadas e referenciadas e respectivos mapas-resumo de quantidades de trabalhos, excepto se os erros ou omissões resultarem de deficiências dos dados fornecidos pelo dono da obra.

ARTIGO 16.º – **Valor das alterações do projecto**

A importância dos trabalhos a mais ou a menos que resultar de alterações ao projecto será respectivamente adicionada ou diminuída ao valor da adjudicação.

ARTIGO 17.º – **Pagamentos**

1 – O pagamento do preço da empreitada poderá efectuar-se em prestações periódicas fixas ou em prestações variáveis, em qualquer dos casos sempre em função das quantidades de trabalho periodicamente executadas.

2 – Quando o pagamento haja de fazer-se em prestações fixas, o contrato fixará os seus valores, as datas dos seus vencimentos e a sua compatibilização com o plano de trabalhos aprovado.

3 – Nos casos do número anterior, a correcção que o preço sofrer, por virtude de rectificações ou alterações ao projecto, será dividida pelas prestações que se vencerem posteriormente ao respectivo apuramento, salvo estipulação em contrário.

4 – Se o pagamento houver de fazer-se de acordo com as quantidades de trabalho periodicamente executadas, realizar-se-á por medições e com base nos preços unitários contratuais, mas apenas até à concorrência do preço da empreitada.

5 – Se, realizados todos os trabalhos, subsistir ainda um saldo a favor do empreiteiro, ser-lhe-á pago com a última liquidação.

CAPÍTULO II – Empreitada por série de preços

ARTIGO 18.º – **Conceito**

A empreitada é estipulada por série de preços quando a remuneração do empreiteiro resulta da aplicação dos preços unitários previstos no contrato para cada espécie de trabalho a realizar às quantidades desses trabalhos realmente executadas. ([1])

ARTIGO 19.º – **Objecto da empreitada**

1 – O contrato terá sempre por base a previsão das espécies e das quantidades dos trabalhos necessários para a execução da obra relativa ao projecto patenteado, obrigando-se o empreiteiro a executar pelo respectivo preço unitário do contrato todos os trabalhos de cada espécie.

2 – Se nos elementos do projecto ou no caderno de encargos existirem omissões quanto à qualidade dos materiais, o empreiteiro não poderá empregar materiais que não correspondam às características da obra ou que sejam de qualidade inferior aos usualmente empregues em obras que se destinem a idêntica utilização.

3 – No caso de dúvida quanto aos materiais a empregar nos termos do número anterior, devem observar-se as normas portuguesas em vigor ou, na falta destas, as normas utilizadas na União Europeia.

ARTIGO 20.º – **Variante do empreiteiro**

1 – O projecto de execução de uma empreitada poderá ser alterado de acordo com as variantes propostas pelo empreiteiro, nos mesmos termos estabelecidos para a empreitada por preço global.

2 – O empreiteiro apresentará com a variante a previsão das espécies e quantidades dos trabalhos necessários para a execução da obra e a respectiva lista de preços unitários.

([1]) Redacção alterada pela Lei 163/99 de 14/09.

3 – Os trabalhos correspondentes às variantes serão executados em regime de preço global, devendo o empreiteiro apresentar um plano de pagamentos do
preço global e calculando-se este pela aplicação dos preços unitários às quantidades previstas.
4 – O projecto de execução da variante é da responsabilidade do empreiteiro.

ARTIGO 21.º – **Cálculo dos pagamentos**

Periodicamente, proceder-se-á à medição dos trabalhos executados de cada espécie para o efeito de pagamento das quantidades apuradas, às quais serão aplicados os preços unitários.

CAPÍTULO III – Disposições comuns às empreitadas por preço global e por série de preços

ARTIGO 22.º – **Lista de preços unitários**

Os concorrentes apresentarão com as suas propostas as listas de preços unitários que lhes hajam servido de base.

ARTIGO 23.º – **Encargos do empreiteiro**

Constitui encargo do empreiteiro, salvo estipulação em contrário, o fornecimento dos aparelhos, instrumentos, ferramentas, utensílios e andaimes indispensáveis à boa execução da obra.

ARTIGO 24.º – **Trabalhos preparatórios ou acessórios**

1 – O empreiteiro tem obrigação, salvo estipulação em contrário, de realizar à sua custa todos os trabalhos que, por natureza ou segundo o uso corrente, a execução da obra implique como preparatórios ou acessórios.
2 – Constitui, em especial, obrigação do empreiteiro, salvo estipulação em contrário, a execução dos seguintes trabalhos:
a) A montagem, construção, desmontagem, demolição e manutenção do estaleiro;

b) Os necessários para garantir a segurança de todas as pessoas que trabalhem na obra, incluindo o pessoal dos subempreiteiros, e do público em geral, para evitar danos nos prédios vizinhos e para satisfazer os regulamentos de segurança, higiene e saúde no trabalho e de polícia das vias públicas;

c) O restabelecimento, por meio de obras provisórias, de todas as servidões e serventias que seja indispensável alterar ou destruir para a execução dos trabalhos e para evitar a estagnação de águas que os mesmos trabalhos possam originar;

d) A construção dos acessos ao estaleiro e das serventias internas deste;

e) Outros trabalhos previstos em portaria regulamentar.

3 – Os encargos relativos à montagem, construção, desmontagem e demolição do estaleiro são da responsabilidade do dono da obra e constituirão um preço contratual unitário.

4 – Quanto se trate de obras de complexidade técnica ou especialização elevadas, os trabalhos acessórios devem estar claramente definidos nas peças que compõem o projecto.

5 – Entende-se por estaleiro o local onde se efectuam os trabalhos, bem como os locais onde se desenvolvem actividades de apoio directo à obra.

ARTIGO 25.º – **Servidões e ocupação de prédios particulares**

1 – Será de conta do empreiteiro, salvo estipulação em contrário, o pagamento das indemnizações devidas pela constituição de servidões, ou pela ocupação temporária de prédios particulares, necessárias à execução dos trabalhos adjudicados e efectuadas nos termos da lei.

2 – Sempre que possível, o dono da obra especificará, no caderno de encargos, os locais passíveis de instalação do estaleiro.

ARTIGO 26.º – **Execução de trabalhos a mais**

1 – Consideram-se trabalhos a mais aqueles cuja espécie ou quantidade não hajam sido previstos ou incluídos no contrato, nomeadamente no respectivo projector se destinem à realização da mesma empreitada e se tenham tornado necessários na sequência de uma circunstância imprevista, desde que se verifique qualquer das seguintes condições:

a) Quando esses trabalhos não possam ser técnica ou economicamente separados do contrato, sem inconveniente grave para o dono da obra;

b) Quando esses trabalhos, ainda que separáveis da execução do contrato, sejam estritamente necessários ao seu acabamento.

2 – O empreiteiro é obrigado a executar os trabalhos previstos no n.º 1 caso lhe sejam ordenados por escrito pelo dono da obra e o fiscal da obra lhe forneça os planos, desenhos, perfis, mapa da natureza e volume dos trabalhos e demais elementos técnicos indispensáveis para a sua perfeita execução e para a realização das medições.

3 – A obrigação cessa quando o empreiteiro opte por exercer o direito de rescisão ou quando, sendo os trabalhos a mais de espécie diferente dos previstos no contrato, o empreiteiro alegue, dentro de oito dias após a recepção da ordem, e a fiscalização verifique, que não possui nem o equipamento nem os meios humanos indispensáveis para a sua execução.

4 – O projecto de alteração deve ser entregue ao empreiteiro com a ordem escrita de execução.

5 – Do projecto de alteração não poderão constar, a não ser que outra coisa haja sido estipulada, preços diferentes dos contratuais ou dos anteriormente acordados para trabalhos da mesma espécie e a executar nas mesmas condições.

6 – Quando, em virtude do reduzido valor da alteração ou por outro motivo justificado, não exista ou não se faça projecto, deverá a ordem de execução conter a espécie e a quantidade dos trabalhos a executar, devendo o empreiteiro apresentar os preços unitários para os quais não existam ainda preços contratuais ou acordados por escrito.

7 – A execução dos trabalhos a mais deverá ser formalizada como contrato adicional ao contrato de empreitada.

ARTIGO 27.º – **Fixação de novos preços de trabalhos a mais**

1 – O empreiteiro deverá apresentar a sua lista de preços para os trabalhos de espécie diversa dos que constam do contrato no prazo de 15 dias a contar da data de recepção da ordem de execução dos trabalhos.

2 – Quando a complexidade do projecto de alteração o justifique, poderá o empreiteiro pedir a prorrogação do prazo referido no número

anterior por período que, salvo casos excepcionais devidamente justificados, não poderá ser superior a 15 dias.

3 – O dono da obra decidirá em 15 dias, implicando a falta de decisão a aceitação dos preços da lista do empreiteiro, salvo se, dentro do referido prazo, o dono da obra lhe comunicar que carece de mais prazo para se pronunciar e para o que disporá, nesse caso, de mais 15 dias.

4 – Se o dono da obra não aceitar os preços propostos pelo empreiteiro, deverá, nos prazos previstos no número anterior, indicar aqueles que considera aplicáveis.

5 – Enquanto não houver acordo sobre todos ou alguns preços, ou estes não se encontrarem fixados por arbitragem nos termos do n.º 7, ou judicialmente, os trabalhos respectivos liquidar-se-ão, logo que medidos, com base nos preços indicados pelo dono da obra.

6 – Logo que, por acordo, por arbitragem ou judicialmente, ficarem determinados os preços definitivos, haverá lugar à correcção e ao pagamento das diferenças porventura existentes relativas aos trabalhos já realizados, bem como ao pagamento do respectivo juro, a que houver lugar, à taxa definida no n.º 1 do artigo 213.º

7 – Nos casos a que se refere este artigo, não havendo acordo sobre quaisquer preços, poderão as partes recorrer a arbitragem por três peritos, sendo um designado pelo dono da obra, outro pelo empreiteiro e o terceiro escolhido por ambas as partes e, em caso de desacordo, pelo Conselho Superior de Obras Públicas e Transportes.

ARTIGO 28.º – **Supressão de trabalhos**

O empreiteiro só deixará de executar quaisquer trabalhos incluídos no contrato desde que, para o efeito, o fiscal da obra lhe dê ordem por escrito e dela constem especificamente os trabalhos suprimidos.

ARTIGO 29.º – **Inutilização de trabalhos já executados**

Se das alterações impostas resultar inutilização de trabalhos já feitos de harmonia com o contrato ou com ordens recebidas, não será o seu valor deduzido do montante da empreitada, e o empreiteiro terá ainda direito à importância despendida com as demolições a que houver procedido.

ARTIGO 30.º – **Alterações propostas pelo empreiteiro**

1 – Em qualquer momento dos trabalhos, o empreiteiro poderá propor ao dono da obra variantes ou alterações ao projecto relativamente a parte ou partes dele ainda não executadas.

2 – Tais variantes ou alterações obedecerão ao disposto no presente diploma sobre os projectos ou variantes apresentados pelo empreiteiro, mas o dono da obra poderá ordenar a sua execução desde que aceite o preço global ou os preços unitários propostos pelo empreiteiro ou com este chegue a acordo sobre os mesmos.

3 – Se da variante ou alteração aprovada resultar economia, sem decréscimo da utilidade, duração e solidez da obra, o empreiteiro terá direito a metade do respectivo valor.

ARTIGO 31.º – **Direito de rescisão por parte do empreiteiro**

1 – Quando compulsados os trabalhos a mais ou a menos, resultantes de ordens dadas pelo dono da obra, de supressão parcial de alguns, de rectificação de erros e omissões do projecto ou de alterações neste introduzidas, se verifique que há uma redução superior a 20%l do valor da adjudicação inicial, terá o empreiteiro o direito de rescindir o contrato.

2 – O empreiteiro tem também o direito de rescisão sempre que da variante ou alteração ao projecto provindas do dono da obra resulte substituição de trabalhos incluídos no contrato por outros de espécie diferente, embora destinados ao mesmo fim, desde que o valor dos trabalhos substituídos represente 25% do valor total da empreitada.

3 – O facto de o empreiteiro não exercer o direito de rescisão com base em qualquer alteração, ordem ou rectificação, não o impede de exercer tal direito a propósito de alterações, ordens ou rectificações subsequentes.

4 – Para os efeitos do disposto no n.º 1 consideram-se compensados os trabalhos a menos com trabalhos a mais, salvo se estes últimos não forem da mesma espécie dos da empreitada objecto do contrato.

ARTIGO 32.º – **Prazo do exercício do direito de rescisão**

O direito de rescisão deverá ser exercido no prazo improrrogável de 22 dias, contados:

a) Da data em que o empreiteiro seja notificado da decisão do dono da obra sobre a reclamação quanto a erros e omissões do projecto ou do 44.º dia posterior ao da apresentação dessa reclamação, no caso de o dono da obra não se ter, entretanto, pronunciado sobre ela;

b) Da data da recepção da ordem escrita para a execução ou supressão de trabalhos, desde que essa ordem seja acompanhada do projecto, se for caso disso, ou da discriminação dos trabalhos a executar ou a suprimir;

d) Da data da recepção do projecto ou da discriminação dos trabalhos a executar ou a suprimir, quando tal data não coincidir com a da ordem;

d) Da data da recepção da comunicação escrita em que o dono da obra se pronuncie sobre a lista de preços apresentada pelo empreiteiro.

ARTIGO 33.º – **Cálculo do valor dos trabalhos para efeito de rescisão**

1 – Para o cálculo do valor dos trabalhos a mais ou a menos considerar-se-ão os preços fixados no contrato, os posteriormente alcançados por acordo, conciliação ou arbitragem e os resultantes das cominações estatuídas no artigo 27.º, conforme os que forem aplicáveis.

2 – Se, quanto a alguns preços ainda não fixados, existir desacordo, aplicar-se-ão os indicados pelo dono da obra, excepto se, nos casos dos n.ºs 1 e 2 do artigo 14.º, o mesmo não se pronunciar sobre a reclamação no prazo de 22 dias, caso em que serão considerados os preços indicados pelo empreiteiro.

ARTIGO 34.º – **Exercício do direito de rescisão**

1 – Verificando-se todas as condições de que depende a existência do direito de rescisão, este exercer-se-á mediante requerimento do empreiteiro, acompanhado de estimativa do valor dos trabalhos em causa, com exacta discriminação dos preços unitários que lhe serviram de base.

2 – Recebido o requerimento, o dono da obra procede à imediata medição dos trabalhos efectuados e tomará em seguida posse da obra.

ARTIGO 35.º – **Indemnização por redução do valor total dos trabalhos**

1 – Sempre que, em consequência de alteração ao projecto ou de rectificação de erros de previsão, ou, ainda, de supressão de trabalhos nos ter-

mos do artigo 28.º, o empreiteiro execute um volume total de trabalhos de valor inferior em mais de 20% aos que foram objecto do contrato, terá direito à indemnização correspondente a 10% do valor da diferença verificada, se outra mais elevada não for estabelecida no caderno de encargos ou no contrato.

2 – A indemnização será liquidada na conta final.

ARTIGO 36.º – **Responsabilidade por erros de execução**

1 – O empreiteiro é responsável por todas as deficiências e erros relativos à execução dos trabalhos ou à qualidade, forma e dimensões dos materiais aplicados, quer nos casos em que o projecto não fixe as normas a observar, quer nos casos em que sejam diferentes dos aprovados.

2 – A responsabilidade do empreiteiro cessa quando os erros e vícios de execução hajam resultado de obediência a ordens ou instruções escritas transmitidas pelo fiscal da obra, ou que tenham obtido a concordância expressa deste, através de inscrição no livro de obra.

ARTIGO 37.º – **Responsabilidade por erros de concepção do projecto**

1 – Pelas deficiências técnicas e erros de concepção dos projectos e dos restantes elementos patenteados no concurso ou em que posteriormente se definam os trabalhos a executar responderão o dono da obra ou o empreiteiro, conforme aquelas peças sejam apresentadas pelo primeiro ou pelo segundo.

2 – Quando o projecto ou variante for da autoria do empreiteiro, mas estiver baseado em dados de campo, estudos ou previsões fornecidos, sem reservas, pelo dono da obra, será este responsável pelas deficiências e erros do projecto ou variante que derivem da inexactidão dos referidos dados, estudos ou previsões.

ARTIGO 38.º – **Efeitos da responsabilidade**

Quem incorrer na responsabilidade estabelecida nos dois artigos anteriores deve custear as obras, alterações e reparações necessárias à adequada supressão das consequências da deficiência ou erro verificado, bem como indemnizar a outra parte ou terceiros pelos prejuízos sofridos.

CAPÍTULO IV – Empreitada por percentagem

ARTIGO 39.º – Conceito

1 – Diz-se empreitada por percentagem o contrato pelo qual o empreiteiro assume a obrigação de executar a obra por preço correspondente ao seu custo, acrescido de uma percentagem destinada a cobrir os encargos de administração e a remuneração normal da empresa.

2 – O recurso à modalidade prevista no número anterior dependerá, quando for o caso, de prévio despacho de autorização, devidamente fundamentado, do ministro respectivo.

ARTIGO 40.º – Custo dos trabalhos

1 – O custo dos trabalhos será o que resultar da soma dos dispêndios correspondentes a materiais, pessoal, direcção técnica, estaleiros, transportes, seguros, encargos inerentes ao pessoal, depreciação e reparação de instalações, de utensílios e de máquinas, e a tudo o mais necessário para a execução dos trabalhos, desde que tais dispêndios sejam feitos de acordo com o dono da obra, nos termos estabelecidos no caderno de encargos.

2 – Não se inclui no custo qualquer encargo puramente administrativo.

ARTIGO 41.º – Encargos administrativos e lucros

A percentagem para cobertura dos encargos administrativos e remuneração do empreiteiro será a que, para cada caso, se fixar no contrato de empreitada.

ARTIGO 42.º – Trabalhos a mais ou a menos

Aplicar-se-á a este contrato o disposto nos artigos 28.º, 30.º, 31.º e 32.º a 35.º, mas nos casos do n.º 1 do artigo 31.º o empreiteiro só terá o direito a rescisão quando o valor acumulado dos trabalhos a mais e a menos sofrer uma redução igual ou superior a 25% do valor dos que foram objecto do contrato.

ARTIGO 43.º – Pagamentos

1 – Salvo estipulação em contrário, os pagamentos serão feitos mensalmente, com base em factura apresentada pelo empreiteiro, correspondente ao custo dos trabalhos executados durante o mês anterior, acrescido da percentagem a que se refere o artigo 41.º

2 – A factura discriminará todas as parcelas que se incluem no custo dos trabalhos e será acompanhada dos documentos justificativos necessários.

3 – Os pagamentos sofrerão o desconto para garantia nos termos gerais.

ARTIGO 44.º – Regime subsidiário

Serão aplicáveis subsidiariamente a este contrato, e em particular à responsabilidade pela concepção e execução da obra, as disposições respeitantes às outras modalidades de empreitada que não forem incompatíveis com a sua natureza específica.

CAPÍTULO V – Controlo de custos das obras públicas

ARTIGO 45.º – Controlo de custos das obras públicas

1 – O dono da obra não poderá, em caso algum, autorizar a realização de trabalhos a mais previstos no artigo 26.º, alterações do projecto da iniciativa do dono da obra ainda que decorrentes de erro ou omissão do mesmo ou trabalhos resultantes de alterações ao projecto, variantes ou alterações ao plano de trabalhos, da iniciativa do empreiteiro, caso o seu valor acumulado durante a execução de uma empreitada exceda 25% do valor do contrato de empreitada de obras públicas de que são resultantes.

2 – Ouando o valor acumulado dos trabalhos referidos no número anterior exceda 15% do valor do contrato de empreitada, ou se tal valor acumulado for igual ou superior a um milhão de contos, a entidade competente para a realização da despesa inicial só poderá emitir decisão favorável à realização da nova despesa mediante proposta do dono da obra

devidamente fundamentada e instruída com estudo realizado por entidade externa e independente.

3 – O estudo previsto na parte final do n.º 2 poderá, contudo, ser dispensado pela entidade competente para autorizar a despesa resultante do contrato inicial caso esta seja de montante igual ou inferior a meio milhão de contos.

4 – Os trabalhos previstos no n.º 1 que excedam a percentagem nessa disposição prevista só poderão ser adjudicados mediante a aplicação do procedimento que ao caso couber, nos termos previstos no artigo 47.º e demais legislação aplicável.

5 – No cálculo do montante global dos valores acumulados constantes do n.º 2 são incluídos os custos acrescidos ao preço global de uma empreitada de obras públicas decorrentes do incumprimento pelo dono da obra de disposições legais e regulamentares aplicáveis.

ARTIGO 46.º – **Avaliação das medidas de controlo de custos**

1 – A aplicação das medidas do controlo de custos a que se refere o artigo anterior é objecto de acções inspectivas ordinárias anuais, a realizar pelas entidades competentes, em termos a aprovar pelo ministro que as superintende, bem como de regular acompanhamento por parte do Instituto dos Mercados de Obras Públicas e Particulares e do Imobiliário, sem prejuízo de disposições legais aplicáveis.

2 – O Instituto dos Mercados de Obras Públicas e Particulares e do Imobiliário submeterá semestralmente aos Ministros das Finanças e da sua tutela um relatório fundamentado sobre a aplicação das medidas de controlo de custos referidos no artigo 45.º

3 – Os donos da obra devem enviar ao Instituto dos Mercados de Obras Públicas e Particulares e do Imobiliário cópias de todos os elementos justificativos dos custos acrescidos das obras, bem como dos estudos efectuados pelas entidades externas e independentes, a que se refere o artigo anterior, e das decisões que sobre os mesmos incidiram, no prazo de 10 dias úteis após o seu conhecimento.

4 – Para os efeitos do disposto no n.º 2, o Instituto dos Mercados de Obras Públicas e Particulares e do Imobiliário pode solicitar aos donos de obras públicas a colaboração que entenda conveniente.

TÍTULO III – Formação do contrato

CAPÍTULO I – Procedimentos e formalidades dos concursos

SECÇÃO I – Tipos o escolha do procedimentos

ARTIGO 47.º – **Tipos de procedimentos**

1 – A celebração do contrato de empreitada de obras públicas será precedida de concurso público, salvo nos casos em que a lei permita o concurso limitado, o concurso por negociação ou o ajuste directo.

2 – O concurso diz-se público quando todas as entidades que se encontrem nas condições gerais estabelecidas por lei podem apresentar proposta.

3 – O concurso diz-se limitado quando só podem apresentar propostas as entidades para o efeito convidadas pelo dono da obra, não podendo o número destas ser inferior a cinco.

4 – O concurso diz-se por negociação quando o dono da obra negoceia directamente as condições do contrato com, pelo menos, três entidades seleccionadas pelo processo estabelecido nos artigos 133.º e seguintes.

5 – Diz-se que a empreitada é atribuída por ajuste directo quando a entidade é escolhida independentemente de concurso.

ARTIGO 48.º – **Escolha do tipo de procedimento**

1 – A escolha do tipo de procedimento a seguir deve fazer-se atendendo ao valor estimado do contrato, nos termos do n.º 2, e às circunstâncias que, independentemente do valor, justifiquem o recurso ao concurso limitado com publicação de anúncio, ao concurso por negociação ou ao ajuste directo, nos casos previstos nos artigos 122.º, 134.º e 136.º, respectivamente.

2 – São os seguintes os procedimentos aplicáveis, em função do valor estimado do contrato:

a) Concurso público ou limitado com publicação de anúncio, seja qual for o valor estimado do contrato;

b) Concurso limitado sem publicação de anúncios, quando o valor estimado do contrato for inferior a 25 000 contos; ([1])

c) Concurso por negociação, quando o valor estimado do contrato for inferior a 8 000 contos;

d) Ajuste directo, quando o valor estimado do contrato for inferior a 5 000 contos, sendo obrigatória a consulta a três entidades;

e) Ajuste directo, quando o valor estimado do contrato for inferior a 1 000 contos, sem consulta obrigatória.

3 – Para efeitos de escolha de procedimento, o valor estimado do contrato é:

a) Nas empreitadas por preço global, o preço base do concurso;

b) Nos restantes tipos de empreitada, o custo provável dos trabalhos estimado sobre as medições do projecto.

SECÇÃO II – **Formalidades dos concursos**

ARTIGO 49.º – **Reclamação por preterição de formalidades do concurso**

1 – Há lugar a reclamação, com fundamento em preterição ou irregular cumprimento das formalidades do concurso ou em outra irregularidade, no prazo de cinco dias contados da data em que o interessado teve conhecimento do facto.

2 – A reclamação não goza de efeito suspensivo, sendo apresentada à autoridade a quem competiria praticar a formalidade ou fazer observar a sua prática no processo.

3 – A reclamação considera-se indeferida se o reclamante não for notificado da decisão no prazo de 10 dias após a sua apresentação.

4 – Deferida a reclamação, a autoridade sanará o vício arguido, devendo dar sem efeito as formalidades subsequentes que já hajam tido lugar, quando tal se torne necessário.

ARTIGO 50.º – **Prova da entrega de requerimentos**

1 – Os requerimentos em que sejam formuladas reclamações ou interpostos recursos hierárquicos serão apresentados com uma cópia.

([1]) Redacção alterada pela Lei 163/99 de 14/09.

2 – A cópia será devolvida ao apresentante depois de nela ser exarado recibo com a data da apresentação e rubrica autenticada por carimbo ou selo branco da entidade ou serviço a que haja sido apresentada.

3 – Equivale à apresentação prevista nos números anteriores o envio do requerimento pelo correio, sob registo e com aviso de recepção, efectuado até ao último dia útil imediatamente anterior ao do termo do respectivo prazo.

ARTIGO 51.º – **Notificações**

1 – As notificações no processo do concurso serão feitas pelo correio, sob registo, sem prejuízo de utilização da telecópia ou meios telemáticos, quando se revelem mais eficazes.

2 – Da notificação constará, com suficiente precisão, o acto ou resolução a que respeita, de modo que o notificado fique ciente da respectiva natureza e conteúdo.

ARTIGO 52.º – **Publicação dos actos**

1 – Sempre que a lei exija a publicação de algum acto, a mesma será feita na 3.ª série do *Diário da República*, num jornal de âmbito nacional e num jornal de âmbito regional da área territorial onde a obra deva ser executada.

2 – Para além do disposto no artigo anterior, o anúncio de abertura do concurso deve também ser enviado, o mais rapidamente possível e pelas vias mais adequadas, para o Serviço das Publicações Oficiais das Comunidades Europeias (SPOCE), sempre que o valor da obra seja igual ou superior:

a) Ao equivalente, em ecus, a 5 000 000 de direitos de saque especiais (DSE), sem imposto sobre o valor acrescentado (IVA);

b) A 5 000 000 de ecus, sem imposto sobre o valor acrescentado (IVA).

3 – O disposto na alínea *b*) do número anterior só se aplica às empreitadas a que alude o n.º 5 do artigo 2.º, desde que respeitem aos trabalhos indicados no anexo 1.

4 – Os contravalores, em escudos, dos limiares referidos no n.º 2, após publicação no Jornal Oficial das Comunidades Europeias, serão mandados publicar pelo presidente do Instituto dos Mercados de Obras Públicas e Particulares e do Imobiliário.

5 – As publicações previstas no n.º 1 não podem, se for esse o caso: ([1])

a) Efectuar-se antes da data de envio do anúncio para o SPOCE e devem fazer referência a essa data; ([1])

b) Conter outras informações para além das publicadas no Jornal Oficial das Comunidades Europeias. ([1])

5 – A publicação no *Diário da República* não pode efectuar-se antes da data de envio do anúncio para o SPOCE e deve fazer referência a essa data.

6 – Os prazos para apresentação das propostas e para a entrega dos pedidos de participação serão contados a partir do dia seguinte ao da publicação do respectivo anúncio no *Diário da República*.

7 – No início de cada ano, os donos de obras públicas darão a conhecer, mediante anúncio indicativo a enviar para o SPOCE, conforme modelo n.º 1 do anexo iv do presente diploma, os contratos de empreitada que tencionem celebrar nos 12 meses seguintes, sempre que o valor da obra seja igual ou superior ao fixado nos termos do n.º 2.

8 – O anúncio referido no número anterior deve conter as características essenciais dos contratos e deve ser enviado para o SPOCE logo que seja aprovado o programa em que se inserem os contratos de empreitada que os donos de obra pretendam celebrar.

9 – Nas empreitadas de valor igual ou superior aos contravalores dos limiares indicados no n.º 2, o dono de obra deve:

a) Comunicar a decisão de não adjudicação ou de recomeço do processo ao SPOCE;

b) Enviar ao SPOCE, no prazo máximo de 48 dias após cada adjudicação, um anúncio com os respectivos resultados.

10 – As informações relativas à adjudicação de um contrato podem ser retidas quando possam obstar à aplicação da lei, ser contrárias ao interesse público, lesar os interesses comerciais legítimos de empresas públicas ou privadas ou prejudicar a concorrência leal entre empreiteiros.

11 – Os donos de obras públicas devem poder provar a data de envio do anúncio para publicação no Jornal Oficial das Comunidades Europeias. ([1])

([1]) Redacção alterada pelo DL 159/2000, de 27-07.

ARTIGO 53.º – **Divisão em lotes**

1 – Quando uma obra se encontrar dividida em vários lotes, sendo cada um deles objecto de um contrato, o valor de cada lote deve ser tido em consideração para efeitos de cálculo do valor global da obra.

2 – Quando o valor cumulativo dos lotes a que se refere o número anterior igualar ou ultrapassar os contravalores dos limiares indicados no n.º 2 do artigo 52.º, a obrigação de envio de anúncio para o SPOCE aplica-se a todos os lotes.

3 – O dono da obra pode derrogar a aplicação do número anterior em relação a lotes cujo valor, calculado sem IVA, seja inferior a um quinto dos contravalores dos limiares indicados no n.º 2 do artigo 52.º, desde que o montante cumulativo desses lotes não exceda 20% do valor cumulativo de todos os lotes.

4 – As obras e os contratos não podem ser cindidos com o propósito de os subtrair à aplicação do regime estabelecido nos números precedentes.

5 – Para o cálculo do valor global da obra será tomado em consideração, além do valor dos contratos de empreitada de obras públicas, o valor estimado dos fornecimentos necessários à execução das obras e postos à disposição do empreiteiro pelo dono da obra.

CAPÍTULO II – **Concorrentes**

ARTIGO 54.º – **Admissão a concurso**

Podem ser admitidos a concurso:

a) Os concorrentes titulares de certificado de classificação de empreiteiro de obras públicas, emitido pelo Instituto dos Mercados de Obras Públicas e Particulares e do Imobiliário, contendo as autorizações da natureza indicada no anúncio e no programa do concurso e da classe correspondente ao valor da proposta;

b) Os concorrentes nacionais de outros Estados membros da União Europeia, nas condições previstas no presente diploma;

c) Os concorrentes nacionais dos Estados signatários do Acordo sobre o Espaço Económico Europeu, em condições de igualdade com os concorrentes da União Europeia, nos termos desse Acordo e respectivos instrumentos de aplicação;

d) Os concorrentes nacionais dos Estados signatários do Acordo sobre Contratos Públicos da Organização Mundial do Comércio, nos termos estabelecidos nesse Acordo.

ARTIGO 55.º – **Idoneidade dos concorrentes**

1 – São excluídos dos procedimentos de contratação os concorrentes relativamente aos quais se verifique que:

a) Se encontrem em estado de falência, de liquidação, de cessação de actividade, sujeitos a qualquer meio preventivo da liquidação de patrimónios ou em qualquer situação análoga, ou tenham o respectivo processo pendente;

b) Tenham sido condenados por sentença transitada em julgado por qualquer dos crimes previstos nas alíneas *b*), *c*), *d*), *e*), *f*) e *g*) do n.º 1 do artigo 6.º do Decreto-Lei n.º 61/99, no caso de se tratar de empresários em nome individual, ou, caso sejam sociedades comerciais, tenham sido condenados por aqueles crimes os indivíduos encarregues da administração, direcção ou gerência social das mesmas;

c) Tenham sido sancionados administrativamente por falta grave em matéria profissional, se entretanto não tiver ocorrido a sua reabilitação;

d) Não tenham a sua situação regularizada relativamente a contribuições para a segurança social em Portugal ou no Estado de que sejam nacionais ou no qual se situe o estabelecimento principal da empresa;

e) Não tenham a sua situação regularizada relativamente a dívidas por impostos ao Estado Português ou ao Estado de que sejam nacionais ou no qual se situe o estabelecimento principal da empresa;

f) Tenham sido objecto de aplicação da sanção acessória prevista na alínea *e*) do n.º 1 do artigo 21.º do Decreto-Lei n.º 433/82, de 27 de Outubro, durante o período de inabilidade legalmente previsto;

g) Tenham sido objecto de aplicação da sanção acessória prevista no n.º 1 do artigo 5.º do Decreto-Lei n.º 396/91, de 16 de Outubro, relativo ao trabalho de menores;

h) Tenham sido objecto de aplicação de sanção administrativa ou judicial pela utilização ao seu serviço de mão-de-obra legalmente sujeita ao pagamento de impostos e contribuições para a segurança social, não declarada nos termos das normas que imponham essa obrigação, em Portugal ou no Estado de que sejam nacionais ou no qual se situe o estabelecimento principal da empresa, durante o prazo de prescrição da sanção legalmente previsto.

2 – Das sentenças transitadas em julgado que ponham termo aos processos a que se referem as alíneas *a*) e *b*) do número anterior relativamente a indivíduos ou empresas cuja actividade inclua a realização de obras públicas ou aos respectivos gerentes ou administradores, deverá ser dado conhecimento ao Instituto dos Mercados de Obras Públicas e Particulares e do Imobiliário.

3 – As entidades que apliquem as sanções previstas nas alíneas *c*), *f*), *g*) e *h*) do n.º 1 a empresas cuja actividade inclua a realização de obras públicas devem comunicar o facto ao organismo indicado na parte final do número anterior.

4 – Sem prejuízo do disposto no n.º 3 do artigo 71.º, os donos de obras públicas perante os quais os concorrentes tenham incorrido em falsificação de documentos devem comunicar o facto ao organismo indicado na parte final do n.º 2, acompanhando essa comunicação com os elementos de prova de que disponham, incluindo cópia da denúncia dirigida ao Ministério Público.

ARTIGO 56.º – **Capacidade financeira e económica e capacidade técnica dos concorrentes**

A capacidade financeira, económica e técnica dos concorrentes é avaliada çm função dos elementos escolhidos pelo dono da obra e comprovados nos termos do disposto nos artigos 67.º e seguintes.

ARTIGO 57.º – **Agrupamentos de empreiteiros**

1 – Os agrupamentos de empresas podem apresentar propostas sem que entre elas exista qualquer modalidade jurídica de associação, desde que todas as empresas do agrupamento satisfaçam as disposições legais relativas ao exercício da actividade de empreiteiro de obras públicas.

2 – A constituição jurídica dos agrupamentos não é exigida na apresentação da proposta, mas as empresas agrupadas serão responsáveis solidariamente perante o dono da obra pela manutenção da sua proposta, com as legais consequências.

3 – No caso de adjudicação, as empresas do agrupamento associar--se-ão obrigatoriamente, antes da celebração do contrato, na modalidade jurídica prevista no caderno de encargos.

ARTIGO 58.º – **Concorrência**

1 – São proibidos todos os actos ou acordos susceptíveis de falsear as regras de concorrência, sendo nulas as propostas, os pedidos de participação ou as decisões apresentadas, recebidas ou proferidas, devendo as mesmas ser rejeitadas e os concorrentes excluídos.

2 – Se de um acto ou acordo lesivos da concorrência tiver resultado a adjudicação de uma empreitada, deve o dono da obra revogar a adjudicação e rescindir o contrato, podendo proceder à posse administrativa dos trabalhos.

3 – A ocorrência de qualquer dos factos previstos no n.º 1 deverá ser comunicada pelo dono da obra ao Instituto dos Mercados de Obras Públicas e Particulares e do Imobiliário, que, sendo o caso, dará conhecimento dos mesmos à entidade que comprova a inscrição na lista oficial de empreiteiros aprovados do país de que seja nacional ou no qual se situe o estabelecimento principal do empreiteiro, bem como à Direcção-Geral do Comércio e da Concorrência.

CAPÍTULO III – **Concurso público**

SECÇÃO I – **Fases do concurso público e comissões de acompanhamento**

ARTIGO 59.º – **Fases do concurso público**

O processo de concurso público compreende as seguintes fases:
a) Abertura do concurso e apresentação da documentação;
b) Acto público do concurso;
c) Qualificação dos concorrentes;
d) Análise das propostas e elaboração de relatório;
e) Adjudicação.

ARTIGO 60.º – **Comissões de acompanhamento do concurso**

1 – Serão constituídas duas comissões, uma que supervisionará ai fases do concurso mencionadas nas alíneas *a)*, *b)* e *c)* do n.º 1 do artigo anterior, designada «comissão de abertura do concurso», e uma Segunda que supervisionará as restantes fases, até à conclusão do concurso, designada «comissão de análise das propostas».

2 – As comissões são compostas, no mínimo, por três membros, todos designados pelo dono da obra, e podem agregar peritos, sem direito a voto, para a emissão de pareceres em áreas especializadas.

3 – Ao dono da obra compete designar um presidente e um secretário da comissão de abertura do concurso e um presidente da comissão de análise das propostas, de entre os elementos que, respectivamente, as componham.

4 – A comissão de análise das propostas não pode, salvo casos de manifesta impossibilidade, devidamente fundamentados, ser constituída, em mais de um terço, pelos elementos que tenham feito parte da comissão de abertura do concurso.

5 – As deliberações das comissões são tomadas por maioria de votos, prevalecendo, em caso de empate, o voto do presidente.

ARTIGO 61.º – **Confidencialidade dos processos de concurso**

1 – Os membros das comissões e os funcionários chamados a colaborar no concurso estão obrigados a guardar sigilo e a assegurar a confidencialidade dos elementos do concurso.

2 – A violação da confidencialidade fará incorrer o infractor em responsabilidade civil, criminal e disciplinar, nos termos legais.

SECÇÃO II – **Projecto, caderno do encargos
o programa do concurso**

ARTIGO 62.º – **Elementos que servem de base ao concurso**

1 – O concurso terá por base um projecto e um caderno de encargos e um programa de concurso, elaborados pelo dono da obra, cujos modelos são aprovados por portaria do ministro responsável pelo sector das obras públicas.

2 – O projecto, o caderno de encargos e o programa do concurso devem estar patentes nos serviços respectivos, para consulta dos interessados, desde o dia da publicação do anúncio até ao dia e hora do acto público do concurso.

3 – Os elementos que servem de base ao concurso devem estar redigidos em língua portuguesa ou, quando noutra língua, ser acompanhados de tradução legalizada, que prevalecerá sobre o original para todos os efeitos do concurso.

4 – Os interessados poderão solicitar, em tempo útil, que lhes sejam fornecidas pelo dono da obra, a preços de custo, cópias devidamente autenticadas dos elementos referidos nos n.ºs 2 e 5, as quais lhes deverão ser enviadas no prazo máximo de seis dias a contar da data de recepção do pedido.

5 – Quando o projecto base deva ser elaborado pelo empreiteiro, o projecto de execução e o caderno de encargos serão substituídos pelos elementos escritos e desenhados necessários para definir com exactidão o fim e as características fundamentais da obra posta a concurso, que o dono da obra deverá patentear nos termos do n.º 2.

6 – O projecto deve ser elaborado tendo em atenção as regras aplicáveis, nomeadamente as respeitantes à segurança da obra, bem como as respeitantes à matéria da higiene, saúde e segurança no trabalho.

ARTIGO 63.º – **Peças do projecto**

1 – As peças do projecto a exibir no concurso serão as suficientes para definir a obra, incluindo a sua localização, a natureza e o volume dos trabalhos, o valor para efeito do concurso, a caracterização do terreno, o traçado geral e os pormenores construtivos.

2 – Das peças escritas devem constar, além de outros elementos reputados necessários, os seguintes:

a) Memória ou nota descritiva, bem como os cálculos justificativos;

b) Folhas de medições discriminadas e referenciadas e respectivos mapas-resumo de quantidades de trabalhos contendo, com o grau de decomposição adequado, a quantidade e qualidade dos trabalhos necessários para a execução da obra;

c) Programa de trabalhos, quando tiver carácter vinculativo.

3 – Das peças desenhadas devem constar, além de outros elementos reputados necessários, a planta de localização, as plantas, alçados, cortes e

pormenores indispensáveis para uma exacta e pormenorizada definição da obra e ainda, quando existirem, os estudos geológico ou geotécnico.

4 – Se não forem exibidos os estudos referidos no número anterior, serão obrigatoriamente definidas pelo dono da obra as características geológicas do terreno previstas para efeitos do concurso.

5 – As peças do projecto patenteadas no concurso serão expressamente enumeradas no caderno de encargos.

ARTIGO 64.º – **Caderno de encargos**

1 – O caderno de encargos é o documento que contém, ordenadas por artigos numerados, as cláusulas jurídicas e técnicas, gerais e especiais, a incluir no contrato a celebrar.

2 – Havendo cadernos de encargos tipo, devidamente aprovados para a categoria do contrato posto a concurso, deverá o caderno de encargos conformar-se com o tipo legal, com excepção das cláusulas especiais indicadas para o caso e com as alterações nas cláusulas gerais permitidas pela própria fórmula ou que sejam aprovadas pela autoridade que haja firmado ou referendado o acto pelo qual se tornou obrigatória a fórmula típica.

ARTIGO 65.º – **Especificações técnicas**

1 – As especificações técnicas referidas no anexo II devem constar dos documentos gerais ou dos documentos especiais relativos a cada contrato.

2 – Sem prejuízo das regras técnicas nacionais obrigatórias, desde que sejam compatíveis com o direito comunitário para as obras cujo valor seja igual ou superior aos contravalores dos limiares indicados no n.º 2 do artigo 52.º, as especificações técnicas serão definidas no caderno de encargos por referência a normas nacionais que transponham normas europeias, a condições de homologação técnica europeias ou a especificações técnicas comuns.

3 – O disposto no número anterior não será aplicável desde que o dono da obra o justifique devidamente, sempre que possível, no anúncio ou no caderno de encargos e se verifique uma das seguintes situações:

a) As normas, as condições de homologação técnica europeias ou as especificações técnicas comuns não incluam qualquer disposição relativa à verificação da conformidade, ou não existam meios técnicos que permitam determinar, de modo satisfatório, a conformidade de um produto com essas normas, com essas condições de homologação técnica europeias ou com essas especificações técnicas comuns;

b) As normas, as condições de homologação técnica europeias ou as especificações técnicas comuns obriguem a utilizar produtos ou materiais incompatíveis com instalações já utilizadas pelo dono da obra, ou envolvam custos ou dificuldades técnicas desproporcionadas, mas unicamente no âmbito de uma estratégia claramente definida e destinada à transição, num prazo determinado, para normas europeias, para condições de homologação técnica europeias ou para especificações técnicas comuns;

c) O projecto em causa seja verdadeiramente inovador e não seja adequado o recurso às normas, às condições de homologação técnica europeias ou às especificações técnicas comuns existentes.

4 – Na falta de normas europeias, de condições de homologação técnica europeias ou de especificações técnicas comuns, as especificações técnicas:

a) Devem ser definidas por referência às especificações técnicas nacionais reconhecidas como sendo conformes aos requisitos essenciais enunciados nas directivas comunitárias relativas à harmonização técnica;

b) Podem ser definidas por referência a especificações técnicas nacionais em matéria de concepção, de cálculo e de realização de obras e de aplicação dos produtos;

c) Podem ser definidas por referência a outros documentos; neste caso, convém que se tome por referência, por ordem de preferência, as normas nacionais que transpõem normas internacionais já aceites por Portugal, outras normas e condições internas de homologação técnica nacionais ou qualquer outra norma.

5 – Salvo em casos excepcionais justificados pelo objecto da empreitada, não é permitida a introdução no caderno de encargos de especificações técnicas que mencionem produtos de fabrico ou proveniência determinada ou processos especiais que tenham por efeito favorecer ou eliminar determinadas empresas.

6 – E, designadamente, proibida a indicação de marcas comerciais ou industriais, de patentes ou modelos, ou de uma origem ou produção determinadas, sendo, no entanto, autorizadas tais indicações quando acompanhadas da menção «ou equivalente», sempre que não seja possí-

vel formular uma descrição do objecto da empreitada com recurso a especificações suficientemente precisas e inteligíveis por todos os interessados.

7 – Para efeitos do presente diploma, considera-se especificações técnicas o conjunto das prescrições técnicas constantes, nomeadamente, dos cadernos de encargos, que definem as características exigidas de um trabalho, material, produto ou fornecimento e que permitem a sua caracterização objectiva de modo que correspondam à utilização a que o dono da obra os destina.

ARTIGO 66.º – **Programa do concurso**

1 – O programa do concurso destina-se a definir os termos a que obedece o respectivo processo e especificará:

a) As condições estabelecidas neste diploma para admissão dos concorrentes e apresentação das propostas;

b) Os requisitos a que eventualmente tenham de obedecer os projectos ou variantes apresentados pelos concorrentes e as peças de que devem ser acompanhados;

c) Se é admitida a apresentação de propostas com condições divergentes das do caderno de encargos e quais as cláusulas deste que não podem ser alteradas;

d) As prescrições a que o programa de trabalhos deve obedecer;

e) O critério de adjudicação da empreitada, com indicação dos factores e eventuais subfactores de apreciação das propostas e respectiva ponderação;

f) Quaisquer disposições especiais não previstas neste diploma nem contrárias ao que nele se preceitua relativas ao acto do concurso;

g) A entidade que preside ao concurso, a quem devem ser apresentadas reclamações, e seja competente para esclarecer qualquer dúvida surgida na interpretação das peças patenteadas em concurso, nos termos do artigo 81.º

2 – Na falta de qualquer das especificações a que se refere a alínea *c)* do número anterior, concluir-se-á pela não admissibilidade da apresentação de propostas com condições divergentes das do caderno de encargos.

SECÇÃO III – **Documentos do habilitação dos concorrentes**

ARTIGO 67.º – **Habilitação de concorrentes não detentores de certificado de classificação de empreiteiro de obras públicas ou que não apresentem certificado de inscrição em lista oficial de empreiteiros aprovados**

1 – Os concorrentes do espaço económico europeu não detentores de certificado de classificação de empreiteiro de obras públicas ou que não apresentem certificado de inscrição em lista oficial de empreiteiros aproados, nos termos do disposto no artigo 68.º, bem como aqueles a que se refere a alínea *d*) do artigo 54.º, devem apresentar os seguintes documentos:

a) Se for o caso, certificado de inscrição no registo a que se refere o anexo VIII, com todas as inscrições em vigor;

b) Certificados do registo criminal dos representantes legais da empresa ou documentos equivalentes, emitidos pela autoridade judicial ou administrativa competente do Estado de que a empresa seja nacional ou no qual se situe o seu estabelecimento principal;

c) Documento que comprove a não verificação da situação referida na alínea *a*) do n.º 1 do artigo 55.º, emitido pela autoridade judicial ou administrativa competente do Estado de que a empresa seja nacional ou no qual se situe o seu estabelecimento principal;

d) Documentos comprovativos da não verificação das situações descritas nas alíneas *c*), *f*), *g*), *h*) *e*) do n.º 1 do artigo 55.º;

e) Documento comprovativo da regularização da situação contributiva para com a segurança social portuguesa, emitido pelo Instituto de Gestão Financeira da Segurança Social, e, se for o caso, certificado equivalente emitido pela autoridade competente do Estado de que a empresa seja nacional ou no qual se situe o seu estabelecimento principal; qualquer dos documentos referidos deve ser acompanhado de declaração, sob compromisso de honra, do cumprimento das obrigações respeitantes ao pagamento das quotizações para a segurança social no espaço económico europeu;

f) Declaração prevista no artigo 3.º do Decreto-Lei n.º 236/95, de 13 de Setembro, comprovativa da regularização da situação tributária perante o Estado Português e, se for o caso, certificado equivalente emitido pela autoridade competente do Estado de que a empresa seja nacional ou no qual se situe o seu estabelecimento principal; qualquer dos documentos referidos deve ser acompanhado de declaração, sob compromisso de honra, de cumprimento das obrigações no que respeita ao pagamento de impostos e taxas no espaço económico europeu;

g) Documento emitido pelo Banco de Portugal, no mês em que o concurso tenha sido aberto ou no mês anterior, que mencione as responsabilidades da empresa no sistema financeiro e, se for o caso, documento equivalente emitido pelo banco central do Estado de que a empresa seja nacional ou na qual se situe o seu estabelecimento principal;

h) Balanços ou extractos desses balanços sempre que a publicação dos balanços seja exigida pela legislação do Estado de que a empresa seja nacional ou no qual se situe o seu estabelecimento principal;

i) Cópia autenticada da última declaração periódica de rendimentos para efeitos de IRS ou IRC, na qual se contenha o carimbo «recibo» e, se for o caso, documento equivalente apresentado, para efeitos fiscais, no Estado de que a empresa seja nacional ou no qual se situe o seu estabelecimento principal; se se tratar de início de actividade, a empresa deve apresentar cópia autenticada da respectiva declaração;

j) Declaração sobre o volume de negócios global da empresa e o seu volume de negócios em obra nos três últimos exercícios, assinada pelo representante legal da empresa;

l) Certificados de habilitações literárias e profissionais dos quadros da empresa e dos responsáveis pela orientação da obra;

m) Declaração, assinada pelo representante legal da empresa, que inclua a lista das obras executadas nos últimos cinco anos, acompanhada de certificados de boa execução relativos às obras mais importantes; os certificados devem referir o montante, data e local de execução das obras e se as mesmas foram executadas de acordo com as regras da arte e regularmente concluídas;

n) Lista das obras executadas da natureza da obra posta a concurso, acompanhada de certificados de boa execução, nos termos da alínea anterior;

o) Declaração, assinada pelo representante legal da empresa, que mencione o equipamento e a ferramenta especial a utilizar na obra, seja próprio, alugado, ou sob qualquer outra forma;

p) Declaração relativa aos efectivos médios anuais da empresa e ao número dos seus quadros nos três últimos anos, assinada pelo representante legal da empresa;

q) Declaração, assinada pelo representante da empresa, que mencione os técnicos e os serviços técnicos, estejam ou não integrados na empresa, a afectar à obra.

2 – Nos casos em que os documentos ou certificados a que se referem as alíneas b), c), e) e f) do n.º 1 não sejam emitidos no Estado da nacionalidade ou no qual se situe o estabelecimento principal da empresa, podem os mesmos ser substituídos por declaração sob juramento ou, nos Estados onde não exista esse tipo de declaração, por declaração solene do interessado perante uma autoridade judicial ou administrativa, um notário ou um profissional qualificado desse Estado.

3 – Os documentos indicados nas alíneas a) a f) do n.º 1 destinam-se à comprovação da idoneidade, nos termos do disposto no artigo 55.º

4 – Os documentos indicados nas alíneas g) a j) do n.º 1 destinam-se à avaliação da capacidade financeira e económica, para os efeitos do disposto no artigo 98.º

5 – Os documentos indicados nas alíneas i) a q) destinam-se à avaliação da capacidade técnica, para os efeitos do disposto no artigo 98.º

6 – O documento referido na alínea g) do n.º 1 constitui informação comercial de natureza reservada, não podendo ser divulgado a terceiros. ([1])

ARTIGO 68.º – **Habilitação dos concorrentes não detentores de certificado de classificação de empreiteiro de obras públicas que apresentem certificado de inscrição em lista oficial de empreiteiros aprovados de Estado pertencente ao espaço económico europeu**

1 – Os concorrentes não detentores de certificado de classificação de empreiteiro de obras públicas que apresentem, perante o dono de obra, certificado de inscrição em lista oficial de empreiteiros aprovados, adequado à obra posta a concurso e emitido por autoridade competente de Estado membro da União Europeia ou de signatário do Acordo sobre o Espaço Económico Europeu, nos termos do mesmo Acordo e respectivos instrumentos de aplicação, e que indique os elementos de referência relativos à idoneidade, à capacidade financeira e económica e à capacidade técnica que permitiram aquela inscrição e justifique a classificação atribuída nessa lista, ficam dispensados da apresentação dos documentos indicados nas alíneas a) a d), h), j), m) e p) do n.º 1 do artigo 67.º

([1]) Redacção alterada pela Lei 163/99 de 14/09.

2 – O certificado de inscrição em lista oficial de empreiteiros aprovados constitui uma presunção de idoneidade, capacidade financeira, económica e técnica do concorrente apenas no que respeita aos elementos abrangidos pelos documentos indicados nas alíneas *a)* a *d)*, *h)*, *j)*, *m)* e *p)* do n.º 1 do artigo 67.º

3 – Os concorrentes previstos neste artigo devem, contudo, apresentar os documentos indicados nas restantes alíneas do n.º 1 do artigo 67.º, nas condições e para os efeitos estabelecidos nesse artigo.

ARTIGO 69.º – **Habilitação de concorrentes detentores de certificado de classificação de empreiteiro de obras públicas**

1 – Os concorrentes detentores de certificado de classificação de empreiteiro de obras públicas devem apresentar, perante o dono de obra, o respectivo certificado, emitido pelo Instituto dos Mercados de Obras Públicas e particulares e do Imobiliário, contendo as autorizações de natureza necessária para a realização da obra posta a concurso e da classe correspondente ao valor da proposta, ou cópia autenticada do mesmo, ficando dispensados da apresentação dos documentos indicados nas alíneas *a)* a *d)*, *h)*, *j)*, *m)* e *p)* do n.º 1 do artigo 67.º

2 – O certificado de classificação de empreiteiro de obras públicas constitui uma presunção de idoneidade, capacidade financeira, económica e técnica apenas no que respeita aos elementos abrangidos pelos documentos indicados nas alíneas *a)* a *d)*, *h)*, *j)*, *m)* e *p)* do n.º 1 do artigo 67.º.

3 – Os concorrentes previstos neste artigo devem, contudo, apresentar os documentos indicados nas restantes alíneas do n.º 1 do artigo 67.º, nas condições e para os efeitos estabelecidos nesse artigo.

ARTIGO 70.º – **Outros documentos**

1 – No que respeita à capacidade financeira e económica os donos de obra podem solicitar aos concorrentes elementos não constantes dos documentos referidos no n.º 1 do artigo 67.º, devendo, nesse caso, especificar no anúncio ou no convite para apresentação de propostas os elementos de referência e os documentos de prova que pretendam para além dos referidos nesse preceito.

2 – Quando, justificadamente, o concorrente não estiver em condições de apresentar os documentos exigidos pelo dono da obra relativos à sua capacidade financeira e económica, nomeadamente por ter iniciado a sua actividade há menos de três anos, pode comprovar essa capacidade através de outros documentos que o dono da obra julgue adequados para o efeito.

ARTIGO 71.º – Documentos

1 – Os documentos referidos nos artigos 69.º e 70.º são obrigatoriamente redigidos na língua portuguesa; porém, quando, pela sua própria natureza ou origem, estiverem redigidos noutra língua, deve o concorrente fazê-los acompanhar de tradução devidamente legalizada, em relação à qual declare aceitar a sua prevalência, para todos e quaisquer efeitos, sobre os respectivos originais.

2 – O programa de concurso pode estabelecer que os documentos, quando formados por mais de uma folha, devam constituir fascículo ou fascículos indecomponíveis com todas as páginas numeradas, criados por processo que impeça a separação ou acréscimo de folhas, devendo a primeira página escrita de cada fascículo mencionar o número total de folhas.

3 – Em caso de falsificação de documentos o concorrente será excluído do concurso.

SECÇÃO IV – Documentos da proposta

ARTIGO 72.º – Conceito e redacção da proposta

1 – A proposta é o documento pelo qual o concorrente manifesta ao dono da obra a vontade de contratar e indica as condições em que se dispõe a fazê-lo.

2 – A proposta deve ser sempre redigida na língua portuguesa.

ARTIGO 73.º – Documentos que instruem a proposta

1 – Sem prejuízo de outros exigidos no programa de concurso, a proposta é instruída com os seguintes documentos:
   a) Nota justificativa do preço proposto;

b) Lista dos preços unitários, com o ordenamento dos mapas-resumo de quantidades de trabalho;

c) Programa de trabalhos, incluindo plano de trabalhos, plano de mão-de-obra e plano de equipamento;

d) Plano de pagamentos;

e) Memória justificativa e descritiva do modo de execução da obra;

f) Declarações de compromisso subscritas pelo concorrente e por cada um dos subempreiteiros, nos casos e termos previstos no n.º 6 do artigo 266.º

2 – Os documentos devem ser redigidos nos termos do n.º 1 do artigo 71.º

3 – O programa de concurso pode estabelecer que os documentos, quando formados por mais de uma folha, devam constituir fascículo ou fascículos indecomponíveis com todas as páginas numeradas, criadas por processo que impeça a separação ou acréscimo de folhas, devendo a primeira página escrita de cada fascículo mencionar o número total de folhas.

4 – Em caso de falsificação de documentos é aplicável o disposto no n.º 3 do artigo 71.º

5 – No documento a que se refere a alínea *e)* do n.º 1, o concorrente especificará os aspectos técnicos que considere essenciais na sua proposta e cuja rejeição implicaria, por conseguinte, a sua ineficácia.

ARTIGO 74.º – **Esclarecimento da proposta**

Os concorrentes poderão, dentro do prazo do concurso, apresentar, em volume lacrado, quaisquer elementos técnicos que julguem úteis para o esclarecimento das suas propostas e não se destinem à publicidade, não devendo, em caso algum, esses elementos contrariar o que conste dos documentos entregues com a proposta, nem ser invocados para o efeito de interpretação destes últimos.

ARTIGO 75.º – **Proposta simples na empreitada por preço global**

Na empreitada por preço global a proposta será elaborada em conformidade com o modelo n.º 1 constante do anexo m do presente diploma.

ARTIGO 76.º – **Proposta simples na empreitada por série de preços**

1 – Na proposta de empreitada por série de preços, os concorrentes utilizarão o modelo n.º 2 constante do anexo III do presente diploma.

2 – Na proposta, atendendo à apresentação da lista de preços unitários, o preço total será o que resultar do somatório dos produtos dos preços unitários pelas respectivas quantidades de trabalho constantes dos mapas-resumo, e nesse sentido se considerará corrigido o preço total apresentado pelo empreiteiro, quando diverso do que os referidos cálculos produzam.

ARTIGO 77.º – **Proposta condicionada**

1 – Diz-se condicionada a proposta que envolva alterações de cláusulas do caderno de encargos.

2 – Sem prejuízo da apresentação da proposta base, sempre que, de acordo com o programa do concurso, o concorrente pretenda apresentar proposta condicionada, adoptará o modelo n.º 3 constante do anexo III do presente diploma, devendo indicar o valor que atribui a cada uma das condições especiais na mesma incluídas e que sejam diversas das previstas no caderno de encargos.

ARTIGO 78.º – **Proposta com projecto ou variante**

1 – As propostas relativas a projecto ou variante da autoria do concorrente serão elaboradas de acordo com o modelo que for aplicável, segundo o disposto nos artigos anteriores e o que for estipulado no programa do concurso e no caderno de encargos.

2 – As propostas relativas à variante ao projecto posto a concurso deverão ser elaboradas obedecendo a sistematização idêntica à da proposta base e em termos que permitam a sua fácil comparação com esta, nomeadamente no que respeita à natureza e volume dos trabalhos previstos, ao programa, aos meios e processos de execução adoptados, aos preços unitários e totais oferecidos e às condições que divirjam das do caderno de encargos ou de outros documentos do processo de concurso.

ARTIGO 79.° – **Indicação do preço total**

1 – O preço total da proposta, que não incluirá o imposto sobre o valor acrescentado, deve ser sempre indicado por extenso, sendo a este que se atende em caso de divergência com o expresso em algarismos.

2 – A proposta mencionará, expressamente, que ao preço total acresce o imposto sobre o valor acrescentado às taxas que vigorarem até à data da liquidação da obra.

SECÇÃO V – **Abertura do concurso e apresentação da documentação**

ARTIGO 80.° – **Anúncio do concurso**

1 – A obra será posta a concurso mediante a publicação de anúncio, nos termos do disposto no artigo 52.°, conforme modelo n.° 2, constante do anexo IV do presente diploma.

2 – A publicação do anúncio num dos jornais mais lidos na região onde deva ser executada a obra deve indicar a data de envio para publicação no *Diário da República* e pode incluir apenas o resumo dos elementos mais importantes constantes do anúncio referido no número anterior.

ARTIGO 81.° – **Esclarecimento de dúvidas surgidas na interpretação dos elementos patenteados**

1 – Os esclarecimentos necessários à boa compreensão e interpretação dos elementos patenteados serão solicitados pelos concorrentes no primeiro terço do prazo fixado para a apresentação das propostas e prestados, por escrito, pela entidade para o efeito indicada no programa de concurso, até ao fim do terço imediato do mesmo prazo.

2 – A falta de prestação dos esclarecimentos pela entidade referida no número anterior dentro do prazo estabelecido poderá justificar a prorrogação, por período correspondente, do prazo para apresentação das propostas, desde que requerida por qualquer interessado, podendo os referidos prazos ser prorrogados adequadamente por iniciativa do dono da obra sempre que, devido ao seu volume, os cadernos de encargos e os documentos complementares não possam ser fornecidos no prazo referido

no n.º 4 do artigo 62.º ou os esclarecimentos complementares não possam ser prestados no prazo referido no n.º 1 deste artigo.

3 – Dos esclarecimentos prestados juntar-se-á cópia às peças patentes em concurso e publicar-se-á imediatamente aviso nos termos do disposto no artigo anterior, advertindo os interessados da sua existência e dessa junção.

ARTIGO 82.º – **Apresentação das propostas**

As propostas dos concorrentes devem ser apresentadas no prazo fixado no anúncio do concurso, sob pena de não serem admitidas.

ARTIGO 83.º – **Prazo de apresentação**

1 – O prazo a que se refere o artigo anterior deve ser fixado de harmonia com o volume e a complexidade da obra.

2 – Havendo preço base, aquele prazo não poderá ser inferior a 30 dias nas empreitadas de valor inferior aos contravalores dos limiares indicados no n.º 2 do artigo 52.º e a 52 dias nas de valor igual ou superior, podendo, em qualquer dos casos, o referido prazo ir até 88 dias.

3 – Tratando-se de obras de valor igual ou superior aos contravalores dos limiares indicados no n.º 2 do artigo 52.º, o prazo fixado no n.º 2 do presente artigo poderá, quando se verifiquem cumulativamente as circunstâncias a seguir indicadas, ser reduzido até 36 dias e excepcionalmente até 22 dias:

a) O concurso respeite a contrato de empreitada de obras públicas cujas características essenciais tenham sido objecto de publicação prévia no Jornal Oficial das Comunidades Europeias, com uma antecedência mínima de 52 dias e máxima de 12 meses em relação à data do anúncio de concurso;

b) A publicação prévia seja feita de acordo com o modelo n.º 1 do anexo IV do presente diploma e contenha pelo menos tantas informações quantas as enumeradas no modelo n.º 2 do anexo IV deste diploma, desde que tais informações estejam disponíveis no momento da referida publicação prévia.

4 – Quando não existir preço base, o dono da obra atenderá ao valor provável dos trabalhos a adjudicar para o efeito de cumprimento do disposto nos números anteriores.

5 – O limite superior previsto na parte final do n.º 2 do presente artigo não se aplicará aos concursos em que a apresentação do projecto base seja da responsabilidade dos concorrentes.

6 – Os prazos referidos nos números anteriores contam-se a partir do dia seguinte ao da publicação no *Diário da República*.

ARTIGO 84.º – **Modo de apresentação dos documentos e da proposta**

1 – Os documentos referidos nos artigos 69.º e 70.º devem ser encerrados em invólucro opaco, fechado e lacrado, no rosto do qual deve ser escrita a palavra «Documentos», indicando-se o nome ou denominação social do concorrente e a designação da empreitada.

2 – Em invólucro com as características indicadas no número anterior, devem ser encerrados a proposta e os documentos que a instruam enunciados no n.º 1 do artigo 73.º, no rosto do qual deve ser escrita a palavra «Proposta», indicando-se o nome ou a denominação social do concorrente e a designação da empreitada.

3 – Os invólucros a que se referem os números anteriores são encerrados num terceiro, igualmente opaco, fechado e lacrado, que se denominará «Invólucro exterior», indicando-se o nome ou denominação social do concorrente, a designação da empreitada e a entidade que a pôs a concurso, para ser remetido sob registo e com aviso de recepção, ou entregue contra recibo, à entidade competente.

4 – O disposto nos números anteriores é aplicado à proposta com projecto base do concorrente, com variantes ao projecto e aos restantes documentos que a acompanham, os quais têm de ser devidamente identificados.

5 – As propostas serão apresentadas por escrito, directamente contra recibo, ou pelo correio, sob registo e com aviso de recepção.

SECÇÃO VI – **Acto público do concurso**

ARTIGO 85.º – **Acto público**

1 – O acto público do concurso deverá, em regra, ser fixado para o 1.º dia útil seguinte ao termo do prazo para a apresentação das propostas.

2 – Se, por motivo que deve justificar, não lhe for possível realizar o acto público do concurso na data fixada no anúncio, o dono da obra publi-

cará aviso a fixar nova data para esse acto, a qual não deverá, contudo, ultrapassar em mais de 30 dias a data inicialmente estabelecida.

3 – O acto público do concurso decorre perante a comissão de abertura do concurso.

4 – O Ministro da Justiça e o ministro responsável pelo sector das obras públicas fixarão, por portaria, o valor das empreitadas acima do qual é necessária a assistência ao acto público do concurso do Procurador-Geral da República ou de um seu representante.

5 – Na ausência da portaria mencionada no número anterior, o valor aí referido é o correspondente ao fixado para a classe 5 ou superior do certificado de classificação de empreiteiro de obras públicas.

ARTIGO 86.º – **Sessão do acto público**

1 – A sessão do acto público é contínua, compreendendo o número de reuniões necessárias ao cumprimento de todas as suas formalidades.

2 – A comissão pode, quando o considere necessário, reunir em sessão reservada, interrompendo, para esse efeito, o acto público do concurso.

3 – A comissão de abertura do concurso limitar-se-á, durante o acto público, a fazer uma análise; tanto dos documentos de habilitação dos concorrentes, como dos documentos que instruem as propostas, tendo em conta, designadamente, o disposto nos artigos 92.º e 94.º

4 – Ao secretário compete redigir a acta da sessão da comissão de abertura do concurso, que deverá ser assinada por ele e pelo presidente.

ARTIGO 87.º – **Leitura do anúncio do concurso e dos esclarecimentos publicados e lista de concorrentes**

1 – O acto inicia-se com a identificação do concurso e referência às datas de publicação do respectivo anúncio e dos avisos relativos a esclarecimentos prestados pelo dono da obra sobre a interpretação do programa do concurso, do projecto e do caderno de encargos.

2 – Em seguida, elabora-se, pela ordem de entrada das propostas, a lista dos concorrentes, fazendo-se a sua leitura em voz alta.

3 – O documento referido no número anterior é obrigatoriamente anexo à acta, dela fazendo parte integrante.

ARTIGO 88.º – **Reclamação e interrupção do acto do concurso**

1 – Os concorrentes ou os seus representantes, devidamente credenciados, podem, durante a sessão, pedir esclarecimentos, solicitar o exame de documentos e reclamar sempre que tenha sido cometida qualquer infracção aos preceitos deste diploma ou demais legislação aplicável ou ao programa do concurso.

2 – As reclamações devem ser decididas no próprio acto, para o que a comissão poderá reunir em sessão reservada, de cujo resultado dará imediato conhecimento público.

3 – As deliberações sobre reclamações são sempre fundamentadas e registadas na acta com expressa menção da votação, admitindo-se voto de vencido, com o registo da respectiva declaração.

ARTIGO 89.º – **Fundamentos da reclamação**

1 – Os concorrentes podem reclamar sempre que:

a) Se verifiquem divergências entre o programa do concurso, o anúncio ou os esclarecimentos lidos e a cópia que dos respectivos documentos lhes haja sido entregue, ou o constante das respectivas publicações;

b) Não haja sido publicado aviso sobre qualquer esclarecimento de que se tenha feito leitura ou menção;

c) Não tenha sido tornado público e junto às peças patenteadas qualquer esclarecimento prestado por escrito a outro ou a outros concorrentes;

d) Não tenham sido incluídos na lista dos concorrentes, desde que apresentem recibo ou aviso postal de recepção comprovativos da oportuna entrega das suas propostas;

e) Se haja cometido qualquer infracção dos preceitos imperativos do presente diploma.

2 – Se for formulada reclamação por não inclusão do interessado na lista dos concorrentes, procede-se do seguinte modo:

a) O presidente da comissão interrompe a sessão para averiguar do destino que teve o invólucro contendo a proposta e documentos do reclamante, podendo, se o julgar conveniente, adiar o acto do concurso para outro dia e hora a fixar oportunamente;

b) Se se apurar que o invólucro foi tempestivamente entregue no local indicado no anúncio do concurso, mas não houver sido encontrado, a comissão fixa ao reclamante, no próprio acto, um prazo para apresentar 2.ª via da sua proposta e documentos exigidos, avisando todos os concorrentes da data e hora em que deve ter lugar a continuação do acto público do concurso;

c) Se antes da reabertura do concurso for encontrado o invólucro do reclamante, junta-se ao processo para ser aberto na sessão pública, dando-se imediato conhecimento do facto ao interessado;

d) Se vier a apurar-se que houve reclamação sem fundamento, com mero propósito dilatório, ou que a 2.ª via da sua proposta não reproduz a inicialmente entregue, o concorrente é excluído e é feita participação, para os devidos efeitos, ao Instituto dos Mercados de Obras Públicas e Particulares e do Imobiliário que, sendo o caso, comunicará aqueles factos à entidade que comprova a inscrição na lista oficial de empreiteiros aprovados do país de que seja nacional ou no qual se situe o estabelecimento principal do empreiteiro.

ARTIGO 90.º – **Abertura dos invólucros**

1 – A abertura dos invólucros exteriores é feita, pela ordem da sua entrada nos serviços do dono da obra, extraindo, de cada um, os dois invólucros que devem conter.

2 – Pela mesma ordem se faz a abertura dos invólucros que contenham exteriormente a indicação «Documentos».

ARTIGO 91.º – **Rubrica dos documentos**

1 – Os documentos contidos no invólucro «Documentos» são rubricados, pelo menos, por dois membros da comissão, sendo uma das rubricas obrigatoriamente a do presidente.

2 – No caso previsto no n.º 2 do artigo 71.º, as rubricas são apostas somente na primeira página escrita de cada fascículo.

3 – A rubrica pode ser sempre substituída por chancela.

ARTIGO 92.º – **Deliberação sobre a habilitação dos concorrentes**

1 – Cumprido o disposto nos artigos 90.º e 91.º, a comissão, em sessão reservada, delibera sobre a habilitação dos concorrentes após verificação dos elementos por eles apresentados no invólucro «Documentos», rea-

brindo-se em seguida a sessão para se indicarem os concorrentes admitidos e os excluídos, bem como as razões da sua exclusão.

2 – São excluídos, nesta fase, os concorrentes:

a) Que não tenham apresentado todos os documentos de habilitação de apresentação obrigatória ou que apresentem qualquer deles depois do termo do prazo fixado para a apresentação das propostas;

b) Que não apresentem os documentos redigidos em língua portuguesa ou acompanhados de tradução devidamente legalizada ou, não o sendo, com declaração por parte do concorrente de que aceita a sua prevalência nos termos do n.º 1 do artigo 71.º;

c) Cujos documentos careçam de algum elemento essencial cuja falta não possa ser suprida nos termos do n.º 3.

3 – A comissão admite, condicionalmente, os concorrentes cujos documentos sejam apresentados com preterição de formalidades não essenciais, devendo, porém, tais irregularidades ser sanadas no prazo de dois dias, sob pena de ficar sem efeito a admissão e serem excluídos do concurso.

4 – A comissão fixa um prazo durante o qual os concorrentes ou os seus representantes podem examinar os documentos apresentados, exclusivamente para efeitos de fundamentação de eventuais reclamações contra as deliberações de exclusão e as de admissão.

ARTIGO 93.º – **Abertura dos invólucros das propostas**

1 – Procede-se, em seguida, à abertura dos invólucros que contêm as propostas dos concorrentes admitidos e pela ordem por que estes se encontram mencionados na respectiva lista.

2 – Caso existam concorrentes admitidos condicionalmente nos termos dos n.ºs 3 e 4 do artigo anterior suspende-se o acto público, retomando-se apenas quando houver uma decisão final quanto à admissão desses concorrentes.

3 – Aplica-se o disposto nos n.ºs 1 e 3 do artigo 91.º à rubrica da proposta e dos documentos que a instruem.

4 – No caso previsto no n.º 3 do artigo 73.º, as rubricas são apostas somente na primeira página escrita de cada fascículo, com excepção dos documentos a que se referem as alíneas *a*) e *b*) do n.º 1 do mesmo artigo, que devem ser rubricadas em todas as folhas.

ARTIGO 94.º – **Deliberação sobre a admissão das propostas**

1 – Lidas as propostas, a comissão procede ao seu exame formal, em sessão reservada, e delibera sobre a sua admissão.

2 – hão são admitidas as propostas:

a) Que tiverem sido entregues depois do termo do prazo fixado para a sua apresentação;

b) Que não estiverem instruídas com todos os documentos exigidos pelo n.º 1 do artigo 73.º, bem como pelo programa de concurso;

c) Que não estejam redigidas em língua portuguesa;

d) Cujos documentos não estejam redigidos em língua portuguesa ou acompanhados de tradução devidamente legalizada ou, não o sendo, com declaração por parte do concorrente de que aceita a sua prevalência nos termos do n.º 1 do artigo 71.º;

e) Que careçam de algum dos seguintes elementos, constantes do modelo aplicável:

　i) Identificação do concorrente;
　ii) Identificação da empreitada;
　iii) Declaração em como o concorrente se obriga a executar a empreitada de harmonia com o caderno de encargos;
　iv) Indicação do preço por extenso e por algarismos;
　v) Menção de que ao preço proposto acresce o imposto sobre o valor acrescentado;
　vi) Declaração de renúncia a foro especial e submissão à lei portuguesa.

3 – A comissão fixa um prazo durante o qual os concorrentes ou os seus representantes podem examinar qualquer proposta e respectivos documentos, exclusivamente para efeito de fundamentação de eventuais reclamações contra as deliberações de admissão e as de não admissão de propostas.

ARTIGO 95.º – **Registo das exclusões e admissões**

Na lista dos concorrentes faz-se menção da exclusão de qualquer concorrente ou da não admissão de qualquer proposta e das razões que fundamentaram estes actos, do preço total sem imposto sobre o valor acrescentado constante de cada uma das propostas admitidas e de tudo o mais que a comissão julgue conveniente.

ARTIGO 96.º – **Encerramento da sessão**

Cumprido o disposto nos artigos anteriores, a comissão procede à leitura da acta, decidindo de imediato quaisquer reclamações que sobre esta forem apresentadas, dando em seguida por findo o acto público do concurso.

ARTIGO 97.º – **Certidões da acta**

A fim de permitir a utilização de qualquer dos meios administrativos ou contenciosos previstos no presente diploma, podem os concorrentes requerer certidão da acta do acto público do concurso, que é passada no prazo máximo de oito dias.

SECÇÃO VII – **Qualificação dos concorrentes**

ARTIGO 98.º – **Avaliação da capacidade financeira, económica e técnica dos concorrentes**

1 – A comissão deverá, em seguida, avaliar a capacidade financeira, económica e técnica dos concorrentes, tendo em conta os elementos de referência solicitados no anúncio do concurso ou no convite para apresentação de propostas e com base nos documentos indicados nos artigos 67.º e seguintes.

2 – Para os efeitos do número anterior devem ainda os donos das obras ponderar o conteúdo da base de dados do Instituto dos Mercados de Obras Públicas e Particulares e do Imobiliário relativa a empreiteiros de obras públicas.

3 – Finda esta verificação, deve a comissão excluir os concorrentes que não demonstrem aptidão para a execução da obra posta a concurso.

4 – Os concorrentes considerados aptos passam à fase seguinte em condições de igualdade.

5 – A comissão deve elaborar sempre relatório fundamentado, do qual constem as admissões e as exclusões e as razões das mesmas e dar conhecimento dele, o mais rapidamente possível, a todos os concorrentes.

6 – A deliberação da comissão que exclua ou admita um concorrente é susceptível de reclamação, seguindo-se o disposto no artigo 49.º

7 – A reclamação referida no número anterior goza de efeito suspensivo.

ARTIGO 99.° – **Recurso hierárquico e tutelar**

1 – Das deliberações sobre reclamações, apresentadas nos termos dos artigos 49.°, 88.° e 98.°, cabe directamente recurso para a entidade competente.

2 – O recurso deverá ser interposto:

a) No próprio acto do concurso, quando se trate das deliberações a que se refere o artigo 88.°, podendo consistir em declaração ditada para a acta ou em petição escrita entregue à comissão;

b) No prazo de 15 dias, no caso previsto nos artigos 49.° e 98.°

3 – No caso previsto na alínea a) do número anterior, as alegações do recurso deverão ser apresentadas no prazo de cinco dias contados ou da data do acto público do concurso, caso o concorrente não tenha solicitado certidão da respectiva acta, ou da data da entrega da certidão da acta do acto público do concurso, caso o concorrente a tenha requerido nos termos do artigo 97.°

4 – O recurso tem efeito suspensivo e considera-se indeferido se o recorrente não for notificado da decisão no prazo de 10 dias após a sua apresentação.

5 – Se o recurso for deferido praticar-se-ão os actos necessários à sanação dos vícios e à satisfação dos legítimos interesses do recorrente, caso tal seja possível, devendo anular-se o concurso, no caso contrário.

SECÇÃO VIII – **Análise das propostas**

ARTIGO 100.° – **Relatório**

1 – As propostas dos concorrentes qualificados devem ser analisadas em função do critério de adjudicação estabelecido.

2 – A comissão de análise das propostas deve elaborar um relatório fundamentado sobre o mérito das propostas, ordenando-as para efeitos de adjudicação, de acordo com o critério de adjudicação e com os factores e eventuais subfactores de apreciação das propostas e respectiva ponderação fixados no programa de concurso.

3 – Na análise das propostas a comissão não poderá, em caso algum, ter em consideração, directa ou indirectamente, a aptidão dos concorrentes já avaliada nos termos do artigo 98.°

ARTIGO 101.º – **Audiência prévia**

1 – A entidade competente para adjudicar deve, antes de proferir a decisão, proceder à audiência prévia escrita dos concorrentes.

2 – Os concorrentes têm 10 dias, após a notificação do projecto de decisão final, para se pronunciarem sobre o mesmo.

3 – É aplicável o disposto nos artigos 103.º e 104.º do Código do Procedimento Administrativo.

4 – Salvo decisão expressa em contrário do dono da obra, a entidade competente para a realização da audiência prévia é a comissão de análise das propostas.

ARTIGO 102.º – **Relatório final**

A comissão pondera as observações dos concorrentes e elabora um relatório final, devidamente fundamentado, a submeter à entidade competente para a adjudicação.

ARTIGO 103.º – **Recurso contencioso**

Do indeferimento dos recursos previstos no artigo 99.º, bem como do acto que ponha termo ao concurso e de qualquer acto lesivo dos direitos dos particulares, cabe recurso contencioso para o tribunal competente, nos termos da legislação aplicável.

SECÇÃO IX – **Adjudicação**

ARTIGO 104.º – **Prazo de validade da proposta**

1 – Decorrido o prazo de 66 dias contados da data do acto público do concurso, cessa, para os concorrentes que não hajam recebido comunicação de lhes haver sido adjudicada a empreitada, a obrigação de manter as respectivas propostas.

2 – Se as propostas forem acompanhadas de projecto base, poderá o dono da obra fixar no programa do concurso maior prazo de validade das propostas.

3 – Se os concorrentes nada requererem em contrário dentro dos 8 dias seguintes ao termo do prazo previsto nos números anteriores, considerar-se-á o mesmo prorrogado por mais 44 dias.

ARTIGO 105.º – **Critério de adjudicação**

1 – O critério no qual se baseia a adjudicação é o da proposta economicamente mais vantajosa, implicando a ponderação de factores variáveis, designadamente o preço, o prazo de execução, o custo de utilização, a rendibilidade, a valia técnica da proposta e a garantia.

2 – O dono da obra não pode rejeitar as propostas com fundamento em preço anormalmente baixo sem antes solicitar, por escrito, ao concorrente que, no prazo de 10 dias, preste esclarecimentos sobre os elementos constitutivos da proposta que considere relevantes, os quais devem ser analisados tendo em conta as explicações recebidas.

3 – Na análise dos esclarecimentos prestados, o dono da obra pode tomar em consideração justificações inerentes à originalidade do projecto da autoria do com corrente, à economia do processo de construção ou às soluções técnicas adoptadas ou de condições excepcionalmente favoráveis que o concorrente disponha para a execução dos trabalhos.

4 – A decisão de rejeitar uma proposta com base no seu valor anormalmente baixo deverá ser sempre fundamentada e, tratando-se de obras de valor igual ou superior aos contravalores dos limiares indicados no n.º 2 do artigo 52.º, comunicada à Comissão Europeia quando o critério de adjudicação tenha sido unicamente o do preço mais baixo.

5 – O dono da obra não pode rejeitar uma proposta variante com o fundamento de esta ter sido elaborada de acordo com especificações técnicas definidas por referência a normas nacionais que transponham normas europeias, a condições de homologação técnica europeias, a especificações técnicas comuns referidas no n.º 2 do artigo 65.º ou ainda a especificações técnicas nacionais referidas nas alíneas *a)* e *b)* do n.º 4 do mesmo artigo.

ARTIGO 106.º – **Alteração da proposta, projecto ou variante**

Quando a adjudicação resulte de um concurso com propostas condicionadas ou projectos ou variantes da autoria dos concorrentes, o dono da obra poderá excepcionalmente acordar com o concorrente escolhido alterações na proposta, projecto ou variante, sem realização de novo concurso, desde que se verifiquem cumulativamente as seguintes condições:

a) Não resulte apropriação de soluções contidas na proposta, projecto ou variante apresentado por outro concorrente;

b) Não haja alterações das condições objectivamente susceptíveis de influenciar a adjudicação, caso tivessem sido previamente conhecidas por todos os concorrentes;

c) Não resulte qualquer limitação aos fundamentos invocados pelo dono da obra em termos de aplicação dos critérios de adjudicação que conduziram à escolha do concorrente.

ARTIGO 107.º – Não adjudicação e interrupção do concurso

1 – O dono da obra não pode adjudicar a empreitada:

a) Quando por circunstâncias supervenientes resolva adiar a execução da obra pelo prazo mínimo de um ano;

b) Quando todas as propostas, ou a mais conveniente, ofereçam preço total consideravelmente superior ao preço base do concurso;

c) Quando, tratando-se de propostas condicionadas, ou de projectos ou variantes da autoria do empreiteiro, as condições oferecidas e os projectos ou variantes lhe não convenham;

d) Quando, por grave circunstância superveniente, tenha de proceder-se à revisão e alteração do projecto posto a concurso;

e) Quando haja indícios de conluio entre os concorrentes;

f) Quando todas as propostas ofereçam preço total anormalmente baixo e as respectivas notas justificativas não sejam tidas como esclarecedoras.

2 – As decisões relativas à não adjudicação do contrato, bem como os respectivos fundamentos, devem ser comunicadas o mais rapidamente possível e por escrito aos concorrentes.

3 – Nos casos em que tenha decidido interromper o concurso, o dono da obra tem a faculdade de recomeçar os procedimentos do concurso, devendo, neste caso, notificar todos os concorrentes dessa decisão, bem como dos respectivos fundamentos.

4 – Quando o dono da obra decida não adjudicar a empreitada com fundamento no disposto das alíneas *b)* ou *e)* do n.º 1, deverá comunicar, de imediato, tal facto ao Instituto dos Mercados de Obras Públicas e Particulares e do Imobiliário.

ARTIGO 108.º – **Minuta do contrato**

1 – A minuta do contrato será remetida, após a adjudicação, ao concorrente cuja proposta haja sido preferida, para sobre ela se pronunciar no prazo de cinco dias.

2 – Se, no prazo referido, o concorrente não se pronunciar, considerar-se-á aprovada a minuta.

ARTIGO 109.º – **Reclamação contra a minuta**

1 – São admissíveis reclamações contra a minuta do contrato sempre que dela resultem obrigações que contrariem ou se não contenham nas peças escritas e desenhadas patentes no concurso, na proposta ou nos esclarecimentos que sobre esta o concorrente tenha prestado por escrito ao dono da obra.

2 – Se, no prazo de oito dias, o concorrente não for notificado da decisão tomada sobre a reclamação apresentada, considera-se esta deferida.

ARTIGO 110.º – **Conceito e notificação da adjudicação**

1 – A adjudicação é a decisão pela qual o dono da obra aceita a proposta do concorrente preferido.

2 – O dono da obra notificará o concorrente preferido para, no prazo que lhe for fixado, mas nunca inferior a seis dias, prestar a caução que for devida e cujo valor expressamente indicará.

3 – Todos os concorrentes são notificados da adjudicação, por escrito, no prazo de 15 dias após a prestação da caução, sendo-lhes, simultaneamente, enviado o respectivo relatório justificativo, o qual conterá os fundamentos da preterição das respectivas propostas, bem como as características e vantagens relativas da proposta seleccionada e o nome do adjudicatário.

ARTIGO 111.º – **Ineficácia da adjudicação**

Se o adjudicatário não prestar em tempo a caução e não houver sido impedido de o fazer por facto independente da sua vontade que seja reputado justificação bastante, a adjudicação caduca e o facto será comunicado pelo dono da obra, para os fins convenientes, ao Instituto dos Mercados de Obras Públicas e Particulares e do Imobiliário, que, sendo o caso, dará conhecimento dele à entidade que comprova a inscrição na lista oficial de empreiteiros aprovados do país de que seja nacional ou no qual se situe o estabelecimento principal do empreiteiro.

SECÇÃO X – **Caução**

ARTIGO 112.º – **Função da caução**

1 – O adjudicatário garantirá, por caução, o exacto e pontual cumprimento das obrigações que assume com a celebração do contrato de empreitada e eventuais contratos adicionais.

2 – O dono da obra poderá recorrer à caução, independentemente de decisão judicial, nos casos em que o empreiteiro não pague, nem conteste no prazo legal, as multas contratuais aplicadas ou não cumpra as obrigações legais ou contratuais líquidas e certas.

3 – Em obras de valor inferior a 5 000 contos, a caução pode ser substituída pela retenção de 10% dos pagamentos a efectuar.

ARTIGO 113.º – **Valor da caução**

1 – A caução, salvo o disposto no número seguinte, será de valor correspondente a 5% do preço total do respectivo contrato.

2 – Em casos excepcionais devidamente justificados e publicitados pode o dono da obra estipular um valor mínimo mais elevado para a caução, não podendo este, contudo, exceder 30% do preço total do respectivo contrato, mediante prévia autorização da entidade tutelar, quando existir.

3 – Será dispensada a prestação de caução ao adjudicatário que apresente contrato de seguro adequado da execução da obra pelo preço total do respectivo contrato, e também do respectivo projecto, se for o caso.

4 – Aplicar-se-á o mesmo regime caso exista assunção de responsabilidade solidária com o adjudicatário, pelo preço total do respectivo contrato, por entidade bancária reconhecida.

ARTIGO 114.º – **Modo da prestação da caução**

1 – A caução será prestada por depósito em dinheiro ou em títulos emitidos ou garantidos pelo Estado, ou mediante garantia bancária ou seguro-caução, conforme escolha do adjudicatário.

2 – O depósito em dinheiro ou títulos será efectuado em Portugal, em qualquer instituição de crédito, à ordem da entidade que for indicada pelo dono da obra, devendo ser especificado o fim a que se destina.

3 – Quando o depósito for efectuado em títulos, estes serão avaliados pelo respectivo valor nominal, salvo se, nos últimos três meses, a média da cotação na bolsa de valores ficar abaixo do par, caso em que a avaliação será feita em 90% dessa média.

4 – O dono da obra fornecerá os modelos referentes à caução que venha a ser prestada por garantia bancária, por seguro-caução ou por depósito em dinheiro ou títulos.

5 – Se o adjudicatário pretender prestar a caução mediante garantia bancária apresentará documento pelo qual um estabelecimento bancário legalmente autorizado assegure, até ao limite do valor da caução, o imediato pagamento de quaisquer importâncias exigidas pelo dono da obra em virtude de incumprimento de obrigações a que a garantia respeita.

6 – Tratando-se de seguro-caução, o dono da obra pode exigir a apresentação de apólice, pela qual uma entidade legalmente autorizada a realizar este seguro assuma, até ao limite do valor da caução, o encargo de satisfazer de imediato quaisquer importâncias exigidas pelo dono da obra em virtude de incumprimento das obrigações a que o seguro respeita.

7 – Das condições da apólice de seguro-caução não poderá, em caso algum, resultar uma diminuição das garantias do dono da obra, nos moldes em que são asseguradas pelas outras formas admitidas de prestação da caução.

8 – Todas as despesas derivadas da prestação da caução serão da conta do adjudicatário.

SECÇÃO XI – **Contrato**

ARTIGO 115.º – **Prazo para celebração do contrato**

1 – O contrato deverá ser celebrado no prazo de 30 dias contados da data da prestação da caução.

2 – O dono da obra comunicará ao adjudicatário, por ofício e com a antecipação mínima de cinco dias, a data, hora e local em que deve comparecer para outorgar o contrato, de acordo com a minuta aprovada.

3 – O adjudicatário perderá a favor do dono da obra a caução prestada, considerando-se, desde logo, a adjudicação sem efeito se não com-

parecer no dia, hora e local fixados para a outorga do contrato e não houver sido impedido de o fazer por motivo independente da sua vontade, devidamente justificado.

4 – Sempre que, nos termos do número anterior, a falta do adjudicatário não for devidamente justificada, o dono da obra comunicá-la-á ao Instituto dos Mercados de Obras Públicas e Particulares e do Imobiliário, que, sendo o caso, comunicará aqueles factos à entidade que comprova a inscrição na lista oficial de empreiteiros aprovados do país de que seja nacional ou no qual se situe o estabelecimento principal do empreiteiro.

5 – Se o dono da obra não promover a celebração do contrato dentro do prazo de 132 dias sobre a data da apresentação da proposta ou no prazo estabelecido no n.º 1, poderá o adjudicatário recusar-se a outorgá-lo posteriormente, e terá direito a ser reembolsado pelo dono da obra, no prazo de 66 dias, dos encargos decorrentes da prestação da caução.

ARTIGO 116.º – **Aprovação da minuta**

As minutas dos contratos estão sujeitas à aprovação da entidade competente para autorizar a respectiva despesa, nos termos legais.

ARTIGO 117.º – **Elementos integrados no contrato**

Para efeitos do presente diploma, consideram-se integrados no contrato, em tudo quanto por ele não for explícita ou implicitamente contrariado, o projecto, o caderno de encargos e os demais elementos patentes no concurso e, bem assim, todas as peças que se refiram no título contratual.

ARTIGO 118.º – **Cláusulas contratuais obrigatórias**

1 – O contrato deverá conter:

a) A identificação do dono da obra e do seu representante, com a menção do despacho que autorizou a celebração do contrato, do que aprovou a minuta e conferiu poderes ao representante;

b) A identificação do empreiteiro, indicando o seu nome ou denominação social, número fiscal de contribuinte ou de pessoa colectiva, estado civil e domicílio ou, no caso de ser uma sociedade, a respectiva sede social e, se for caso disso, as filiais que interessem à execução do contrato, os nomes dos titulares dos corpos gerentes ou de outras pessoas com poderes para a obrigar no acto, o registo comercial de constituição e das alterações do pacto social, bem como o número do certificado de classificação de empreiteiro de obras públicas ou do certificado de inscrição em lista oficial de empreiteiros aprovados, se for o caso;

c) A menção do despacho de adjudicação, se o houver, bem como da dispensa de concurso, se tiver sido autorizada;

d) A especificação da obra que for objecto da empreitada;

e) O valor da adjudicação, a identificação da lista contratual dos preços unitários e, ainda, o encargo total resultante do contrato, a classificação orçamental da dotação por onde será satisfeito no ano económico da celebração do contrato e, no caso de se prolongar por mais de um ano, a disposição legal que o tiver autorizado, salvo quando resultar da execução de plano plurianual legalmente aprovado ou quando os seus encargos não excederem o limite anual fixado e o prazo de execução de três anos;

f) O teor das condições da proposta, sempre que se trate de proposta condicionada;

g) O prazo de execução da obra, com as datas previstas para os respectivos início e termo;

h) As garantias oferecidas à execução do contrato;

1) As condições vinculativas do programa de trabalhos;

j) A forma, os prazos e demais cláusulas sobre o regime de pagamento e de revisão de preços.

2 – O contrato que não contiver as especificações referidas nas alíneas *a), b), c), d), e), g), h)* e *j)* do n.º 1, se estas não constarem do caderno de encargos, será nulo e de nenhum efeito.

3 – Se, no contrato, faltarem as especificações exigidas nas alíneas *f)* e *i)* do n.º 1, considerar-se-ão para todos os efeitos integradas nele as condições da proposta do adjudicatário e as condições vinculativas da memória descritiva e justificativa do programa de trabalhos, salvo se o contrato expressamente as excluir ou alterar.

ARTIGO 119.º – **Formalidades dos contratos**

1 – O contrato será sempre reduzido a escrito, entendendo-se, quando a lei dispense todas as formalidades na sua celebração, que pode ser provado por documentos.

2 – Os contratos em que seja outorgante o Estado, outra entidade pública ou serviço dotado de autonomia administrativa e financeira cons-

tarão de documento autêntico oficial, registado, se for o caso, em livro adequado do serviço ou ministério.

3 – Após a assinatura do contrato, o empreiteiro receberá duas cópias autênticas do mesmo e de todos os elementos que dele façam parte integrante.

4 – As despesas e encargos inerentes à celebração do contrato serão da conta do empreiteiro.

5 – No livro em que estiver registado o contrato, serão averbados os contratos adicionais que posteriormente venham a modificá-lo e que deverão ser celebrados pela mesma forma.

6 – A celebração de contrato escrito não é exigida quando se trate de despesas provenientes de revisão de preços.

ARTIGO 120.º – **Representação na outorga de contrato escrito**

1 – A representação do Estado ou outra entidade pública na outorga dos contratos cabe ao órgão competente para autorizar as despesas ou ao funcionário em quem ele delegar tal poder.

2 – Fora dos casos previstos no número antecedente, a representação do dono da obra cabe ao órgão designado no respectivo diploma orgânico ou nos respectivos estatutos, qualquer que seja o valor do contrato.

3 – Nos serviços dotados de autonomia administrativa e financeira, cuja gestão esteja confiada a um órgão colegial, a respectiva representação pertencerá ao presidente desse órgão, seja qual for o valor da despesa autorizada e a entidade a quem pertencer a competência para autorizar.

4 – Qualquer delegação de poderes para efeito de outorga em representação do Estado ou outra entidade pública será conferida no despacho que aprovar a minuta.

CAPÍTULO IV – **Concurso limitado**

ARTIGO 121.º – **Regime e modalidades do concurso**

1 – O concurso limitado reger-se-á pelas disposições que regulam o concurso público em tudo quanto não seja incompatível com a sua natureza ou com as disposições dos artigos seguintes.

2 – O concurso limitado pode ser realizado com ou sem publicação de anúncio.

3 – Qualquer que seja a modalidade do concurso, o número de entidades a convidar pelo dono da obra não pode ser inferior a 5 nem superior a 20, devendo o intervalo de variação dentro do qual se situará o número de empresas a convidar ser fixado em função da natureza da obra a realizar.

4 – Qualquer que seja a modalidade de concurso, o número de entidades a convidar pelo dono da obra não pode ser inferior a 5 nem superior a 20. ([1])

5 – No caso do concurso limitado com publicação de anúncio, o dono da obra poderá determinar o intervalo da variação dentro do qual se situará o número de empresas que tenciona convidar, desde que tal intervalo de variação conste do anúncio do concurso.

SECÇÃO I – **Concurso limitado com publicação do anúncio**

ARTIGO 122.° – **Casos em que pode ocorrer**

Independentemente do valor estimado do contrato, deve optar-se pela forma de concurso limitado com publicação de anúncio quando a complexidade do objecto do concurso aconselhe maior exigência de qualificação dos participantes, designadamente experiência anterior reconhecida em domínios específicos.

ARTIGO 123.° – **Anúncio do concurso e entrega dos pedidos de participação**

1 – O concurso limitado com publicação de anúncio inicia-se com a referida publicação, de acordo com o modelo n.° 3 do anexo IV do presente diploma.

2 – Todas as entidades que preencham as condições técnicas, económicas, financeiras e outras definidas no anúncio a que se refere o n.° 1 podem solicitar a sua participação no concurso, mediante a entrega ao

---

([1]) Redacção alterada pelo DL 159/2000, de 27-07.

dono da obra de pedido de participação, devendo este incluir os elementos exigidos no anúncio referido no n.º 1.

3 – Os pedidos de participação podem ser feitos por carta, telegrama, telex, telecopiadora ou telefone, devendo, quando utilizada qualquer das últimas quatro modalidades indicadas, ser confirmadas por carta a enviar antes de decorrido qualquer dos prazos previstos no número seguinte.

4 – O prazo para a recepção dos pedidos de participação não poderá ser inferior a 21 dias nas empreitadas de valor inferior aos contravalores dos limiares indicados no n.º 2 do artigo 52.º e a 37 nas que tenham valor igual ou superior a esse montante, contados do dia seguinte ao da publicação do respectivo anúncio no *Diário da República*.

ARTIGO 124.º – **Abertura dos pedidos de participação e convites**

1 – Seguidamente, o dono da obra procederá ao exame dos pedidos de participação, devendo elaborar um projecto de decisão sobre a aceitação ou rejeição desses pedidos, o qual submeterá, na data fixada no anúncio do concurso, a audiência prévia dos interessados.

2 – O dono da obra convidará a apresentar proposta, destinada à execução da obra, os candidatos cujos pedidos de participação tenham sido aceites, tendo em conta as condições referidas no anúncio do concurso e o disposto no n.º 3 do artigo 121.º e de acordo com o modelo n.º 1 do anexo V do presente diploma.

3 – Se as entidades que solicitaram a sua participação no concurso forem em número inferior a cinco e desde que esteja assegurada uma concorrência efectiva, pode o dono da obra convidá-las a apresentar proposta, prosseguindo o concurso os seus termos até final.

4 – Todos os candidatos preteridos são notificados por escrito da decisão tomada, sendo-lhes enviado o relatório justificativo, contendo os fundamentos de preterição dos respectivos pedidos de participação.

5 – Os candidatos preteridos podem reclamar no prazo de cinco dias a contar da recepção da notificação prevista no número anterior, devendo o dono da obra decidir as reclamações em igual prazo.

6 – Os convites para a apresentação de propostas são enviados simultaneamente a todas as entidades seleccionadas e devem obrigatoriamente obedecer ao modelo n.º 1 do anexo V ao presente diploma.

ARTIGO 125.º – **Prazos**

1 – O prazo de apresentação das propostas será fixado pelo dono da obra, não podendo, no entanto, ser inferior a 21 dias nas empreitadas de valor inferior aos contravalores dos limiares indicados no n.º 2 do artigo 52.º e a 40 dias nas que tenham valor igual ou superior, contados a partir da data do envio do convite escrito.

2 – O prazo previsto na parte final do número anterior poderá ser reduzido até 26 dias quando se verifiquem cumulativamente as seguintes circunstâncias:

a) O concurso respeite a contrato de empreitada de obras públicas cujas características essenciais tenham sido objecto de publicação prévia no Jornal Oficial das Comunidades Europeias com uma antecedência mínima de 52 dias e máxima de 12 meses em relação à data do anúncio de concurso, fixada de acordo com o disposto no artigo 52.º, designadamente nos seus n.ºs 5 e 6;

b) A publicação prévia seja feita de acordo com o modelo n.º 1 do anexo IV do presente diploma e contenha pelo menos tantas informações quantas as enumeradas no modelo n.º 3 do anexo IV deste diploma, desde que tais informações estejam disponíveis no momento da referida publicação prévia.

ARTIGO 126.º – **Concursos urgentes**

Em caso de urgência e qualquer que seja o valor da empreitada, poderão os prazos para recepção dos pedidos de participação e para apresentação das propostas ser reduzidos para 15 e 10 dias, respectivamente, devendo observar-se, com as necessárias adaptações, o disposto no n.º 3 do artigo 123.º

ARTIGO 127.º – **Acto público de abertura das propostas**

Na data fixada no anúncio do concurso proceder-se-á à abertura das propostas, aplicando-se, com as necessárias adaptações, o disposto nos artigos 85.º a 91.º e 93.º a 97.º

ARTIGO 128.º – **Critério de adjudicação**

No concurso limitado com publicação de anúncio, a adjudicação far-se-á nos termos estabelecidos para o concurso público.

SECÇÃO II – **Concurso limitado som publicação do anúncio**

ARTIGO 129.º – **Casos em que pode ter lugar**

Só é possível o recurso à modalidade de concurso prevista nesta secção no caso de obras de valor estimado inferior a 50 000 contos.

ARTIGO 130.º – **Abertura do concurso e apresentação das propostas**

1 – O concurso inicia-se com o convite para apresentação de proposta, dirigido pelo dono da obra, mediante circular, às entidades previamente seleccionadas por ele, conforme modelo n.º 2 do anexo V do presente diploma.

2 – O dono da obra selecciona as entidades a convidar para a apresentação da proposta, de acordo com o conhecimento e experiência que delas tenha.

3 – O prazo para apresentação das propostas não pode ser inferior a cinco dias a contar da data da recepção do convite.

4 – A prestação de esclarecimentos pelo dono da obra será feita também através de circular dirigida a todos os concorrentes.

ARTIGO 131.º – **Acto público do concurso**

O acto público do concurso inicia-se com a leitura da circular enviada aos concorrentes.

ARTIGO 132.º – **Adjudicação**

1 – Quando se trate de propostas condicionadas, a adjudicação far-se-á nos termos do concurso público, à excepção daquelas que apresentem prazos de execução diferentes dos estabelecidos no caderno de encargos; quando se trate de propostas não condicionadas, a adjudicação poderá ser feita à proposta de mais baixo preço.

2 – É extensivo a esta modalidade de concurso o disposto nos n.ᵒˢ 2, 3, 4 e 5 do artigo 105.º do presente diploma.

CAPÍTULO V – Concurso por negociação

ARTIGO 133.º – **Regime do concurso**

Aplicam-se, com as devidas adaptações, ao concurso por negociação, até à fase da qualificação dos concorrentes, as disposições do presente diploma relativas ao concurso limitado com publicação de anúncio, cabendo ao dono da obra a gestão das fases subsequentes do processo, com excepção da prestação da caução e da celebração do contrato, que seguirão também as regras previstas para aquela modalidade de concurso.

ARTIGO 134.º – **Casos em que é admissível**

1 – Para além do caso previsto na alínea c) do n.º 2 do artigo 48.º, o concurso por negociação só é admissível, seja qual for o valor estimado do contrato, nos seguintes casos:

a) Quando as propostas apresentadas em concurso público ou limitado sejam irregulares ou inaceitáveis e o concurso por negociação se destine à execução da mesma obra, em condições substancialmente idênticas;

b) Quando se trate de obras a realizar para fins de investigação, de ensaio ou de aperfeiçoamento e não com o objectivo de rentabilizar operações de investigação e desenvolvimento ou de cobrir os respectivos custos;

c) Excepcionalmente, quando se trate de obras cuja natureza ou condicionalismos não permitam uma fixação prévia e global dos preços;

d) Quando, nos termos do n.º 1 do artigo 136.º, for igualmente admitido o ajuste directo.

2 – Não serão obrigatórias as publicações previstas no artigo 52.º:

a) Nos casos previstos na alínea a) do número anterior, se no concurso por negociação forem admitidos todos os empreiteiros que satisfaçam as condições exigíveis para a sua participação no concurso público ou limitado que anteriormente se realizou e neste tenham apresentado propostas preenchendo os requisitos formais e acompanhadas de todos os documentos necessários para a sua admissão;

b) Nos casos previstos na alínea d) do número anterior.

ARTIGO 135.º – **Abertura do concurso**

O concurso por negociação inicia-se com a publicação de anúncio, conforme modelo n.º 4 do anexo IV do presente diploma, salvo no caso previsto no n.º 2 do artigo anterior em que aquele anúncio é dispensável.

CAPÍTULO VI – Ajuste directo

ARTIGO 136.º – **Casos em que é admissível**

1 – Para além dos casos previstos nas alíneas *d*) e *e*) do n.º 2 do artigo 48.º e no artigo 26.º, o ajuste directo só é admissível, seja qual for o valor estimado do contrato, nos seguintes casos:

a) Quando em concurso público ou limitado aberto para a adjudicação da obra não houver sido apresentada nenhuma proposta ou qualquer proposta adequada por se verificarem as situações previstas nas alíneas *b*), *c*), *e*) e *f*) do n.º 1 do artigo 107.º e o contrato se celebre em condições substancialmente idênticas às estabelecidas para efeitos do concurso;

b) Quando se trate de obras cuja execução, por motivos técnicos, artísticos ou relacionados com a protecção de direitos exclusivos, só possa ser confiada a uma entidade determinada;

c) Na medida do estritamente necessário quando, por motivos de urgência imperiosa resultantes de acontecimentos imprevisíveis pelo dono da obra, não possam ser cumpridos os prazos exigidos pelos concursos público, limitado ou por negociação, desde que as circunstâncias invocadas não sejam, em caso algum, imputáveis ao dono da obra;

d) Quando se trate de obras novas que consistam na repetição de obras similares contratadas pelo mesmo dono da obra com a mesma entidade, desde que essas obras estejam em conformidade com o projecto base comum, quer o anterior haja sido adjudicado mediante concurso público, ou mediante concurso limitado com publicação de anúncio e não tenham decorrido mais de três anos sobre a data da celebração do contrato inicial;

e) Quando se trate de contratos que sejam declarados secretos ou cuja execução deva ser acompanhada de medidas especiais de segurança, nos termos das disposições legislativas, regulamentares e administrativas em vigor, ou quando a protecção dos interesses essenciais do Estado Português o exigir.

2 – Nos casos da alínea *d*) do n.º 1, a possibilidade de ajuste directo para a contratação das obras novas que ali se referem deve ser indicada aquando da abertura do concurso para celebração do contrato inicial e o montante total previsto para essas obras tomado em consideração para efeitos de cálculo do valor global da obra.

3 – Nas empreitadas de valor igual ou superior aos contravalores dos limiares indicados no n.º 2 do artigo 52.º, sempre que se verifique a situação prevista na alínea *a*) do n.º 1, o dono da obra deve elaborar um relatório fundamentado da decisão tomada, a apresentar à Comissão Europeia, caso tal seja solicitado.

ARTIGO 137.º – **Modo de celebração**

Aplicam-se, com as devidas adaptações, à prestação da caução e à celebração do contrato as disposições dos artigos 112.º a 118.º do presente diploma.

CAPÍTULO VII – **Disposições relativas à empreitada por percentagem**

ARTIGO 138.º – **Formação do contrato**

A formação do contrato de empreitada por percentagem rege-se pelo disposto nos capítulos anteriores, em tudo quanto não contrarie a sua natureza e o estabelecido no artigo seguinte.

ARTIGO 139.º – **Conteúdo do contrato**

1 – O título contratual deverá conter:

a) A identificação do dono da obra e do seu representante e do empreiteiro, com a indicação do número do certificado de classificação de empreiteiro de obras públicas ou do certificado de inscrição em lista oficial de empreiteiros aprovados, se for o caso;

b) A especificação dos trabalhos que constituem objecto do contrato, com referência ao respectivo projecto, quando exista;

c) A menção do diploma ou do acto que haja autorizado a adjudicação;

d) O valor máximo dos trabalhos a realizar;

e) O prazo dentro do qual os trabalhos deverão ficar concluídos;

f) As percentagens para encargos de administração própria e lucro do empreiteiro;

g) As percentagens para depreciação de utensílios e de máquinas e as quantias destinadas a instalação de estaleiros;

h) As estipulações especiais sobre forma de pagamento, se a elas houver lugar.

2 – O contrato será nulo quando não contiver as especificações indicadas no número anterior.

TÍTULO IV – **Execução da empreitada**

CAPÍTULO I – **Disposições gerais**

ARTIGO 140.º – **Notificação relativa à execução da empreitada**

1 – As notificações das resoluções do dono da obra ou do seu fiscal serão obrigatoriamente feitas ao empreiteiro ou seu representante, por escrito e assinadas pelo fiscal da obra.

2 – A notificação será feita mediante entrega do texto da resolução notificada em duplicado, devolvendo o empreiteiro ou o seu representante um dos exemplares com recibo.

3 – No caso de o notificado se recusar a receber a notificação ou a passar o recibo, o fiscal da obra lavrará auto do ocorrido, perante duas testemunhas que com ele assinem, e considerará feita a notificação.

ARTIGO 141.º – **Ausência do local da obra do empreiteiro ou seu representante**

O empreiteiro ou o seu representante não poderá ausentar-se do local dos trabalhos sem o comunicar ao fiscal da obra, deixando um substituto aceite pelo dono da obra.

ARTIGO 142.º – **Polícia no local dos trabalhos**

1 – O empreiteiro é obrigado a manter a polícia e boa ordem no local dos trabalhos e a retirar destes, sempre que lhe seja ordenado, o pessoal que haja desrespeitado os agentes do dono da obra, provoque indisciplina ou seja menos probo no desempenho dos seus deveres.

2 – A ordem deverá ser fundamentada por escrito quando o empreiteiro o exija, mas sem prejuízo da imediata suspensão do pessoal.

ARTIGO 143.º – **Actos em que é exigida a presença do empreiteiro**

1 – O empreiteiro ou o seu representante acompanhará os representantes do dono da obra nas visitas de inspecção aos trabalhos, quando para tal seja convocado, e, bem assim, em todo os actos em que a sua presença for exigida.

2 – Sempre que, nos termos do presente diploma ou do contrato, deva lavrar-se auto da diligência efectuada, será o mesmo assinado pelo fiscal da obra e pelo empreiteiro ou seu representante, ficando um duplicado na posse deste.

3 – Do auto referido no número anterior deverão constar as reclamações ou reservas apresentadas pelo empreiteiro a propósito das diligências efectuadas e dos seus resultados, bem como os esclarecimentos que foram prestados pelos representantes do dono da obra.

4 – Se o empreiteiro ou o seu representante se recusar a assinar o auto, nele se fará menção disso e da razão do facto, o que será confirmado por duas testemunhas, que também o assinarão.

5 – A infracção do disposto neste artigo e no anterior será punida com a multa contratual de 50 000$, elevada ao dobro em caso de reincidência.

ARTIGO 144.º – **Salários**

1 – A tabela de salários mínimos a que o empreiteiro se encontra sujeito deve estar afixada, por forma bem visível, no local da obra.

2 – Em caso de atraso do empreiteiro no pagamento dos salários, o dono da obra poderá satisfazer os que se encontrarem comprovadamente em dívida, descontando nos primeiros pagamentos a efectuar ao empreiteiro as somas despendidas para esse fim.

ARTIGO 145.º – **Seguro**

1 – O empreiteiro deverá segurar contra acidentes de trabalho todo o seu pessoal, apresentando a apólice respectiva antes do início dos trabalhos e sempre que tal lhe foi exigido pelo fiscal da obra.

2 – O dono da obra poderá, sempre que o entenda conveniente, incluir no caderno de encargos cláusulas relativas a seguros de execução da obra.

ARTIGO 146.º – **Publicidade**

O empreiteiro não poderá fazer qualquer espécie de publicidade no local dos trabalhos sem autorização do fiscal da obra, exceptuando a identificação pública, nos termos legais, da qual deve constar, se for esse o caso, o certificado de classificação do empreiteiro e dos subempreiteiros.

ARTIGO 147.º – **Morte, interdição ou falência do empreiteiro**

1 – Se, assinado o contrato, o empreiteiro falecer ou, por sentença judicial, for interdito, inabilitado ou declarado em estado de falência, o contrato caduca.

2 – Pode o dono da obra permitir a continuação da obra:

a) Se os herdeiros do empreiteiro falecido tomarem sobre si o encargo do seu cumprimento, desde que se habilitem, para o efeito, nos termos legais, no prazo máximo de 22 dias a contar da data do óbito;

b) Quando o empreiteiro se apresente ao tribunal para declaração de falência e haja acordo de credores, requerendo a sociedade formada por estes a continuação da execução do contrato.

3 – Verificada a caducidade do contrato, proceder-se-á à medição dos trabalhos efectuados e à sua liquidação pelos preços unitários respectivos, se existirem, ou, no caso contrário, pelos que forem fixados por acordo, por arbitragem ou judicialmente, observando-se, na parte aplicável, as disposições relativas à recepção e liquidação da obra, precedendo inquérito administrativo.

4 – O destino dos estaleiros, equipamentos e materiais existentes na obra ou a esta destinados regular-se-á pelas normas aplicáveis no caso da rescisão do contrato pelo dono da obra, no caso de falência, ou pelo empreiteiro, nos restantes casos.

5 – As quantias que, nos termos dos números anteriores, a final se apurar serem devidas à herança ou à massa falida serão depositadas em Portugal, em qualquer instituição de crédito, para serem pagas a quem se mostrar com direito.

ARTIGO 148.º – **Cessão da posição contratual**

1 – O empreiteiro não poderá ceder a sua posição contratual na empreitada, no todo ou em parte, sem prévia autorização do dono da obra.

2 – O dono da obra não poderá, sem a concordância do empreiteiro, retirar da empreitada quaisquer trabalhos ou parte da obra para os fazer executar por outrem.

3 – Se o empreiteiro ceder a sua posição contratual na empreitada sem observância do disposto no n.º 1, poderá o dono da obra rescindir o contrato.

4 – Se o dono da obra deixar de cumprir o disposto no n.º 2, terá o empreiteiro direito de rescindir o contrato.

ARTIGO 149.º – **Higiene, saúde e segurança**

1 – O dono da obra e o empreiteiro devem respeitar o disposto na legislação sobre segurança, higiene e saúde, nomeadamente no que respeita à coordenação em matéria de segurança e saúde.

2 – Se o empreiteiro não der cumprimento ao disposto na referida legislação, o dono da obra tem o direito de rescindir o contrato, devendo informar do facto o Instituto de Desenvolvimento e Inspecção das Condições do Trabalho, a Inspecção-Geral de Obras Públicas, Transportes e Comunicações e o Instituto dos Mercados de Obras Públicas e Particulares e do Imobiliário.

CAPÍTULO II – **Consignação da obra**

ARTIGO 150.º – **Conceito e efeitos da consignação da obra**

Chama-se consignação da obra ao acto pelo qual o representante do dono da obra faculta ao empreiteiro os locais onde hajam de ser executados os trabalhos e as peças escritas ou desenhadas complementares do projecto que sejam necessárias para que possa proceder-se a essa execução.

ARTIGO 151.º – **Prazo para execução da obra e sua prorrogação**

1 – O prazo fixado no contrato para a execução da obra começa a contar-se da data da consignação.

2 – Sempre que, por imposição do dono da obra ou em virtude de deferimento de reclamação do empreiteiro, haja lugar à execução de trabalhos a mais, o prazo contratual para a conclusão da obra será prorrogado a requerimento do empreiteiro.

3 – O cálculo da prorrogação do prazo prevista no número anterior será feito:

a) Sempre que se trate de trabalhos a mais da mesma espécie dos definidos no contrato, proporcionalmente ao que estiver estabelecido nos prazos parcelares da execução constantes do plano de trabalhos aprovado e atendendo ao seu enquadramento geral na empreitada;

b) Quando os trabalhos forem de espécie diversa dos que constam no contrato, por acordo entre o dono da obra e o empreiteiro, considerando as particularidades técnicas da execução.

4 – Na falta de acordo quanto ao cálculo da prorrogação do prazo contratual previsto no número anterior, poderá qualquer das partes recorrer à comissão de arbitragem prevista no n.º 7 do artigo 27.º e, no caso de desacordo quanto ao terceiro elemento, este é escolhido pelo Conselho Superior de Obras Públicas e Transportes.

ARTIGO 152.º – **Prazo da consignação**

1 – No prazo máximo de 22 dias contados da data da assinatura do contrato, far-se-á a consignação da obra, comunicando-se ao empreiteiro, por carta registada com aviso de recepção, o dia, hora e lugar em que deve apresentar-se.

2 – Quando o empreiteiro não compareça no dia fixado e não haja justificado a falta, ser-lhe-á marcado pela entidade que deve proceder à consignação um prazo improrrogável, más nunca superior a 11 dias, para se apresentar e, se no decurso dele não comparecer, caducará o contrato, respondendo civilmente o empreiteiro pela diferença entre o valor da

empreitada no contrato caducado e aquele por que a obra vier a ser de novo adjudicada, com perda da caução e consequente comunicação, para os fins convenientes, ao Instituto dos Mercados de Obras Públicas e Particulares e do Imobiliário, que, sendo o caso, dará conhecimento daqueles factos à entidade que comprova a inscrição na lista oficial de empreiteiros aprovados do país de que seja nacional ou no qual se situe o estabelecimento principal do empreiteiro.

3 – Se, dentro do prazo aplicável referido no n.º 1, não estiverem ainda na posse do dono da obra todos os terrenos necessários para a execução dos trabalhos, far-se-á a consignação logo que essa posse seja adquirida.

ARTIGO 153.º – **Consignações parciais**

1 – Nos casos em que, pela extensão e importância da obra, as operações de consignação sejam demoradas ou não possam efectuar-se logo na totalidade por qualquer outra circunstância, poderá o dono da obra proceder a consignações parciais, começando pelos terrenos que, com base nas peças escritas ou desenhadas, permitam o início dos trabalhos, desde que esteja assegurada a posse dos restantes elementos em tempo que garanta a não interrupção da empreitada e o normal desenvolvimento do plano de trabalhos.

2- Se se realizarem consignações parciais, a data do início da execução da obra é a da primeira consignação parcial, desde que a falta de oportuna entrega de terrenos ou peças escritas e desenhadas não determine qualquer interrupção da obra ou não prejudique o normal desenvolvimento do plano de trabalhos.

3 – Se, no caso do número anterior, a falta de oportuna entrega de terrenos ou peças escritas ou desenhadas do projecto determinar qualquer interrupção da obra ou prejudicar o normal desenvolvimento do plano de trabalhos, considera-se iniciada a obra na data da resolução do diferendo, devendo na fixação de novo prazo atender-se ao tempo já decorrido com os trabalhos anteriormente realizados, sem prejuízo de o prazo poder ser alterado, por acordo entre o dono da obra e o empreiteiro, em correspondência com os volumes de trabalho a realizar a partir dessa data.

ARTIGO 154.º – **Retardamento da consignação**

1 – O empreiteiro pode rescindir o contrato:

a) Se não for feita consignação no prazo de 154 dias contados da data da assinatura do contrato;

b) Se, havendo sido feitas uma ou mais consignações parciais, o retardamento da consignação ou consignações subsequentes acarretar a interrupção dos trabalhos por mais de 120 dias, seguidos ou interpolados.

2 – Todo o retardamento das consignações que, não sendo imputável ao empreiteiro, obste ao início da execução da empreitada ou de que resulte a interrupção da obra ou perturbação do normal desenvolvimento do plano de trabalhos dá ao empreiteiro o direito de ser indemnizado pelos danos sofridos como consequência necessária desse facto.

3 – Se, nos casos dos dois números anteriores, o retardamento da consignação for devido a caso fortuito ou de força maior, a indemnização a pagar ao empreiteiro limitar-se-á aos danos emergentes.

ARTIGO 155.º – **Auto da consignação**

1 – Da consignação será lavrado auto, no qual se fará referência ao contrato e se mencionarão:

a) As modificações que, em relação ao projecto, se verifiquem ou se tenham dado no local em que os trabalhos hão-de ser executados e que possam influir no seu custo;

b) As operações executadas ou a executar, tais como restabelecimento de traçados, implantações de obras e colocação de referências;

c) Os terrenos e construções de que se dê posse ao empreiteiro;

d) Quaisquer peças escritas ou desenhadas, complementares do projecto, que no momento forem entregues ao empreiteiro;

e) As reclamações ou reservas apresentadas pelo empreiteiro relativamente ao acto da consignação e os esclarecimentos que forem prestados pelo representante do dono da obra.

2 – O auto da consignação será lavrado em duplicado e assinado pelo representante do dono da obra que fizer a consignação e pelo empreiteiro ou representante deste.

3 – Nos casos de consignação parcial lavrar-se-ão tantos autos quantas as consignações.

ARTIGO 156.º – **Modificação das condições locais e suspensão do acto da consignação**

1 – Quando se verifiquem, entre as condições locais existentes e as previstas no projecto ou nos dados que serviram de base à sua elaboração, diferenças que possam determinar a necessidade de um projecto de alteração, o acto de consignação será suspenso, salvo se se verificarem as condições estabelecidas para a realização de consignações parciais que, nesse caso, poderão ter lugar quanto às zonas da obra que não sejam afectadas pelo projecto de alteração.

2 – O acto de consignação só poderá ocorrer depois de terem sido notificadas ao empreiteiro as alterações introduzidas no projecto.

ARTIGO 157.º – **Reclamação do empreiteiro**

1 – O empreiteiro deverá exarar as suas reclamações no próprio auto de consignação, podendo limitar-se a enunciar o seu objecto e a reservar o direito de apresentar por escrito exposição fundamentada no prazo de oito dias.

2 – Se o empreiteiro não proceder como se dispõe no número anterior, tomar-se-ão como definitivos os resultados do auto, sem prejuízo, todavia, da possibilidade de reclamar contra erros ou omissões do projecto, se for caso disso.

3 – A reclamação exarada ou enunciada no auto será decidida pelo dono da obra no prazo de 11 dias, a contar da data do auto ou da entrega da exposição, conforme os casos, e com essa decisão terá o empreiteiro de conformar-se para o efeito de prosseguimento dos trabalhos, sem prejuízo de poder impugná-la pelos meios graciosos e contenciosos ao seu dispor.

4 – Atendida pelo dono da obra a reclamação, ou se a notificação da decisão não for expedida no prazo fixado no número anterior, considerar-se-á como não efectuada a consignação na parte em relação à qual deveria ter sido suspensa.

ARTIGO 158.º – **Indemnização**

1 – Se, no caso de o empreiteiro querer usar o direito de rescisão por retardamento ou em seguimento da suspensão do acto da consignação, esse direito lhe for negado pelo dono da obra e posteriormente se verificar, pelos meios competentes, que tal negação era ilegítima, deverá o dono da

obra indemnizá-lo dos danos resultantes do facto de não haver podido exercer o seu direito oportunamente.

2 – A indemnização limitar-se-á aos danos emergentes do cumprimento do contrato que não derivem de originária insuficiência dos preços unitários da proposta ou dos erros desta, e só será devida quando o empreiteiro, na reclamação formulada no auto de consignação, tenha manifestado expressamente a sua vontade de rescindir o contrato, especificando o fundamento legal.

CAPÍTULO III – Plano de trabalhos

ARTIGO 159.º – **Objecto e aprovação do plano de trabalhos**

1 – O plano de trabalhos, que se destina à fixação da sequência, prazo e ritmo de execução de cada uma das espécies de trabalhos que constituem a empreitada e à especificação dos meios com que o empreiteiro se propõe executá-los, inclui, obrigatoriamente, o correspondente plano de pagamentos.

2 – No prazo estabelecido no caderno de encargos ou no contrato e que não poderá exceder 44 dias, contados da data da consignação, o empreiteiro apresentará ao representante do dono da obra, para aprovação, o seu plano definitivo de trabalhos, o qual não poderá, em caso algum, subverter o plano de trabalhos a que se refere o artigo 73.º

3 – O dono da obra pronunciar-se-á sobre o plano de trabalhos no prazo máximo de 22 dias, sob pena de o mesmo se considerar definitivamente aprovado, podendo introduzir fundamentadamente as modificações que considere convenientes, mas não lhe sendo todavia permitido, salvo acordo prévio com o empreiteiro, alterá-lo nos pontos que hajam constituído condição essencial de validade da proposta do empreiteiro.

4 – Aprovado o plano de trabalhos, com ele se deverá conformar a execução da obra.

ARTIGO 160.º – **Modificação do plano de trabalhos**

1 – O dono da obra poderá alterar, em qualquer momento, o plano de trabalhos em vigor, ficando o empreiteiro com o direito a ser indemnizado dos danos sofridos em consequência dessa alteração.

2 – O empreiteiro pode, em qualquer momento, propor modificações ao plano de trabalhos ou apresentar outro para substituir o vigente, justificando a sua proposta, sendo a modificação ou o novo plano aceites desde que deles não resulte prejuízo para a obra ou prorrogação dos prazos de execução.

3 – Em quaisquer situações em que, por facto não imputável ao empreiteiro e que se mostre devidamente justificado, se verifique a necessidade de o plano de trabalhos em vigor ser alterado, deverá aquele apresentar um novo plano de trabalhos e o correspondente plano de pagamento adaptado às circunstâncias, devendo o dono da obra pronunciar-se sobre eles no prazo de 22 dias.

4 – Decorrido o prazo referido no número anterior sem que o dono da obra se pronuncie, consideram-se os planos como aceites.

ARTIGO 161.º – **Atraso no cumprimento do plano de trabalhos**

1 – Se o empreiteiro, injustificadamente, retardar a execução dos trabalhos previstos no plano em vigor, de modo a pôr em risco a conclusão da obra dentro do prazo resultante do contrato, o fiscal da obra poderá notificá-lo para apresentar, nos 11 dias seguintes, o plano dos diversos trabalhos que em cada um dos meses seguintes conta executar, com indicação dos meios de que se vai servir.

2 – Se o empreiteiro não cumprir a notificação prevista no número anterior, ou se a resposta for dada em termos pouco precisos ou insatisfatórios, o fiscal da obra, quando autorizado pelo dono da obra, elaborará novo plano de trabalhos, acompanhado de uma memória justificativa da sua viabilidade, e notificá-lo-á ao empreiteiro.

3 – Nos casos do número anterior, o plano de trabalhos fixará o prazo suficiente para o empreiteiro proceder ao reajustamento ou à organização dos estaleiros necessários à execução do plano notificado.

4 – Se o empreiteiro não der cumprimento ao plano de trabalhos por si próprio apresentado ou que lhe haja sido notificado nos termos dos números antecedentes, poderá o dono da obra requerer a posse administrativa das obras, bem como dos materiais, edificações, estaleiros, ferramentas, máquinas e veículos nela existentes, encarregando pessoa idónea da gerência e administração da empreitada por conta do empreiteiro e procedendo aos inventários, medições e avaliações necessários.

5 – Cumprido o que se dispõe no número anterior, a empreitada continuará assim administrada até à conclusão dos trabalhos, ou seguir-se-á o procedimento adequado previsto no artigo 48.°, em qualquer altura da sua execução, conforme for mais conveniente aos interesses do dono da obra.

6 – Em ambos os casos de que trata o número antecedente, qualquer excesso de despesa ou aumento de preços que se verifique será pago por conta das verbas cujo pagamento, não estando atrasado à data da posse administrativa prevista no n.° 4, for devido ao empreiteiro e pelas cauções prestadas, sem prejuízo do direito que ao dono da obra assiste de se fazer pagar mediante todos os bens daquele, se as referidas quantias forem insuficientes.

7 – Se da administração por terceiros ou do procedimento adoptado resultar qualquer economia, pertencerá esta ao dono da obra e nunca ao empreiteiro, ao qual serão, todavia, neste caso, restituídos o depósito de garantia e as quantias retidas logo que, decorridos os prazos de garantia, a obra se encontre em condições de ser definitivamente recebida, tendo ainda o empreiteiro direito a ser pago, na medida em que a economia obtida o permita, das importâncias correspondentes à amortização do seu equipamento durante o período em que foi utilizado depois da posse administrativa ou do valor do aluguer estabelecido para a utilização desse equipamento pelo novo empreiteiro.

8 – No caso previsto no n.° 4 deste artigo, poderá também o dono da obra, quando o julgue preferível, optar pela rescisão pura e simples do contrato, com perda para o empreiteiro da caução prestada e das quantias cujo pagamento, não estando em atraso na data da posse administrativa, for devido ao empreiteiro.

CAPÍTULO IV – **Execução dos trabalhos**

ARTIGO 162.° – **Data do início dos trabalhos**

1 – Os trabalhos serão iniciados na data fixada no respectivo plano.

2 – O dono da obra poderá consentir que os trabalhos sejam iniciados em data anterior ou posterior, devendo o empreiteiro, em ambos os casos, alegar e provar as razões justificativas.

3 – Caso o empreiteiro não inicie os trabalhos de acordo com o plano, nem obtenha adiamento, o dono da obra poderá rescindir o con-

trato, ou optar pela aplicação da multa contratual, por cada dia de atraso, correspondente a 1(por mil), do valor de adjudicação, se outro montante não estiver estabelecido no caderno de encargos.

4 – No caso de ser rescindido o contrato, serão aplicáveis as normas prescritas para a não comparência do empreiteiro ao acto de consignação.

ARTIGO 163.º – **Elementos necessários para a execução e medição dos trabalhos**

1 – Nenhum elemento da obra será começado sem que ao empreiteiro tenham sido entregues, devidamente autenticados, os planos, perfis, alçados, cortes, cotas de referência e demais indicações necessárias para perfeita identificação e execução da obra de acordo com o projecto ou suas alterações e para a exacta medição dos trabalhos, quando estes devam ser pagos por medições.

2 – Serão demolidos e reconstruídos pelo empreiteiro, à sua custa, sempre que isso lhe seja ordenado por escrito, todos os trabalhos que tenham sido realizados com infracção do disposto no n.º 1 deste artigo ou executados em desconformidade com os elementos nele referidos.

ARTIGO 164.º – **Demora na entrega dos elementos necessários para a execução e medição dos trabalhos**

Se a demora na entrega dos elementos técnicos mencionados no n.º 1 do artigo anterior implicar a suspensão ou interrupção dos trabalhos ou o abrandamento do ritmo da sua execução, proceder-se-á segundo o disposto para os casos de suspensão dos trabalhos pelo dono da obra.

ARTIGO 165.º – **Objectos de arte e antiguidades**

1 – Todos os objectos de arte, antiguidades, moedas e quaisquer substâncias minerais ou de outra natureza, com valor histórico, arqueológico ou científico, encontrados nas escavações ou demolições serão entregues pelo empreiteiro ao fiscal da obra, por auto donde conste especificamente o objecto da entrega.

2 – Quando a extracção ou a desmontagem dos objectos envolverem trabalhos, conhecimentos ou processos especializados, o empreiteiro co-

municará o achado ao fiscal da obra e suspenderá a execução da obra até receber as instruções necessárias.

3 – O descaminho ou a destruição de objectos compreendidos entre os mencionados neste artigo serão participados pelo dono da obra ao Ministério Público da comarca para competente procedimento.

4 – De todos os achados dará o dono da obra conhecimento ao departamento governamental que integra os serviços culturais e de protecção do património.

CAPÍTULO V – **Materiais**

ARTIGO 166.º – **Especificações**

1 – Todos os materiais que se empregarem nas obras terão a qualidade, dimensões forma e demais características designadas no respectivo projecto, com as tolerâncias regulamentares ou admitidas no caderno de encargos.

2 – Sempre que o empreiteiro julgue que as características dos materiais fixadas no projecto ou no caderno de encargos não são tecnicamente aconselháveis ou as mais convenientes, comunicará o facto ao fiscal da obra e fará uma proposta fundamentada de alteração, a qual será acompanhada de todos os elementos técnicos necessários para a aplicação dos novos materiais e execução dos trabalhos correspondentes, bem como da alteração de preços a que a aplicação daqueles materiais possa dar lugar e do prazo em que o dono da obra deve pronunciar-se.

3 – Se o dono da obra não se pronunciar sobre a proposta no prazo nela indicado e não ordenar por escrito a suspensão dos respectivos trabalhos, o empreiteiro utilizará os materiais previstos no projecto ou no caderno de encargos.

4 – Sempre que o projecto, o caderno de encargos ou o contrato não fixem as características dos materiais, é aplicável o disposto nos n.ᵒˢ 2 e 3 do artigo 19.º

5 – Qualquer especificação do projecto ou cláusula do caderno de encargos ou do contrato em que se estabeleça que incumbirá ao dono da obra ou ao seu fiscal a fixação, das características técnicas dos materiais será nula.

6 – O aumento ou diminuição de encargos resultante de alteração das características técnicas dos materiais será, respectivamente, acrescido ou deduzido ao preço da empreitada.

ARTIGO 167.º – **Exploração de pedreiras, saibreiras, areeiros e semelhantes**

1 – Os materiais a aplicar na obra, provenientes da exploração de pedreiras, saibreiras, areeiros ou semelhantes, serão, em regra, extraídos nos locais fixados no projecto, no caderno de encargos ou no contrato e, quando tal exploração não for especificamente imposta, noutros que mereçam a preferência do empreiteiro, sendo, neste caso, a aplicação dos materiais precedida de aprovação do fiscal da obra.

2 – Se o empreiteiro aceitar a extracção dos materiais nos locais fixados no projecto, no caderno de encargos ou no contrato e se, durante a execução da obra e por exigência desta, for necessário que passe a explorar todos ou alguns deles em lugares diferentes, proceder-se-á à rectificação dos custos dos trabalhos onde esses materiais são aplicados, aumentando--se ou deduzindo-se o acréscimo ou a redução de encargos consequentes da transferência dos locais de extracção.

3 – Quando a extracção dos materiais for feita em locais escolhidos pelo empreiteiro, a sua transferência não determinará qualquer alteração do custo dos trabalhos, salvo nos casos previstos nos artigos seguintes ou se resultar da imposição pelo dono ou pelo fiscal da obra da aplicação de materiais com características diferentes das fixadas no projecto ou no caderno de encargos.

4 – Para rectificação do custo dos trabalhos seguir-se-á o disposto relativamente às alterações do projecto.

ARTIGO 168.º – **Expropriações**

1 – Quando no projecto, no caderno de encargos ou no contrato se não fixarem pedreiras, saibreiras ou areeiros de onde o empreiteiro possa extrair os materiais precisos para a construção, poderá, nos termos previstos no Código das Expropriações, requerer a expropriação por utilidade pública urgente e utilizar os meios legais para as explorar à sua custa em prédios particulares, mediante justa indemnização e reparando todos os prejuízos a que der causa pela extracção, transporte e depósito de mate-

riais, devendo, neste caso, apresentar, quando lhe seja exigido pelo dono da obra ou seus agentes, os contratos ou ajustes que, para aquele efeito, tiver celebrado com os proprietários.

2 – Enquanto durarem os trabalhos da empreitada, os terrenos por onde haja de fazer-se o conveniente acesso aos locais de exploração de pedreiras, saibreiras ou areeiros ficam sujeitos ao regime legal de servidão temporária.

ARTIGO 169.º – **Novos locais de exploração**

Se, durante a execução dos trabalhos, o dono da obra, por motivos alheios a esta, tiver necessidade ou conveniência de aplicar materiais provenientes de locais diversos dos fixados no projecto, no caderno de encargos ou no contrato, ou dos escolhidos pelo empreiteiro, poderá ordená-lo, desde que proceda à rectificação do custo dos trabalhos onde esses materiais sejam aplicados.

ARTIGO 170.º – **Materiais pertencentes ao dono da obra ou provenientes de outras obras ou demolições**

1 – Se o dono da obra julgar conveniente empregar nela materiais que lhe pertençam ou provenientes de demolições ou de outras obras, será o empreiteiro obrigado a fazê-lo, descontando-se, se for caso disso, no preço da empreitada o respectivo custo ou rectificando-se o preço dos trabalhos em que devam utilizar-se, seguindo-se para o efeito, no que for aplicável, o disposto no artigo 27.º

2 – O disposto no número anterior não será aplicável se o empreiteiro demonstrar já haver adquirido os materiais necessários para a execução dos trabalhos ou na medida em que o tiver feito.

ARTIGO 171.º – **Aprovação de materiais**

1 – Sempre que deva ser verificada a conformidade das características dos materiais a aplicar com as estabelecidas no projecto, no caderno de encargos ou no contrato, o empreiteiro submeterá os materiais à aprovação do fiscal da obra.

2 – Em qualquer momento poderá o empreiteiro solicitar a aprovação referida, a qual se considera concedida se o fiscal da obra se não

pronunciar nos oito dias subsequentes, a não ser que os ensaios exijam período mais longo, facto que, naquele prazo, se comunicará ao empreiteiro.

3 – O empreiteiro é obrigado a fornecer as amostras de materiais que foram solicitadas pelo fiscal da obra.

4 – A colheita e a remessa das amostras far-se-ão de acordo com as normas oficiais em vigor ou com outras que porventura sejam impostas pelo contrato.

5 – O caderno de encargos da empreitada deverá especificar os ensaios cujo custo de realização deva ser suportado pelo empreiteiro, entendendo-se, em caso de omissão, que os encargos com a realização dos ensaios são da conta do dono da obra.

ARTIGO 172.º – **Reclamação contra a não aprovação de materiais**

1 – Se for negada a aprovação e o empreiteiro entender que deveria ter sida concedida por os materiais satisfazerem as condições do contrato, poderá pedir a imediata colheita de amostras e apresentar ao fiscal da obra a sua reclamação fundamentada, no prazo de cinco dias.

2 – E deferida a reclamação se o fiscal da obra não expedir a notificação da decisão nos cinco dias subsequentes à sua apresentação, a não ser que exijam período mais longo quaisquer novos ensaios a realizar, facto que, naquele prazo, se comunicará ao empreiteiro.

3 – Em caso de indeferimento pelo fiscal da obra, cabe recurso hierárquico, para instrução do qual se poderá proceder a novos ensaios.

4 – O empreiteiro terá direito a ser indemnizado pelo prejuízo sofrido e pelo aumento de encargos resultante da obtenção e aplicação de outros materiais quando, pelos meios competentes, venha a final a ser reconhecida a procedência da sua reclamação.

5 – Os encargos com os novos ensaios a que a reclamação do empreiteiro dê origem impenderão sobre a parte que decair.

ARTIGO 173.º – **Efeitos da aprovação dos materiais**

1 – Aprovados os materiais postos ao pé da obra, não podem os mesmos ser posteriormente rejeitados, salvo se ocorrerem circunstâncias que modifiquem a sua qualidade.

2 – No acto da aprovação dos materiais poderá o empreiteiro exigir que se colham amostras de qualquer deles.

3 – Se a modificação da qualidade dos materiais for devida a circunstâncias imputáveis a culpa do empreiteiro, deverá este substitui-los à sua custa mas, se for devida a caso de força maior, terá o empreiteiro direito a ser indemnizado pelo dono da obra dos prejuízos sofridos com a substituição.

ARTIGO 174.º – **Aplicação dos materiais**

Os materiais devem ser aplicados pelo empreiteiro em absoluta conformidade com as especificações técnicas do contrato, seguindo-se, na falta de tais especificações, as normas oficiais em vigor ou, se estas não existirem, os processos propostos pelo empreiteiro e aprovados pelo dono da obra sob proposta do fiscal da obra.

ARTIGO 175.º – **Substituição de materiais**

1 – Serão rejeitados, removidos para fora da zona dos trabalhos e substituídos por outros com os necessários requisitos os materiais que:
 a) Sejam diferentes dos aprovados;
 b) Não hajam sido aplicados em conformidade com as especificações técnicas do contrato ou, na falta destas, com as normas ou processos a observar e que não possam ser utilizados de novo.
2 – As demolições e a remoção e substituição dos materiais serão de conta do empreiteiro.
3 – Se o empreiteiro entender que não se verificam as hipóteses previstas no n.º 1, poderá pedir a colheita de amostras e reclamar.

ARTIGO 176.º – **Depósito de materiais não destinados á obra**

O empreiteiro não poderá depositar nos estaleiros, sem autorização do fiscal da obra, materiais ou equipamento que não se destinem à execução dos trabalhos da empreitada.

ARTIGO 177.º – **Remoção de materiais**

1 – Se o empreiteiro não retirar dos estaleiros, em prazo que o fiscal da obra fixará de acordo com as circunstâncias, os materiais definitivamente reprovados ou rejeitados e os materiais ou equipamento que não

respeitem à obra, poderá o fiscal fazê-los transportar para onde mais lhe convenha, pagando o que necessário for, tudo à custa do empreiteiro.

2 – Depois de terminada a obra, o empreiteiro é obrigado a remover do local, no prazo fixado pelo caderno de encargos, os restos dos materiais, entulhos, equipamento, andaimes e tudo o mais que tenha servido para a execução dos trabalhos e, se o não fizer, o dono da obra mandará proceder à remoção, à custa do empreiteiro.

CAPÍTULO VI – **Fiscalização**

ARTIGO 178.º – **Fiscalização e agentes**

1 – A execução dos trabalhos será fiscalizada pelos representantes do dono da obra que este, por si ou com acordo das entidades comparticipantes, para tal efeito designe.

2 – Quando a fiscalização seja constituída por dois ou mais representantes, o dono da obra designará um deles para chefiar, como fiscal da obra, e, sendo um só, a este caberão tais funções.

3 – O empreiteiro ou um seu representante permanecerá no local da obra durante a sua execução, devendo estar habilitado com os poderes necessários para responder, perante o fiscal da obra, pela marcha dos trabalhos.

4 – Sem prejuízo do disposto na alínea *n*) do artigo 180.º o fiscal da obra deverá dispor de poderes bastantes e estar habilitado com os elementos indispensáveis para resolver todas as questões que lhe sejam postas pelo empreiteiro para o efeito da normal prossecução dos trabalhos.

5 – Das decisões do fiscal da obra proferidas sobre reclamações do empreiteiro ou seu representante caberá sempre recurso hierárquico para o órgão de que ele depender.

ARTIGO 179.º – **Outros agentes de fiscalização**

1 – A obra e o empreiteiro ficam também sujeitos à fiscalização que, nos termos da lei, incumba a outras entidades.

2 – Nos casos previstos no número anterior todas as ordens dadas e as notificações feitas ao empreiteiro que possam influir no normal desenvolvimento dos trabalhos devem ser comunicadas de imediato e por escrito ao fiscal da obra.

ARTIGO 180.º – **Função da fiscalização**

À fiscalização incumbe vigiar e verificar o exacto cumprimento do projecto e suas alterações, do contrato, do caderno de encargos e do plano de trabalhos em vigor e, designadamente:

a) Verificar a implantação da obra, de acordo com as referências necessárias fornecidas ao empreiteiro;

b) Verificar a exactidão ou o erro eventual das previsões do projecto, em especial, e com a colaboração do empreiteiro, no que respeita às condições do terreno;

c) Aprovar os materiais a aplicar;
d) Vigiar os processos de execução;
e) Verificar as características dimensionais da obra;
f) Verificar, em geral, o modo como são executados os trabalhos;
g) Verificar a observância dos prazos estabelecidos;
h) Proceder às medições necessárias e verificar o estado de adiantamento dos trabalhos;

i) Averiguar se foram infringidas quaisquer disposições do contrato e das leis e regulamentos aplicáveis;

j) Verificar se os trabalhos são executados pela ordem e com os meios estabelecidos no respectivo plano;

l) Comunicar ao empreiteiro as alterações introduzidas no plano de trabalhos pelo dono da obra e a aprovação das propostas pelo empreiteiro;

m) Informar da necessidade ou conveniência do estabelecimento de novas serventias ou da modificação das previstas e da realização de quaisquer aquisições ou expropriações, pronunciar-se sobre todas as circunstâncias que, não havendo sido previstas no projecto, confiram a terceiro direito a indemnização e informar das consequências contratuais e legais desses factos;

n) Resolver, quando forem da sua competência, ou submeter, com a sua informação, no caso contrário, à decisão do dono da obra todas as questões que surjam ou lhe sejam postas pelo empreiteiro e providenciar no que seja necessário para o bom andamento dos trabalhos, para a perfeita execução, segurança e qualidade da obra e facilidade das medições;

o) Transmitir ao empreiteiro as ordens do dono da obra e verificar o seu correcto cumprimento;

p) Praticar todos os demais actos previstos em outros preceitos deste diploma.

ARTIGO 181.º – **Função da fiscalização nas empreitadas por percentagem**

Quando se trate de trabalhos realizados por, percentagem, a fiscalização, além de promover o necessário para que a obra se execute com perfeição e dentro da maior economia possível, deve:

a) Acompanhar todos os processos de aquisição de materiais e tomar as providências que sobre os mesmos se mostrem aconselháveis ou se tornem necessárias, designadamente sugerindo ou ordenando a consulta e a aquisição a empresas que possam oferecer melhores condições de fornecimento, quer em qualidade quer em preço;

b) Vigiar todos os processos de execução, sugerindo ou ordenando, neste caso com a necessária justificação, a adopção dos que conduzam a maior perfeição ou economia;

c) Visar todos os documentos de despesa, quer de materiais, quer de salários;

d) Velar pelo conveniente acondicionamento dos materiais e pela sua guarda e aplicação;

e) Verificar toda a contabilidade da obra, impondo a efectivação dos registos que considere necessários.

ARTIGO 182.º – **Modos de actuação da fiscalização**

1 – Para realização das suas atribuições, a fiscalização dará ordens ao empreiteiro, far-lhe-á avisos e notificações, procederá às verificações e medições e praticará todos os demais actos necessários.

2 – Os actos referidos no número anterior só poderão provar-se, contra ou a favor do empreiteiro, mediante documento escrito.

3 – A fiscalização deverá processar-se sempre de modo a não perturbar o andamento normal dos trabalhos e sem diminuir a iniciativa e correlativa responsabilidade do empreiteiro.

ARTIGO 183.º – **Reclamação contra ordens recebidas**

1 – Se o empreiteiro reputar ilegal, contrária ao contrato ou perturbadora dos trabalhos qualquer ordem recebida, deverá apresentar ao fiscal da obra, no prazo de cinco dias, a sua reclamação, em cujo duplicado será passado recibo.

2 – Se a ordem não tiver sido da autoria do fiscal da obra, encaminhará este imediatamente a reclamação para a entidade competente, pedindo as necessárias instruções.

3 – O fiscal da obra notificará o empreiteiro no prazo de 11 dias da decisão tomada, sendo deferida a reclamação se a notificação da decisão não for expedida nesse prazo.

4 – Em casos de urgência ou de perigo iminente, poderá o fiscal da obra confirmar por escrito a ordem de que penda reclamação, exigindo o seu imediato cumprimento.

5 – Nos casos do número anterior e, bem assim, quando a reclamação for indeferida, será o empreiteiro obrigado a cumprir prontamente a ordem, tendo direito a ser indemnizado do prejuízo e do aumento de encargos que suporte, se vier a ser reconhecida a procedência da sua reclamação.

ARTIGO 184.º – **Falta de cumprimento da ordem**

1 – Se o empreiteiro não cumprir ordem legal, dimanada do fiscal da obra, dada por escrito sobre matéria relativa à execução, nos termos contratuais, da empreitada, e não houver sido absolutamente impedido de o fazer por caso de força maior, assistirá ao dono da obra o direito de, se assim o entender, rescindir o contrato por culpa do empreiteiro.

2 – Se o dono da obra não rescindir o contrato, ficará o empreiteiro responsável pelos danos emergentes da desobediência.

CAPÍTULO VII – Suspensão dos trabalhos

ARTIGO 185.º – **Suspensão dos trabalhos pelo empreiteiro**

1 – O empreiteiro poderá sempre suspender, no todo ou em parte, a execução dos trabalhos por 8 dias seguidos ou 15 dias interpolados.

2 – O empreiteiro poderá suspender, no todo ou em parte, a execução dos trabalhos por mais de 8 dias seguidos ou 15 interpolados, se tal houver sido previsto no plano em vigor ou resulte:

a) De ordem ou autorização do dono da obra ou seus agentes ou de facto que lhes seja imputável;

b) De caso de força maior;

c) De falta de pagamento dos trabalhos executados e das respectivas revisões e eventuais acertos ou quaisquer outras quantias devidas por força do contrato, quando hajam decorrido 22 dias sobre a data do vencimento;

d) De impossibilidade de prossecução dos trabalhos por falta de fornecimento de elementos técnicos;

e) De disposição do presente diploma.

3 – O exercício da faculdade prevista no número anterior deverá ser antecedido de comunicação ao dono da obra, mediante notificação judicial ou carta registada, com menção expressa da alínea invocada.

ARTIGO 186.° – **Suspensão dos trabalhos pelo dono da obra**

1 – Sempre que circunstâncias especiais impeçam que os trabalhos sejam executados ou progridam em condições satisfatórias e, bem assim, quando o imponha o estudo de alterações a introduzir no projecto, o fiscal da obra poderá, obtida a necessária autorização, suspendê-los temporariamente, no todo ou em parte.

2 – No caso de qualquer demora na suspensão envolver perigo iminente ou prejuízos graves para o interesse público, a fiscalização poderá ordenar, sob sua responsabilidade, a suspensão imediata dos trabalhos, informando desde logo do facto o dono da obra.

ARTIGO 187.° – **Autos de suspensão**

1 – Tanto nos casos previstos no artigo anterior como em quaisquer outros em que o dono da obra ordene a suspensão, a fiscalização, com a assistência do empreiteiro ou seu representante, lavrará auto no qual fiquem exaradas as causas que a determinaram, a decisão superior que a autorizou ou as razões de perigo iminente ou prejuízo grave que conduziram a proceder, sem autorização, os trabalhos que abrange e o prazo de duração previsto.

2 – O empreiteiro ou seu representante terá o direito de fazer exarar no auto qualquer facto que repute conveniente à defesa dos seus interesses.

3 – O auto de suspensão será lavrado em duplicado e assinado pelo fiscal da obra e pelo empreiteiro ou representante deste.

4 – Se o empreiteiro, ou seu representante, se recusar a assinar o auto proceder-se-á de acordo com o disposto no n.° 4 do artigo 144.°, aplicando-se a multa prevista no n.° 5 do mesmo artigo.

ARTIGO 188.º – **Suspensão por tempo indeterminado**

Sempre que, por facto que não seja imputável ao empreiteiro, este for notificado da suspensão ou paralisação dos trabalhos, sem que da notificação ou do auto de suspensão conste o prazo desta, presume-se que o contrato foi rescindido por conveniência do dono da obra.

ARTIGO 189.º – **Rescisão em caso de suspensão**

1 – O dono da obra tem direito de rescindir o contrato se a suspensão pelo empreiteiro não houver respeitado o disposto no artigo 185.º

2 – O empreiteiro tem o direito de rescindir o contrato se a suspensão for determinada ou se mantiver:

a) Por período superior a um quinto do prazo estabelecido para a execução da empreitada, quando resulte de caso de força maior;

b) Por período superior a um décimo do mesmo prazo, quando resulte de facto não imputável ao empreiteiro e que não constitua caso de força maior.

3 – Verificando-se a hipótese prevista na alínea *a*) do número anterior, a indemnização a pagar ao empreiteiro limitar-se-á aos danos emergentes.

4 – Quando não se opere a rescisão, quer por não se completarem os prazos estabelecidos no n.º 2, quer por a não requerer o empreiteiro, terá este direito a ser indemnizado dos danos emergentes, bem como, se a suspensão não resultar de caso de força maior, dos lucros cessantes.

ARTIGO 190.º – **Suspensão parcial**

Se, por facto não imputável ao empreiteiro, for ordenada qualquer suspensão parcial de que resulte perturbação do normal desenvolvimento da execução da obra, de acordo com o plano de trabalhos em vigor, terá o empreiteiro direito a ser indemnizado dos danos emergentes.

ARTIGO 191.º – **Suspensão por facto imputável ao empreiteiro**

1 – Quando a suspensão ordenada pelo dono da obra resulte de facto por este imputado ao empreiteiro, tal se mencionará no auto, podendo o empreiteiro reclamar por escrito no prazo de oito dias contra essa imputação.

2 – O dono da obra pronunciar-se-á sobre a reclamação nos 1rdias subsequentes.

3 – Se o dono da obra não expedir a notificação da decisão sobre a reclamação no prazo a que se refere o número anterior, ou se a final se apurar que o facto imputado ao empreiteiro não é causa justificativa da suspensão, proceder-se-á segundo o disposto para a suspensão por facto não imputável ao empreiteiro.

4 – Apurando-se que a suspensão resulta de facto imputável ao empreiteiro, continuará este obrigado ao cumprimento dos prazos contratuais, qualquer que seja o período de suspensão necessariamente derivado do respectivo facto, mas, se o dono da obra mantiver a suspensão por mais tempo do que o que resultaria necessariamente do dito facto, o tempo de suspensão excedente será tratado como provocado por facto não imputável ao empreiteiro.

5 – No caso previsto na primeira parte do número anterior poderá também o dono da obra, quando o julgue preferível, optar pela rescisão do contrato, com perda para o empreiteiro do depósito de garantia e das quantias retidas.

ARTIGO 192.º – **Recomeço dos trabalhos**

Nos casos de suspensão temporária, os trabalhos serão recomeçados logo que cessem as causas que a determinaram, devendo para o efeito notificar-se por escrito o empreiteiro.

ARTIGO 193.º – **Natureza dos trabalhos**

As disposições anteriores não serão aplicáveis quando a suspensão derive necessariamente da própria natureza dos trabalhos previstos, em condições normais de execução.

ARTIGO 194.º – **Prorrogação do prazo contratual**

Sempre que ocorra suspensão não imputável ao empreiteiro, nem decorrente da própria natureza dos trabalhos previstos, considerar-se-ão prorrogados, por período igual ao da suspensão, os prazos do contrato e do plano de trabalhos.

CAPÍTULO VIII – Não cumprimento e revisão do contrato

ARTIGO 195.º – **Caso de força maior e outros factos não imputáveis ao empreiteiro**

1 – Cessa a responsabilidade do empreiteiro por falta ou deficiência ou atraso na execução do contrato quando o incumprimento resulte de facto que lhe não seja imputável, nos termos previstos no presente diploma.

2 – Os danos causados nos trabalhos de uma empreitada por caso de força maior ou qualquer outro facto não imputável ao empreiteiro, nos termos do presente diploma, serão suportados pelo dono da obra quando não correspondam a riscos que devam ser assumidos pelo empreiteiro nos termos do contrato.

3 – Considera-se caso de força maior o facto de terceiro ou facto natural ou situação, imprevisível e inevitável, cujos efeitos se produzam independentemente da vontade ou das circunstâncias pessoais do empreiteiro, tais como actos de guerra ou subversão, epidemias, ciclones, tremores de terra, fogo, raio, inundações, greves gerais ou sectoriais e quaisquer outros eventos da mesma natureza que impeçam o cumprimento do contrato.

ARTIGO 196.º – **Maior onerosidade**

1 – Se o dono da obra praticar ou der causa a facto donde resulte maior dificuldade na execução da empreitada, com agravamento dos encargos respectivos, terá o empreiteiro direito ao ressarcimento dos danos sofridos.

2 – No caso de os danos provados excederem 20% do valor da empreitada, assiste ao empreiteiro, além disso, o direito de rescindir o contrato.

ARTIGO 197.º – **Verificação do caso de força maior**

1 – Ocorrendo facto que deva ser considerado caso de força maior, o empreiteiro deverá, nos oito dias seguintes àquele em que tome conhecimento do evento, requerer ao dono da obra que proceda ao apuramento do facto e à determinação dos seus efeitos.

2 – Logo que o empreiteiro apresente o seu requerimento, a fiscalização procederá, com assistência dele ou do seu representante, à verificação do evento, lavrando-se auto do qual constem:

a) As causas do facto;

b) O estado das coisas depois do facto ou acidente e no que difere do estado anterior;

c) Se tinham sido observadas as regras da arte e as prescrições da fiscalização;

d) Se foi omitida alguma medida que, segundo as regras normais da prudência e experiência, o empreiteiro devesse ter tomado para evitar ou reduzir os efeitos do caso de força maior;

e) Se os trabalhos têm de ser suspensos, no todo ou em parte, definitiva ou temporariamente, especificando-se, no caso de interrupção parcial ou temporária, a parte da obra e o tempo provável em que a interrupção se verificará;

f) O valor provável do dano sofrido;

g) Qualquer outra menção que se julgue de interesse ou que o empreiteiro ou o seu representante peça que se consigne.

3 – O empreiteiro poderá, imediatamente no auto ou nos oito dias subsequentes, formular requerimento fundamentado em que apresente as suas pretensões conforme o que julgar seu direito, discriminando os danos a reparar e o montante destes, se for possível determiná-los nessa data, e impugnar, querendo, o conteúdo do auto.

4 – Recebido o requerimento do empreiteiro, será ele remetido com o auto e devidamente informado pela fiscalização ao dono da obra, que notificará a sua decisão ao empreiteiro no prazo de 15 dias.

5 – O mesmo procedimento, adaptado às circunstâncias, será seguido quando o empreiteiro pretenda ser indemnizado com o fundamento na prática de actos que dificultem ou onerem a execução da empreitada.

6 – Se o empreiteiro não apresentar tempestivamente os requerimentos previstos neste artigo, não poderá mais invocar os seus direitos, salvo se o caso de força maior o houver também impedido de requerer oportunamente o apuramento dos factos.

7 – Se a fiscalização não proceder à verificação da ocorrência de acordo com o disposto no presente artigo, poderá o empreiteiro ou seu representante proceder a ela, lavrando o auto em duplicado, com a presença de duas testemunhas, e remetendo o original desde logo ao dono da obra.

ARTIGO 198.º – **Alteração das circunstâncias**

Quando as circunstâncias em que as partes hajam fundado a decisão de contratar sofram alteração anormal e imprevisível, de que resulte grave aumento de encargos na execução da obra que não caiba nos riscos normais, o empreiteiro terá direito à revisão do contrato para o efeito de, conforme a equidade, ser compensado do aumento dos encargos efectivamente sofridos ou se proceder à actualização dos preços.

ARTIGO 199.º – **Revisão de preços**

1 – O preço das empreitadas de obras públicas será obrigatoriamente revisto, nos termos das cláusulas insertas nos contratos, os quais, todavia, deverão subordinar-se aos princípios fundamentais previstos na lei especial aplicável.

2 – No caso de eventual omissão do contrato relativamente à fórmula de revisão de preços, aplicar-se-á a fórmula tipo estabelecida para obras da mesma natureza.

3 – Se nas datas dos autos de medição, ou nas de apresentação dos mapas a que se refere o n.º 1 do artigo 208.º ainda não forem conhecidos os valores finais dos indicadores económicos a utilizar na revisão dos preços dos trabalhos executados, o dono da obra deverá proceder ao pagamento provisório com base no respectivo valor inicial do contrato, revisto em função dos últimos indicadores conhecidos.

4 – Nos casos do número anterior, logo que sejam publicados os indicadores económicos respeitantes ao mês de execução dos trabalhos ou do período para tal previsto no plano de trabalhos, o dono da obra procederá imediatamente ao cálculo definitivo da revisão, pagando ao empreiteiro ou deduzindo, na situação de trabalhos que se seguir, a diferença apurada.

ARTIGO 200.º – **Defeitos de execução da obra**

1 – Quando a fiscalização reconheça que na obra existem defeitos ou que nela não foram observadas as condições do contrato, lavrará auto a verificar o facto e notificará o empreiteiro, juntando-lhe um duplicado do auto para, dentro de prazo razoável, que lhe será simultaneamente indicado, eliminar os defeitos ou suprir os vícios da obra.

2 – Se for de presumir a existência dos referidos defeitos, mas não puderem ser comprovados por simples observação, o dono da obra poderá, quer durante a execução dos trabalhos, quer depois da conclusão dos mesmos, mas dentro do prazo de garantia, ordenar as demolições necessárias, a fim de apurar se ocorrem ou não tais deficiências, lavrando-se em seguida auto nos termos do número anterior.

3 – Serão de conta do empreiteiro os encargos de demolição e reconstrução se se apurar existirem os defeitos; serão de conta do dono da obra no caso contrário.

4 – Dos autos e notificações referidos nos n.os 1 e 2 deste artigo pode o empreiteiro reclamar e, se os trabalhos de demolição e reconstrução forem de apreciável valor ou puderem atrasar a execução do plano, poderá requerer que a presunção da existência dos defeitos seja confirmada por uma vistoria feita por três peritos, um de sua nomeação, outro indicado pelo dono da obra e o terceiro designado pelo director do Laboratório Nacional de Engenharia Civil.

ARTIGO 201.º – **Multa por violação dos prazos contratuais**

1 – Se o empreiteiro não concluir a obra no prazo contratualmente estabelecido, acrescido de prorrogações graciosas ou legais, ser-lhe-á aplicada, até ao fim dos trabalhos ou à rescisão do contrato, a seguinte multa contratual diária, se outra não for fixada no caderno de encargos:

a) 1 (por mil) do valor da adjudicação, no primeiro período correspondente a um décimo do referido prazo;

b) Em cada período subsequente de igual duração, a multa sofrerá um aumento de 0,5‰, até atingir o máximo de 5 (por mil), sem, contudo e na sua globalidade, poder vir a exceder 20% do valor da adjudicação.

2 – Se o empreiteiro não cumprir prazos parciais vinculativos, quando existam, ser-lhe-á aplicada multa contratual de percentagem igual a metade da estabelecida no número anterior e calculada pela mesma forma sobre o valor dos trabalhos em atraso.

3 – A requerimento do empreiteiro ou por iniciativa do dono da obra, as multas contratuais poderão ser reduzidas a montantes adequados, sempre que se mostrem desajustadas em relação aos prejuízos reais sofridos pelo dono da obra, e serão anuladas quando se verifique que as obras foram bem executadas e que os atrasos no cumprimento de prazos par-

ciais foram recuperados, tendo a obra sido concluída dentro do prazo global do contrato.

4 – Nos casos de recepção provisória de parte da empreitada, as multas contratuais a que se refere o n.º 1 serão aplicadas na base do valor dos trabalhos ainda não recebidos.

5 – A aplicação de multas contratuais nos termos dos números anteriores será precedida de auto lavrado pela fiscalização, do qual o dono da obra enviará uma cópia ao empreiteiro, notificando-o para, no prazo de oito dias, deduzir a sua defesa ou impugnação.

TÍTULO V – **Pagamentos**

CAPÍTULO I – **Pagamento por medição**

ARTIGO 202.º – **Periodicidade e formalidades da medição**

1 – Sempre que deva proceder-se à medição dos trabalhos efectuados, realizar-se-á esta mensalmente, salvo estipulação em contrário.

2 – As medições devem ser feitas no local da obra com a assistência do empreiteiro ou seu representante e delas se lavrará auto, assinado pelos intervenientes, no qual estes poderão fazer exarar tudo o que reputarem conveniente, bem como a colheita de amostras de quaisquer materiais ou produtos de escavação.

3 – Os métodos e critérios a adoptar para realização das medições serão obrigatoriamente estabelecidos no caderno de encargos e, em caso de alterações, os novos critérios de medição, que porventura se tornem necessários, devem ser desde logo definidos.

4 – Se o dono da obra não proceder tempestivamente à medição dos trabalhos efectuados, aplicar-se-á o disposto no artigo 208.º

ARTIGO 203.º – **Objecto da medição**

Proceder-se-á obrigatoriamente à medição de todos os trabalhos executados, ainda quando não se considerem previstos no projecto nem devidamente ordenados e independentemente da questão de saber se devem ou não ser pagos ao empreiteiro.

ARTIGO 204.° – **Erros de medição**

1 – Se em qualquer altura da empreitada se reconhecer que houve erros ou faltas em algum ou alguns dos autos de medição anteriormente lavrados deverá fazer-se a devida correcção no auto de medição que se seguir a esse reconhecimento, caso ambas as partes estejam de acordo quanto ao objecto e quantidades a corrigir.

2 – Quando os erros ou faltas tiverem sido alegados por escrito pelo empreiteiro, mas não forem reconhecidos pela fiscalização, poderá aquele reclamar.

3 – Quando os erros ou faltas forem alegados pela fiscalização, mas não forem reconhecidos pelo empreiteiro, far-se-á a correcção no auto, de medição seguinte, podendo o empreiteiro reclamar dela.

ARTIGO 205.° – **Situação de trabalhos**

1 – Feita a medição, elaborar-se-á a respectiva conta corrente no prazo de 11 dias, com especificação das quantidades de trabalhos apuradas, dos preços unitários, do total creditado, dos descontos a efectuar, dos adiantamentos concedidos ao empreiteiro e do saldo a pagar a este.

2 – A conta corrente e os demais documentos que constituem a situação de trabalhos devem ser verificados e assinados pelo empreiteiro ou um seu representante, ficando um duplicado na posse deste.

3 – Quando se verifique que em qualquer destes documentos existe algum vício ou erro, o empreiteiro deverá formular a correspondente reserva ao assiná-lo.

ARTIGO 206.° – **Reclamação do empreiteiro**

1 – Sempre que o empreiteiro tenha formulado reservas no auto de medição ou lhe haja sido negado o reconhecimento dos erros ou faltas que invocou relativos a autos elaborados anteriormente ou tenham sido considerados outros que ele não reconheça, ou, ainda, haja formulado reservas nos documentos que instruem as situações de trabalhos, deverá apresentar, nos oito dias subsequentes, reclamação em que especifique a natureza dos vícios, erros ou faltas e os correspondentes valores a que se acha com direito.

2 – Se, no prazo fixado no número anterior, o empreiteiro não apresentar reclamação, entender-se-á que se conforma com as medições dos

autos e os resultados dos documentos que instruem a situação dos trabalhos.

3 – Apresentada a reclamação, a mesma é deferida se o dono da obra não expedir a notificação da decisão no prazo de 15 dias a contar da data da apresentação, a não ser que haja de proceder-se a ensaios laboratoriais, exame ou verificações que exijam maior prazo, facto que, no referido prazo de 15 dias, se comunicará ao empreiteiro.

4 – As despesas com a realização de medições especiais para julgamento de reclamações do empreiteiro serão suportadas por este, caso se reconheça que as medições impugnadas estavam certas.

ARTIGO 207.º – **Liquidação e pagamento**

1 – Após a assinatura pelo empreiteiro dos documentos que constituem a situação de trabalhos promover-se-á a liquidação do valor correspondente às quantidades de trabalhos medidos sobre as quais não haja divergências, depois de deduzidos os descontos a que houver lugar nos termos contratuais, notificando-se o empreiteiro dessa liquidação para efeito de pagamento.

2 – Quando não forem liquidados todos os trabalhos medidos, mencionar-se-á o facto mediante nota explicativa inserta na respectiva conta corrente.

3 – Logo que sejam resolvidas as reclamações deduzidas, proceder--se-á à rectificação da conta corrente, liquidando-se ao empreiteiro a importância apurada a seu favor.

4 – Se o julgamento das reclamações conduzir ao reconhecimento de que houve pagamento de quantias não devidas, deduzir-se-á no primeiro pagamento a efectuar, ou no depósito de garantia se a reclamação respeitar ao último pagamento, a importância que se reconheça ter sido paga a mais.

ARTIGO 208.º – **Situações provisórias**

1 – Quando a distância, o difícil acesso ou a multiplicidade das frentes, a própria natureza dos trabalhos ou outras circunstâncias impossibilitarem eventualmente a realização da medição mensal e, bem assim, quando a fiscalização, por qualquer motivo, deixe de fazê-la, o empreiteiro apresentará, até ao fim do mês seguinte, um mapa das quantidades dos trabalhos efectuados no mês anterior, com os documentos respectivos.

2 – Apresentado o mapa e visado pela fiscalização só para o efeito de comprovar a verificação de alguma das condições que nos termos do número anterior justifiquem o procedimento, será considerado como situação provisória de trabalhos e proceder-se-á como se de situação de trabalhos se tratasse.

3 – O visto a que se refere o número anterior deverá ser produzido no prazo de cinco dias, decorridos os quais o mapa se considerará visado para todos os efeitos.

4 – A exactidão das quantidades inscritas nos mapas será verificada no primeiro auto de medição que se efectuar, com base no qual se procederá às rectificações a que houver lugar.

5 – Se o empreiteiro dolosamente inscrever no seu mapa trabalhos não efectuados, o facto será participado ao Ministério Público para competente procedimento criminal e ao Instituto dos Mercados de Obras Públicas e Particulares e do Imobiliário que, sendo o caso, comunicará aqueles factos à entidade que comprova a inscrição na lista oficial de empreiteiros aprovados do país de que seja nacional ou no qual se situe o estabelecimento principal do empreiteiro.

CAPÍTULO II – **Pagamento em prestações**

ARTIGO 209.º – **Pagamento em prestações fixas**

1 – Quando o pagamento for feito em prestações fixas, o empreiteiro apresentará, para o obter, um mapa que defina a situação dos trabalhos efectivamente realizados, o qual será verificado pela fiscalização, no prazo de cinco dias, lavrando-se auto da respectiva diligência.

2 – Na falta de cumprimento das formalidades previstas na parte final do número anterior, o mapa apresentado pelo empreiteiro produzirá de imediato todos os seus efeitos.

ARTIGO 210.º – **Pagamento em prestações variáveis**

Quando o pagamento for feito em prestações variáveis em função das quantidades de trabalhos executadas, observar-se-á, em tudo quanto for aplicável, o regime de medição dos trabalhos nas empreitadas por séries de preços.

CAPÍTULO III – Disposições gerais

ARTIGO 211.º – Desconto para garantia

1 – Das importâncias que o empreiteiro tiver a receber em cada um dos pagamentos parciais será deduzida a percentagem de 5%, para garantia do contrato, em reforço da caução prestada, salvo se outra percentagem se fixar no caderno de encargos.

2 – O disposto no número anterior aplica-se a quaisquer pagamentos que o dono da obra deva efectuar ao empreiteiro.

3 – As importâncias deduzidas serão imediatamente depositadas, em Portugal, em qualquer instituição de crédito.

4 – O desconto pode ser substituído por depósito de títulos ou por garantia bancária ou seguro caução, nos mesmos termos que a caução.

ARTIGO 212.º – Prazos de pagamento

1 – Os contratos devem precisar os prazos em que o dono da obra fica obrigado a proceder ao pagamento dos trabalhos executados e eventuais acertos, os quais não poderão exceder 44 dias, contados, consoante os casos:

a) Das datas dos autos de medição a que se refere o artigo 202.º;

b) Das datas de apresentação dos mapas das quantidades de trabalhos previstos no artigo 208.º;

c) Das datas em que os acertos sejam decididos.

2 – Os contratos devem ainda precisar os prazos em que o dono da obra fica obrigado a proceder ao pagamento das revisões e eventuais acertos, os quais não poderão exceder 44 dias, contados consoante os casos previstos na legislação especial aplicável.

3 – Nos casos em que os contratos não precisem os prazos a que se referem os números anteriores, entender-se-á que serão de 44 dias.

ARTIGO 213.º – Mora no pagamento

1 – Se o atraso no pagamento exceder o prazo estipulado ou fixado por lei nos termos do artigo anterior, será abonado ao empreiteiro o juro calculado a uma taxa fixada por despacho conjunto do Ministro das Finanças e do ministro responsável pelo sector das obras públicas.

2 – Se o atraso na realização de qualquer pagamento se prolongar por mais de 132 dias, terá o empreiteiro o direito de rescindir o contrato.

3 – Em caso de desacordo sobre o montante indicado numa situação de trabalhos, de revisão de preços ou num mapa das quantidades de trabalhos, o pagamento será efectuado sobre a base provisória das somas aceites pelo dono da obra.

4 – Quando as somas pagas forem inferiores àquelas que, finalmente, sejam devidas ao empreiteiro, este terá direito aos juros de mora calculados sobre a diferença e nos termos do n.º 1 do presente artigo.

5 – O pagamento dos juros previstos neste artigo deverá efectuar-se até 22 dias depois da data em que haja tido lugar o pagamento dos trabalhos, revisões ou acertos que lhes deram origem.

ARTIGO 214.º – **Adiantamentos ao empreiteiro**

1 – O dono da obra pode fazer ao empreiteiro adiantamentos pelos materiais postos ao pé da obra e aprovados.

2 – Se no contrato se não estatuir outra coisa, o adiantamento não excederá dois terços do valor dos materiais, no estado em que se encontrarem, valor que será determinado pela série de preços simples do projecto, se nele existirem, ou, no caso contrário, comprovado pela fiscalização.

3 – Nos mesmos termos poderá o dono da obra conceder ao empreiteiro adiantamentos com base no equipamento posto na obra e cuja utilização ou aplicação haja sido prevista no plano de trabalhos.

4 – Nos casos do n.º 3, o valor do equipamento será o aprovado pela fiscalização e o adiantamento não excederá 50% desse valor.

5 – Podará, ainda, mediante pedido fundamentado e prestação de garantia bancária ou seguro caução, ser facultado ao empreiteiro o adiantamento da parte do custo da obra necessário para aquisição de materiais sujeitos a flutuação de preço, bem como de equipamento cuja utilização ou aplicação haja sido prevista no plano de trabalhos aprovado.

6 – O valor global dos adiantamentos feitos com base nos n.ºs 3 e 5 não poderá exceder 50% da parte do preço da obra ainda por receber.

7 – O dono da obra não pode fazer adiantamentos fora dos casos previstos neste artigo.

ARTIGO 215.º – **Reembolso dos adiantamentos**

1 – O reembolso dos adiantamentos previstos no n.º 1 do artigo anterior far-se-á à medida que os materiais forem sendo aplicados e por dedução nos respectivos pagamentos contratuais.

2 – Seja qual for a situação da obra em relação ao plano de trabalhos aprovado, os adiantamentos concedidos nos termos dos n.ºs 3 e 5 do artigo anterior deverão ser gradualmente reembolsados, mediante dedução nos pagamentos previstos no plano de pagamentos, sendo as quantias a deduzir calculadas com base nas fórmulas:

$$a) : \frac{Vri}{Vt} = Va \times Vpi$$

ou

$$b) : \frac{Vri}{Vt} = Va \times Vpi$$

em que:

Vri é o valor de cada reembolso;
Va é o valor do adiantamento;
Vt é o valor dos trabalhos por realizar à data de pagamento do adiantamento;
Vpi é o valor previsto no plano de pagamentos aprovado para cada uma das situações em que se processa o reembolso;
V´pi é o valor dos trabalhos executados sempre que o seu montante seja superior ao montante previsto no cronograma financeiro (plano de pagamentos) para cada uma das situações em que se processam os reembolsos, ou seja, sempre que se verifique que:

$$V´pi > Vpi$$

aplica-se a fórmula da alínea *b)* e deverá ser efectuado o acerto do reembolso nos pagamentos seguintes por forma a chegar-se às últimas situações com todos os adiantamentos reembolsados.

ARTIGO 216.º – **Garantia dos adiantamentos**

1 – O dono da obra gozará de privilégio mobiliário especial, graduado em primeiro lugar, sobre os materiais e equipamentos a que respei-

tem os adiantamentos concedidos, não podendo o empreiteiro aliená-los, onerá-los ou retirá-los do local dos trabalhos sem prévio consentimento escrito daquele.

2 — Nos casos previstos no n.º 5 do artigo 214.º, a garantia prestada será extinta na parte em que o adiantamento deva considerar-se suficientemente assegurado pelo privilégio, logo que os materiais e equipamentos entrem na posse do empreiteiro.

3 – Sem prejuízo do disposto no n.º 2 e à medida que for sendo reembolsado o adiantamento, o dono da obra deverá libertar a parte correspondente da garantia prestada.

TÍTULO VI – **Recepção e liquidação da obra**

CAPÍTULO I – **Recepção provisória**

ARTIGO 217.º – **Vistoria**

1 – Logo que a obra esteja concluída, proceder-se-á, a pedido do empreiteiro ou por iniciativa do dono da obra, à sua vistoria para o efeito de recepção provisória.

2 – O disposto no número anterior aplicar-se-á igualmente à parte ou partes da obra que, por força do contrato, possam ou devam ser recebidas separadamente.

3 – A vistoria será feita pelo representante do dono da obra, com a assistência do empreiteiro ou seus representantes, lavrando-se o auto por todos assinado.

4 – O fiscal da obra convocará, por escrito, o empreiteiro para a vistoria com a antecedência mínima de cinco dias e, se este não comparecer nem justificar a falta, realizar-se-á a diligência com a intervenção de duas testemunhas, que também assinam o auto, notificando-se de imediato ao empreiteiro o conteúdo deste, para os efeitos dos n.os 3, 4 e 5 do artigo seguinte.

5 – Se o dono da obra não proceder à vistoria nos 22 dias subsequentes ao pedido do empreiteiro e não for impedido de a fazer por causa de força maior ou em virtude da própria natureza e extensão da obra, considerar-se-á esta, para todos os efeitos, recebida no termo desse prazo.

ARTIGO 218.º – **Deficiências de execução**

1 – Se, por virtude das deficiências encontradas, que hajam resultado de infracção às obrigações contratuais e legais do empreiteiro, a obra não estiver, no todo ou em parte, em condições de ser recebida, o representante do dono da obra especificará essas deficiências no auto, exarando ainda neste a declaração de não recepção, bem como as respectivas razões, e notificará o empreiteiro, fixando o prazo para que este proceda às modificações ou reparações necessárias.

2 – Pode o dono da obra fazer a recepção provisória da parte dos trabalhos que estiver em condições de ser recebida.

3 – Contra o conteúdo do auto e a notificação feita pode o empreiteiro reclamar no próprio auto ou nos 8 dias subsequentes, devendo o dono da obra pronunciar-se sobre a reclamação no prazo de 15 dias.

4 – Quando o empreiteiro não reclame ou seja indeferida a sua reclamação e não faça nos prazos marcados as modificações ou reparações ordenadas, assistirá ao dono da obra o direito de as mandar efectuar por conta do empreiteiro, accionando as garantias previstas no contrato.

5 – Cumprida a notificação prevista no n.º 1, proceder-se-á a nova vistoria, para o efeito de recepção provisória.

ARTIGO 219.º – **Recepção provisória**

1 – Verificando-se, pela vistoria realizada, que a obra está, no seu todo ou em parte, em condições de ser recebida, isso mesmo será declarado no auto, considerando-se efectuada a recepção provisória em toda a extensão da obra que não seja objecto de deficiência apontada nos termos do artigo anterior e contando-se desde então, para os trabalhos recebidos, o prazo de garantia fixado no contrato.

2 – O empreiteiro poderá deduzir reclamações relativamente a qualquer facto ou circunstância consignados no auto, exarando-as nele ou apresentando-as por escrito nos oito dias subsequentes.

3 – O dono da obra deverá pronunciar-se sobre a reclamação no prazo de 11 dias, salvo se, tornando-se indispensável a realização de quaisquer ensaios, carecer de maior prazo para a decidir, caso em que deverá comunicar o facto ao empreiteiro, fixando desde logo o período adicional de que necessita e que não será superior ao requerido para a realização e apreciação de tais ensaios.

4 – Se o dono da obra não expedir a notificação de decisão nos prazos previstos nos números anteriores, a reclamação é deferida.

CAPÍTULO II – Liquidação da empreitada

ARTIGO 220.º – **Elaboração da conta**

1 – Em seguida à recepção provisória, proceder-se-á, no prazo de 44 dias, à elaboração da conta da empreitada.

2 – Os trabalhos e valores relativamente aos quais existam reclamações pendentes serão liquidados à medida que aquelas forem definitivamente decididas.

ARTIGO 221.º – **Elementos da conta**

A conta da empreitada constará dos seguintes elementos:

a) Uma conta corrente à qual serão levados, por verbas globais, os valores de todas as medições e revisões ou eventuais acertos das reclamações já decididas e dos prémios vencidos e das multas contratuais aplicadas;

b) Um mapa de todos os trabalhos executados a mais ou a menos do que os previstos no contrato, com a indicação dos preços unitários pelos quais se procedeu à sua liquidação;

c) Um mapa de todos os trabalhos e valores sobre os quais haja reclamações, ainda não decididas, do empreiteiro, com expressa referência ao mapa do número anterior, sempre que daquele também constem.

ARTIGO 222.º – **Notificação da conta final ao empreiteiro**

1 – Elaborada a conta, será enviada uma cópia ao empreiteiro no prazo máximo de 8 dias e este notificado, por carta registada com aviso de recepção, para, no prazo de 15 dias, assinar ou deduzir a sua reclamação fundamentada.

2 – Ao empreiteiro será facultado o exame dos documentos necessários à apreciação da conta.

3 – Se o empreiteiro assinar a conta e não deduzir contra ela, no prazo fixado no n.º 1, qualquer reclamação, entender-se-á que a aceita, sem prejuízo, todavia, das reclamações pendentes.

4 – Se o empreiteiro, dentro do prazo fixado no n.º 1, não assinar a conta, nem deduzir contra ela qualquer reclamação, e de tal não houver sido impedido por caso de força maior, entender-se-á que a aceita com os efeitos estabelecidos no número anterior.

5 – Na sua reclamação, o empreiteiro não poderá:

a) Fazer novas reclamações sobre medições;

b) Fazer novas reclamações sobre verbas que constituam mera e fiel reprodução das contas das medições ou das reclamações já decididas;

c) Ocupar-se de reclamações pendentes e ainda não decididas.

6 – Sobre a reclamação do empreiteiro deverá o dono da obra pronunciar-se no prazo de 22 dias.

CAPÍTULO III – **Inquérito administrativo**

ARTIGO 223.º – **Comunicações aos presidentes das câmaras**

No prazo de 22 dias contados da recepção provisória, o dono da obra comunicará aos presidentes das câmaras municipais dos concelhos em que os trabalhos foram executados a sua conclusão, indicando o serviço, e respectiva sede, encarregado da liquidação.

ARTIGO 224.º – **Publicação de éditos**

1 – Os presidentes das câmaras, recebida aquela comunicação, mandarão afixar nos lugares de estilo éditos de 15 dias, chamando todos os interessados para, até 8 dias depois do termo do prazo dos éditos, apresentarem na secretaria municipal, por escrito e devidamente fundamentadas e documentadas, quaisquer reclamações por falta de pagamento de salários e materiais, ou de indemnizações a que se julgam com direito, e, bem assim, do preço de quaisquer trabalhos que o empreiteiro haja mandado executar por terceiros.

2 – A afixação pode ser substituída por duas publicações feitas, com uma semana de intervalo, num jornal local com expansão no concelho, contando-se o prazo de oito dias para a apresentação de reclamações, a partir da data da segunda publicação.

3 – Não serão consideradas as reclamações apresentadas fora do prazo estabelecido nos éditos.

ARTIGO 225.º – **Processos das reclamações**

1 – Findo o prazo para a respectiva apresentação, os presidentes das câmaras municipais enviarão, dentro de oito dias, ao serviço que estiver encarregado da liquidação as reclamações recebidas.

2 – O serviço liquidatário notificará, por carta registada com aviso de recepção, o empreiteiro e as instituições de crédito que hajam garantido as obrigações em causa para, no prazo de 15 dias, contestarem as reclamações recebidas, com a cominação de, não o fazendo, serem havidas por aceites e deferidas.

3 – Havendo contestação, dela será dado conhecimento aos reclamantes dos créditos contestados, avisando-os de que só serão retidas as quantias reclamadas caso, no prazo de 22 dias, seja proposta acção no tribunal competente para as exigir e ao serviço liquidatário seja enviada nos 11 dias seguintes à propositura da acção, certidão comprovativa do facto.

CAPÍTULO IV – **Prazo de garantia**

ARTIGO 226.º – **Duração do prazo**

O prazo de garantia é de cinco anos, podendo o caderno de encargos estabelecer prazo inferior, desde que a natureza dos trabalhos ou o prazo previsto de utilização da obra o justifiquem.

CAPÍTULO V – **Recepção definitiva**

ARTIGO 227.º – **Vistoria**

1 – Findo o prazo de garantia e por iniciativa do dono da obra ou a pedido do empreiteiro, proceder-se-á a nova vistoria de todos os trabalhos da empreitada.

2 – Se pela vistoria se verificar que as obras não apresentam deficiências, deteriorações, indícios de ruína ou de falta de solidez pelos quais deva responsabilizar-se o empreiteiro, proceder-se-á à recepção definitiva.

3 – Serão aplicáveis à vistoria e ao auto de recepção definitiva os preceitos correspondentes da recepção provisória.

ARTIGO 228.º – Deficiências de execução

1 – Se, em consequência da vistoria, se verificar que existem deficiências, deteriorações, indícios de ruína ou de falta de solidez, de responsabilidade do empreiteiro, somente se receberão os trabalhos que se encontrem em bom estado e que sejam susceptíveis de recepção parcial, procedendo o dono da obra, em relação aos restantes, nos termos previstos para o caso análogo da recepção provisória.

2 – A responsabilidade do empreiteiro só existe desde que as deficiências ou vícios encontrados lhe sejam imputáveis e que, se resultarem do uso para que as obras haviam sido destinadas, não constituam depreciação normal consequente desse uso.

CAPÍTULO VI – Restituição dos depósitos de garantia e quantias retidas, extinção da caução e liquidações eventuais

ARTIGO 229.º Restituição dos depósitos e quantias retidas e extinção da caução

1 – Feita a recepção definitiva de toda a obra, serão restituídas ao empreiteiro as quantias retidas como garantia ou a qualquer outro título a que tiver direito e promover-se-á, pela forma própria, a extinção da caução prestada.

2 – A demora superior a 22 dias na restituição das quantias retidas e na extinção da caução, quando imputável ao dono da obra, dá ao empreiteiro o direito de exigir juro das respectivas importâncias, calculado sobre o tempo decorrido desde o dia seguinte ao do decurso daquele prazo, com base na taxa mencionada no n.º 1 do artigo 213.º

3 – No caso de caução prestada por depósito em dinheiro e de reforço de garantia em numerário nos termos do artigo 211.º, a restituição compreenderá, além do capital devido, os juros entretanto vencidos.

4 – É título bastante para a extinção das cauções a apresentação junto das entidades que as emitiram de duplicado ou cópia autenticada do auto da vistoria prevista no n.º 1.

5 – Quando o prazo de garantia for estipulado no caderno de encargos, este fixará igualmente o prazo, nunca superior ao previsto neste artigo

nem para além da recepção definitiva, em que será promovida a extinção da caução prevista no presente artigo.

ARTIGO 230.º – **Dedução de quantias reclamadas no inquérito administrativo**

1 – Quando no inquérito administrativo tiver havido reclamações, o montante a restituir ao empreiteiro dos depósitos de garantia, das importâncias eventualmente ainda em dívida e da caução será diminuído do valor das quantias reclamadas e que o empreiteiro não prove haver, entretanto, satisfeito.

2 – O valor deduzido nos termos do número anterior terá as seguintes aplicações:

a) As importâncias correspondentes a reclamações confessadas, expressa ou tacitamente, pelo empreiteiro e pelas instituições garantes serão directamente pagas aos reclamantes;

b) As importâncias correspondentes a reclamações contestadas pelo empreiteiro ou pelas instituições garantes serão depositadas, em Portugal, em qualquer instituição de crédito, à ordem do juiz do tribunal por onde esteja a correr o processo respectivo, quando os reclamantes provem que este foi proposto no prazo de 22 dias após a data em que receberam a comunicação da existência da contestação.

3 – No caso da alínea *a*) do n.º 2, convocar-se-ão os interessados, por carta registada com aviso de recepção, para, no prazo de 22 dias, receberem as importâncias a que tiverem direito.

4 – O empreiteiro ou a instituição que a ele se haja substituído terá direito a ser imediatamente embolsado das quantias que não houverem sido tempestivamente recebidas nos termos do n.º 3 e, bem assim, a requerer o levantamento da parte do depósito correspondente a quantias reclamadas, mas não exigidas judicialmente, no prazo de 22 dias contados da comunicação feita aos reclamantes de ter havido contestação às suas reclamações, salvo se estes provarem não o terem feito por impossibilidade legal.

ARTIGO 231.º – **Pagamento dos trabalhos posteriores à recepção provisória**

Se, posteriormente à recepção provisória, o empreiteiro executar trabalhos que lhe devam ser pagos, aplicar-se-á, para pagamentos parciais, o disposto quanto a pagamentos por medição e para a liquidação final deles, a fazer logo em seguida à recepção definitiva, o estabelecido para a liquidação da empreitada.

ARTIGO 232.º – **Deduções a fazer**

Se, por qualquer razão legal ou contratualmente prevista, houver de fazer-se alguma dedução nos depósitos de garantia, ou de exigir-se responsabilidade a satisfazer por aqueles ou pelos bens do empreiteiro, proceder-se-á à liquidação das quantias a deduzir ou do montante da responsabilidade.

CAPÍTULO VII – **Liquidação e pagamento das multas e prémios contratuais**

ARTIGO 233.º – **Liquidação das multas e prémios**

1 – As multas contratuais aplicadas ao empreiteiro e os prémios a que tiver direito no decurso da execução da obra até à recepção provisória serão descontados ou acrescidos no primeiro pagamento contratual que se lhes seguir.

2 – As multas contratuais aplicadas e os prémios concedidos posteriormente à recepção provisória serão liquidados e pagos nos termos estabelecidos para as deduções ou pagamentos nesse período.

3 – Nenhuma sanção se considerará definitivamente aplicada sem que o empreiteiro tenha conhecimento dos motivos da aplicação e ensejo de deduzir a sua defesa.

4 – Feita a recepção provisória, não poderá haver lugar à aplicação de multas contratuais correspondentes a factos ou situações anteriores.

5 – O prémio relativo à conclusão antecipada da obra só se pagará, no prazo de 44 dias, após a data de recepção provisória.

TÍTULO VII – Rescisão e resolução convencional da empreitada

ARTIGO 234.º – **Efeitos da rescisão**

1 – Nos casos de rescisão por conveniência do dono da obra ou pelo exercício de direito do empreiteiro, será este indemnizado dos danos emergentes e dos lucros cessantes que em consequência sofra.

2 – Se o empreiteiro o preferir, poderá, em vez de aguardar a liquidação das perdas e danos sofridos, receber como única indemnização a quantia correspondente a 10% da diferença entre o valor dos trabalhos executados e o valor dos trabalhos adjudicados, incluindo a revisão de preços correspondente.

3 – Se a rescisão for decidida pelo dono da obra a título de sanção aplicável por lei ao empreiteiro, este suportará inteiramente as respectivas consequências naturais e legais.

4 – A rescisão não produz, em regra, efeito retroactivo.

5 – A falta de pagamento da indemnização prevista no n.º 2 dentro do prazo de 22 dias contados da data em que o montante se encontre definitivamente apurado confere ao empreiteiro o direito a juros de mora sobre a respectiva importância, nos termos do n.º 1 do artigo 213.º

ARTIGO 235.º – **Rescisão pelo dono da obra**

1 – Pertencendo o direito de rescisão ao dono da obra, será o empreiteiro notificado da intenção do seu exercício, dando-se-lhe prazo não inferior a cinco dias para contestar as razões apresentadas.

2 – Rescindido o contrato, o dono da obra tomará logo, com a assistência do empreiteiro, posse administrativa da obra.

ARTIGO 236.º – **Posse administrativa**

1 – Sempre que, nos termos da lei, o dono da obra esteja autorizado a tomar posse administrativa dos trabalhos em curso tem de oficiar os governadores civis em. cuja área a obra se situe, solicitando que, nos seis dias seguintes à recepção do ofício, seja empossado dos trabalhos e indicando desde logo a entidade a quem, em sua representação, deve ser notificada a data da posse.

2 – Havendo trabalhos em curso da mesma obra em diversos concelhos, o dono da obra tomará as necessárias providências para que a posse seja conferida em dias sucessivos, fazendo guardar desde logo os locais para que deles não possam ser indevidamente desviados quaisquer bens do empreiteiro.

3 – Recebido o ofício, o governador civil marcará a data e mandará logo notificar os representantes do dono da obra e do empreiteiro para comparecerem no lugar onde estiverem situados os estaleiros da obra ou onde se encontre material do empreiteiro.

4 – No dia fixado, comparecerão no local o representante do governador civil e os representantes do dono da obra e, esteja ou não presente o empreiteiro, logo o primeiro dará posse das obras, incluindo terrenos consignados ou ocupados, materiais, edificações próprias ou arrendadas, estaleiros, ferramentas, máquinas e veículos afectos à obra, inventariando-os em auto, que será lavrado pelo funcionário que acompanhar a autoridade empossante e firmado, por esta, pelo representante do dono da obra e pelo empreiteiro, quando presente.

5 – Se algum dos presentes apresentar inventário recente, digno de crédito, será este conferido e apenso ao auto, com os aditamentos e correcções convenientes, dispensando-se nova inventariação.

6 – Quando o inventário não possa ficar concluído num só dia, a posse será logo conferida ao representante do dono da obra, prosseguindo a inventariação nos dias seguintes.

7 – No auto ou nos cinco dias subsequentes poderá o empreiteiro ou seu representante formular reclamações, mas só quando considere alguma coisa indevidamente inventariada.

8 – Nos 11 dias seguintes ao encerramento do auto o dono da obra decidirá as reclamações, mandando ou não restituir as coisas inventariadas, presumindo-se na falta de decisão o indeferimento.

9 – Nas Regiões Autónomas dos Açores e da Madeira a posse administrativa referida no n.º 1 é requerida pelo dono da obra ao Ministro da República, quando as obras sejam da iniciativa do Estado ou de serviços dependentes do Governo, ou ao Governo Regional, nos demais casos, seguindo-se a restante tramitação prevista no presente artigo.

ARTIGO 237.º – **Prossecução dos trabalhos pelo dono da obra**

1 – O dono da obra poderá utilizar na execução dos trabalhos as máquinas, materiais, ferramentas, utensílios, edificações, estaleiros e veí-

culos de que tomou posse mediante aluguer ou compra, por preço acordado ou fixado em arbitragem ou judicialmente, o qual será depositado como garantia adicional das responsabilidades do empreiteiro.

2 – O empreiteiro poderá requerer que lhe sejam entregues as máquinas, materiais, ferramentas, utensílios, edificações, estaleiros e veículos que o dono da obra não quiser utilizar nos termos do número anterior, prestando caução de valor equivalente ao do inventário por depósito de dinheiro ou títulos, fiança bancária, hipoteca ou penhor.

3 – Os materiais existentes na obra e sujeitos a deterioração terão o seguinte destino:

a) Se estiverem aprovados ou em condições de merecer aprovação, serão obrigatoriamente adquiridos pelo dono da obra pelo preço unitário respectivo, se existir, ou o de factura, no caso contrário, retendo-se, contudo, o seu valor como garantia adicional da responsabilidade do empreiteiro;

b) Se não estiverem nas condições da alínea anterior, poderão ser levantados pelo empreiteiro, que os removerá do local da obra no prazo razoável que lhe for marcado, sob pena de essa remoção ser feita pelo dono da obra, mas debitando o custo do transporte ao empreiteiro.

ARTIGO 238.º – **Processo de rescisão pelo empreiteiro**

1 – Nos casos em que no presente diploma seja reconhecido ao empreiteiro o direito de rescisão do contrato, o exercício desse direito terá lugar mediante requerimento, dirigido ao dono da obra nos 15 dias subsequentes à verificação do facto justificativo do direito, e no qual o pedido fundamentado é instruído com os documentos que possam comprovar as razões invocadas.

2 – Em caso algum poderá o empreiteiro paralisar os trabalhos ou alterar o cumprimento do plano da empreitada em curso, devendo aguardar, para entrega da obra realizada, a resolução do requerimento.

3 – Se o requerimento for indeferido ou decorrerem 15 dias sem resolução, o empreiteiro poderá requerer ao tribunal administrativo do círculo competente que o dono seja notificado a tomar posse da obra e a aceitar a rescisão do contrato.

4 – Recebido o requerimento para efeitos do disposto no número anterior, o qual deverá ser instruído com cópia do requerimento da rescisão da empreitada e dos documentos que o acompanhavam, será imedia-

tamente citado o dono da obra para, no prazo de oito dias, responder o que se lhe oferecer e se a resposta não for dada em tempo, ou contiver oposição ao pedido, o juiz poderá, tomando em consideração a natureza dos prejuízos que da prossecução dos trabalhos possam resultar para o empreiteiro, bem como os que da suspensão possam provir para o interesse público, autorizar a suspensão dos trabalhos pelo empreiteiro.

5 – Autorizada pelo juiz a suspensão dos trabalhos, o empreiteiro fica com direito a retirar da obra as máquinas, veículos, utensílios e materiais não afectos a qualquer garantia, devendo propor a competente acção de rescisão contra o dono da obra dentro do prazo de 66 dias.

ARTIGO 239.º – **Posse da obra consequente á rescisão pelo empreiteiro**

1 – Quando a rescisão for resultante do exercício de direito do empreiteiro, o dono da obra tomará posse desta e dos materiais, ferramentas, utensílios e edificações que lhe pertencerem, mediante auto de inventário dos bens, no qual figurarão as medições dos trabalhos executados.

2 – Nos casos previstos no número anterior, o dono da obra é obrigado:

a) A comprar, pelos preços convencionados ou que resultarem de arbitragem ou decisão judicial, as máquinas, ferramentas, utensílios, edificações e estaleiros adquiridos e aprovados para a execução das obras e com os quais o empreiteiro não quiser ficar;

b) A comprar, pelo preço de factura, os materiais aprovados existentes na obra e, bem assim, os que, embora se não achem ao pé da obra, se prove terem sido para ela adquiridos pelo empreiteiro, desde que reúnam as qualidades necessárias para poderem ser aceites e não excedam as quantidades precisas.

3 – O empreiteiro poderá sempre, se o preferir, ficar com todos ou alguns dos materiais e equipamentos referidos no número anterior, devendo, nesse caso, removê-los do local dos trabalhos no prazo razoável que lhe for marcado, sob pena de tal remoção ser feita pelo dono da obra, mas debitando o custo do transporte ao empreiteiro.

ARTIGO 240.º – **Resolução convencional do contrato**

1 – O dono da obra e o empreiteiro podem, por acordo e em qualquer momento, resolver o contrato.

2 – Os efeitos da resolução convencional do contrato serão fixados no acordo.

ARTIGO 241.º – **Liquidação final**

1 – Em todos os casos de rescisão, resolução convencional ou caducidade do contrato se procederá à liquidação final, reportada à data em que se verifiquem.

2 – Havendo danos a indemnizar que não possam determinar-se imediatamente com segurança, far-se-á a respectiva liquidação em separado, logo que o seu montante for tornado certo por acordo ou por decisão judicial ou arbitral.

3 – O saldo da liquidação será retido pelo dono da obra, como garantia, até se apurar a responsabilidade do empreiteiro.

ARTIGO 242.º – **Pagamento da indemnização devida ao dono da obra**

1 – Sendo a rescisão imposta pelo dono da obra, logo que esteja fixada a responsabilidade do empreiteiro será o montante respectivo deduzido dos depósitos, garantias e quantias devidos, pagando-se-lhe o saldo, se existir.

2 – Se os depósitos, garantias e quantias devidos não chegarem para integral cobertura das responsabilidades do empreiteiro, poderá este ser executado nos bens e direitos que constituírem o seu património.

TÍTULO VIII – **Concessões de obras públicas**

ARTIGO 243.º – **Partes do contrato**

As partes do contrato de concessão de obras públicas são o concedente e o concessionário.

ARTIGO 244.º – **Concurso**

A celebração de um contrato de concessão de obras públicas será obrigatoriamente precedida de concurso público, iniciando-se com a publicação de anúncio, conforme modelo reproduzido no anexo VI.

ARTIGO 245.º – **Publicações**

A publicidade dos concursos para a celebração de contratos de concessão de obras públicas deve obedecer ao disposto no artigo 52.º do presente diploma.

ARTIGO 246.º – **Prazo para apresentação das propostas**

O concedente fixará um prazo para a apresentação das propostas, o qual não poderá ser inferior a 52 dias.

ARTIGO 247.º – **Da intervenção do Procurador-Geral da República no acto público do concurso**

O acto público do concurso deverá ser sempre assistido pelo Procurador-Geral da República ou por um seu representante.

ARTIGO 248.º – **Subcontratação**

1 – O concedente pode impor ao concessionário de obras públicas que confie a terceiros uma percentagem das obras objecto do contrato no equivalente a, pelo menos, 30% do valor total da obra, caso em que esta percentagem deverá figurar no contrato.

2 – O concedente pode igualmente convidar os concorrentes a indicar nas suas propostas a eventual percentagem do valor global das obras objecto de concessão que tencionam confiar a terceiros, caso em que esta percentagem deverá figurar no contrato.

3 – Para efeito do disposto no número anterior, não são considerados terceiros as empresas que se tenham agrupado para obter a concessão, nem as empresas a elas associadas.

4 – Por empresa associada entende-se qualquer empresa em que o concessionário possa exercer, directa ou indirectamente, uma influência dominante, ou qualquer empresa que possa exercer uma influência dominante sobre o concessionário ou que, tal como o concessionário, esteja sujeita à influência dominante de outra empresa em virtude da propriedade, da participação financeira ou das regras que a regem.

5 – Presume-se a existência de influência dominante quando, directa ou indirectamente, em relação a outra, uma empresa se enquadre em alguma das seguintes situações:

a) Detenha a maioria do capital subscrito da empresa;
b) Disponha da maioria dos votos correspondentes às acções ou partes de capital emitidas pela empresa;
c) Possa designar mais de metade dos membros do órgão de administração, de direcção ou de fiscalização da empresa.

6 – A lista exaustiva dessas empresas deve ser anexada à proposta, devendo ser actualizada pelo concessionário em função das alterações que ocorram posteriormente nos vínculos existentes entre as empresas.

ARTIGO 249.º – **Cláusulas do caderno de encargos**

Do caderno de encargos deverá constar, nomeadamente, o prazo de vigência da concessão, as condições e o modo de exercício do direito de resgate, as condições e o modo de exercício do direito de sequestro.

ARTIGO 250.º – **Direito de fiscalização**

O concedente terá sempre o direito de fiscalizar a actividade da entidade concessionária, sem prejuízo do disposto em legislação especial.

ARTIGO 251.º – **Forma do contrato**

O contrato de concessão de obras públicas deve ser sempre celebrado por documento autêntico, sob pena de nulidade.

ARTIGO 252.º – **Concessionários não abrangidos pelo artigo 3.º**

1 – Quando o valor da obra seja igual ou superior ao previsto no n.º 2 do artigo 52.º, os concessionários de obras públicas que não sejam donos de obra na acepção do artigo 3.º devem publicar anúncio conforme modelo reproduzido no anexo VI.

2 – Não ficam sujeitos às regras de publicidade previstas no artigo 52.º os contratos relativamente aos quais se verifique qualquer das situações previstas na alínea d) do n.º 1 do artigo 137.º

3 – O prazo de recepção dos pedidos de participação não poderá ser inferior a 37 dias a contar do dia seguinte ao da data da publicação no *Diário da República*.

4 – O prazo de recepção das propostas não poderá ser inferior a 40 dias a contar da data da recepção dos convites ou do dia seguinte ao da data da publicação no *Diário da República*, consoante os casos.

5 – Os concessionários previstos neste artigo apenas têm de aplicar as regras do presente diploma relativas à publicidade e aos prazos, para as quais expressamente se remete nos números anteriores.

TÍTULO IX – Contencioso dos contratos

ARTIGO 253.º – **Tribunais competentes**

1 – As questões que se suscitem sobre interpretação, validade ou execução do contrato de empreitada de obras públicas, que não sejam dirimidas por meios graciosos, poderão ser submetidas aos tribunais.

2 – Os tribunais competentes são os administrativos, podendo as partes, todavia, acordar em submeter o litígio a um tribunal arbitral.

ARTIGO 254.º – **Forma do processo**

1 – Revestirão a forma de acção as questões submetidas ao julgamento dos tribunais administrativos sobre interpretação, validade ou execução do contrato.

2 – As acções serão propostas no tribunal administrativo do círculo competente.

ARTIGO 255.º – **Prazo de caducidade**

As acções deverão ser propostas, quando outro prazo não esteja fixado na lei, no prazo de 132 dias contados desde a data da notificação ao empreiteiro da decisão ou deliberação do órgão competente para praticar actos definitivos, em virtude da qual seja negado algum direito ou pretensão do empreiteiro ou o dono da obra se arrogue direito que a outra parte não considere fundado.

ARTIGO 256.º – **Aceitação do acto**

1 – O cumprimento ou acatamento pelo empreiteiro de qualquer decisão tomada pelo dono da obra ou pelos seus representantes não se considera aceitação tácita da decisão acatada.

2 – Todavia, se, dentro do prazo de oito dias a contar do conhecimento da decisão, o empreiteiro não reclamar ou não formular reserva dos seus direitos, a decisão é aceite.

ARTIGO 257.º – **Matéria discutível**

O indeferimento de reclamações, formuladas oportunamente pelo empreiteiro ao dono da obra, não inibe o empreiteiro de discutir a matéria dessas reclamações, em acção para o efeito proposta, com observância do disposto nos artigos 255.º e 256.º

ARTIGO 258.º – **Tribunal arbitral**

1 – No caso de as partes optarem por submeter o diferindo a tribunal arbitral, o respectivo compromisso deverá ser assinado antes de expirado o prazo de caducidade do direito.

2 – O tribunal arbitral será constituído e funcionará nos termos da lei, entendendo-se, porém, que os árbitros julgarão sempre segundo a equidade.

3 – Quando o valor do litígio não seja superior a 20 000 000$, poderá ser designado um só árbitro.

ARTIGO 259.º – **Processo arbitral**

1 – O processo arbitral será simplificado nos seguintes termos:
 a) Haverá unicamente dois articulados: a petição e a contestação;
 b) Só poderão ser indicadas duas testemunhas por cada facto contido no questionário;
 c) A discussão será escrita.

2 – Proferida a decisão e notificada às partes, o processo será entregue no Conselho Superior de Obras Públicas e Transportes, onde ficará arquivado, competindo ao presidente do Conselho Superior decidir tudo quanto respeite aos termos da respectiva execução por parte das entidades

administrativas, sem prejuízo da competência dos tribunais administrativos para a execução das obrigações do empreiteiro, devendo ser remetida ao juiz competente cópia da decisão do tribunal arbitral para efeitos do processo executivo. ([1])

3 – Para os efeitos previstos na lei, será remetida cópia da decisão do tribunal arbitral ao Instituto dos Mercados de Obras Públicas e Particulares e do Imobiliário que, sendo o caso, comunicará aqueles factos à entidade que comprova a inscrição na lista oficial de empreiteiros aprovados do país de que seja nacional ou no qual se situe o estabelecimento principal do empreiteiro.

ARTIGO 260.º – **Tentativa de conciliação**

1 – As acções a que se refere o artigo 254.º deverão ser precedidas de tentativa de conciliação extrajudicial perante uma comissão composta por um representante de cada uma das partes e presidida pelo presidente do Conselho Superior de Obras Públicas e Transportes ou pelo membro qualificado do mesmo Conselho que aquele, para o efeito, designar.

2 – Os representantes das partes deverão ter qualificação técnica ou experiência profissional adequada no domínio das questões relativas às empreitadas de obras públicas.

ARTIGO 261.º – **Processo da conciliação**

1 – O requerimento para a tentativa de conciliação será apresentado em duplicado é dirigido ao presidente do Conselho Superior de Obras Públicas e Transportes, devendo conter, além da identificação do requerido, a exposição dos factos referentes ao pedido e a sua fundamentação.

2 – O requerido será notificado para, no prazo de oito dias, apresentar resposta escrita, sendo-lhe para o efeito entregue cópia do pedido.

3 – A tentativa de conciliação terá lugar no prazo máximo de 44 dias contados do termo do prazo para o requerido responder, salvo adiamento por motivo que seja reputado justificação bastante, sendo as partes notificadas para comparecer e indicar, no prazo de 5 dias, os seus representantes para a comissão.

([1]) Redacção da L 13/2002 de 19 de Fevereiro.

4 – Os representantes das partes que deverão integrar a comissão serão convocados pelo Conselho Superior de Obras Públicas e Transportes, com uma antecedência não inferior a cinco dias em relação à data designada para a tentativa de conciliação.

5 – A comparência dos representantes das partes deverá verificar-se pessoalmente ou através de quem se apresente munido de procuração ou credencial que contenha poderei expressos e bastantes para as obrigar na tentativa de conciliação.

6 – Na tentativa de conciliação a comissão deverá proceder a um exame cuidado da questão, nos aspectos de facto e de direito que a caracterizam, nessa base devendo, em seguida, tentar a obtenção de um acordo entre as partes, tanto quanto possível justo e razoável.

7 – Todas as notificações e convocatórias para o efeito de tentativa de conciliação ou que lhe sejam subsequentes serão feitas por carta registada com aviso de recepção.

ARTIGO 262.º – **Acordo**

1 – Havendo conciliação, é lavrado auto, do qual devem constar todos os termos e condições do acordo, que o Conselho Superior de Obras Públicas e Transportes tem de submeter imediatamente à homologação do membro do Governo responsável em matéria de obras públicas, com a faculdade de delegação.

2 – Os autos de conciliação devidamente homologados constituem título exequível e só lhes poderá ser deduzida oposição baseada nos mesmos fundamentos que servem de oposição à execução da sentença.

3 – Dos autos de conciliação já homologados será remetida uma cópia autenticada a cada uma das partes.

ARTIGO 263.º – **Não conciliação**

Se se frustrar a conciliação ou, por facto imputável a qualquer das partes, não for possível realizar a diligência e ainda se for recusada a homologação ao acordo efectuado ou esta homologação não se verificar no prazo de 44 dias contados da data em que tenha sido solicitada, será entregue ao requerente, para efeitos do disposto no artigo 254.º, cópia do auto respectivo, acompanhada, se for caso disso, de documento comprovativo da situação ocorrida.

ARTIGO 264.º – **Interrupção da prescrição e da caducidade**

O pedido de tentativa de conciliação interrompe o prazo de prescrição do direito e de caducidade da respectiva acção, que voltarão a correr 22 dias depois da data em que o requerente receba documento comprovativo da impossibilidade de realização ou da inviabilidade da diligência.

TÍTULO X – Subempreitadas

ARTIGO 265.º – **Princípios gerais**

1 – Só poderão executar trabalhos em obras públicas, como subempreiteiros, as entidades referidas nas alíneas *a*), *b*) e *c*) do artigo 54.º

2 – O disposto no numero anterior aplica-se quer às subempreitadas que resultem de contrato entre o empreiteiro adjudicatário da obra pública e o seu subempreiteiro, quer as efectuadas entre um subempreiteiro e um terceiro.

3 – O empreiteiro de obras públicas adjudicatário de uma obra pública não poderá subempreitar mais de 75% do valor da obra que lhe foi adjudicada.

4 – O regime previsto no número anterior é igualmente aplicável às subempreitadas subsequentes.

5 – O empreiteiro não poderá proceder à substituição dos subempreiteiros que figurem no contrato sem obter previamente autorização do dono da obra.

6 – O dono da obra não poderá opor-se à escolha do subempreiteiro pelo empreiteiro de obras públicas adjudicatário da obra, salvo se aquele não dispuser de condições legais para a execução da obra que lhe foi subcontratada.

ARTIGO 266.º – **Contrato de empreitada**

1 – Para efeitos do disposto no presente diploma, subempreitada é o contrato de empreitada emergente, mediata ou imediatamente, de um contrato administrativo de empreitada de obras públicas.

2 – O contrato referido no número anterior constará de documento particular outorgado pelas partes contratantes.

3 – Deste contrato constarão, necessariamente, os seguintes elementos:

a) A identificação de ambas as entidades outorgantes, indicando o seu nome ou denominação social, número fiscal de contribuinte ou de pessoa colectiva, estado civil e domicílio ou, no caso de ser uma sociedade, a respectiva sede social e, se for caso disso, as filiais que interessam à execução do contrato, os nomes dos titulares dos corpos gerentes ou de outras pessoas com poderes para obrigar no acto;

b) Identificação dos títulos de que constem as autorizações para o exercício da actividade de empreiteiro de obras públicas;

c) Especificação técnica da obra que for objecto do contrato;

d) Valor global do contrato;

e) Forma e prazos de pagamento, os quais devem ser estabelecidos em condições idênticas às previstas no contrato entre o dono da obra pública e o empreiteiro.

4 – A não observância integral do disposto nos n.ºs 2 e 3 do presente artigo determina a nulidade do contrato.

5 – O empreiteiro não poderá, porém, opor ao subempreiteiro a nulidade prevista no artigo anterior.

6 – No caso em que uma entidade que deseje concorrer a uma empreitada de obras públicas careça para tal de se apresentar com subempreiteiro habilitado com as autorizações em falta, por não dispor de alguma subcategoria essencial para esse concurso, as declarações de compromisso previstas na alínea *f*) do n.º 1 do artigo 73.º devem ser subscritas pelo concorrente e por cada um dos subempreiteiros e ser acompanhadas dos certificados de classificação de empreiteiro de obras públicas, ou respectivas cópias autenticadas, ou dos certificados de inscrição em lista oficial de empreiteiros aprovados com as características indicadas no n.º 1 do artigo 68.º, consoante as situações.

7 – Em qualquer caso, as declarações referidas no número anterior devem mencionar sempre o nome dos subempreiteiros, o seu endereço, a titularidade dos respectivos certificados contendo as autorizações exigidas no concurso e o valor e a natureza dos trabalhos objecto de subempreitada.

ARTIGO 267.º – Direito de retenção

1 – Os subempreiteiros podem reclamar junto do dono da obra pelos pagamentos em atraso que sejam devidos pelo empreiteiro, podendo o dono da obra exercer o direito de retenção de quantias do mesmo montante devidas ao empreiteiro e decorrentes do contrato de empreitada de obra pública.

2 – As quantias retidas nos termos do número anterior serão pagas directamente ao subempreiteiro, caso o empreiteiro, notificado para o efeito pelo dono de obra, não comprove haver procedido à liquidação das mesmas nos 15 dias imediatos à recepção de tal notificação.

ARTIGO 268.º – Obrigações do empreiteiro

No âmbito do disposto no presente diploma, são obrigações do empreiteiro, sem prejuízo das responsabilidades que lhe cabem perante o dono da obra:

a) Assegurar-se de que o subempreiteiro possui as autorizações de empreiteiro de obras públicas necessárias à execução da obra a subcontratar;

b) Zelar pelo escrupuloso cumprimento do disposto no artigo 266.º;

c) Depositar cópia dos contratos de subempreitada que efectue, junto do dono da obra, previamente à celebração do contrato do qual emergem, quando se trate de autorizações necessárias para a apresentação a concurso;

d) Depositar cópias dos contratos de subempreitada que efectue, junto do dono da obra, previamente ao início dos trabalhos, quando se trate de outras autorizações;

e) Efectuar os pagamentos devidos aos subempreiteiros e fornecedores em prazos e condições que não sejam mais desfavoráveis do que os estabelecidos nas relações com o dono da obra.

ARTIGO 269.º – Obrigações dos donos de obra

No âmbito do disposto no presente título, incumbe aos donos de obras públicas:

a) Assegurar-se do cumprimento da lei por parte das entidades que executam trabalhos em obras públicas sob sua responsabilidade;

b) Comunicar o incumprimento do disposto no presente título ao Instituto dos Mercados de Obras Públicas e Particulares e do Imobiliário;

c) Comunicar ao Instituto de Desenvolvimento e Inspecção das Condições de Trabalho as irregularidades verificadas em matéria da competência deste organismo;

d) Participar ao Instituto dos Mercados de Obras Públicas e Particulares e do Imobiliário os casos em que detecte o exercício ilegal da profissão por parte do subempreiteiro ou a utilização por este de pessoal em violação do disposto no artigo seguinte.

ARTIGO 270.º – **Prestações de serviço**

1 – Para além das subempreitadas, ficam proibidas todas as prestações de serviço para a execução de obras públicas.

2 – O disposto no número anterior não se aplica aos técnicos responsáveis pela obra nem aos casos em que os serviços a prestar se revistam de elevada especialização técnica ou artística e não sejam enquadráveis em qualquer das subcategorias previstas para o exercício da actividade de empreiteiro de obras públicas, nos termos da legislação aplicável.

3 – A violação do disposto no presente artigo confere ao dono da obra o direito de rescindir o contrato, sem prejuízo do disposto no artigo 269.º

ARTIGO 271.º – **Responsabilidade do empreiteiro**

Não obstante a celebração de um ou mais contratos de subempreitada, ainda que sem a intervenção do empreiteiro, este será sempre responsável perante o dono da obra pelas obrigações decorrentes do contrato de empreitada de obras públicas, bem como pelos actos ou omissões praticados por qualquer subempreiteiro, em violação daquele contrato.

ARTIGO 272.º – **Derrogação e prevalência**

1 – Para efeitos do disposto no presente diploma, não se aplica às subempreitadas o regime constante do n.º 2 do artigo 1213.º do Código Civil.

2 – Em qualquer caso, o regime constante do presente título prevalece sobre o regime jurídico das empreitadas previsto no Código Civil, na parte em que, com o mesmo, se não conforme.

TÍTULO XI – Disposições finais

CAPÍTULO I – Disposições finais

ARTIGO 273.º – **Direito subsidiário**

Em tudo o que não esteja especialmente previsto no presente diploma recorrer-se-á às leis e regulamentos administrativos que prevejam casos análogos, aos princípios gerais de direito administrativo e, na sua falta ou insuficiência, às disposições da lei civil.

ARTIGO 274.º – **Contagem dos prazos**

1 – À contagem dos prazos são aplicáveis as seguintes regras:

a) Não se inclui na contagem o dia em que ocorrer o evento a partir do qual o prazo começa a correr;

b) O prazo começa a correr independentemente de quaisquer formalidades e suspende-se nos sábados, domingos e feriados nacionais;

c) O termo do prazo que caia em dia em que o serviço perante o qual deva ser praticado o acto não esteja aberto ao público, ou não funcione durante o período normal, transfere-se para o 1.º dia útil seguinte.

2 – Os prazos para a apresentação das propostas ou dos pedidos de participação, bem como o prazo de execução da empreitada, são contínuos, incluindo sábados, domingos e feriados.

ARTIGO 275.º – **Publicação de adjudicações**

As entidades públicas adjudicantes de empreitadas de obras públicas deverão obrigatoriamente, no 1.º trimestre de cada ano, publicar na 2.ª série do *Diário da República* lista de todas as adjudicações de obras públicas efectuadas no ano anterior, qualquer que tenha sido o seu valor e forma de atribuição, referenciando estes, valor e forma de atribuição e respectivas entidades adjudicatárias.

ARTIGO 276.º – **Informações**

1 – Para efeitos do cumprimento das suas atribuições, bem como para efeito do disposto no artigo 34.º da Directiva n.º 93/37/CE, do Con-

selho, de 14 de Junho de 1993, devem os donos de obra enviar ao Instituto dos Mercados de Obras Públicas e Particulares e do Imobiliário, no mês seguinte ao termo de cada semestre, os seguintes elementos informativos:

a) Identificação dos contratos de obra pública que celebraram no semestre anterior, explicitando as partes contratantes e o objecto, natureza dos trabalhos, custos e prazo de realização dos mesmos e forma processual utilizada para a adjudicação da obra;

b) Os elementos constantes do n.º 2 do artigo 34.º da Directiva n.º 93/37/CE, do Conselho, referente ao período referido no n.º 1 do mesmo artigo, nos termos e modelo a aprovar por despacho do Ministro do Equipamento, do Planeamento e da Administração do Território.

2 – Para a prestação das informações previstas no número anterior, pode ser utilizado suporte informático.

ARTIGO 277.º – **Norma revogatória**

1 – São revogados os seguintes diplomas:
a) Decreto-Lei n.º 341/88, de 28 de Setembro;
b) Decreto-Lei n.º 396/90, de 11 de Dezembro;
c) Decreto-Lei n.º 405/93, de 10 de Dezembro.

2 – São revogadas todas as disposições legislativas, regulamentares ou administrativas contrárias ao estabelecido no presente diploma, designadamente as previstas:
a) No Decreto-Lei n.º 390/82, de 17 de Setembro;
b) No Decreto-Lei n.º 348-A/86, de 16 de Outubro.

3 – Até à aprovação dos modelos de programas de concurso tipo e de cadernos de encargos tipo previstos no artigo 62.º, continuarão em vigor os aprovados pela Portaria n.º 428/95, de 10 de Maio.

4 – Para efeitos do disposto no artigo 213.º e até à emissão de novo despacho, continua em vigor o despacho conjunto A-44/95-XII, publicado no *Diário da República*, 2.ª série, n.º 144, de 24 de Junho de 1995.

ARTIGO 278.º – **Entrada em vigor**

O presente diploma entra em vigor três meses após a data da sua publicação e só será aplicável às obras postas a concurso após essa data, sem prejuízo de aplicação às empreitadas em curso das disposições do título IX sobre contencioso dos contratos.

ANEXO I

Trabalhos a que se refere o n.º 3 do artigo 52.º

Trabalhos gerais de engenharia civil.
Terraplenagem ao ar livre.
Obras de arte (ao ar livre ou subterrâneas, fluviais ou marítimas).
Construção de estradas e aeródromos.
Trabalhos especializados no domínio da água (irrigação, drenagem, adução, redes e tratamento de esgotos).
Trabalhos especializados em outras actividades de engenharia civil.
Construção de hospitais, de instalações desportivas, recreativas e de ocupação de tempos livres, estabelecimentos de ensino e edifícios para uso administrativo.

ANEXO II

ARTIGO 65.º

1 – Entende-se por «especificações técnicas» o conjunto das prescrições técnicas constantes, nomeadamente, dos cadernos de encargos, que definem as características exigidas a um trabalho, material, produto ou fornecimento e que permitem caracterizar objectivamente um trabalho, material, produto ou fornecimento de modo a que estes correspondam à utilização a que o dono da obra os destina. Essas características incluem:

a) Níveis de qualidade ou de adequação da utilização;
b) Segurança;
c) Dimensões, incluindo as prescrições aplicáveis ao material, ao produto ou ao fornecimento no que respeita ao sistema de garantia da qualidade;
d) Terminologia;
e) Símbolos;
f) Ensaios e métodos de ensaio;
g) Embalagem, marcação e rotulagem;
h) Regras de concepção e de cálculo das obras;
i) Condições de ensaio, de controlo e de recepção das obras;
j) Técnicas ou métodos de construção;
l) Todas as outras condições de carácter técnico que o dono da obra possa exigir por meio de regulamentação geral ou especial, no que respeita às obras acabadas e aos materiais ou aos elementos integrantes dessas obras.

2 – Entende-se por «normas» as especificações técnicas aprovadas por um organismo autorizado, para aplicação repetida ou continuada, cuja observância não é, em princípio, obrigatória.

3 – Entende-se por «normas europeias» as normas aprovadas pelo Comité Europeu de Normalização (CEN) ou pelo Comité Europeu de Normalização Electrónica (CENELEC) como «norma europeia (EN)» ou «documento de harmonização (HD)», em conformidade com as regras comuns dessas entidades.

4 – Entende-se por «homologação europeia» a apreciação técnica favorável, conferida pelo organismo autorizado para esse efeito por um Estado membro da União Europeia ou do espaço económico europeu, da aptidão de um produto para ser utilizado, com fundamento no cumprimento dos requisitos essenciais para a construção, segundo as características intrínsecas do produto e as condições estabelecidas de execução e de utilização.

5 – Entende-se por «especificações técnicas comuns», as especificações elaboradas segundo um processo reconhecido pelos Estados membros da União Europeia ou do espaço económico europeu e publicadas no Jornal Oficial das Comunidades Europeias.

6 – Entende-se por «requisitos essenciais» as exigências relativas à segurança, à saúde e a certos aspectos de interesse colectivo a que as obras devem obedecer.

ANEXO III Artigos 75.°, 76.° e 77.°

MODELO N.° 1
Proposta simples na empreitada por preço global (artigo 75.°)

F ... (indicar nome, estado, profissão e morada, ou firma e sede), titular do certificado de classificação de empreiteiro de obras públicas (ou, se for esse o caso, do certificado de inscrição na Lista Oficial de Empreiteiros Aprovados do Estado), ... (indicar o número), contendo as autorizações ... (indicar natureza e classe), depois de ter tomado conhecimento do objecto da empreitada de ... (designação da obra), a que se refere o anúncio datado de ..., obriga-se a executar todos os trabalhos que constituem essa empreitada, em conformidade com o caderno de encargos, pelo preço global de ... (por extenso e por algarismos), que não inclui o imposto sobre o valor acrescentado.

À quantia supramencionada acrescerá o imposto sobre o valor acrescentado à taxa legal em vigor.

Mais declara que renuncia a foro especial e se submete, em tudo o que respeita à execução do seu contrato, ao que se achar prescrito na legislação portuguesa em vigor.

Data ...
Assinatura ...
Nota: ...

MODELO N.º 2
Proposta simples na empreitada por série de preços (artigo 76.º)

F ... (indicar nome, estado, profissão e morada, ou firma e sede), titular do certificado de classificação de empreiteiro de obras públicas (ou, se for esse o caso, do certificado de inscrição na Lista Oficial de Empreiteiros Aprovados do Estado), ... (indicar o número), contendo as autorizações ... (indicar natureza e classe), depois de ter tomado conhecimento do objecto da empreitada de ... (designação da obra), a que se refere o anúncio datado de ..., obriga-se a executar a referida empreitada, de harmonia com o caderno de encargos, pela quantia de ... (por extenso e por algarismos), que não inclui o imposto sobre o valor acrescentado, conforme a lista de preços unitários apensa a esta proposta e que dela faz parte integrante.

À quantia supramencionada acrescerá o imposto sobre o valor acrescentado à taxa legal em vigor.

Mais declara que renuncia a foro especial e se submete, em tudo o que respeita à execução do seu contrato, ao que se achar prescrito na legislação portuguesa em vigor.

Data ...
Assinatura ...

MODELO N.º 3
Proposta condicionada (artigo 77.º)

F ... (indicar, nome, estado, profissão e morada, ou firma e sede), titular do certificado de classificação de empreiteiro de obras públicas (ou, se for esse o caso, do certificado de inscrição na Lista Oficial de Empreiteiros Aprovados do Estado), ... (indicar o número), contendo as autorizações ... (indicar natureza e classe), depois de ter tomado conhecimento do objecto da empreitada de ... (designação da obra), a que se refere o anúncio datado de ..., obriga-se a executar a referida empreitada, de harmonia com o caderno de encargos, pela importância de ... (por extenso e por algarismos), que não inclui o imposto sobre o valor acrescentado, nas seguintes condições:

...
...
...

À quantia supramencionada acrescerá o imposto sobre o valor acrescentado à taxa legal em vigor.

Mais declara que renuncia a foro especial e se submete, em tudo o que respeita à execução do seu contrato, ao que se achar prescrito na legislação portuguesa em vigor.

Data ...
Assinatura ...

ANEXO IV

Modelos de anúncios de concursos de empreitadas de obras públicas

MODELO N.º 1 ([1])

Publicação prévia sobre as características essenciais de um contrato de empreitada de obras públicas (n.ᵒˢ 7 e 8 do artigo 52.º, n.º 3 do artigo 83.º e n.º 2 do artigo 125.º).

1 – Nome, endereço, números de telefone, telex e telecopiadora do dono da obra.

2:

Local de execução;

Natureza e extensão dos trabalhos e sua descrição com referência à Classificação Estatística de Produtos por Actividade (CPA), a que se refere o Regulamento (CE) n.º 3696/93, do Conselho, de 29 de Outubro de 1993, publicado no Jornal Oficial das Comunidades Europeias, n.º L 342, de 31 de Dezembro de 1993, ou, preferencialmente, com referência ao Vocabulário Comum para os Contratos Públicos (CPV), publicado no suplemento do Jornal Oficial das Comunidades Europeias, n.º S 169, de 3 de Setembro de 1996, e, se a obra se dividir em vários lotes, as características essenciais de cada um em relação à obra;

Se estiver disponível, estimativa do intervalo de variação do custo das obras previstas.

3:

Data provisória para o início do(s) processo(s) de concurso(s);

Se for conhecida, data provisória para o início das obras;

Se for conhecido, calendário provisório para a realização das obras.

4 – Se forem conhecidas, condições de financiamento das obras e de revisões de preços e ou referências às disposições legais ou regulamentares que as estabeleçam.

5 – Outras informações.

6 – Data de envio do anúncio para publicação no Jornal Oficial das Comunidades Europeias.

7 – Se for esse o caso, indicação de que o contrato se encontra abrangido pelo Acordo sobre Contratos Públicos da Organização Mundial do Comércio.

([1]) Quando se trate de empreitada por percentagem, dever-se-á indicar o valor máximo dos trabalhos a realizar.

MODELO N.º 2 ([1])

Concurso público (artigo 80.º)

1 – Nome, endereço, números de telefone, telex e telecopiadora do dono da obra.

2 – Modalidade do concurso (concurso público, nos termos do artigo 80.º do Decreto-Lei n.º 59/99, de 2 de Março.

3:

a) Local de execução;

b) Designação da empreitada, natureza e extensão dos trabalhos e sua descrição com referência à Classificação Estatística de Produtos por Actividade (CPA), a que se refere o Regulamento (CE) n.º 3696/93, do Conselho, de 29 de Outubro de 1993, publicado no Jornal Oficial das Comunidades Europeias, n.º L 342, de 31 de Dezembro de 1993, ou, preferencialmente, com referência ao Vocabulário Comum para os Contratos Públicos (CPV), publicado no suplemento do Jornal Oficial das Comunidades Europeias, n.º S 169, de 3 de Setembro de 1996, características gerais da obra (incluindo quaisquer opções relativamente a obras suplementares e, se conhecido, o calendário provisório para o exercício de tais opções) e preço base do concurso, quando declarado ([1]), com exclusão do IVA;

c) Se a obra se dividir em vários lotes, a ordem de grandeza de cada um e a possibilidade de concorrer a um, a vários ou ao conjunto deles;

d) Indicações relativas ao objecto da empreitada ou à finalidade do contrato, quando este incluir igualmente a elaboração de projectos.

4 – Prazo de execução da obra e, na medida do possível, data limite para o início dos trabalhos.

5:

a) Nome, endereço do serviço, local e horário em que podem ser examinados ou pedidos o processo de concurso e documentos complementares e obtidas cópias autenticadas dessas peças, bem como a data limite para fazer esses pedidos;

b) Montante e modalidades de pagamento das importâncias fixadas para o fornecimento do processo de concurso e documentos complementares.

6:

a) Data e hora limites para a apresentação das propostas;

b) Endereço para onde devem ser enviadas ou entregues;

c) Língua em que devem ser redigidas as propostas, bem como os documentos que as acompanham ([2]).

([1]) Quando se trate de empreitada por percentagem, dever-se-á indicar o valor máximo dos trabalhos a realizar.

([2]) Quando se trate de documentos, dever-se-á ter em consideração o disposto no n.º 1 do artigo 71.º

7:

a) Pessoas autorizadas a intervir no acto público do concurso;
b) Data, hora e local desse acto.

8 – Cauções e garantias eventualmente exigidas.

9 – Tipo de empreitada, nos termos do artigo 8.° do Decreto-Lei n.° 59/99, de 2 de Março, modalidades essenciais de financiamento e de pagamento e ou referência às disposições legais ou regulamentares que as estabeleçam.

10 – Modalidade jurídica de associação que deva adoptar qualquer agrupamento de empreiteiros a que, eventualmente, venha a ser adjudicada a empreitada.

11 – Informações relativas à idoneidade do empreiteiro e informações e formalidades necessárias à avaliação das condições mínimas de carácter económico e técnico que o empreiteiro deva preencher, designadamente:

a) Natureza e classificação das autorizações constantes do certificado de classificação de empreiteiro de obras públicas;

b) Certificado de inscrição em lista oficial de empreiteiros aprovados, nos termos previstos no artigo 68.° do Decreto-Lei n.° 59/99, de 2 de Março;

c) Outras condições mínimas de carácter económico ou técnico.

12 – Prazo de validade das propostas.

13 – Critério de adjudicação da empreitada, com indicação dos factores de apreciação das propostas e respectiva ponderação.

14 – Se for caso disso, proibição de variantes.

15 – Outras informações.

16 (quando aplicável) – Data de publicação do anúncio de informação prévia no Jornal Oficial das Comunidades Europeias ou menção da sua não publicação.

17 (quando aplicável) – Data de envio do anúncio para publicação no Jornal Oficial das Comunidades Europeias.

18 – Se for esse o caso, indicação de que o contrato se encontra abrangido pelo Acordo sobre Contratos Públicos da Organização Mundial do Comércio ([1]).

MODELO N.° 3 ([2])

Concurso limitado com publicação de anúncio (artigo 123.°)

1 – Nome, endereço, números de telefone, telex e telecopiadora do dono da obra.

([1]) É obrigatório manter a numeração e ordem estabelecidas neste modelo.

([2]) Quando se trate de empreitada por percentagem, dever-se-á indicar o valor máximo dos trabalhos a realizar.

2 – Modalidade do concurso (concurso limitado com publicação de anúncio, nos termos do artigo 123.º) e, se for caso disso, justificação do recurso ao processo urgente.

3:

a) Local de execução;

b) Designação da empreitada, natureza e extensão dos trabalhos e sua descrição com referência à Classificação Estatística de Produtos por Actividade (CPA), a que se refere o Regulamento (CE) n.º 3696/93, do Conselho, de 29 de Outubro de 1993, publicado no Jornal Oficial das Comunidades Europeias, n.º L 342, de 31 de Dezembro de 1993, ou, preferencialmente, com referência ao Vocabulário Comum para os Contratos Públicos (CPV), publicado no suplemento do Jornal Oficial das Comunidades Europeias, n.º S 169, de 3 de Setembro de 1996, características gerais da obra (incluindo quaisquer opções relativamente a obras suplementares e, se conhecido, o calendário provisório para o exercício de tais opções) e preço base do concurso, quando declarado ([1]), com exclusão do IVA;

c) Se a obra se dividir em vários lotes, a ordem de grandeza de cada um e a possibilidade de concorrer a um, a vários ou ao conjunto deles;

d) Indicações relativas ao objecto da empreitada ou à finalidade do contrato, quando este incluir igualmente a elaboração de projectos.

4 – Prazo de execução da obra e, na medida do possível, data limite para o início dos trabalhos.

5 – Modalidade jurídica de associação que deva adoptar qualquer agrupamento de empreiteiros a que, eventualmente, venha a ser adjudicada a empreitada.

6:

a) Data e hora limites para recepção dos pedidos de participação, bem como data, hora e local da audiência prévia a realizar após a selecção dos pedidos de participação recebidos, bem como número de entidades a convidar para apresentar propostas;

b) Endereço para onde devem ser enviados;

c) Língua em que devem ser redigidos.

7:

a) Data limite de envio dos convites às entidades seleccionadas para apresentação de propostas;

b) Data, hora e local do acto público do concurso e pessoas autorizadas a intervir nesse acto.

8 – Cauções e garantias eventualmente exigidas.

([1]) Quando se trate de empreitada por percentagem, dever-se-á indicar o valor máximo dos trabalhos a realizar.

9 – Tipo de empreitada, nos termos do artigo 8.° do Decreto-Lei n.° 59/99, de 2 de Março, modalidades essenciais de financiamento e de pagamento e ou referência às disposições legais ou regulamentares que as estabeleçam.

10 – Informações e formalidades que devam conter os pedidos de participação, sob a forma de documento ou de declarações posteriormente confirmáveis, necessárias à avaliação da idoneidade e das condições mínimas de carácter económico e técnico que o empreiteiro deva preencher, designadamente:

a) Natureza e classificação das autorizações constantes do certificado de classificação de empreiteiro de obras públicas;

b) Certificado de inscrição em lista oficial de empreiteiros aprovados, nos termos previstos no artigo 68.° do Decreto-Lei n.° 59/99, de 2 de Março;

c) Outras condições mínimas de carácter económico e técnico.

11 – Critérios de adjudicação da empreitada, com indicação dos factores de apreciação das propostas e respectiva ponderação.

12 – Se for caso disso, proibição de variantes.

13 – Outras informações.

14 (quando aplicável) – Data de publicação do anúncio de informação prévia no Jornal Oficial das Comunidades Europeias ou menção da sua não publicação.

15 (quando aplicável) – Data de envio do anúncio para publicação no Jornal Oficial das Comunidades Europeias.

16 – Se for esse o caso, indicação de que o contrato se encontra abrangido pelo Acordo sobre Contratos Públicos da Organização Mundial do Comércio ([1]).

MODELO N.° 4 ([2])

Concurso por negociação (artigo 135.°)

1 – Nome, endereço, números de telefone, telex e telecopiadora do dono da obra.

2 – Modalidade do concurso (concurso por negociação, nos termos do artigo 135.° do Decreto-Lei n.° 59/99, de 2 de Março) e, se for caso disso, justificação do recurso ao processo urgente.

3:

a) Local de execução;

b) Designação da empreitada, natureza e extensão dos trabalhos e sua descrição com referência à Classificação Estatística de Produtos por Actividade

---

([1]) É obrigatório manter a numeração e ordem estabelecidas neste modelo.

([2]) Quando se trate de empreitada por percentagem, dever-se-á indicar o valor máximo dos trabalhos a realizar.

(CPA), a que se refere o Regulamento (CE) n.º 3696/93, do Conselho, de 29 de Outubro de 1993, publicado no Jornal Oficial das Comunidades Europeias, n.º L 342, de 31 de Dezembro de 1993, ou, preferencialmente, com referência ao Vocabulário Comum para os Contratos Públicos (CPV), publicado no suplemento do Jornal Oficial das Comunidades Europeias, n.º S 169, de 3 de Setembro de 1996, características gerais da obra (incluindo quaisquer opções relativamente a obras suplementares e, se conhecido, o calendário provisório para o exercício de tais opções) e preço base do concurso, quando declarado ([1]), com exclusão do IVA;

c) Se a obra se dividir em vários lotes, a ordem de grandeza de cada um e a possibilidade de concorrer a um, a vários ou ao conjunto deles;

d) Indicações relativas ao objecto da empreitada ou à finalidade do contrato, quando este incluir igualmente a elaboração de projectos.

4 – Prazo de execução da obra e, na medida do possível, data limite para o início dos trabalhos.

5 – Modalidade jurídica de associação que deva adoptar qualquer agrupamento de empreiteiros a que, eventualmente, venha a ser adjudicada a empreitada.

6:

a) Data e hora limites para recepção dos pedidos de participação e número de entidades a convidar para negociar;

b) Endereço para onde devem ser enviados;

c) Língua em que devem ser redigidos.

7 – Caução e garantias eventualmente exigidas.

8 – Tipo de empreitada, nos termos do artigo 8.º do Decreto-Lei n.º 59/99, de 2 de Março, modalidades essenciais de financiamento e de pagamento e ou referência às disposições legais ou regulamentares que as estabeleçam.

9 – Informações e formalidades que devam conter os pedidos de participação, sob a forma de documento ou de declarações posteriormente confirmáveis, necessárias à avaliação da idoneidade e das condições mínimas de carácter económico e técnico que o empreiteiro deva preencher, designadamente:

a) Natureza e classificação das autorizações constantes do certificado de classificação de empreiteiro de obras públicas;

b) Certificado de inscrição em lista oficial de empreiteiros aprovados, nos termos previstos no artigo 68.º do Decreto-Lei n.º 59/99, de 2 de Março;

c) Outras condições mínimas de carácter económico e técnico.

10 – Se for caso disso, proibição de variantes.

11 – Se for caso disso, nomes e endereços dos empreiteiros já seleccionados pelo dono da obra.

([1]) Quando se trate de empreitada por percentagem, dever-se-á indicar o valor máximo dos trabalhos a realizar.

12 – Se for caso disso, datas das publicações precedentes no Jornal Oficial das Comunidades Europeias, nos termos da alínea *a*) do n.° 1 do artigo 135.°

13 – Outras informações.

14 (quando aplicável) – Data de publicação do anúncio de informação prévia no Jornal Oficial das Comunidades Europeias ou menção da sua não publicação.

15 (quando aplicável) – Data de envio do anúncio para publicação no Jornal Oficial das Comunidades Europeias.

16 – Se for esse o caso, indicação de que o contrato se encontra abrangido pelo Acordo sobre Contratos Públicos da Organização Mundial do Comércio([1]).

MODELO N.° 5 ([2])

Contratos adjudicados [n.° 9, alínea *b*), do artigo 52.°]

1 – Designação e endereço do dono da obra.

2 – Modalidade do concurso, nos termos do n.° 1 do artigo 47.° do Decreto-Lei n.° 59/99, de 2 de Março; tratando-se de ajuste directo, indicação da respectiva justificação, nos termos do n.° 1 do artigo 136.° do Decreto-Lei n.° 59/99, de 2 de Março.

3 – Data de adjudicação do contrato.

4 – Critérios de adjudicação do contrato.

5 – Número de propostas recebidas.

6 – Nome e endereço do(s) adjudicatário(s).

7 – Natureza e extensão dos trabalhos e sua descrição com referência à Classificação Estatística de Produtos por Actividade (CPA), a que se refere o Regulamento (CE) n.° 3696/93, do Conselho, de 29 de Outubro de 1993, publicado no Jornal Oficial das Comunidades Europeias, n.° L 342, de 31 de Dezembro de 1993, ou, preferencialmente, com referência ao Vocabulário Comum para os Contratos Públicos (CPV), publicado no suplemento do Jornal Oficial das Comunidades Europeias, n.° S 169, de 3 de Setembro de 1996, e características gerais da obra executada.

8 – Preço.

9 – Valor da proposta ou propostas seleccionadas ou das propostas mais alta e mais baixa tidas em consideração na adjudicação do contrato.

10 – Se for caso disso, valor e parte do contrato susceptível de ser subcontratado com terceiros.

([1]) É obrigatório manter a numeração e ordem estabelecidas neste modelo.

([2]) Substituído pelo texto do anexo III do DL 245/2003, de 07-10, não se aplicando aos concursos e procedimentos iniciados em data anterior à da sua vigência, i.e., a 8-10-2003.

11 – Outras informações.
12 – Data de publicação do anúncio do concurso no Jornal Oficial das Comunidades Europeias.
13 – Data de envio do anúncio para publicação no Jornal Oficial das Comunidades Europeias.

ANEXO V

Modelos de convites para apresentação de propostas nos concursos de empreitadas de obras públicas

MODELO N.º 1 ([1])

Concurso limitado com publicação de anúncio (artigo 124.º, n.º 2)

Convida-se essa empresa a apresentar proposta para a realização da empreitada ... (designação), a que se refere o anúncio publicado no ... (*Diário da República*, Jornal Oficial das Comunidades Europeias).

1:

a) Nome, endereço do serviço, local e horário em que podem ser examinados ou pedidos o processo de concurso e documentos complementares e obtidas cópias autenticadas dessas peças, bem como a data limite para fazer esse pedido;

b) Montante e modalidades de pagamento das importâncias fixadas para o fornecimento do processo do concurso e documentos complementares ou suas cópias.

2:

a) Data e hora limites para apresentação das propostas;

b) Endereço para onde devem ser enviadas ou entregues;

c) Língua em que devem ser redigidas as propostas, bem como os documentos que as acompanham ([2]).

3 – Cauções e garantias eventualmente exigidas.

4 – Tipo de empreitada, nos termos do artigo 8.º do Decreto-Lei n.º 59/99, de 2 de Março.

5:

a) Pessoas autorizadas a intervir no acto público do concurso;

b) Data, hora e local desse acto.

([1]) Substituído pelo texto do anexo I do DL 245/2003, de 07-10, não se aplicando aos concursos e procedimentos iniciados em data anterior à da sua vigência, i.e., a 8-10-2003.

([2]) Quando se trate de documentos, dever-se-á ter em consideração o disposto no n.º 1 do artigo 71.º

6 – Prazo de validade das propostas.

7 (quando aplicável) – Indicação dos documentos e informações a juntar pelo concorrente à sua proposta, seja para comprovação das declarações previstas no n.º 10 do modelo n.º 3 e no n.º 9 do modelo n.º 4 do anexo IV, seja como complemento ou para esclarecimento das informações e documentos ali exigidos.

Data ...

Assinatura ...

MODELO N.º 2 ([1])

Concurso limitado sem publicação de anúncio (artigo 130.º, n.º 1)

Convida-se essa empresa a apresentar proposta para a realização da empreitada ... (designação).

1 – Nome, endereço, números de telefone, telex e telecopiadora do dono da obra.

2:

a) Local de execução;

b) Natureza e extensão dos trabalhos, características gerais da obra e preço base do concurso, quando declarado ([2]), com exclusão do IVA;

c) Se a empreitada se dividir em vários lotes, a ordem de grandeza de cada um e a possibilidade de concorrer a um, a vários ou ao conjunto deles;

d) Indicações relativas ao objecto da empreitada ou à finalidade do contrato, quando este incluir igualmente a elaboração de projectos.

3 – Prazo de execução da obra.

4:

a) Nome, endereço do serviço, local e horário em que podem ser examinados ou pedidos o processo de concurso e documentos complementares e obtidas cópias autenticadas dessas peças, bem como a data limite para fazer esse pedido;

b) Montante e modalidades de pagamento das importâncias fixadas para o fornecimento do processo e documentos complementares.

5:

a) Data e hora limites para apresentação das propostas;

b) Endereço para onde devem ser enviadas ou entregues;

([1]) Substituídos pelo texto do anexo II do DL 245/2003, de 07-10, não se aplicando aos concursos e procedimentos iniciados em data anterior à da sua vigência, i.e., a 8-10-2003.

([2]) Quando se trate de empreitada por percentagem, dever-se-á indicar o valor máximo dos trabalhos a realizar.

c) Língua em que devem ser redigidas as propostas, bem como os documentos que as acompanham (¹).

6 – Pessoas autorizadas a intervir no acto público do concurso:
a) Data, hora e local desse acto.

7 – Cauções e garantias eventualmente exigidas.

8 – Tipo de empreitada, nos termos do artigo 8.° do Decreto-Lei n.° 59/99, de 2 de Março, modalidades essenciais de financiamento e de pagamento e ou referência às disposições legais ou regulamentares que as estabeleçam.

9 – Natureza e classificação das autorizações constantes do certificado de classificação de empreiteiro de obras públicas e, eventualmente, outras condições que o mesmo deva satisfazer.

10 – Prazo de validade das propostas.

11 – Quando se trate de propostas condicionadas, critérios de adjudicação da empreitada, com indicação dos factores de apreciação das propostas e respectiva ponderação; quando se trate de propostas não condicionadas o critério será obrigatoriamente o do preço mais baixo.

12 – Outras informações.
Data ...
Assinatura ...

ANEXO VI (²)

Modelo de anúncio de concurso para a concessão de obras públicas (artigo 244.°)(²)

1 – Designação, endereço e números de telefone, telex e telecopiadora da entidade concedente.

2:
a) Local de execução;
b) Objecto da concessão e natureza e extensão das obras.

3:
a) Data limite para apresentação das propostas;
b) Endereço para onde devem ser enviadas;

(¹) Quando se trate de documentos, dever-se-á ter em consideração o disposto no n.° 1 do artigo 71.°

(2) Substituído pelo texto do anexo IV do DL245/2003, de 07-10, não se aplicando aos concursos e procedimentos iniciados em data anterior à da sua vigência, i.e., a 8-10-2003.

c) Língua em que devem ser redigidas, bem como os documentos que as acompanham ([1]).

4 – Informações relativas à idoneidade do empreiteiro e informações e formalidades necessárias à avaliação das condições mínimas de carácter económico e técnico que o empreiteiro deva preencher, designadamente:

a) Natureza e classificação das autorizações constantes do certificado de classificação de empreiteiro de obras públicas;

b) Certificado de inscrição em lista oficial de empreiteiros aprovados, nos termos previstos no artigo 68.º do Decreto-Lei n.º 59/99, de 2 de Março;

c) Outras condições mínimas de carácter económico ou técnico.

5 – Critério de adjudicação do contrato, com indicação dos factores de apreciação das propostas e respectiva ponderação.

6 – Se for caso disso, percentagem mínima de obras atribuídas a terceiros.

7 – Outras informações.

8 (quando aplicável) – Data de envio do anúncio para publicação no Jornal Oficial das Comunidades Europeias.

9 – Se for esse o caso, indicação de que o contrato se encontra abrangido pelo Acordo sobre Contratos Públicos da Organização Mundial do Comércio.

ANEXO VII ([2])

Modelo de anúncio de concurso para adjudicação de empreitadas de obras públicas pelo concessionário (artigos 248.º, n.º 7, e 252.º, n.º 2)

1:

a) Local de execução;

b) Natureza e extensão dos trabalhos e características gerais da obra.

2 – Prazo de execução.

3-Designação e endereço do organismo a que podem ser pedidos o processo de concurso e os documentos complementares.

4:

a) Data limite de recepção dos pedidos de participação e ou de recepção das propostas;

([1]) Quando se trate de documentos, dever-se-á ter em consideração o disposto no n.º 1 do artigo 71.º

([2]) Substituído pelo texto do anexo V do DL 245/2003, de 07-10, não se aplicando aos concursos e procedimentos iniciados em data anterior à da sua vigência, i.e., a 8-10-2003.

b) Endereço para onde devem ser enviados;
c) Língua em que devem ser redigidos, bem como os documentos que os acompanham (¹).

5 – Se for caso disso, cauções e garantias exigidas.

6 – Informações relativas à idoneidade do empreiteiro e informações e formalidades necessárias à avaliação das condições mínimas de carácter económico e técnico que o empreiteiro deva preencher, designadamente:

a) Natureza e classificação das autorizações constantes do certificado de classificação de empreiteiro de obras públicas;

b) Certificado de inscrição em lista oficial de empreiteiros aprovados, nos termos previstos no artigo 68.º do Decreto-Lei n.º 59/99, de 2 de Março;

c) Outras condições mínimas de carácter económico ou técnico.

7 – Critério de adjudicação da empreitada, com indicação dos factores de apreciação das propostas e respectiva ponderação.

8 – Outras informações.

9 (Quando aplicável) – Data de envio do anúncio para publicação no Jornal Oficial das Comunidades Europeias.

ANEXO VIII

Entidades nas quais deve constar registo das empresas de obras públicas [artigo 67.º, n.º 1, alínea *a*)]

Estados estrangeiros pertencentes ao espaço económico europeu [inclui os Estados membros da União Europeia (UE)]:
- Na Alemanha, o Handelsregister e o Handwerksfolle;
- Na Austria, o Firmenbuch, Gewerberegister, Mitgliederverzeichnisse der Landeskammern;
- Na Bélgica, ó Registre du Commerce e Handelsregister;
- Na Dinamarca, o Handelsregisteret, Aktieselskabsregistret e Erhvervsregistret;
- Em Espanha, o Registro Oficial de Contratistas del Ministerio de Industria, Comercio y Turismo;
- Na Finlândia, o Kaupparekisteri, Handelsregistret;
- Em França, o Registre du commerce e o Répertoire des métiers;

(¹) Quando se trate de documentos, dever-se-á ter em consideração o disposto no n.º 1 do artigo 71.º

- Na Grécia, o Registo das empresas das obras públicas (MqTp~úo EpyoÀqnTiK~úv EnixEipqae~úv M. E. E. II.) do Ministério do Ambiente, do Ordenamento do Território e das Obras Públicas (YIIEXQAE);
- Na Itália, o Registro della Camera di Commèrcio, Industria, Agricoltura e Artigianato;
- No Luxemburgo, o Registre aux firmes e o Rôle de la Chambre des métiers;
- Nos Países Baixos, o Handelsregister;
- No Reino Unido e na Irlanda, o Registrar of Companies ou o Registrar of Friendly Societies ou, se não for esse o caso, um atestado de que conste que o interessado declarou sob juramento exercer a actividade de empreiteiro de obras públicas num lugar específico do país e sob uma determinada firma;
- Na Suécia, o Aktiebolagsregistret, Handelregistret.
- Na Islândia, o Firmaskrà;
- No Listenstaina, o Gewerberegister;
- Na Noruega, o Foretaksregisteret.

4.2 Programas de concurso tipo e cadernos de encargos tipo

PORTARIA N.º 104/2001
DE 21 DE FEVEREIRO

Aprova os programas de concurso tipo, os cadernos de encargos tipo, respectivos anexos e memorandos, para serem adoptados nas empreitadas de obras públicas por preço global ou por série de preços e com projectos do dono da obra e nas empreitadas de obras públicas por percentagem. Revoga a Portaria n.º 428/95, de 10 de Maio

Os programas de concurso e os cadernos de encargos que servem de base aos concursos de empreitada de obras públicas devem obedecer, nos termos do n.º 1 do artigo 62.º do Decreto-Lei n.º 59/99, de 2 de Março, a modelos aprovados por portaria do ministro responsável pelo sector das obras públicas.
Assim:
Manda o Governo, pelo Ministro do Equipamento Social, o seguinte:

1.º São aprovados os programas de concurso tipo, os cadernos de encargos tipo, respectivos anexos e memorandos, para serem adoptados nas empreitadas de obras públicas por preço global ou por série de preços e com projecto do dono da obra e nas empreitadas de obras públicas por percentagem, apresentados em anexo e que fazem parte integrante desta portaria.

2.º É revogada a Portaria n.º 428/95, de 10 de Maio.

3.º A presente portaria entra em vigor decorridos 30 dias a contar da sua publicação.

PROGRAMA DE CONCURSO TIPO

SECÇÃO I – **Empreitadas com projecto do dono da obra – por preço global, por série de preços ou segundo regime misto**

I – Memorando para utilização do programa de concurso tipo

1 – O programa de concurso tipo a que este memorando se refere é aplicável, sempre que exista projecto do dono da obra, aos concursos públicos ou limitados de empreitadas por preço global, empreitadas por série de preços, empreitadas segundo regime misto de preço global e série de preços e ainda aos concursos públicos e limitados de empreitadas por percentagem, com as alterações indicadas na secção II.

2 – As peças que instruem o processo de concurso deverão ser expressamente enumeradas no índice geral referido no n.º 1.2, que incluirá o anúncio ou o convite do concurso, o programa do concurso, o caderno de encargos, os elementos de projecto e os esclarecimentos eventualmente prestados pela entidade que preside ao concurso.

3 – No índice geral serão também indicados outros elementos informativos que possam ser facultados aos concorrentes durante o prazo de apresentação das propostas, tais como mostruários de sondagens, amostras de materiais ou de elementos de construção, etc.

4 – Os prazos referidos no programa de concurso são contados de acordo com o artigo 274.º do Decreto-Lei n.º 59/99, de 2 de Março.

5 – O programa de cada concurso será elaborado pelos serviços com base no programa tipo. Para tal, torna-se necessário resolver as opções existentes no texto tipo, preencher os espaços em aberto e eliminar as indicações constantes em notas ou incluídas no próprio texto, mantendo apenas as que se destinam aos concorrentes – caso dos modelos de proposta.

II – Programa de concurso tipo
Índice:
1 – Designação da empreitada e consulta do processo.
2 – Reclamações ou dúvidas sobre as peças patenteadas no concurso.
3 – Inspecção do local dos trabalhos.
4 – Entrega das propostas.
5 – Acto público do concurso.
6 – Admissão dos concorrentes.
7 – Idoneidade dos concorrentes.

8 – Concorrência.
9 – Modalidade jurídica de associação de empresas.
10 – Tipo de empreitada e forma da proposta.
11 – Proposta condicionada.
12 – Proposta com variantes ao projecto.
13 – Proposta base.
14 – Valor para efeito do concurso.
15 – Documentos de habilitação dos concorrentes.
16 – Documentos que instruem a proposta.
17 – Modo de apresentação dos documentos de habilitação dos concorrentes e dos documentos que instruem a proposta.
18 – Prazo de validade da proposta.
19 – Qualificação dos concorrentes.
20 – Esclarecimentos a prestar pelos concorrentes.
21 – Critério de adjudicação das propostas.
22 – Audiência prévia.
23 – Minuta do contrato, notificação, adjudicação e caução.
24 – Encargos do concorrente.
25 – Legislação aplicável.
26 – Fornecimento de exemplares do processo.

1 – Designação da empreitada e consulta do processo:
1.1 – O processo do concurso para execução da empreitada de ... encontra-se patente em ... (entidade e local), onde pode ser examinado, durante as horas de expediente, desde a data do respectivo anúncio até ao dia e hora do acto público do concurso.
1.2 – O processo do concurso é constituído pelas peças indicadas no respectivo índice geral.
1.3 – Desde que solicitadas até ... de ... de ..., os interessados poderão obter cópias devidamente autenticadas pelo dono da obra das peças escritas e desenhadas do processo do concurso, nas condições indicadas no n.º 25, no prazo máximo de seis dias contados a partir da data da recepção do respectivo pedido escrito na entidade que preside ao concurso. A falta de cumprimento deste último prazo poderá justificar a prorrogação do prazo para a apresentação das propostas, desde que imediatamente requerida pelo interessado. Quando, devido ao seu volume, as peças do processo do concurso não possam ser fornecidas no prazo referido, o prazo para a apresentação das propostas deve ser adequadamente prorrogado.

2 – Reclamações ou dúvidas sobre as peças patenteadas no concurso:

2.1 – A entidade que preside ao concurso é ..., a quem deverão ser apresentados, por escrito, dentro do primeiro terço do prazo fixado para a apresentação das propostas, as reclamações e pedidos de esclarecimento de quaisquer dúvidas surgidas na interpretação das peças patenteadas.

2.2 – Os esclarecimentos a que se refere o número anterior serão prestados, por escrito, até ao fim do segundo terço do prazo fixado para a apresentação das propostas. A falta de resposta até esta data poderá justificar a prorrogação, por período correspondente, do prazo para a apresentação das propostas, desde que requerida por qualquer interessado. Quando, devido ao seu volume, os esclarecimentos não possam ser prestados no prazo referido, o prazo para a apresentação das propostas deve ser adequadamente prorrogado.

2.3 – Simultaneamente com a comunicação dos esclarecimentos ao interessado que os solicitou, juntar-se-á cópia dos mesmos às peças patenteadas em concurso e publicar-se-á imediatamente aviso nos termos do disposto no artigo 80.º do Decreto-Lei n.º 59/99, de 2 de Março, advertindo os interessados da sua existência e dessa junção.

3 – Inspecção do local dos trabalhos:

Durante o prazo do concurso, os interessados poderão inspeccionar os locais de execução da obra e realizar neles os reconhecimentos que entenderem indispensáveis à elaboração das suas propostas.

4 – Entrega das propostas:

4.1 – As propostas (documentos de habilitação e documentos que instruem a proposta de preço) serão entregues até às ... horas do ... dia (incluindo na contagem sábados, domingos e feriados), sendo este prazo contado a partir do dia seguinte ao da publicação do anúncio no *Diário da República* (ou da recepção do convite), pelos concorrentes ou seus representantes, na ... (entidade e endereço), contra recibo, ou remetidas pelo correio, sob registo e com aviso de recepção.

4.2 – Se o envio das propostas for feito pelo correio, o concorrente será o único responsável pelos atrasos que porventura se verifiquem, não podendo apresentar qualquer reclamação na hipótese de a entrada dos documentos se verificar já depois de esgotado o prazo de entrega das propostas.

5 – Acto público do concurso:

5.1 – O acto do concurso é público, terá lugar em ... (entidade e endereço) e realizar-se-á pelas ... horas do 1.º dia útil seguinte ao termo do prazo para apresentação de propostas.

5.2 – Só poderão intervir no acto do concurso as pessoas que, para o efeito, estiverem devidamente credenciadas pelos concorrentes, bastando, para tanto, no caso de intervenção do titular de empresa em nome individual, a exibição do seu bilhete de identidade e, no caso de intervenção dos representantes de empresas em nome individual e de sociedades ou de agrupamentos complementares de empresas, a exibição dos respectivos bilhetes de identidade e de uma credencial passada por quem obrigue a empresa em nome individual, sociedade ou agrupamento da qual constem o nome e o número do bilhete de identidade do(s) representante(s).

5.3 (Quando aplicável) – Assistirá ao acto o Procurador-Geral da República ou um seu representante.

6 – Admissão dos concorrentes:

6.1 – Podem ser admitidos a concurso:

a) Os titulares de certificado de classificação de empreiteiro de obras públicas emitido pelo Instituto dos Mercados de Obras Públicas e Particulares e do Imobiliário (IMOPPI):

b) Os não titulares de certificado de classificação de empreiteiro de obras públicas emitido pelo IMOPPI que apresentem certificado de inscrição em lista oficial de empreiteiros aprovados, adequado à obra posta a concurso e emitido por uma das entidades competentes mencionadas no n.º 1 do anexo I, o qual indicará os elementos de referência relativos à idoneidade, à capacidade financeira e económica e à capacidade técnica que permitiram aquela inscrição e justifique a classificação atribuída nessa lista;

c) Os não titulares de certificado de classificação de empreiteiro de obras públicas emitido pelo IMOPPI, ou que não apresentem certificado de inscrição em lista oficial de empreiteiros aprovados, desde que apresentem os documentos relativos à comprovação da sua idoneidade, capacidade financeira, económica e técnica para a execução da obra posta a concurso, indicados nos n.ºs 15.1 e 15.3 deste programa de concurso.

6.2 – O certificado de classificação de empreiteiro de obras públicas previsto na alínea *a*) do n.º 6.1 deve conter:

*a*1) A classificação como empreiteiro geral ([1]) de ... (edifícios, estradas, vias férreas, obras de urbanização, obras hidráulicas, instalações eléctricas ou instalações mecânicas, de acordo com o estabelecido na Portaria n.º 412-I/99, de 4 de Junho) na ... (1.ª, 3.ª, 4.ª ou 5.ª) categoria, em classe correspondente ao valor da proposta;

ou

*a*2) A ... subcategoria da ... categoria, a qual tem de ser de classe que cubra o valor global da proposta e integrar-se na categoria em que o tipo da obra se enquadra ([2]);

b) A(s) ... subcategoria(s) da(s) ... categoria(s), na classe correspondente à parte dos trabalhos a que respeite(m), caso o concorrente não recorra à faculdade conferida no n.º 6.3 (indicar as restantes subcategorias necessárias à execução da obra).

6.3 – Desde que não seja posto em causa o disposto no n.º 3 do artigo 265.º do Decreto-Lei n.º 59/99, de 2 de Março, e sem prejuízo do disposto nas alíneas *a*1) e *a*2) do n.º 6.2, o concorrente pode recorrer a subempreiteiros, ficando a eles vinculado, por contrato, para a execução dos trabalhos correspondentes. Nesse caso, deve anexar à proposta as declarações de compromisso dos subempreiteiros possuidores das autorizações respectivas, de acordo com o previsto no n.º 16.4.

7 – Idoneidade dos concorrentes:

Os concorrentes relativamente aos quais se verifique alguma das situações referidas no artigo 55.º do Decreto-Lei n.º 59/99, de 2 de Março, são excluídos do concurso.

8 – Concorrência:

8.1 – A prática de actos ou acordos susceptíveis de falsear as regras da concorrência tem como consequências as prescritas no artigo 58.º do Decreto-Lei n.º 59/99, de 2 de Março.

([1]) A classificação como empreiteiro geral numa dada categoria só pode ser exigida quando a obra envolva de forma principal a execução de trabalhos enquadráveis nas subcategorias determinantes para a classificação como empreiteiro geral nessa categoria.

([2]) Esta alínea aplica-se quando a obra não envolva de forma principal a execução de trabalhos enquadráveis nas subcategorias determinantes para a classificação como empreiteiro geral ou quando, podendo ser exigível a classificação como empreiteiro geral, o dono da obra não a exija.

8.2 – A ocorrência de qualquer desses factos será comunicada pelo dono da obra ao IMOPPI.

9 – Modalidade jurídica de associação de empresas:

9.1 – Ao concurso poderão apresentar-se agrupamentos de empresas, sem que entre elas exista qualquer modalidade jurídica de associação, desde que todas as empresas do agrupamento satisfaçam as disposições legais relativas ao exercício da actividade de empreiteiro de obras públicas e comprovem, em relação a cada uma das empresas, os requisitos exigidos no n.º 15.

9.2 – A constituição jurídica dos agrupamentos não é exigida na apresentação da proposta, mas as empresas agrupadas serão responsáveis solidariamente, perante o dono da obra, pelo pontual cumprimento de todas as obrigações emergentes da proposta.

9.3 – No caso de a adjudicação da empreitada ser feita a um agrupamento de empresas, estas associar-se-ão, obrigatoriamente, antes da celebração do contrato, na modalidade jurídica de ... ([1])

10 – Tipo de empreitada e forma da proposta:

10.1 – A empreitada é por ... (preço global, série de preços ou segundo regime misto de preço global e série de preços).

10.2 – A proposta de preço, elaborada em conformidade com os modelos n.ºs 1 ou 2 do anexo III do Decreto-Lei n.º 59/99, de 2 de Março, e em duplicado, será redigida em língua portuguesa, sem rasuras, entrelinhas ou palavras riscadas, sempre com o mesmo tipo de máquina, se for dactilografada ou processada informaticamente, ou com a mesma caligrafia e tinta, se for manuscrita.

10.3 – A proposta será assinada pelo concorrente ou seu representante e de acordo com o estabelecido no n.º 17.2.

10.4 – O preço da proposta será expresso em escudos, podendo sê-lo também em euros, e não incluirá o imposto sobre o valor acrescentado ([2]).

([1]) São admissíveis quaisquer formas de associação reguladas pelo quadro legal vigente, designadamente agrupamentos complementares de empresas, agrupamentos europeus de interesse económico e consórcios. Porém, tratando-se de consórcio, este só pode revestir a modalidade de consórcio externo, conforme previsto no Decreto-Lei n.º 231/81, de 28 de Julho.

([2]) A proposta de preço deverá ser expressa em euros quando a moeda corrente deixar de ser o escudo.

10.5 – A proposta de preço deverá ser sempre acompanhada pela lista de preços unitários que lhe serviu de base.

11 – Proposta condicionada:

11.1 – Não é/É([1]) admitida a apresentação de propostas que envolvam alterações da(s) seguinte(s) cláusula(s) do caderno de encargos: ... (prazo de execução diferente do estabelecido no caderno de encargos, etc.).

11.2 – A proposta condicionada deverá satisfazer, na parte aplicável, o disposto no n.º 10 deste programa de concurso e será elaborada de acordo com o modelo n.º 3 do anexo III do Decreto-Lei n.º 59/99, de 2 de Março, devendo indicar o valor que atribui a cada uma das condições especiais na mesma incluídas e que sejam diversas das previstas no caderno de encargos.

11.3 – A proposta condicionada será devidamente identificada e encerrada no mesmo invólucro que contém a proposta base referida no n.º 13.

12 – Proposta com variante ao projecto:

12.1 – Não é/É([1]) admitida a apresentação pelos concorrentes de variantes ao projecto (ou parte dele).

12.2 (Quando aplicável) – As variantes ao projecto patente não/só (ver nota 5) poderão envolver alterações às condições seguintes: ... (aspectos fundamentais condicionantes das concepções a propor).

12.3 (Quando aplicável) – As variantes à parte do projecto patente não/só([1]) poderão envolver alterações às condições seguintes: ... (cláusulas do caderno de encargos e peças ou dados do projecto patente).

12.4 – As variantes ao projecto ou a parte dele devem conter todos os elementos necessários para a sua perfeita apreciação e para a justificação do método de cálculo utilizado, devendo ser elaboradas com uma sistematização idêntica à da proposta base e em termos que permitam a sua fácil comparação com esta.

12.5 – Os elementos que as variantes ao projecto ou a parte dele devem conter, conforme referido no n.º 12.4, são os respeitantes à natureza e volume dos trabalhos previstos, ao programa de trabalhos, aos

---

([1]) Eliminar o que não interessa.

meios e processos de execução adoptados, aos preços unitários e totais oferecidos e às condições que divirjam das do caderno de encargos ou de outros documentos do processo do concurso.

12.6 – Os concorrentes que apresentem propostas com variantes ao projecto, ou a parte dele, devem adoptar, em vez dos modelos previstos no n.º 10 deste programa de concurso, o modelo ... ([1])

12.7 – Na forma de apresentação da proposta, observarão ainda os concorrentes o estabelecido nos n.ºs 10 e 11, na parte aplicável.

12.8 – A proposta com variantes ao projecto, ou a parte dele, será devidamente identificada e encerrada no mesmo invólucro que contenha a proposta base.

12.9 – Os elementos escritos e desenhados relativos às variantes serão devidamente identificados e encerrados no invólucro que contenha os restantes documentos que instruem a proposta.

13 – Proposta base:

13.1 – A apresentação de propostas condicionadas, nos termos do n.º 11, ou de propostas com variantes ao projecto, nos termos do n.º 12, não dispensa o concorrente da apresentação de proposta para a execução do projecto do dono da obra nos exactos termos em que foi posto a concurso (proposta base).

13.2 – Nas propostas condicionadas e nas propostas com variantes ao projecto serão consideradas não escritas quaisquer reservas ou condicionamentos a essas propostas que não sejam expressamente indicados como tais e formulados nos precisos termos dos artigos 77.º e 78.º do Decreto-Lei n.º 59/99, de 2 de Março.

13.3 – Fora dos casos previstos nos n.ºs 11 e 12, as propostas apresentadas pelos concorrentes são consideradas como totalmente incondicionadas, tendo-se como não escritas quaisquer condições divergentes do caderno de encargos ou alternativas de qualquer natureza que constem dessas mesmas propostas ou de outros documentos que as acompanhem, com excepção dos aspectos técnicos constantes da memória descritiva e justificativa do modo de execução da obra.

([1]) A redacção a adoptar será adequada a cada caso, de acordo com o modelo aplicável e tendo em conta o que é estipulado no programa do concurso e no caderno de encargos.

14 – Valor para efeito do concurso:

O valor para efeito do concurso é de ...([1]) (por extenso), não incluindo o imposto sobre o valor acrescentado.

15 – Documentos de habilitação dos concorrentes:

15.1 – Documentos a apresentar por todos os concorrentes:

a) Documento comprovativo da regularização da situação contributiva para com a segurança social portuguesa emitido pelo Instituto de Gestão Financeira da Segurança Social e, se for o caso, certificado equivalente emitido pela autoridade competente do Estado de que a empresa seja nacional ou no qual se situe o seu estabelecimento principal; qualquer dos documentos referidos deve ser acompanhado de declaração, sob compromisso de honra, do cumprimento das obrigações respeitantes ao pagamento das quotizações para a segurança social no espaço económico europeu;

b) Declaração comprovativa da situação tributária regularizada, emitida pela repartição de finanças do domicílio ou sede do contribuinte em Portugal, de acordo com o previsto no artigo 3.º do Decreto-Lei n.º 236/95, de 13 de Setembro, e, se for o caso, certificado equivalente emitido pela autoridade competente do Estado de que a empresa seja nacional ou no qual se situe o seu estabelecimento principal; qualquer dos documentos referidos deve ser acompanhado de declaração, sob compromisso de honra, do cumprimento das obrigações no que respeita ao pagamento de impostos e taxas no espaço económico europeu;

c) Documento emitido pelo Banco de Portugal, no mês em que o concurso tenha sido aberto, no mês anterior ou posterior, que mencione as responsabilidades da empresa no sistema financeiro e, se for o caso, documento equivalente emitido pelo banco central do Estado de que a empresa seja nacional ou no qual se situe o seu estabelecimento principal;

d) Cópia autenticada da última declaração periódica de rendimentos para efeitos de IRS ou IRC, na qual se contenha o carimbo "Recibo" ([2]) e,

---

([1]) O valor para efeitos de concurso é, na empreitada por preço global, o preço base do concurso; na empreitada por série de preços, é o custo provável dos trabalhos estimado sobre as medições do projecto.

([2]) O carimbo de "Recibo" tem de ser entendido como o carimbo ou menção que comprove que a declaração foi entregue na competente repartição de finanças.

se for o caso, documento equivalente apresentado, para efeitos fiscais, no Estado de que a empresa seja nacional ou no qual se situe o seu estabelecimento principal; se se tratar de inicio de actividade, a empresa deve apresentar cópia autenticada da respectiva declaração;

e) Certificados de habilitações literárias e profissionais dos quadros da empresa e dos responsáveis pela orientação da obra, designadamente:

Director técnico da empreitada;

Representante permanente do empreiteiro na obra;

f) Lista das obras executadas da mesma natureza da que é posta a concurso, acompanhada de certificados de boa execução relativos às obras mais importantes; os certificados devem referir o montante, data e local de execução das obras e se as mesmas foram executadas de acordo com as regras da arte e regularmente concluídas;

g) Declaração, assinada pelo representante legal da empresa, que mencione o equipamento principal a utilizar na obra e, se for o caso, o equipamento de características especiais, indicando, num e noutro caso, se se trata de equipamento próprio, alugado ou sob qualquer outra forma;

h) Declaração, assinada pelo representante legal da empresa, que mencione os técnicos, serviços técnicos e encarregados, estejam ou não integrados na empresa, a afectar à obra, para além dos indicados na alínea *e*);

i) (Se for o caso, de acordo com o disposto no artigo 70.°, n.° 1 do Decreto-Lei n.° 59/99, de 2 de Março) Relativamente à capacidade financeira e económica os concorrentes deverão apresentar ainda os seguintes documentos: ...

15.2 – Outros documentos a apresentar apenas pelos concorrentes titulares de certificado de inscrição em lista oficial de empreiteiros aprovados de um dos Estados mencionados no anexo I:

a) Certificado de classificação de empreiteiro de obras públicas (ou cópia simples do mesmo) emitido pelo IMOPPI, contendo as autorizações referidas no n.° 6.2 e, se for o caso, declaração que mencione os subempreiteiros; ([1])

ou, caso o concorrente não possua o certificado indicado na alínea *a*):

b) Certificado de inscrição em lista oficial de empreiteiros aprovados (ou cópia simples do mesmo), adequado à obra posta a concurso, que

---

([1]) Redacção da Portaria n.° 3/2002, de 4 de Janeiro.

indique os elementos de referência relativos à idoneidade, à capacidade financeira e económica e à capacidade técnica que permitiram aquela inscrição e justifique a classificação atribuída nessa lista, emitido por uma das entidades indicadas no n.º 1 do anexo I e, se for o caso, declaração que mencione os subempreiteiros. ([1])

15.3 – Outros documentos a apresentar apenas pelos concorrentes não titulares de certificado de classificação de empreiteiro de obras públicas emitido pelo IMOPPI ou que não apresentem certificado de inscrição em lista oficial de empreiteiros aprovados, bem como pelos concorrentes nacionais dos Estados signatários do Acordo sobre Contratos Públicos, da Organização Mundial do Comércio, referidos no anexo II:

a) Caso se trate de concorrente de um dos Estados mencionados no anexo VIII do Decreto-Lei n.º 59/99, de 2 de Março, certificado de inscrição no registo a que se refere o mesmo anexo, com todas as inscrições em vigor;

b) Certificados do registo criminal dos representantes legais da empresa ou documentos equivalentes emitidos pela autoridade judicial ou administrativa competente do Estado de que a empresa seja nacional ou no qual se situe o seu estabelecimento principal;

c) Documento que comprove que a empresa não se encontra em estado de falência, de liquidação, de cessação de actividade, nem se encontra sujeita a qualquer meio preventivo da liquidação de patrimónios ou em qualquer situação análoga, ou tenha o respectivo processo pendente, emitido pela autoridade judicial ou administrativa competente do Estado de que a empresa seja nacional ou no qual se situe o seu estabelecimento principal;

d) Documentos comprovativos da inexistência das seguintes situações:
- *d*1) Sanção administrativa por falta grave em matéria profissional, se entretanto não tiver ocorrido a reabilitação;
- *d*2) Sanção acessória de privação do direito de participar em arrematações ou concursos públicos que tenham por objecto a empreitada ou a concessão de obras públicas, o fornecimento de bens e serviços, a concessão de serviços públicos e a atribuição de licenças ou alvarás, durante o período de inabilidade legalmente previsto;

([1]) Redacção da Portaria n.º 3/2002, de 4 de Janeiro.

*d*3) Sanção acessória de interdição da prática dos seguintes actos motivada pela admissão de menores a trabalhos proibidos ou condicionados, durante o período de inabilidade legalmente previsto:

Celebração de contratos de fornecimentos, obras públicas, empreitadas ou prestações de serviços com o Estado ou outras entidades públicas, bem como com instituições particulares de solidariedade social comparticipadas pelo orçamento da segurança social;

Celebração de contratos de exploração da concessão de serviços públicos;

Apresentação de candidatura a apoios dos fundos comunitários;

*d*4) Sanção administrativa ou judicial pela utilização ao seu serviço de mão-de-obra, legalmente sujeita ao pagamento de impostos e contribuições para a segurança social, não declarada nos termos das normas que imponham essa obrigação, em Portugal ou no Estado de que seja nacional ou no qual se situe o seu estabelecimento principal, durante o prazo de prescrição da sanção legalmente previsto;

e) Balanços ou extractos desses balanços sempre que a publicação dos balanços seja exigida pela legislação do Estado de que a empresa seja nacional ou no qual se situe o seu estabelecimento principal;

f) Declaração sobre o volume de negócios global da empresa e o seu volume de negócios em obra nos três últimos exercícios, assinada pelo representante legal da empresa;

g) Declaração, assinada pelo representante legal da empresa, que inclua a lista das obras executadas nos últimos cinco anos, acompanhada de certificados de boa execução relativos às obras mais importantes; os certificados devem referir o montante, data e local de execução das obras e se as mesmas foram executadas de acordo com as regras da arte e regularmente concluídas;

h) Declaração relativa aos efectivos médios anuais da empresa e ao número dos seus quadros nos três últimos anos, assinada pelo representante legal da empresa.

15.4 – Nos casos em que o certificado equivalente a que se referem as alíneas *a*) e *b*) do n.º 15.1 bem como o documento equivalente a que se refere a alínea *b*) do n.º 15.3 não sejam emitidos no Estado da nacionalidade ou no qual se situe o estabelecimento principal da empresa, podem os mesmos ser substituídos por declaração sob juramento ou, nos Estados onde não exista esse tipo de declaração, por declaração solene do interessado perante uma autoridade judicial ou administrativa, um notário ou um organismo profissional qualificado desse Estado.

15.5 – Os documentos indicados nas alíneas *a*) e *b*) do n.º 15.1 e *a*) e *b*) do n.º 15.2, bem como nas alíneas *a*) a *d*) do n.º 15.3, destinam-se à comprovação da idoneidade, nos termos do disposto no artigo 55.º do Decreto-Lei n.º 59/99, de 2 de Março.

15.6 – Os documentos indicados nas alíneas *c*) e *d*) do n.º 15.1 e *a*) e *b*) do n.º 15.2, bem como nas alíneas *e*) e *f*) do n.º 15.3, destinam-se à avaliação da capacidade financeira e económica, para os efeitos do disposto no artigo 98.º do Decreto-Lei n.º 59/99, de 2 de Março.

15.7 – Os documentos indicados nas alíneas *e*) a *i*) do n.º 15.1 e *a*) e *b*) do n.º 15.2, bem como nas alíneas *g*) e *h*) do n.º 15.3, destinam-se à avaliação da capacidade técnica, para os efeitos do disposto no artigo 98.º do Decreto-Lei n.º 59/99, de 2 de Março.

16 – Documentos que instruem a proposta:

16.1 – A proposta é instruída com os seguintes documentos:

a) Nota justificativa do preço proposto;

b) Lista dos preços unitários, com o ordenamento dos mapas resumo de quantidades de trabalho;

c) Programa de trabalhos, incluindo plano de trabalhos, plano de mão-de-obra e plano de equipamento;

d) Plano de pagamentos;

e) Memória justificativa e descritiva do modo de execução da obra;

f) Declaração do concorrente que mencione os trabalhos a efectuar em cada uma das subcategorias e o respectivo valor e, se for o caso, declarações de compromisso subscritas pelo concorrente e por cada um dos subempreiteiros, de acordo com o estabelecido no n.º 16.4; idêntica declaração deverá ser apresentada quando se tratar de agrupamentos de empresas;

g) Outra documentação, quando exigida.

16.2 – Os documentos referidos na alínea *c*) do n.º 16.1 serão elaborados da seguinte forma: ... (metodologia de apresentação e níveis de discriminação dos trabalhos a executar).

16.3 – No documento a que se refere a alínea *e*) do n.º 16.1 o concorrente especificará os aspectos técnicos do programa de trabalhos, expressando inequivocamente os que considera essenciais à validade da sua proposta e cuja rejeição implica a sua ineficácia.

16.4 – As declarações de compromisso mencionadas na alínea *f)* do n.º 16.1 devem ser acompanhadas dos certificados de classificação de empreiteiro de obras públicas, ou dos certificados de inscrição em lista oficial de empreiteiros aprovados (ou respectivas cópias autenticadas), com as características indicadas no n.º 6, consoante as situações. Deve ainda ser indicado o nome e o endereço do(s) subempreiteiro(s) e a titularidade dos respectivos certificados, bem como o valor e a natureza dos trabalhos a realizar.

17 – Modo de apresentação dos documentos de habilitação dos concorrentes e dos documentos que instruem a proposta:

17.1 – Os documentos são obrigatoriamente redigidos na língua portuguesa e serão apresentados no original ou em cópia simples. Porém, quando, pela sua própria natureza ou origem, estiverem redigidos noutra língua, deve o concorrente fazê-los acompanhar de um dos seguintes documentos: ([1])

a) Tradução devidamente legalizada;

b) Tradução não legalizada mas acompanhada de declaração do concorrente nos termos da qual este declare aceitar a prevalência dessa tradução não legalizada, para todos e quaisquer efeitos, sobre os respectivos originais.

17.2 – Sem prejuízo da obrigatória recepção das cópias a que se refere o número anterior, quando haja dúvidas fundadas acerca do seu conteúdo ou autenticidade, pode ser exigida a exibição de original ou documento autenticado para conferência, devendo para o efeito ser fixado um prazo razoável não inferior a cinco dias úteis.([1])

17.3 – Todos os documentos que devam ser emitidos pelo concorrente serão assinados pelo mesmo, indicando, se se tratar de pessoa colectiva, a qualidade em que assina. Os documentos podem também ser assinados por procurador, devendo, neste caso, juntar-se procuração que confira a este último poderes para o efeito ou pública-forma da mesma, devidamente legalizada, a qual deverá ser incluída no invólucro "Documentos".

([1]) Redacção da Portaria n.º 3/2002, de 4 de Janeiro.

17.4 – Não é/É(¹) obrigatório que todos os documentos, quando formados por mais de uma folha, devam constituir fascículos indecomponíveis com todas as páginas numeradas, criados por processo que impeça a separação ou acréscimo de folhas, devendo a primeira página escrita de cada fascículo mencionar o número total de folhas que o mesmo integra.

17.5 – Os documentos referidos no n.º 15 devem ser encerrados em invólucro opaco, fechado e lacrado, no rosto do qual deve ser escrita a palavra "Documentos", indicando-se o nome ou a denominação social do concorrente e a designação da empreitada.

17.6 – Em invólucro com as características indicadas no número anterior devem ser encerrados a proposta e os documentos que a instruam, enunciados no n.º 16, no rosto do qual deve ser escrita a palavra "Proposta", indicando-se o nome ou denominação social do concorrente e a designação da empreitada.

17.7 – Os invólucros a que se referem os números anteriores são encerrados num terceiro, igualmente opaco, fechado e lacrado, que se denominará "Invólucro exterior", indicando-se o nome ou denominação social do concorrente, a designação da empreitada e a entidade que a pôs a concurso, para ser remetido sob registo e com aviso de recepção, ou entregue contra recibo, à entidade competente.

18 – Prazo de validade da proposta:

18.1 – Decorrido o prazo de 66 dias, contados a partir da data do acto público do concurso, cessa, para os concorrentes que não hajam recebido comunicação de lhes haver sido adjudicada a empreitada, a obrigação de manter as respectivas propostas.

18.2 – Se os concorrentes nada requererem em contrário dentro dos 8 dias seguintes ao termo do prazo previsto no número anterior, considerar-se-á o mesmo prorrogado por mais 44 dias.

19 – Qualificação dos concorrentes:

19.1 – Os concorrentes deverão comprovar a sua capacidade financeira, económica e técnica, nos termos dos artigos 67.º e seguintes do Decreto-Lei n.º 59/99, de 2 de Março, e de acordo com o estabelecido neste programa de concurso.

(¹) Eliminar o que não interessa.

19.2 – Quando, justificadamente, o concorrente não estiver em condições de apresentar os documentos exigidos pelo dono da obra relativos à sua capacidade financeira e económica, nomeadamente por ter iniciado a sua actividade há menos de três anos, pode comprovar essa capacidade através de outros documentos que o dono da obra julgue adequados para o efeito.

19.3 – A fixação de critérios de avaliação da capacidade financeira e económica dos concorrentes para a execução da obra posta a concurso deverá ser feita com base no quadro de referência constante da portaria em vigor, publicada ao abrigo do artigo 8.º do Decreto-Lei n.º 61/99, de 2 de Março, não podendo ser excluído nenhum concorrente que apresente, cumulativamente e no mínimo, os valores do quartil inferior previstos na referida portaria, em qualquer das seguintes situações: ([1])

a) Utilizando para o efeito a média aritmética simples dos três anos nela referenciados, a partir do balanço e da demonstração de resultados das respectivas declarações anuais de IRS ou IRC entregues para efeitos fiscais;

b) Atendendo ao balanço e à demonstração de resultados da última declaração anual de IRS ou IRC entregue para efeitos fiscais.

19.4 – Na avaliação da capacidade técnica dos concorrentes para a execução da obra posta a concurso, deverão ser adoptados os seguintes critérios:

a) Comprovação da execução de, pelo menos, uma obra de idêntica natureza da obra posta a concurso, de valor não inferior a ... (indicar um valor não superior a 60% do valor estimado do contrato);

b) Adequação do equipamento e da ferramenta especial a utilizar na obra, seja próprio, alugado ou sob qualquer outra forma, às suas exigências técnicas;

c) Adequação dos técnicos e os serviços técnicos, estejam ou não integrados na empresa, a afectar à obra.

19.5 – Os critérios acima referidos apenas poderão ser alterados quando se trate de obras cuja elevada complexidade técnica, especialização e dimensão o justifiquem.

19.6 – A comissão de abertura do concurso, nomeada nos termos do n.º 1 do artigo 60.º do Decreto-Lei n.º 59/99, de 2 de Março, deverá, após

---

([1]) Redacção alterada pela P1465/2002 de 14 de Novembro.

a realização do acto público do concurso, proceder à avaliação da capacidade financeira, económica e técnica dos concorrentes, tendo em conta os elementos de referência solicitados no anúncio do concurso ou no convite para a apresentação de propostas e com base nos documentos indicados no n.º 15 deste programa de concurso.

Finda esta verificação, deve a comissão excluir os concorrentes que não demonstrem aptidão para a execução da obra posta a concurso em relatório fundamentado onde constem as razões das admissões e exclusões, que será notificado a todos os concorrentes para efeitos do n.º 6 do artigo 98.º do Decreto-Lei n.º 59/99, de 2 de Março.

20 – Esclarecimentos a prestar pelos concorrentes:

20.1 – Sempre que, na fase de qualificação dos concorrentes, a entidade que preside ao concurso tenha dúvidas sobre a real situação económica e financeira de qualquer dos concorrentes, poderá exigir deles e solicitar de outras entidades todos os documentos e elementos de informação, inclusive de natureza contabilística, indispensáveis para o esclarecimento dessas dúvidas.

20.2 – À entidade que preside ao concurso assiste o direito de se poder informar das condições técnicas actuais de qualquer dos concorrentes junto da entidade competente.

20.3 – Os concorrentes poderão, dentro do prazo do concurso, apresentar, em volume lacrado, quaisquer elementos técnicos que julguem úteis para o esclarecimento das suas propostas e não se destinem à publicidade, não devendo, em caso algum, esses elementos contrariar o que conste dos documentos entregues com a proposta, nem ser invocados para o efeito de interpretação destes últimos.

21 – Critério de adjudicação das propostas:

O critério de apreciação das propostas será o seguinte: ... ([1]) (indicação, em termos percentuais ou numéricos, do grau de importância dos factores e eventuais subfactores que o compõem, bem como do método e ou fórmula matemática de ponderação dos mesmos factores).

([1]) Dever-se-á atender ao disposto nos artigos 105.º ou 132.º do Decreto-Lei n.º 59/99, de 2 de Março, consoante se trate de concurso público ou de concurso limitado, respectivamente.

22 – Audiência prévia:

22.1 – A decisão de adjudicação será precedida de audiência prévia escrita dos concorrentes.

22.2 – Os concorrentes têm 10 dias após a notificação do projecto de decisão final para se pronunciarem sobre o mesmo.

22.3 – A notificação fornece os elementos necessários para que os interessados fiquem a conhecer todos os aspectos relevantes para a decisão, nas matérias de facto e de direito, indicando também as horas e o local onde o processo poderá ser consultado.

22.4 – Salvo decisão expressa em contrário, a entidade competente para a realização da audiência prévia é a comissão de análise de propostas.

23 – Minuta do contrato, notificação, adjudicação e caução:

23.1 – O concorrente cuja proposta haja sido preferida fica obrigado a pronunciar-se sobre a minuta do contrato no prazo de cinco dias após a sua recepção, findo o qual, se o não fizer, se considerará aprovada a mesma minuta.

23.2 – Caso o adjudicatário recorra a subempreiteiros, deve depositar junto do dono da obra, previamente à celebração do contrato ou ao início dos trabalhos, consoante se trate ou não de autorizações necessárias para a apresentação a concurso, as cópias dos contratos de subempreitada que efectue. Estes contratos devem obedecer ao disposto na cláusula 1.6 do caderno de encargos.

23.3 – O concorrente preferido será notificado da adjudicação e do valor da caução, sendo-lhe, simultaneamente, fixado um prazo, nunca inferior a seis dias, para prestar a caução, sob pena de a adjudicação caducar, de acordo com o disposto no n.º 2 do artigo 110.º e no artigo 111.º do Decreto-Lei n.º 59/99, de 2 de Março.

23.4 – Todos os concorrentes são notificados da adjudicação, por escrito, no prazo de 15 dias após a prestação da caução, sendo-lhes enviado o respectivo relatório justificativo, o qual conterá os fundamentos da preterição das respectivas propostas, bem como as características e vantagens relativas da proposta seleccionada e o nome do adjudicatário, de acordo com o disposto no n.º 3 do artigo 110.º do Decreto-Lei n.º 59/99, de 2 de Março.

23.5 – O valor da caução é o fixado na cláusula 1.11 do caderno de encargos.

24 – Encargos do concorrente:

24.1 – São encargos do concorrente as despesas inerentes à elaboração da proposta, incluindo as de prestação de caução.

24.2 – São ainda da conta do concorrente as despesas e encargos inerentes à celebração do contrato, nos termos do n.º 4 do artigo 119.º do Decreto-Lei n.º 59/99, de 2 de Março.

25 – Legislação aplicável:

Em tudo o omisso no presente programa de concurso, observar-se-á o disposto no Decreto-Lei n.º 59/99, de 2 de Março, e restante legislação aplicável.

26 – Fornecimento de exemplares do processo:

As cópias do processo do concurso referidas no n.º 1.3 serão fornecidas nas condições seguintes:

Preço:... (de custo)

...

ANEXO I

Entidades que possuem listas oficiais de empreiteiros aprovados, a que se referem os n.ºs 6.1, alínea *b*), e 15.2

1:

Na Bélgica: ([1])

Ministère des Communications et de l'Infrastructure, Administration de la Circulation routière et de l'Infrastructure, Direction de la Qualité de la Construction, Secrétariat de la Comission d'Agréation des entrepreneurs, Rue de la Loi, 155, B-1040 Bruxelles – Tel. +32 2 287 31 11; Fax +32 2 287 31 17;

Em Espanha:

Registo Oficial de Empresas Clasificadas-Ministerio de Hacienda, Subsecretaria. Dirección General del Patrimonio del Estado. Secretaría de la Junta Consultiva de Classificación Administrativa, Calle Velázquez, 50, 28001 Madrid – Tel. +34 91 426 1208; Fax +34 91 575 6765;

Na Grécia:

Ministry of Environment, Physical Planning and Public Works, General Secretariat for Public Works, Direction of Registers and Technical Professions

---

([1]) Redacção da Portaria n.º 3/2002, de 4 de Janeiro.

(D15) 196-198, Ippokratous Street, GR 11471 Athens – Tel. +301 0 6432 184; Fax +301 0 6411 904;
Na Itália:
Comitato Nazionale Italiano per la Manutenzione, Via Barberini, 68, 00187 Roma, Itália; telef: 06/4745340; fax: 39/6/4745512.
2 – Em Portugal:
Instituto dos Mercados de Obras Públicas e Particulares e do Imobiliário (IMOPPI), Avenida do Duque de Loulé, 110, 1069-010 Lisboa; telef: 213136100; telef. Linha Azul: 213155726; fax: 213529767; e-mail: imoppilmail.telepac.pt, http://www.imoppi.pt

ANEXO II

A lista actualizada dos Estados signatários do Acordo sobre Contratos Públicos, da Organização Mundial do Comércio, é objecto de publicação no *Diário da República* pelo Ministério dos Negócios Estrangeiros. Actualmente é a seguinte a lista desses Estados, para além de Portugal:

Alemanha, Áustria, Bélgica, Dinamarca, Espanha, Finlândia, França, Grécia, Irlanda, Itália, Luxemburgo, Países Baixos, Reino Unido e Suécia (como Estados membros da União Europeia) e ainda Aruba (Países Baixos), Canadá, Coreia do Sul, Estados Unidos da América, Hong-Kong, Israel, Listenstaina, Noruega, Singapura, Suíça e Japão.

SECÇÃO II – **Empreitadas por percentagem**

(alterações a que se refere o n.º 1 do memorando para utilização do programa de concurso tipo)

II – Programa de concurso tipo
Índice:
...
14 – Valor máximo dos trabalhos a realizar.
...
10 – Tipo de empreitada e forma da proposta:
10.1 – A empreitada é por percentagem.
10.2 – A proposta, elaborada em conformidade com o modelo anexo e em duplicado, será redigida na língua portuguesa, sem rasuras, entrelinhas ou palavras riscadas, sempre com o mesmo tipo de máquina, se for

dactilografada ou processada informaticamente, ou com a mesma caligrafia e tinta, se for manuscrita.

...

10.5 – (Este número não se aplica à empreitada por percentagem.)

14 – Valor máximo dos trabalhos a realizar:

14.1 – O valor máximo dos trabalhos a realizar é de... ([1]), não incluindo o imposto sobre o valor acrescentado.

16 – Documentos que instruem a proposta:

16.1 – A proposta é instruída com os seguintes documentos:

a) Programa de trabalhos, incluindo plano de trabalhos, plano de mão-de-obra e plano de equipamento;

b) Plano de pagamentos;

c) Memória justificativa e descritiva do modo de execução da obra;

d) Tabela de salários que o concorrente se proponha pagar ao seu pessoal ou declaração de que se sujeita às tabelas de salários mínimos em vigor;

e) Relação das quantidades e qualificação profissional do pessoal que constitui a tripulação das máquinas que o empreiteiro se propõe utilizar;

f) Relação discriminativa dos diferentes tipos de encargos sociais com o pessoal que constitui a tripulação das máquinas que o empreiteiro se propõe utilizar;

g) (Se for o caso) Declaração do concorrente que mencione os trabalhos a efectuar em cada uma das subcategorias e declarações de compromisso subscritas pelo concorrente e por cada um dos subempreiteiros, de acordo com o estabelecido no n.º 16.4; idêntica declaração deverá ser apresentada quando se tratar de agrupamentos de empresas;

h) Outra documentação, quando exigida.

...

21 – Critério de adjudicação das propostas:

O critério de adjudicação das propostas será o seguinte:... ([2]) (indicação dos factores e eventuais subfactores de apreciação das propostas por ordem decrescente e respectiva ponderação, em termos percentuais ou numéricos).

([1]) A indicação do valor máximo dos trabalhos a realizar é obrigatória.

([2]) Na empreitada por percentagem, como não há indicação do preço total nas propostas, o critério a adoptar será o da proposta mais vantajosa, nos termos do artigo 105.º do Decreto-Lei n.º 59/99, de 2 de Março.

ANEXO Modelo de proposta, consoante o n.º 10.2, para a empreitada por percentagem

... (indicar nome, estado civil, profissão e morada ou firma e sede), titular do... (indicar, se for o caso, o número do certificado de classificação de empreiteiro de obras públicas ou do certificado de inscrição em lista oficial de empreiteiros aprovados, bem como a entidade que o emitiu), contendo a(s) autorização(ões)... (indicar a natureza e a classe ou o valor), depois de ter tomado conhecimento do objecto da empreitada... (designação da obra), a que se refere o anúncio datado de..., obriga-se a executar em regime de percentagem todos os trabalhos que constituem essa empreitada, em conformidade com o caderno de encargos e nas seguintes condições:

1 – A percentagem para encargos de administração própria e lucro do empreiteiro, a aplicar ao custo dos trabalhos, é de...

2 – O custo dos trabalhos será o que resultar da soma dos dispêndios com:

2.1 – Remunerações do pessoal do empreiteiro, exceptuando a direcção técnica e a tripulação das máquinas indicadas na lista anexa a esta proposta.

2.2 – Encargos sociais com o pessoal referido no n.º 2.1, discriminados conforme documento anexo a esta proposta, num total de... das remunerações horárias.

2.3 – Projectos necessários, remunerados de acordo com as normas em vigor.

2.4 – Encargos gerais, incluindo direcção técnica, deslocações de pessoal, alojamento e tudo o mais necessário para a execução dos trabalhos, exceptuando qualquer encargo puramente administrativo, avaliados pelo quantitativo global de...$... (por extenso e por algarismos), a pagar em... prestações mensais de...$... (por extenso e por algarismos).

2.5 – Materiais e elementos de construção aplicados, incluindo-se no seu custo o transporte para a obra.

2.6 – Trabalhos realizados por subempreiteiros.

2.7 – Exploração e depreciação de instalações e redes provisórias, fornecimentos e outros encargos inerentes ao funcionamento e manutenção do estaleiro, salvo no que se refere ao pessoal, avaliados pelo quantitativo global de...$... (por extenso e por algarismos), a pagar em... prestações mensais de...$... (por extenso e por algarismos).

2.8 – Exploração e depreciação de utensílios e máquinas, incluindo energia, combustíveis, lubrificantes, seguros e todos os encargos com a tripulação das máquinas, expressos em ([1]):

Percentagem do custo dos materiais e elementos de construção aplicados;

([1]) Eliminar o que não interessa.

Custos horários das diferentes unidades previstas, elaborados conforme lista anexa, para os casos de funcionamento e imobilização e seguidos das percentagens que representam relativamente ao valor das máquinas ou utensílios considerados.

2.9 – Todos os seguros indicados no caderno de encargos ou determinados pela fiscalização.

3 – Os preços indicados na presente proposta não incluem o imposto sobre o valor acrescentado, mas o custo a calcular, nos termos do n.º 2 e afectado da percentagem definida no n.º 1, será acrescido daquele imposto à taxa legal em vigor.

4 – Intervirão na obra os seguintes subempreiteiros:... (designação das subempreitadas e indicação dos subempreiteiros através do nome e morada, ou firma e sede e respectivo número de certificado de classificação de empreiteiro de obras públicas ou de certificado de inscrição em lista oficial de empreiteiros aprovados).

5 – Mais declara que renuncia ao foro especial e se submete em tudo o que respeitar à execução do seu contrato ao que se achar prescrito na legislação portuguesa em vigor.

Data.
(Assinatura.)

CADERNO DE ENCARGOS TIPO

SECÇÃO I – **Empreitadas com projecto do dono da obra por preço global, por série de preços ou segundo regime misto**

I – Memorando para a utilização das cláusulas gerais do caderno de encargos tipo

1 – As cláusulas gerais do caderno de encargos tipo farão parte, sempre que exista projecto do dono da obra, dos cadernos de encargos relativos às empreitadas por preço global, às empreitadas por série de preços, às empreitadas segundo regime misto de preço global e série de preços e ainda às empreitadas por percentagem, com as alterações indicadas na secção II.

2 – É desejável que os serviços organizem cadernos de encargos tipo que contemplem certos conjuntos de obras mais correntes. Neste caso, as cláusulas gerais do caderno de encargos tipo poderão ser completadas com outras cláusulas gerais adoptadas pelos serviços. Estas últimas não deverão, no entanto, alterar ou restringir o âmbito de aplicação das primeiras.

3 – A regra geral definida no n.º 1 poderá não ser aplicável em circunstâncias particulares. Em tais casos, as alterações introduzidas e que não resultem da própria fórmula daquelas cláusulas gerais carecem de aprovação da entidade competente e deverão ser claramente assinaladas nos documentos que instruem os processos de concurso e os contratos.

4 – Além das cláusulas gerais dos cadernos de encargos tipo, os cadernos de encargos deverão conter, conforme os casos, as especificações técnicas referidas no anexo II ao Decreto-Lei n.º 59/99, de 2 de Março, nas condições estabelecidas no artigo 65.º do mesmo diploma.

5 – Os cadernos de encargos conterão também as especificações técnicas a que devam satisfazer os materiais e elementos de construção quanto à sua qualidade, dimensões, formas e demais características, bem como as tolerâncias admitidas, e, bem assim, sempre que necessário, os seguintes elementos relativos a ensaios:

Regras de amostragem;

Modo de preparação e embalagem das amostras;

Ensaios previstos para a verificação da qualidade, distinguindo expressamente os que serão obrigatoriamente promovidos e custeados pelo empreiteiro;

Regras de decisão relativamente aos resultados dos ensaios. Serão introduzidas ainda, quando necessárias, indicações relativas às condições de armazenagem e depósito.

6 – Salvo em casos excepcionais justificados pelo objecto da empreitada, não é permitida a introdução no caderno de encargos de especificações técnicas que mencionem produtos de fabrico ou proveniência determinada ou processos especiais que tenham por efeito favorecer ou eliminar determinadas empresas. É, designadamente, proibida a indicação de marcas comerciais ou industriais, de patentes ou modelos, ou de uma origem ou produção determinadas, sendo, no entanto, autorizadas tais indicações quando acompanhadas da menção "ou equivalente", sempre que não seja possível formular uma descrição do objecto da empreitada com recurso a especificações suficientemente precisas e inteligíveis por todos os interessados.

II – Cláusulas gerais do caderno de encargos tipo
Índice:
1 – Disposições gerais:
1.1 – Disposições e cláusulas por que se rege a empreitada.

1.2 – Regulamentos e outros documentos normativos.
1.3 – Regras de interpretação dos documentos que regem a empreitada.
1.4 – Esclarecimento de dúvidas na interpretação dos documentos que regem a empreitada.
1.5 – Projecto.
1.6 – Subempreitadas.
1.7 – Execução simultânea de outros trabalhos no local da obra.
1.8 – Actos e direitos de terceiros.
1.9 – Patentes, licenças, marcas de fabrico ou de comércio e desenhos registados.
1.10 – Outros encargos do empreiteiro.
1.11 – Caução.
2 – Objecto e regime da empreitada:
2.1 – Objecto da empreitada.
2.2 – Modo de retribuição do empreiteiro.
3 – Pagamentos ao empreiteiro:
3.1 – Disposições gerais.
3.2 – Adiantamentos ao empreiteiro.
3.3 – Descontos nos pagamentos.
3.4 – Mora no pagamento.
3.5 – Regras de medição.
3.6 – Revisão de preços do contrato.
4 – Preparação e planeamento dos trabalhos:
4.1 – Preparação e planeamento da execução da obra.
4.2 – Preparação e planeamento de empreitadas comuns à mesma obra.
4.3 – Desenhos, pormenores e elementos de projecto a apresentar pelo empreiteiro.
4.4 – Plano de trabalhos e plano de pagamentos.
4.5 – Modificação do plano de trabalhos e do plano de pagamentos.
5 – Prazos de execução:
5.1 – Prazos de execução da empreitada.
5.2 – Prorrogação dos prazos de execução da empreitada.
5.3 – Multas por violação dos prazos contratuais.
5.4 – Prémios.
6 – Fiscalização e controlo:
6.1 – Direcção técnica da empreitada e representante do empreiteiro.
6.2 – Representantes da fiscalização.

6.3 – Custo da fiscalização.
6.4 – Livro de registo da obra.
7 – Condições gerais de execução da empreitada:
7.1 – Informações preliminares sobre o local da obra.
7.2 – Condições gerais de execução dos trabalhos.
7.3 – Erros ou omissões do projecto e de outros documentos.
7.4 – Alterações ao projecto propostas pelo empreiteiro.
7.5 – Patenteamento do projecto e demais documentos no local dos trabalhos.
7.6 – Cumprimento do plano de trabalhos.
7.7 – Ensaios.
8 – Pessoal:
8.1 – Disposições gerais.
8.2 – Horário de trabalho.
8.3 – Segurança, higiene e saúde no trabalho.
8.4 – Salários mínimos.
8.5 – Pagamento de salários.
9 – Instalações, equipamentos e obras auxiliares:
9.1 – Trabalhos preparatórios e acessórios.
9.2 – Locais e instalações cedidos para a implantação e exploração do estaleiro.
9.3 – Instalações provisórias.
9.4 – Redes de água, de esgotos, de energia eléctrica e de telecomunicações.
9.5 – Equipamento.
10 – Outros trabalhos preparatórios:
10.1 – Trabalhos de protecção e segurança.
10.2 – Demolições e esgotos.
10.3 – Remoção de vegetação.
10.4 – Implantação e piquetagem.
11 – Materiais e elementos de construção:
11.1 – Características dos materiais e elementos de construção.
11.2 – Amostras padrão.
11.3 – Lotes, amostras e ensaios.
11.4 – Aprovação dos materiais e elementos de construção.
11.5 – Casos especiais.
11.6 – Depósito e armazenagem de materiais ou elementos de construção.

11.7 – Remoção de materiais ou elementos de construção.
12 – Recepção e liquidação da obra:
12.1 – Recepção provisória.
12.2 – Prazo de garantia.
12.3 – Obrigações do empreiteiro durante o prazo de garantia.
12.4 – Restituição dos depósitos e quantias retidas e extinção da caução.

1 – Disposições gerais:
1.1 – Disposições e cláusulas por que se rege a empreitada:
1.1.1 – Na execução dos trabalhos e fornecimentos abrangidos pela empreitada e na prestação dos serviços que nela se incluem observar-se-ão:

a) As cláusulas do contrato e o estabelecido em todos os documentos que dele fazem parte integrante;

b) O Decreto-Lei n.º 59/99, de 2 de Março;

c) O Decreto n.º 41 821, de 11 de Agosto de 1958 (Regulamento de Segurança no Trabalho da Construção Civil);

d) O Decreto n.º 46 427, de 10 de Julho de 1965 (Regulamento das Instalações Provisórias Destinadas ao Pessoal Empregado nas Obras);

e) A restante legislação aplicável, nomeadamente a que respeita à construção, à revisão de preços, às instalações do pessoal, à segurança social, ao desemprego, à higiene, segurança, prevenção e medicina no trabalho e à responsabilidade civil perante terceiros;

f) As regras da arte.

1.1.2 – Para os efeitos estabelecidos na alínea *a)* da cláusula 1.1.1, consideram-se integrados no contrato o projecto, este caderno de encargos, os restantes elementos patenteados em concurso e mencionados no índice geral, a proposta do empreiteiro e, bem assim, todos os outros documentos que sejam referidos no título contratual ou neste caderno de encargos.

1.1.3 – Os diplomas legais e regulamentares a que se referem as alíneas *b)*, *c)*, *d)* e *e)* da cláusula 1.1.1 serão observados em todas as suas disposições imperativas e nas demais cujo regime não haja sido alterado pelo contrato ou documentos que dele fazem parte integrante.

1.2 – Regulamentos e outros documentos normativos:
1.2.1 – Para além dos regulamentos e dos documentos normativos referidos neste caderno de encargos, fica o empreiteiro obrigado ao pontual cumprimento de todos os demais que se encontrem em vigor e que se relacionem com os trabalhos a realizar.

1.2.2 – O dono da obra fica obrigado a definir neste caderno de encargos as especificações técnicas constantes do anexo II ao Decreto-Lei n.º 59/99, de 2 de Março, de acordo com o disposto no artigo 65.º do mesmo decreto-lei.

1.2.3 – O empreiteiro obriga-se a respeitar, no que seja aplicável aos trabalhos a realizar e não esteja em oposição com os documentos do contrato, as especificações técnicas definidas nos termos da cláusula anterior.

1.2.4 – A fiscalização pode, em qualquer momento, exigir do empreiteiro a comprovação do cumprimento das disposições regulamentares e normativas aplicáveis.

1.3 – Regras de interpretação dos documentos que regem a empreitada:

1.3.1 – As divergências que porventura existam entre os vários documentos que se consideram integrados no contrato, se não puderem solucionar-se pelas regras gerais de interpretação, resolver-se-ão de acordo com os seguintes critérios:

a) O estabelecido no próprio título contratual prevalecerá sobre o que constar de todos os demais documentos;

b) O estabelecido na proposta prevalecerá sobre todos os restantes documentos, salvo naquilo em que tiver sido alterado pelo título contratual;

c) Nos casos de conflito entre este caderno de encargos e o projecto, prevalecerá o primeiro quanto à definição das condições jurídicas e técnicas de execução da empreitada e o segundo em tudo o que respeita à definição da própria obra, nos termos do artigo 63.º do Decreto-Lei n.º 59/99, de 2 de Março;

d) O programa de concurso só será atendido em último lugar.

1.3.2 – Se no projecto existirem divergências entre as várias peças e não for possível solucioná-las pelas regras gerais de interpretação, resolver-se-ão nos seguintes termos:

a) As peças desenhadas prevalecerão sobre todas as outras quanto à localização, às características dimensionais da obra e à disposição relativa das suas diferentes partes;

b) As folhas de medições discriminadas e referenciadas e os respectivos mapas resumo de quantidades de trabalhos prevalecerão sobre quaisquer outras no que se refere à natureza e quantidade dos trabalhos, sem prejuízo do disposto nos artigos 14.º e 15.º do Decreto-Lei n.º 59/99, de 2 de Março;

c) Em tudo o mais prevalecerá o que constar da memória descritiva e restantes peças do projecto.

1.4 – Esclarecimento de dúvidas na interpretação dos documentos que regem a empreitada:

1.4.1 – As dúvidas que o empreiteiro tenha na interpretação dos documentos por que se rege a empreitada devem ser submetidas à fiscalização da obra antes de se iniciar a execução do trabalho sobre o qual elas recaiam. No caso de as dúvidas ocorrerem somente após o início da execução dos trabalhos a que dizem respeito, deverá o empreiteiro submetê-las imediatamente à fiscalização, juntamente com os motivos justificativos da sua não apresentação antes do início daquela execução.

1.4.2 – A falta de cumprimento do disposto na cláusula anterior torna o empreiteiro responsável por todas as consequências da errada interpretação que porventura haja feito, incluindo a demolição e reconstrução das partes da obra em que o erro se tenha reflectido.

1.5 – Projecto:

1.5.1 – O projecto a considerar para a realização da empreitada será o patenteado no concurso, salvo se no programa de concurso ou neste caderno de encargos for determinada ou admitida a apresentação de variantes pelos concorrentes, nos termos dos artigos 12.º ou 20.º do Decreto-Lei n.º 59/99, de 2 de Março, caso em que o projecto apresentado pelo empreiteiro e aceite pelo dono da obra ficará a substituir o projecto patenteado ou a parte a que diz respeito.

1.5.2 – Em qualquer dos casos indicados na cláusula anterior, bem como no previsto no artigo 11.º do Decreto-Lei n.º 59/99, de 2 de Março, devem ser observadas as disposições legais relativas à elaboração de projectos de obras públicas, designadamente as contidas na Portaria de 7 de Fevereiro de 1972, que contém as instruções para o cálculo dos honorários referentes aos projectos de obras públicas[1], bem como as previstas no artigo 4.º do Decreto-Lei n.º 155/95, de 1 de Julho.

1.5.3 – O autor do projecto deve prestar a necessária assistência técnica ao dono da obra, tanto na fase de concurso e adjudicação como na fase de execução da obra, de acordo com o estabelecido no artigo 9.º da portaria referida na cláusula anterior.

---

[1] Esta portaria foi alterada por portaria de 22 de Novembro de 1974 e por portaria de 5 de Março de 1986.

1.5.4 – No caso em que a adjudicação tenha recaído sobre proposta com variante ao projecto ou a parte dele, entende-se que a referida variante contém todos os elementos necessários para a sua perfeita apreciação, e que se encontra completada com os esclarecimentos, pormenores, planos e desenhos explicativos, com o grau de desenvolvimento a que se refere o n.º 1 do artigo 12.º do Decreto-Lei n.º 59/99, de 2 de Março.

1.5.5 – Na fase de preparação e planeamento a que se refere a cláusula 4 e no caso referido na cláusula 1.5.4, o empreiteiro completará os elementos de projecto por ele apresentados a concurso por forma que sejam atingidas uma pormenorização e especificação pelo menos idênticas às do projecto patenteado ou da parte a que dizem respeito. O projecto variante deve ser acompanhado de nota justificativa, particularmente nos casos em que inclua inovações tecnológicas relativamente ao projecto patenteado, e obedecer, no que for aplicável, às disposições legais para a elaboração de projectos de obras públicas.

1.5.6 – Os elementos do projecto que não tenham sido patenteados no concurso deverão ser submetidos à aprovação do dono da obra e ser sempre assinados pelos seus autores, que deverão possuir para o efeito, nos termos da lei, as adequadas qualificações académicas e profissionais.

1.5.7 – Salvo disposição em contrário, competirá ao empreiteiro a elaboração dos desenhos, pormenores e peças desenhadas do projecto a que se refere a cláusula 4.3, bem como dos desenhos correspondentes às alterações surgidas no decorrer da obra. Concluídos os trabalhos, o empreiteiro deverá entregar ao dono da obra uma colecção actualizada de todos estes desenhos, elaborados em transparentes sensibilizados de material indeformável e inalterável com o tempo, ou através de outros meios, desde que aceites pelo dono da obra.

1.6 – Subempreitadas:

1.6.1 – A responsabilidade de todos os trabalhos incluídos no contrato, seja qual for o agente executor, será sempre do empreiteiro e só dele, salvo no caso de cessão parcial da posição contratual devidamente autorizada, não reconhecendo o dono da obra, senão para os efeitos indicados expressamente na lei, a existência de quaisquer subempreiteiros que trabalhem por conta ou em combinação com o adjudicatário.

1.6.2 – O dono da obra não poderá opor-se à escolha do subempreiteiro pelo empreiteiro de obras públicas adjudicatário da obra, salvo se aquele não dispuser de condições legais para a execução da obra que lhe foi subcontratada. O empreiteiro não poderá proceder à substituição dos subempreiteiros sem autorização do dono da obra.

1.6.3 – Todas as subempreitadas devem ser objecto de contratos, a elaborar nos termos do disposto no artigo 266.º do Decreto-Lei n.º 59/99, de 2 de Março, dos quais devem constar necessariamente os seguintes elementos:

a) Identificação de ambas as entidades outorgantes, indicando o seu nome ou denominação social, número fiscal de contribuinte ou de pessoa colectiva, estado civil e domicílio ou, no caso de ser uma sociedade, a respectiva sede social e, se for caso disso, as filiais que interessam à execução do contrato e os nomes dos titulares dos corpos gerentes ou de outras pessoas com poderes para obrigar no acto;

b) Identificação dos títulos de que constem as autorizações para o exercício da actividade de empreiteiro de obras públicas;

c) Especificação técnica da obra que for objecto do contrato;

d) Valor global do contrato;

e) Forma e prazos de pagamento, os quais devem ser estabelecidos em condições idênticas às previstas no contrato entre o dono da obra e o empreiteiro.

1.6.4 – No que se refere à alínea *c*) da cláusula anterior, devem ser indicados os trabalhos a realizar. No que se refere à alínea *d*) da cláusula anterior, deve constar do contrato o que for acordado quanto à revisão de preços.

1.6.5 – O empreiteiro não poderá subempreitar mais de 75% do valor da obra que lhe foi adjudicada.

1.6.6 – O regime previsto na cláusula anterior é igualmente aplicável às subempreitadas subsequentes.

1.6.7 – As cópias dos contratos devem ser depositadas junto do dono da obra, previamente à celebração do contrato do qual emergem, ou previamente ao início dos trabalhos, consoante se trate de autorizações necessárias para apresentação a concurso ou de outras autorizações.

1.6.8 – O empreiteiro tomará as providências indicadas pela fiscalização por forma que esta, em qualquer momento, possa distinguir o pessoal do empreiteiro do pessoal dos subempreiteiros presentes na obra.

1.7 – Execução simultânea de outros trabalhos no local da obra:

1.7.1 – O dono da obra reserva-se o direito de executar ele próprio ou de mandar executar por outrem, conjuntamente com os da presente empreitada e na mesma obra, quaisquer trabalhos não incluídos no contrato, ainda que sejam de natureza idêntica à dos contratados.

1.7.2 – Os trabalhos referidos na cláusula anterior serão executados em colaboração com a fiscalização, de modo a evitar demoras e outros prejuízos.

1.7.3 – Quando o empreiteiro considere que a normal execução da empreitada está a ser impedida ou a sofrer atrasos em virtude da realização simultânea dos trabalhos a que se refere a cláusula 1.7.1, deverá apresentar a sua reclamação no prazo de cinco dias a contar da data da ocorrência, a fim de superiormente se tomarem as providências que as circunstâncias imponham.

1.7.4 – Nos casos da cláusula anterior, o empreiteiro terá direito:

a) À prorrogação do prazo do contrato por período correspondente ao do atraso porventura verificado na realização da obra em consequência da suspensão ou do abrandamento do ritmo de execução dos trabalhos:

b) À indemnização dos prejuízos que demonstre ter sofrido.

1.8 – Actos e direitos de terceiros:

1.8.1 – Sempre que o empreiteiro sofra atrasos na execução da obra em virtude de qualquer facto imputável a terceiros, deverá, no prazo de oito dias a contar da data em que tome conhecimento da ocorrência, informar, por escrito, a fiscalização, a fim de o dono da obra ficar habilitado a tomar as providências que estejam ao seu alcance.

1.8.2 – Se os trabalhos a executar na obra forem susceptíveis de provocar prejuízos ou perturbações a um serviço de utilidade pública, o empreiteiro, se disso tiver ou dever ter conhecimento, comunicará, antes do início dos trabalhos em causa, ou no decorrer destes, esse facto à fiscalização, para que esta possa tomar as providências que julgue necessárias perante a entidade concessionária ou exploradora daquele serviço.

1.9 – Patentes, licenças, marcas de fabrico ou de comércio e desenhos registados:

1.9.1 – Serão inteiramente de conta do empreiteiro os encargos e responsabilidades decorrentes da utilização na execução da empreitada de materiais, de elementos de construção ou de processos de construção a que respeitem quaisquer patentes, licenças, marcas, desenhos registados e outros direitos de propriedade industrial.

1.9.2 – Se o dono da obra vier a ser demandado por ter sido infringido na execução dos trabalhos qualquer dos direitos mencionados na cláusula anterior, o empreiteiro indemnizá-lo-á de todas as despesas que, em consequência, haja de fazer e de todas as quantias que tenha de pagar, seja a que título for.

1.9.3 – O disposto nas cláusulas 1.9.1 e 1.9.2 não é, todavia, aplicável a materiais e a elementos ou processos de construção definidos neste caderno de encargos para os quais se torne indispensável o uso de direitos de propriedade industrial quando o dono da obra não indique a existência de tais direitos.

1.9.4 – No caso previsto na cláusula anterior, o empreiteiro, se tiver conhecimento da existência dos direitos em causa, não iniciará os trabalhos que envolvam o seu uso sem que a fiscalização, por ele consultada, o notifique, por escrito, de que o pode fazer.

1.10 – Outros encargos do empreiteiro:

1.10.1 – Salvo disposição em contrário deste caderno de encargos, correrão por conta do empreiteiro, que se considerará, para o efeito, o único responsável:

a) A reparação e a indemnização de todos os prejuízos que, por motivos imputáveis ao adjudicatário e que não resultem da própria natureza ou concepção da obra, sejam sofridos por terceiros até à recepção definitiva dos trabalhos em consequência do modo de execução destes últimos, da actuação do pessoal do empreiteiro ou dos seus subempreiteiros e fornecedores e do deficiente comportamento ou da falta de segurança das obras, materiais, elementos de construção e equipamentos;

b) As indemnizações devidas a terceiros pela constituição de servidões provisórias ou pela ocupação temporária de prédios particulares necessários à execução da empreitada.

1.10.2 – Considera-se encargo do empreiteiro promover os seguros indicados neste caderno de encargos.

1.11 – Caução:

1.11.1 – O valor da caução é de...% (5% ou outro valor fixado nos termos do n.º 2 do artigo 113.º do Decreto-Lei n.º 59/99, de 2 de Março) do preço total do contrato e será prestado por depósito em dinheiro ou em títulos emitidos ou garantidos pelo Estado ou mediante garantia bancária, ou ainda por seguro-caução, conforme escolha do adjudicatário e de acordo com os modelos constantes do anexo a este caderno de encargos.

1.11.2 – Em casos excepcionais, devidamente justificados e publicitados, pode o dono da obra estipular um valor mínimo mais elevado para a caução, não podendo este, contudo, exceder 30% do preço total do respectivo contrato, mediante prévia autorização da entidade tutelar, quando existir.

1.11.3 – Será dispensada a prestação de caução ao adjudicatário que apresente contrato de seguro adequado da execução da obra pelo preço total do respectivo contrato, e também do respectivo projecto, se for o caso. Aplicar-se-á o mesmo regime caso exista assunção de responsabilidade solidária com o adjudicatário, pelo preço total do respectivo contrato, por entidade bancária reconhecida.

1.11.4 – O depósito em dinheiro ou em títulos será efectuado em Portugal, em qualquer instituição de crédito, à ordem da entidade que for indicada pelo dono da obra, devendo ser especificado o fim a que se destina.

1.11.5 – Quando o depósito for efectuado em títulos, estes serão avaliados pelo respectivo valor nominal, salvo se, nos últimos três meses, a média da cotação na bolsa de valores ficar abaixo do par, caso em que a avaliação será feita em 90% dessa média.

1.11.6 – Em obras de valor inferior a 5000 contos e sempre que o dono da obra o estabeleça, a caução será substituída pela retenção de 10% dos pagamentos a efectuar.

2 – Objecto e regime da empreitada:
2.1 – Objecto da empreitada:
2.1.1 – A empreitada tem por objecto a realização dos trabalhos definidos, quanto à sua espécie, quantidade e condições técnicas de execução, no projecto e neste caderno de encargos.

2.1.2 – O projecto a considerar para efeitos do estabelecido na cláusula 2.1.1 será o definido na cláusula 1.5.

2.1.3 – As condições técnicas de execução dos trabalhos da empreitada serão as deste caderno de encargos e as que eventualmente vierem a ser acordadas em face do projecto ou variante aprovados.

2.2 – Modo de retribuição do empreiteiro:
2.2.1 – O regime da empreitada, quanto ao modo de retribuição do empreiteiro, é o estabelecido neste caderno de encargos e corresponderá a uma das hipóteses seguintes, podendo, eventualmente, ser estabelecidos diferentes modos de retribuição para distintas partes da obra ou diferentes tipos de trabalho:

a) Empreitada por preço global: a empreitada é realizada por preço global e, assim, o montante da remuneração a receber pelo empreiteiro é previamente fixado e corresponde à realização de todos os trabalhos necessários para a execução da obra ou parte da obra objecto do contrato (será, todavia e conforme os casos, acrescido ou deduzido ao preço da empreitada, em conformidade com o disposto nos artigos 15.º e demais aplicáveis do Decreto-Lei n.º 59/99, de 2 de Março, o valor dos trabalhos que resultem da rectificação de erros ou omissões do projecto, nos termos do artigo 14.º do mesmo diploma);

b) Empreitada por série de preços: a empreitada é realizada por série de preços e, assim, as importâncias a receber pelo empreiteiro serão as que resultarem da aplicação dos preços unitários estabelecidos no contrato por cada espécie de trabalho a realizar às quantidades desses trabalhos realmente executadas;

c) Regime misto: sendo a obra executada em parte por preço global e em parte por série de preços, aplicar-se-ão as regras definidas nas alíneas *a*) e *b*) às parcelas correspondentes da empreitada.

3 – Pagamentos ao empreiteiro:
3.1 – Disposições gerais:
3.1.1 – O pagamento ao empreiteiro dos trabalhos incluídos no contrato far-se-á por medição, com observância do disposto nos artigos 202.º e seguintes do Decreto-Lei n.º 59/99, de 2 de Março, se outras condições não forem estabelecidas neste caderno de encargos.

3.1.2 – O pagamento dos trabalhos a mais será feito nos mesmos termos da cláusula anterior, mas com base nos preços que lhes forem, em cada caso, especificamente aplicáveis.

3.2 – Adiantamentos ao empreiteiro:
3.2.1 – As condições de concessão de adiantamento ao empreiteiro, para além das referidas nos artigos 214.º e seguintes do Decreto-Lei n.º 59/99, de 2 de Março, são as que constam deste caderno de encargos.

3.3 – Descontos nos pagamentos:
3.3.1 – O desconto para garantia do contrato será de ...% (5%, salvo se outra percentagem for fixada, nos termos do artigo 211.º, n.º 1, do Decreto-Lei n.º 59/99, de 2 de Março), excepto nos casos em que o adjudicatário tenha prestado contrato de seguro pelo preço total do contrato.

3.3.2 – O desconto para garantia pode, a todo o tempo, ser substituído por depósito de títulos, garantia bancária ou seguro-caução, nos mesmos termos que a caução.

3.3.3 – O dono da obra deduzirá ainda nos pagamentos parciais a fazer ao empreiteiro:

a) As importâncias necessárias ao reembolso dos adiantamentos e à liquidação das multas que lhe tenham sido aplicadas, nos termos, respectivamente, dos artigos 215.º e 233.º do Decreto-Lei n.º 59/99, de 2 de Março;

b) 0,5% para a Caixa Geral de Aposentações, nos termos da legislação aplicável;

c) Todas as demais quantias que sejam legalmente exigíveis.

3.4 – Mora no pagamento:

3.4.1 – O juro previsto na lei para a mora no pagamento das contas liquidadas e aprovadas será obrigatoriamente abonado ao empreiteiro, independentemente de este o solicitar, e incidirá sobre a totalidade em dívida.

3.4.2 – O pagamento do juro previsto na cláusula anterior deverá efectuar-se até 22 dias depois da data em que haja tido lugar o pagamento dos trabalhos, revisões ou acertos que lhes deram origem.

3.5 – Regras de medição:

3.5.1 – Os critérios a seguir na medição dos trabalhos serão os estabelecidos no projecto, neste caderno de encargos ou no contrato.

3.5.2 – Se os documentos referidos na cláusula anterior não fixarem os critérios de medição a adoptar, observar-se-ão para o efeito, pela seguinte ordem de prioridade:

a) As normas oficiais de medição que porventura se encontrem em vigor;

b) As normas definidas pelo Laboratório Nacional de Engenharia Civil;

c) Os critérios geralmente utilizados ou, na falta deles, os que forem acordados entre o dono da obra e o empreiteiro.

3.6 – Revisão de preços do contrato:

3.6.1 – A revisão dos preços contratuais, como consequência de alteração dos custos de mão-de-obra, de materiais ou de equipamentos de apoio durante a execução da empreitada, será efectuada nos termos da legislação sobre revisão de preços. A modalidade a adoptar é a fixada neste caderno de encargos.

3.6.2 – No caso de eventual omissão do contrato relativamente à fórmula de revisão de preços, aplicar-se-á a fórmula tipo estabelecida para obras da mesma natureza.

3.6.3 – Se a revisão for feita na modalidade de garantia de preços pelo dono da obra, observar-se-ão as condições seguintes:

a) Os custos de mão-de-obra e de materiais, fixados de acordo com os valores médios praticados no mercado, são os indicados neste caderno de encargos ou no título contratual;

b) A garantia de custo de mão-de-obra abrange exclusivamente as profissões enumeradas neste caderno de encargos;

c) A garantia de custo de mão-de-obra não abrange os encargos de deslocação e de transporte do pessoal do empreiteiro nem os agravamentos correspondentes à prestação de trabalho em horas extraordinárias que não estejam expressamente previstas neste caderno de encargos;

d) A revisão de preços relativa ao custo de mão-de-obra incidirá sobre o valor correspondente à percentagem fixada na legislação sobre revisão de preços;

e) O empreiteiro obriga-se a enviar à fiscalização o duplicado das folhas de salários pagos na obra, do qual lhe será passado recibo, no prazo de cinco dias a contar da data de encerramento das folhas;

f) Em anexo ao duplicado das folhas de salários, o empreiteiro obriga-se a enviar também um mapa com a relação do pessoal e respectivos salários e encargos sociais a que corresponda ajustamento de preços no qual figurem os montantes calculados na base dos que forem garantidos, dos efectivamente despendidos e as correspondentes diferenças a favor do dono da obra ou do empreiteiro;

g) O dono da obra pode exigir ao empreiteiro a justificação de quaisquer salários ou encargos sociais que figurem nas folhas enviadas à fiscalização;

h) Os preços garantidos para os materiais são considerados como preços no local de origem do fornecimento ao empreiteiro e não incluem, portanto, os encargos de transporte e os que a este forem inerentes, salvo se neste caderno de encargos se especificar de outra forma;

i) Se para a aquisição de materiais de preço garantido tiverem sido facultados adiantamentos ao empreiteiro, as quantidades de materiais adquiridos nessas condições não são susceptíveis de revisão de preços a partir das datas de pagamento dos respectivos adiantamentos;

j) Independentemente do direito de vigilância sobre os preços relativos à aquisição de materiais de preço garantido, o dono da obra tem o direito de exigir do empreiteiro a justificação dos respectivos preços.

3.6.4 – Os diferenciais de preços, para mais ou para menos, que resultem da revisão de preços da empreitada serão incluídos nas situações de trabalhos.

3.6.5 – Os materiais cujos preços são garantidos poderão ser fornecidos ao empreiteiro, directa ou indirectamente, pelo dono da obra, conforme for julgado mais conveniente ao interesse deste, excepto se o empreiteiro demonstrar já haver adquirido os materiais necessários para a execução dos trabalhos, ou na medida em que o tiver feito.

3.6.6 – Nos casos previstos na cláusula 1.6, deverá constar dos contratos entre o empreiteiro e os seus subempreiteiros o que entre eles for acordado quanto à revisão de preços.

4 – Preparação e planeamento dos trabalhos:
4.1 – Preparação e planeamento da execução da obra:
4.1.1 – O empreiteiro é responsável:

a) Perante o dono da obra, nos termos da cláusula 1.6, pela preparação, planeamento e coordenação de todos os trabalhos da empreitada, seja qual for o agente executor, bem como pela preparação, planeamento e execução dos trabalhos necessários à aplicação, em geral, das normas sobre segurança, higiene e saúde no trabalho vigentes e, em particular, das medidas consignadas no Plano de Segurança e Saúde, da responsabilidade do dono da obra, elaborado na fase de projecto e já patenteado em concurso;

b) Perante as entidades fiscalizadoras, pela preparação, planeamento e coordenação dos trabalhos necessários à aplicação das medidas sobre segurança, higiene e saúde no trabalho em vigor, bem como pela aplicação do documento indicado na alínea *i)* da cláusula seguinte.

4.1.2 – A preparação e o planeamento da execução da obra compreendem, além dos trabalhos preparatórios ou acessórios previstos no artigo 24.º do Decreto-Lei n.º 59/99, de 2 de Março:

a) A apresentação pelo empreiteiro ao dono da obra de quaisquer dúvidas relativas aos materiais, aos métodos e às técnicas a utilizar na execução da empreitada;

b) O esclarecimento dessas dúvidas pelo dono da obra;

c) A apresentação pelo empreiteiro das reclamações previstas no n.º 1 do artigo 14.º do Decreto-Lei n.º 59/99, de 2 de Março;

d) A apreciação e decisão do dono da obra das reclamações a que se refere a alínea *c)*;

e) O estudo e definição pelo empreiteiro dos processos de construção a adoptar na realização dos trabalhos;

f) A apresentação pelo empreiteiro dos desenhos de construção, dos pormenores de execução e dos elementos do projecto que, nos termos da cláusula 4.3, lhe competir elaborar;

g) A elaboração e apresentação pelo empreiteiro dos planos definitivos de trabalhos e de pagamentos;

h) A aprovação pelo dono da obra dos documentos referidos nas alíneas *f)* e *g)*;

i) A elaboração de documento do qual conste o desenvolvimento prático do Plano de Segurança e Saúde, devendo analisar, desenvolver e complementar as medidas aí previstas, em função do sistema utilizado para a execução da obra, em particular as tecnologias e a organização de trabalhos utilizados pelo empreiteiro. O documento deverá conter a avaliação dos riscos, a previsão dos meios adequados à prevenção de acidentes relativamente a todos os trabalhadores e ao público em geral, bem como a planificação das actividades de prevenção, de acordo com as técnicas construtivas a utilizar em obra.

4.1.3 – Os actos previstos na cláusula anterior deverão realizar-se nos prazos que para o efeito, e dentro dos limites estabelecidos nos artigos 14.º e 159.º do Decreto-Lei n.º 59/99, de 2 de Março, se encontrem fixados neste caderno de encargos.

4.2 – Preparação e planeamento de empreitadas comuns à mesma obra:

4.2.1 – O dono da obra reserva-se o direito de, por si próprio ou através de entidade por ele designada, coordenar a preparação e planeamento dos trabalhos da presente empreitada com os de qualquer outra que venha a contratar para a execução da mesma obra.

4.2.2 – O empreiteiro terá, todavia, direito a ser indemnizado dos prejuízos que sofra sempre que, por virtude das exigências da coordenação referida, os seus direitos contratuais sejam atingidos ou fique impossibilitado de dar cumprimento ao plano de trabalhos aprovado.

4.2.3 – No caso referido na cláusula 4.2.1, sem prejuízo do disposto na cláusula 4.1 relativamente a cada empreitada, a preparação, o planeamento e a coordenação dos trabalhos das diferentes empreitadas pelo dono da obra deve abranger a avaliação dos riscos profissionais decorrentes da execução, em simultâneo, de várias empreitadas na mesma obra, bem como a previsão dos meios adequados à prevenção de acidentes relativamente aos trabalhadores e ao público em geral.

4.3 – Desenhos, pormenores e elementos de projecto a apresentar pelo empreiteiro:

4.3.1 – Quando a adjudicação se basear em projecto do dono da obra, o empreiteiro deverá apresentar, durante o período de preparação e planeamento dos trabalhos, e para os efeitos da alínea *f*) da cláusula 4.1.2, os desenhos de construção e os pormenores de execução expressamente exigidos neste caderno de encargos.

4.3.2 – Se a adjudicação for baseada em variantes do empreiteiro, este deverá apresentar, nos termos da referida alínea *f*) da cláusula 4.1.2, todas as peças escritas e desenhadas necessárias ao cumprimento do disposto na cláusula 1.5.

4.3.3 – Salvo nos casos em que este caderno de encargos determine o contrário, o empreiteiro poderá, para os efeitos do disposto na cláusula 4.3.1, escolher livremente as soluções de execução a adoptar.

4.4 – Plano de trabalhos e plano de pagamentos:

4.4.1 – No prazo estabelecido neste caderno de encargos ou no contrato, que não poderá exceder 44 dias e que se contará sempre a partir da data da consignação, deverá o empreiteiro apresentar, nos termos e para os efeitos dos artigos 159.º e seguintes do Decreto-Lei n.º 59/99, de 2 de Março, o plano definitivo de trabalhos e o respectivo plano de pagamentos, observando na sua elaboração a metodologia fixada neste caderno de encargos.

4.4.2 – O plano de trabalhos deverá, nomeadamente:

a) Definir com precisão as datas de início e de conclusão da empreitada, bem como a sequência, o escalonamento no tempo, o intervalo e o ritmo de execução das diversas espécies de trabalho, distinguindo as fases que porventura se considerem vinculativas e a unidade de tempo que serve de base à programação;

b) Indicar as quantidades e a qualificação profissional da mão-de--obra necessária, em cada unidade de tempo, à execução da empreitada;

c) Indicar as quantidades e a natureza do equipamento necessário, em cada unidade de tempo, à execução da empreitada;

d) Especificar quaisquer outros recursos, exigidos ou não neste caderno de encargos, que serão mobilizados para a realização da obra;

e) Não subverter o plano de trabalhos a que se refere a alínea *c*) do n.º 1 do artigo 73.º do Decreto-Lei n.º 59/99, de 2 de Março.

4.4.3 – No caso de se encontrarem previstas consignações parciais, o plano de trabalhos deverá especificar os prazos dentro dos quais elas terão de se realizar, para não se verificarem interrupções ou abrandamentos no ritmo de execução da empreitada.

4.4.4 – O plano de pagamentos deverá conter a previsão, quantificada e escalonada no tempo, do valor dos trabalhos a realizar pelo empreiteiro, na periodicidade definida para os pagamentos a efectuar pelo dono da obra, de acordo com o plano de trabalhos a que diga respeito.

4.5 – Modificação do plano de trabalhos e do plano de pagamentos:

4.5.1 – O dono da obra poderá alterar em qualquer momento o plano de trabalhos em vigor, ficando o empreiteiro com direito a ser indemnizado dos danos sofridos em consequência dessa alteração, mediante requerimento a apresentar nos 10 dias subsequentes à data em que aquela lhe haja sido notificada.

4.5.2 – O empreiteiro pode, em qualquer momento, propor modificações ao plano de trabalhos ou apresentar outro para substituir o vigente, justificando a sua proposta, sendo a modificação ou o novo plano aceites desde que deles não resulte prejuízo para a obra ou prorrogação dos prazos de execução.

4.5.3 – Em quaisquer situações em que, por facto não imputável ao empreiteiro e que se mostre devidamente justificado, se verifique a necessidade de o plano de trabalhos em vigor ser alterado, deverá aquele apresentar um novo plano de trabalhos e o correspondente plano de pagamentos adaptado às circunstâncias, devendo o dono da obra pronunciar-se sobre eles no prazo de 22 dias.

4.5.4 – Decorrido o prazo referido no número anterior sem que o dono da obra se pronuncie, consideram-se os planos como aceites.

4.5.5 – Sempre que se altere o plano de trabalhos, deverá ser feito o consequente reajustamento do plano de pagamentos.

5 – Prazos de execução:

5.1 – Prazos de execução da empreitada:

5.1.1 – Os trabalhos da empreitada deverão iniciar-se na data fixada no respectivo plano e ser executados dentro dos prazos globais e parcelares estabelecidos neste caderno de encargos ([1]).

([1]) No caso de a adjudicação recair em proposta condicionada, os prazos a ter em consideração serão os estabelecidos na aludida proposta.

5.1.2 – Na contagem dos prazos de execução da empreitada consideram-se incluídos todos os dias decorridos, incluindo sábados, domingos e feriados.

5.2 – Prorrogação dos prazos de execução da empreitada:

5.2.1 – A requerimento do empreiteiro, devidamente fundamentado, poderá o dono da obra conceder-lhe prorrogação do prazo global ou dos prazos parciais de execução da empreitada.

5.2.2 – O requerimento previsto na cláusula anterior deverá ser acompanhado dos novos planos de trabalhos e de pagamentos, com indicação, em pormenor, das quantidades de mão-de-obra e do equipamento necessário ao seu cumprimento e, bem assim, de quaisquer outras medidas que para o efeito o empreiteiro se proponha adoptar.

5.2.3 – Se houver lugar à execução de trabalhos a mais e desde que o empreiteiro o requeira, o prazo para a conclusão da obra será prorrogado nos seguintes termos:

a) Sempre que se trate de trabalhos a mais da mesma espécie dos definidos no contrato, proporcionalmente ao que estiver estabelecido nos prazos parcelares de execução constantes do plano de trabalhos aprovado e atendendo ao seu enquadramento geral na empreitada;

b) Quando os trabalhos forem de espécie diversa dos que constam no contrato, por acordo entre o dono da obra e o empreiteiro, considerando as particularidades técnicas da execução.

5.2.4 – Na falta de acordo quanto ao cálculo da prorrogação do prazo contratual previsto na cláusula anterior, proceder-se-á de acordo com o disposto no n.º 4 do artigo 151.º do Decreto-Lei n.º 59/99, de 2 de Março.

5.2.5 – Os pedidos de prorrogação referidos nas cláusulas 5.2.1 a 5.2.3 deverão ser apresentados até 22 dias antes do termo do prazo cuja prorrogação é solicitada, a não ser que os factos em que se baseiam hajam ocorrido posteriormente.

5.2.6 – Sempre que ocorra suspensão dos trabalhos não decorrente da própria natureza destes últimos nem imputável ao empreiteiro, considerar-se-ão automaticamente prorrogados, por período igual ao da suspensão, o prazo global de execução da obra e os prazos parcelares que, dentro do plano de trabalhos em vigor, sejam afectados por essa suspensão.

5.3 – Multas por violação dos prazos contratuais:

5.3.1 – Se o empreiteiro não concluir a obra no prazo contratualmente estabelecido, acrescido de prorrogações graciosas ou legais, ser-lhe-á aplicada, até ao fim dos trabalhos ou à rescisão do contrato, a multa diária estabelecida no artigo 201.º do Decreto-Lei n.º 59/99, de 2 de Março, se outra não for fixada neste caderno de encargos.

5.3.2 – Se o empreiteiro não respeitar qualquer prazo parcial vinculativo fixado neste caderno de encargos, o dono da obra fica com a faculdade de, independentemente do disposto no artigo 161.º do Decreto-Lei n.º 59/99, de 2 de Março, aplicar a multa diária estabelecida no n.º 2 do artigo 201.º do Decreto-Lei n.º 59/99, de 2 de Março.

5.3.3 – Se o atraso respeitar ao início da execução da empreitada, de acordo com o plano de trabalhos em vigor, aplicar-se-á ao empreiteiro a multa estabelecida no artigo 162.º do Decreto-Lei n.º 59/99, de 2 de Março, se outra não for fixada neste caderno de encargos.

5.3.4 – Para efeitos da cláusula anterior, entende-se que os meios a utilizar pelo empreiteiro no início dos trabalhos são os previstos no plano de trabalhos em vigor.

5.3.5 – A multa prevista na cláusula 5.3.1 poderá ser, a requerimento do empreiteiro ou por iniciativa do dono da obra, reduzida a montante adequado, sempre que se mostre desajustada em relação aos prejuízos reais sofridos pelo dono da obra.

5.3.6 – As multas previstas na cláusula 5.3.2, para a falta de cumprimento de prazos parciais vinculativos, e da cláusula 5.3.3, para o atraso no início dos trabalhos, poderão ser reduzidas ou anuladas, nos termos do n.º 3 do artigo 201.º do Decreto-Lei n.º 59/99, de 2 de Março.

5.4 – Prémios – em caso algum haverá lugar à atribuição de prémios.

6 – Fiscalização e controlo:
6.1 – Direcção técnica da empreitada e representante do empreiteiro:
6.1.1 – O empreiteiro obriga-se, sob reserva de aceitação pelo dono da obra, a confiar a direcção técnica da empreitada a um técnico com a qualificação mínima indicada neste caderno de encargos.

6.1.2 – Após a assinatura do contrato e antes da consignação, o empreiteiro confirmará, por escrito, o nome do director técnico da empreitada, indicando a sua qualificação técnica e ainda se o mesmo pertence ou não ao seu quadro técnico. Esta informação será acompanhada por uma declaração subscrita pelo técnico designado, com assinatura reconhecida, assumindo a responsabilidade pela direcção técnica da obra e comprometendo-se a desempenhar essa função com proficiência e assiduidade.

6.1.3 – As ordens, os avisos e as notificações que se relacionem com os aspectos técnicos da execução da empreitada deverão ser cumulativamente dirigidos directamente ao director técnico.

6.1.4 – O director técnico da empreitada deverá acompanhar assiduamente os trabalhos e estar presente no local da obra sempre que para tal seja convocado.

6.1.5 – O dono da obra poderá impor a substituição do director técnico da empreitada, devendo a ordem respectiva ser fundamentada por escrito.

6.1.6 – O empreiteiro ou um seu representante permanecerá no local da obra durante a sua execução, devendo estar habilitado com os poderes necessários para responder, perante o fiscal da obra, pela marcha dos trabalhos.

6.1.7 – As funções de director técnico da empreitada podem ser acumuladas com as de representante do empreiteiro, ficando então o mesmo director com os poderes necessários para responder, perante o fiscal da obra, pela marcha dos trabalhos.

6.1.8 – Sempre que este caderno de encargos exija a indicação de outros técnicos que intervenham na execução dos trabalhos, o empreiteiro entregará à fiscalização, no mesmo prazo estabelecido na cláusula 6.1.2, documento escrito indicando precisamente o nome, a qualificação, as atribuições de cada técnico e a sua posição no organograma da empresa.

6.1.9 – O empreiteiro designará um responsável pelo cumprimento da legislação aplicável em matéria de segurança, higiene e saúde no trabalho e, em particular, pela correcta aplicação do documento referido na alínea *i*) da cláusula 4.1.2.

6.2 – Representantes da fiscalização:

6.2.1 – O dono da obra notificará o empreiteiro da identidade dos representantes que designe para a fiscalização local dos trabalhos. Quando a fiscalização seja constituída por dois ou mais representantes, o dono da obra designará um deles para chefiar, como fiscal da obra, e, sendo um só, a este caberão tais funções.

6.2.2 – O fiscal da obra deverá dispor de poderes bastantes e estar habilitado com os elementos indispensáveis a resolver todas as questões que lhe sejam postas pelo empreiteiro para o efeito da normal prossecução dos trabalhos.

6.2.3 – A obra e o empreiteiro ficam também sujeitos à fiscalização que, nos termos da lei, incumba a outras entidades.

6.3 – Custo da fiscalização:

6.3.1 – Quando o empreiteiro, por sua iniciativa e sem que tal se encontre previsto neste caderno de encargos ou resulte de caso de força maior, proceda à execução de trabalhos fora das horas regulamentares ou por turnos, o dono da obra poderá exigir-lhe o pagamento dos acréscimos de custo das horas suplementares de serviço a prestar pelos representantes da fiscalização.

6.4 – Livro de registo da obra:

6.4.1 – O empreiteiro deverá organizar um registo da obra, em livro adequado, com as folhas numeradas e rubricadas por si e pela fiscalização e contendo uma informação sistemática e de fácil consulta dos acontecimentos mais importantes relacionados com a execução dos trabalhos.

6.4.2 – Os factos a consignar obrigatoriamente no registo da obra são, para além dos referidos no n.º 2 do artigo 36.º do Decreto-Lei n.º 59/99, de 2 de Março, os indicados neste caderno de encargos.

6.4.3 – O livro de registo será rubricado pela fiscalização e pelo empreiteiro em todos os acontecimentos nele registados e ficará ao cuidado deste último, que o deverá apresentar sempre que solicitado pela primeira ou por entidades oficiais com jurisdição sobre os trabalhos.

7 – Condições gerais de execução da empreitada:

7.1 – Informações preliminares sobre o local da obra:

7.1.1 – Independentemente das informações fornecidas nos documentos integrados no contrato, entende-se que o empreiteiro se inteirou localmente das condições aparentes de realização dos trabalhos referentes à empreitada.

7.1.2 – A falta de informações relativas às condições locais, ou a sua inexactidão, só poderá servir de fundamento para as reclamações quando os trabalhos a que der origem não estejam previstos no projecto nem sejam notoriamente previsíveis na inspecção local realizada na fase do concurso.

7.2 – Condições gerais de execução dos trabalhos:

7.2.1 – A obra deve ser executada de acordo com as regras da arte e em perfeita conformidade com o projecto, com este caderno de encargos e com as demais condições técnicas contratualmente estipuladas, de modo a assegurarem-se as características de resistência, durabilidade e funcionamento especificadas nos mesmos documentos.

7.2.2 – Relativamente às técnicas construtivas a adoptar, fica o empreiteiro obrigado a seguir, no que seja aplicável aos trabalhos a realizar, o conjunto de prescrições técnicas definidas nos termos das cláusulas 1.2.2 e 1.2.3.

7.2.3 – O empreiteiro poderá propor a substituição dos métodos e técnicas de construção ou dos materiais previstos neste caderno de encargos e no projecto por outros que considere preferíveis, sem prejuízo da obtenção das características finais especificadas para a obra.

7.3 – Erros ou omissões do projecto e de outros documentos:

7.3.1 – O empreiteiro deverá comunicar à fiscalização, logo que deles se aperceba, quaisquer erros ou omissões que julgue existirem no projecto e nos demais documentos por que se rege a execução dos trabalhos, bem como nas ordens, nos avisos e nas notificações da fiscalização.

7.3.2 – A falta de cumprimento da obrigação estabelecida na cláusula 7.3.1 torna o empreiteiro responsável pelas consequências do erro ou da omissão, se se provar que agiu com dolo ou negligência incompatível com o normal conhecimento das regras da arte.

7.4 – Alterações ao projecto propostas pelo empreiteiro:

7.4.1 – O empreiteiro, sempre que, nos termos do artigo 30.º do Decreto-Lei n.º 59/99, de 2 de Março, propuser qualquer alteração ao projecto, deverá apresentar, conjuntamente com ela e além do que se estabelece na referida disposição legal, todos os elementos necessários à sua perfeita apreciação.

7.4.2 – Os elementos referidos na cláusula anterior deverão incluir, nomeadamente, a memória ou nota descritiva e explicativa da solução seguida, com indicação das eventuais implicações nos prazos e custos e, se for caso disso, peças desenhadas e cálculos justificativos e especificações de qualidade da mesma, em conformidade com o disposto na cláusula 1.5.

7.5 – Patenteamento do projecto e demais documentos no local dos trabalhos:

7.5.1 – O empreiteiro deverá ter patente no local da obra, em bom estado de conservação, o livro de registo da obra e um exemplar do projecto deste caderno de encargos e dos demais documentos a respeitar na execução da empreitada, com as alterações que neles hajam sido introduzidas.

7.5.2 – Nos estaleiros de apoio da obra deverão igualmente estar patentes os elementos do projecto respeitantes aos trabalhos aí em curso.

7.6 – Cumprimento do plano de trabalhos:

7.6.1 – Se outra periodicidade não for fixada neste caderno de encargos, o empreiteiro informará mensalmente a fiscalização dos desvios que se verifiquem entre o desenvolvimento efectivo de cada uma das espécies de trabalhos e as previsões do plano aprovado.

7.6.2 – Quando os desvios assinalados pelo empreiteiro, nos termos da cláusula anterior, não coincidirem com os reais, a fiscalização notificá--lo-á dos que considera existirem.

7.6.3 – Se o empreiteiro injustificadamente retardar a execução dos trabalhos previstos no plano em vigor, de modo a pôr em risco a conclusão da obra dentro do prazo contratual, ficará sujeito ao disposto no artigo 161.º do Decreto-Lei n.º 59/99, de 2 de Março.

7.7 – Ensaios:

7.7.1 – Os ensaios a realizar na obra ou em partes da obra para verificação das suas características e comportamentos são os especificados neste caderno de encargos e os previstos nos regulamentos em vigor e constituem encargo do empreiteiro.

7.7.2 – Quando o dono da obra tiver dúvidas sobre a qualidade dos trabalhos, pode tornar obrigatória a realização de quaisquer outros ensaios além dos previstos, acordando previamente, se necessário, com o empreiteiro sobre as regras de decisão a adoptar.

7.7.3 – Se os resultados dos ensaios referidos na cláusula anterior não se mostrarem satisfatórios e as deficiências encontradas forem da responsabilidade do empreiteiro, as despesas com os mesmos ensaios e com a reparação daquelas deficiências ficarão a seu cargo, sendo, no caso contrário, de conta do dono da obra.

8 – Pessoal:

8.1 – Disposições gerais:

8.1.1 – São da exclusiva responsabilidade do empreiteiro as obrigações relativas ao pessoal empregado na execução da empreitada, à sua aptidão profissional e à sua disciplina.

8.1.2 – O empreiteiro é obrigado a manter a polícia e boa ordem no local dos trabalhos e a retirar destes, sempre que lhe seja ordenado, o pessoal que haja desrespeitado os agentes do dono da obra, provoque indisciplina ou seja menos probo no desempenho dos seus deveres.

8.1.3 – A ordem referida na cláusula anterior deverá ser fundamentada por escrito quando o empreiteiro o exija, mas sem prejuízo da imediata suspensão do pessoal.

8.1.4 – As quantidades e a qualificação profissional da mão-de-obra aplicada na empreitada deverão estar de acordo com as necessidades dos trabalhos, tendo em conta o respectivo plano.

8.2 – Horário de trabalho:

8.2.1 – O empreiteiro obriga-se a ter patente no local da obra o horário de trabalho em vigor.

8.2.2 – O empreiteiro terá sempre no local da obra, à disposição de todos os interessados, o texto dos contratos colectivos de trabalho aplicáveis.

8.2.3 – Excepto quando este caderno de encargos expressamente o impeça, o empreiteiro poderá realizar trabalhos fora das horas regulamentares, ou por turnos, desde que, para o efeito, obtenha autorização do organismo oficial competente e dê a conhecer, por escrito, com antecedência suficiente, o respectivo programa à fiscalização.

8.2.4 – Sempre que este caderno de encargos expressamente interdite os trabalhos fora das horas regulamentares ou por turnos, os mesmos só poderão ter lugar desde que a urgência da execução da obra ou outras circunstâncias especiais o exijam e a fiscalização o autorize.

8.3 – Segurança, higiene e saúde no trabalho:

8.3.1 – O empreiteiro fica sujeito ao cumprimento das disposições legais e regulamentares em vigor sobre segurança, higiene e saúde no trabalho relativamente a todo o pessoal empregado na obra, sendo da sua conta os encargos que de tal resultem.

8.3.2 – O empreiteiro é ainda obrigado a acautelar, em conformidade com as disposições legais e regulamentares aplicáveis, a vida e a segurança do pessoal empregado na obra e a prestar-lhe a assistência médica de que careça por motivo de acidente no trabalho.

8.3.3 – Em caso de negligência do empreiteiro no cumprimento das obrigações estabelecidas nas cláusulas 8.3.1 e 8.3.2, a fiscalização poderá tomar, à custa dele, as providências que se revelem necessárias, sem que tal facto diminua as responsabilidades do empreiteiro.

8.3.4 – O empreiteiro apresentará, antes do início dos trabalhos e, posteriormente, sempre que a fiscalização o exija, apólices de seguro contra acidentes de trabalho relativamente a todo o pessoal empregado na obra.

8.3.5 – Das apólices constará uma cláusula pela qual a entidade seguradora se compromete a mantê-las válidas até à conclusão da obra e ainda que, em caso de impossibilidade de tal cumprir por denegação no decurso desse prazo, a sua validade só terminará 30 dias depois de ter feito ao dono da obra a respectiva comunicação.

8.3.6 – O empreiteiro responderá plenamente, perante a fiscalização, pela observância das condições estabelecidas nas cláusulas 8.3.1 a 8.3.5 relativamente a todo o pessoal empregado na obra.

8.4 – Salários mínimos:

8.4.1 – Os salários mínimos a pagar a todo o pessoal empregado na obra, incluindo o de quaisquer subempreiteiros, serão os que resultarem do disposto no artigo 144.º do Decreto-Lei n.º 59/99, de 2 de Março.

8.4.2 – A tabela de salários mínimos a que o empreiteiro se encontra sujeito deverá estar afixada, por forma bem visível, no local da obra.

8.5 – Pagamento de salários:

Em caso de atraso do empreiteiro no pagamento dos salários aos seus trabalhadores, o dono da obra poderá satisfazer os que se encontrarem comprovadamente em dívida, descontando nos primeiros pagamentos a efectuar ao empreiteiro as somas despendidas para esse fim.

9 – Instalações, equipamentos e obras auxiliares:

9.1 – Trabalhos preparatórios e acessórios:

9.1.1 – O empreiteiro é obrigado a realizar todos os trabalhos que, por natureza ou segundo o uso corrente, devam considerar-se preparatórios ou acessórios dos que constituem objecto do contrato.

9.1.2 – Entre os trabalhos a que se refere a cláusula anterior compreendem-se, designadamente, salvo determinação expressa em contrário deste caderno de encargos, os seguintes:

a) A montagem, construção, desmontagem e demolição do estaleiro, incluindo as correspondentes instalações, redes provisórias de água, de esgotos, de electricidade e de meios de telecomunicações, vias internas de circulação e tudo o mais necessário à montagem, construção, desmontagem e demolição do estaleiro;

b) A manutenção do estaleiro;

c) Os necessários para garantir a segurança de todas as pessoas que trabalhem na obra, incluindo o pessoal dos subempreiteiros, e do público em geral, para evitar danos nos prédios vizinhos e para satisfazer os regulamentos de segurança, higiene e saúde no trabalho e de polícia das vias públicas;

d) O restabelecimento, por meio de obras provisórias, de todas as servidões e serventias que seja indispensável alterar ou destruir para a execução dos trabalhos previstos no contrato e para evitar a estagnação de águas que os mesmos trabalhos possam originar;

e) A construção dos acessos ao estaleiro e das serventias internas deste;

f) O levantamento, guarda, conservação e reposição de cabos, canalizações e outros elementos encontrados nas escavações e cuja existência se encontre assinalada nos documentos que fazem parte integrante do contrato ou pudesse verificar-se por simples inspecção do local da obra à data da realização do concurso;

g) O transporte e remoção, para fora do local da obra ou para locais especificamente indicados neste caderno de encargos, dos produtos de escavação ou resíduos de limpeza;

h) A reconstrução ou reparação dos prejuízos que resultem das demolições a fazer para a execução da obra;

i) Os trabalhos de escoamento de águas que afectem o estaleiro ou a obra e que se encontrem previstos no projecto ou sejam previsíveis pelo empreiteiro quanto à sua existência e quantidade à data da apresentação da proposta, quer se trate de águas pluviais ou de esgotos quer de águas de condutas, de valas, de rios ou outras;

j) A conservação das instalações que tenham sido cedidas pelo dono da obra ao adjudicatário com vista à execução da empreitada;

l) A reposição dos locais onde se executaram os trabalhos em condições de não lesarem legítimos interesses ou direitos de terceiros ou a conservação futura da obra, assegurando o bom aspecto geral e a segurança dos mesmos locais.

9.1.3 – O empreiteiro é obrigado a realizar à sua custa todos os trabalhos que devam considerar-se preparatórios ou acessórios dos que constituem objecto do contrato, com excepção dos definidos na alínea *a*) da cláusula 9.1.2, que são da responsabilidade do dono da obra e que constituirão um preço contratual unitário.

9.1.4 – O estaleiro e as instalações provisórias obedecerão ao que se encontre estabelecido na legislação em vigor e neste caderno de encargos, devendo o respectivo estudo ou projecto ser previamente apresentado ao dono da obra para verificação dessa conformidade, quando tal expressamente se exija neste caderno de encargos.

9.1.5 – A limpeza do estaleiro, em particular no que se refere às instalações e aos locais de trabalho e de estada do pessoal, deverá ser organizada de acordo com a regulamentação aplicável.

9.1.6 – A identificação pública bem como os sinais e avisos a colocar no estaleiro da obra devem respeitar a legislação em vigor. As entidades fiscalizadoras podem ordenar a colocação dos sinais ou avisos em falta e a substituição ou retirada dos que não se encontrem conformes.

9.2 – Locais e instalações cedidos para implantação e exploração do estaleiro:

9.2.1 (Quando aplicável) – Os locais passíveis de instalação do estaleiro são os indicados neste caderno de encargos.

9.2.2 – Os locais e, eventualmente, as instalações que o dono da obra ponha à disposição do empreiteiro devem ser exclusivamente destinados à implantação e exploração do estaleiro relativo à execução dos trabalhos.

9.2.3 – Se os locais referidos na cláusula 9.2.1 não satisfizerem totalmente as exigências de implantação do estaleiro, o empreiteiro solicitará ao dono da obra a obtenção dos terrenos complementares necessários.

9.2.4 – Se o empreiteiro entender que os locais e as instalações referidos na cláusula 9.2.1 não reúnem os requisitos indispensáveis para a implantação e exploração do seu estaleiro, será da sua iniciativa e responsabilidade a ocupação de outros locais e a utilização de outras instalações que para o efeito considere necessários.

9.2.5 – O empreiteiro não poderá, sem autorização do dono da obra, realizar qualquer trabalho que modifique as instalações cedidas pelo dono da obra e, se tal lhe for expressamente exigido neste caderno de encargos, será obrigado a repô-las nas condições iniciais uma vez concluída a execução da empreitada.

9.3 – Instalações provisórias:

9.3.1 – As instalações provisórias destinadas ao funcionamento dos serviços exigidos pela execução da empreitada devem obedecer ao disposto na cláusula 9.1.4 e ser submetidas à aprovação da fiscalização.

9.3.2 – O uso de qualquer parte da obra para alguma das instalações provisórias dependerá de autorização da fiscalização.

9.3.3 – Aquela autorização não dispensará o empreiteiro de tomar as medidas adequadas a evitar a danificação da parte da obra utilizada.

9.4 – Redes de água, de esgotos, de energia eléctrica e de telecomunicações:

9.4.1 – O empreiteiro deverá construir e manter em funcionamento as redes provisórias de abastecimento de água, de esgotos, de energia eléctrica e de telecomunicações definidas neste caderno de encargos ou no projecto ou, na sua omissão, que satisfaçam as exigências da obra e do pessoal.

9.4.2 – Salvo indicação em contrário deste caderno de encargos, a manutenção e a exploração das redes referidas na cláusula anterior, bem como as diligências necessárias à obtenção das respectivas licenças, são de conta do empreiteiro, por inclusão dos respectivos encargos nos preços por ele propostos no acto do concurso.

9.4.3 – Sempre que na obra se utilize água não potável, deverá colocar-se, nos locais convenientes, a inscrição "Água imprópria para beber".

9.4.4 – As redes provisórias de energia eléctrica deverão obedecer ao que for aplicável da regulamentação em vigor.

9.4.5 – As redes definitivas de água, esgotos e energia eléctrica poderão ser utilizadas durante os trabalhos.

9.5 – Equipamento:

9.5.1 – Constitui encargo do empreiteiro, salvo estipulação em contrário deste caderno de encargos, o fornecimento e utilização das máquinas, aparelhos, utensílios, ferramentas, andaimes e todo o material indispensável à boa execução dos trabalhos.

9.5.2 – O equipamento a que se refere a cláusula anterior deve satisfazer, quer quanto às suas características quer quanto ao seu funcionamento, ao estabelecido nas leis e regulamentos de segurança aplicáveis.

10 – Outros trabalhos preparatórios:

10.1 – Trabalhos de protecção e segurança:

10.1.1 – Para além das medidas a que se refere a cláusula 9.1.2, constitui encargo do empreiteiro a realização dos trabalhos de protecção e segurança especificados no projecto ou neste caderno de encargos, tais como os referentes a construções e vegetação existentes nos locais destinados à execução dos trabalhos e os relativos a construções e instalações vizinhas destes locais.

10.1.2 – Quando se verificar a necessidade de trabalhos de protecção não definidos no projecto, o empreiteiro avisará o dono da obra, propondo as medidas a tomar, e interromperá os trabalhos afectados, até decisão daquele.

10.1.3 – No caso a que se refere a cláusula anterior e estando envolvidos interesses de terceiros, o dono da obra procederá aos contactos necessários com as entidades envolvidas, a fim de decidir das medidas a tomar.

10.1.4 – O empreiteiro deverá tomar as providências usuais para evitar que as instalações e os trabalhos da empreitada sejam danificados por inundações, ondas, tempestades ou outros fenómenos naturais.

10.1.5 – Quando, pela sua natureza, os trabalhos a executar estejam particularmente sujeitos à incidência de fenómenos naturais específicos, tais como cheias, inundações, ondas, ventos, tempestades e similares, serão fornecidas aos concorrentes, integradas no processo do concurso, as informações adequadas sobre o nível que esses fenómenos usualmente assumem, as características que revestem e, se for o caso, a época do ano em que se verificam, entendendo-se que o adjudicatário não poderá invocar como caso de força maior os que venham eventualmente a ocorrer, a não ser que:

a) Atinjam níveis, apresentem características ou se verifiquem em épocas diferentes das que, de acordo com as aludidas informações, devam considerar-se normais;

b) A emergência de qualquer dano consequente dos fenómenos referidos derive de planeamento ou condições ou métodos de execução dos trabalhos impostos pelo dono da obra, ou de qualquer outro facto não imputável ao empreiteiro.

10.2 – Demolições e esgotos:

10.2.1 – Consideram-se incluídas no contrato as demolições que se encontrem previstas no projecto ou neste caderno de encargos.

10.2.2 – Os trabalhos de demolição referidos na cláusula anterior compreendem a demolição das construções cuja existência seja evidente e que ocupem locais de implantação da obra, salvo indicação em contrário deste caderno de encargos, bem como a remoção completa, para fora do local da obra ou para os locais definidos neste caderno de encargos, de todos os materiais e entulhos, incluindo as fundações e canalizações não utilizadas e exceptuando apenas o que o dono da obra autorize a deixar no terreno.

10.2.3 – O empreiteiro tomará as precauções necessárias para assegurar em boas condições o desmonte e a conservação dos materiais e elementos de construção especificados neste caderno de encargos, sendo responsável por todos os danos que eventualmente venham a sofrer.

10.2.4 – Os materiais e elementos de construção a que se refere a cláusula anterior são propriedade do dono da obra.

10.2.5 – Quaisquer esgotos ou demolições de obras, que houver necessidade de fazer e que não tenham sido previstos no contrato, serão executados pelo empreiteiro em regime de série de preços unitários, se outro não for acordado.

10.3 – Remoção de vegetação:

10.3.1 – Consideram-se incluídos no contrato os trabalhos necessários aos desenraizamentos, às desmatações e ao arranque de árvores existentes na área de implantação da obra ou em outras áreas definidas no projecto ou neste caderno de encargos, devendo os desenraizamentos ser suficientemente profundos para garantirem a completa extinção das plantas.

10.3.2 – Compete ainda ao empreiteiro a remoção completa, para fora do local da obra ou para os locais definidos neste caderno de encargos, dos produtos resultantes dos trabalhos referidos na cláusula anterior, bem como a regularização final do terreno.

10.3.3 – Os produtos da remoção de vegetação a que se refere a cláusula anterior são propriedade do dono da obra.

10.4 – Implantação e piquetagem:

10.4.1 – O trabalho de implantação e piquetagem será efectuado pelo empreiteiro, a partir das cotas, dos alinhamentos e das referências fornecidas pelo dono da obra.

10.4.2 – O empreiteiro deverá examinar no terreno as marcas fornecidas pelo dono da obra, apresentando, se for caso disso, as reclamações relativas às deficiências que eventualmente encontre e que serão objecto de verificação local pela fiscalização, na presença do adjudicatário.

10.4.3 – Uma vez concluídos os trabalhos de implantação, o empreiteiro informará desse facto, por escrito, a fiscalização, que procederá à verificação das marcas e, se for necessário, à sua rectificação, na presença do adjudicatário.

10.4.4 – O empreiteiro obriga-se a conservar as marcas ou referências e a recolocá-las, à sua custa, em condições idênticas, quer na localização definitiva quer num outro ponto, se as necessidades do trabalho o exigirem, depois de ter avisado a fiscalização e de esta haver concordado com a modificação da piquetagem.

10.4.5 – O empreiteiro é ainda obrigado a conservar todas as marcas ou referências visíveis existentes que tenham sido implantadas no local da obra por outras entidades e só proceder à sua deslocação desde que autorizado e sob orientação da fiscalização.

11 – Materiais e elementos de construção:

11.1 – Características dos materiais e elementos de construção:

11.1.1 – Os materiais e elementos de construção a empregar na obra terão as qualidades, dimensões, formas e demais características definidas nas peças escritas e desenhadas do projecto, neste caderno de encargos e nos restantes documentos contratuais, com as tolerâncias normalizadas ou admitidas nos mesmos documentos.

11.1.2 – Sempre que o projecto, este caderno de encargos ou o contrato não fixem as características de materiais ou elementos de construção, o empreiteiro não poderá empregar materiais que não correspondam às características da obra ou que sejam de qualidade inferior aos usualmente empregues em obras que se destinem a idêntica utilização.

11.1.3 – No caso de dúvida quanto aos materiais a empregar nos termos da cláusula anterior, devem observar-se as normas portuguesas em vigor, desde que compatíveis com o direito comunitário, ou, na falta destas, as normas utilizadas na Comunidade Europeia.

11.1.4 – Nos casos previstos nas cláusulas 11.1.2 e 11.1.3, o empreiteiro proporá, por escrito, à fiscalização a aprovação dos materiais ou elementos de construção escolhidos. Esta proposta deverá ser apresentada, de preferência, no período de preparação e planeamento da empreitada e sempre de modo que as diligências de aprovação não comprometam o cumprimento do plano de trabalhos nem o prazo em que o dono da obra se deverá pronunciar.

11.1.5 – O empreiteiro poderá propor a substituição contratual de materiais ou de elementos de construção, desde que, por escrito, a fundamente e indique em pormenor as características que esses materiais ou elementos deverão satisfazer e o aumento ou diminuição de encargos que da sua substituição possa resultar, bem como o prazo em que o dono da obra se deverá pronunciar.

11.1.6 – O aumento ou diminuição de encargos resultantes da imposição ou aceitação pelo dono da obra de qualquer das características de materiais ou elementos de construção será, respectivamente, acrescido ou deduzido do preço da empreitada.

11.2 – Amostras padrão:

11.2.1 – Sempre que o dono da obra ou o empreiteiro o julgue necessário, este último apresentará amostras de materiais ou elementos de construção a utilizar, as quais, depois de aprovadas pelo fiscal da obra, servirão de padrão.

11.2.2 – As amostras deverão ser acompanhadas, se a sua natureza o justificar ou for exigido pela fiscalização, de certificados de origem e de análises ou ensaios feitos em laboratório oficial.

11.2.3 – Sempre que a apresentação das amostras seja de iniciativa do empreiteiro, ela deverá ter lugar, na medida do possível, durante o período de preparação e planeamento da obra e, em qualquer caso, de modo que as diligências de aprovação não prejudiquem o cumprimento do plano de trabalhos.

11.2.4 – A existência do padrão não dispensará, todavia, a aprovação de cada um dos lotes de materiais ou de elementos de construção entrados no estaleiro, conforme estipula a cláusula 11.4.

11.2.5 – As amostras padrão serão restituídas ao empreiteiro a tempo de serem aplicadas na obra.

11.3 – Lotes, amostras e ensaios:

11.3.1 – Os materiais e elementos de construção serão divididos em lotes, de acordo com o disposto neste caderno de encargos ou, quando ele for omisso a tal respeito, segundo as suas origens, tipos e, eventualmente, datas de entrada na obra.

11.3.2 – De cada um dos lotes colher-se-ão, sempre que necessário, três amostras, nos termos estabelecidos neste caderno de encargos, para cada material ou elemento, destinando-se uma delas ao empreiteiro, a outra ao dono da obra e ficando a terceira de reserva na posse deste último.

11.3.3 – A colheita das amostras e a sua preparação e embalagem serão feitas na presença da fiscalização e do empreiteiro, competindo a este último fornecer todos os meios indispensáveis para o efeito. Estas operações obedecerão às regras estabelecidas neste caderno de encargos, nos regulamentos e documentos normativos aplicáveis ou, na sua omissão, às que forem definidas por acordo prévio.

11.3.4 – As amostras não ensaiadas serão restituídas ao empreiteiro logo que se verifique não serem necessárias.

11.3.5 – Nos casos em que este caderno de encargos não estabeleça expressamente a obrigatoriedade de realização de ensaios, as amostras do dono da obra e do empreiteiro podem ser ensaiadas em laboratórios de reconhecida competência, à escolha de cada um deles.

11.3.6 – Nos casos em que a obrigatoriedade de realização de ensaios não esteja estabelecida expressamente neste caderno de encargos, o dono da obra poderá, com base ou não nos ensaios, rejeitar provisoriamente quaisquer lotes. Essa rejeição só se considerará, porém, definitiva se houver acordo entre as partes.

11.3.7 – Nos casos em que este caderno de encargos estabeleça a obrigatoriedade de realização dos ensaios previstos, o empreiteiro promoverá por sua conta a realização dos referidos ensaios em laboratório escolhido por acordo com o dono da obra ou, se tal acordo não for possível, num laboratório oficial.

11.3.8 – Nos casos a que se refere a cláusula anterior, o dono da obra poderá rejeitar o lote ensaiado, se os resultados dos ensaios realizados não forem satisfatórios. Essa rejeição só se considerará, porém, definitiva se houver acordo entre as partes ou se os ensaios houverem sido realizados em laboratório oficial ou, ainda, se a natureza dos mesmos não permitir a sua repetição em condições idênticas.

11.3.9 – Em todas as hipóteses em que, nos termos das cláusulas 11.3.1 a 11.3.8, a rejeição de materiais ou elementos de construção tiver carácter meramente provisório e não for possível estabelecer acordo entre o dono da obra e o empreiteiro, promover-se-á o ensaio da terceira amostra em laboratório oficial, considerando-se definitivos, para todos os efeitos, os seus resultados.

11.3.10 – Sempre que os materiais ou elementos de construção forem rejeitados definitivamente, serão da conta do empreiteiro as despesas feitas com todos os ensaios realizados; em caso de aprovação, o dono da obra suportará as despesas relativas aos ensaios a que ele próprio tenha mandado proceder e aos que tenham incidido sobre a terceira amostra.

11.3.11 – Na aceitação ou rejeição de materiais ou elementos de construção, de acordo com o resultado dos ensaios efectuados, observar-se-ão as regras de decisão estabelecidas para cada material ou elemento neste caderno de encargos, nos regulamentos e documentos normativos aplicáveis ou, na sua omissão, as que forem definidas por acordo antes da realização dos ensaios.

11.4 – Aprovação dos materiais e elementos de construção:

11.4.1 – Os materiais e elementos de construção não poderão ser aplicados na empreitada senão depois de aprovados pela fiscalização.

11.4.2 – A aprovação dos materiais e elementos de construção será feita por lotes e resulta da verificação de que as características daqueles satisfazem as exigências contratuais.

11.4.3 – A aprovação ou rejeição dos materiais e elementos de construção deverá ter lugar nos oito dias subsequentes à data em que a fiscalização foi notificada, por escrito, da sua entrada no estaleiro, considerando-se aprovados se a fiscalização não se pronunciar no prazo referido, a não ser que a eventual realização de ensaios exija período mais largo, facto que, no mesmo prazo, será comunicado ao empreiteiro.

11.4.4 – No momento da aprovação dos materiais e elementos de construção proceder-se-á à sua perfeita identificação. Se, nos termos da cláusula anterior, a aprovação for tácita, o empreiteiro poderá solicitar a presença da fiscalização para aquela identificação.

11.5 – Casos especiais:

11.5.1 – Os materiais ou elementos de construção sujeitos a homologação ou classificação obrigatórias só poderão ser aceites quando acompanhados do respectivo documento de homologação ou classificação, emitido por laboratório oficial, mas nem por isso ficarão isentos dos ensaios previstos neste caderno de encargos.

11.5.2 – Para os materiais ou elementos de construção sujeitos a controlo completo de laboratório oficial não serão exigidos ensaios de recepção relativamente às características controladas quando o empreiteiro forneça documento comprovativo emanado do mesmo laboratório; não se dispensará, contudo, a verificação de outras características, nomeadamente as geométricas.

11.5.3 – A fiscalização poderá verificar, em qualquer parte, o fabrico e a montagem dos materiais ou elementos em causa, devendo o empreiteiro facultar-lhe, para o efeito, todas as informações e facilidades necessárias. A aprovação só será, todavia, efectuada depois da entrada na obra dos materiais ou elementos de construção referidos.

11.6 – Depósito e armazenagem de materiais ou elementos de construção:

11.6.1 – O empreiteiro deverá possuir em depósito as quantidades de materiais e elementos de construção suficientes para garantir o normal desenvolvimento dos trabalhos, de acordo com o respectivo plano, sem prejuízo da oportuna realização das diligências de aprovação necessárias.

11.6.2 – Os materiais e elementos de construção deverão ser armazenados ou depositados por lotes separados e devidamente identificados, com arrumação que garanta condições adequadas de acesso e circulação.

11.6.3 – Desde que a sua origem seja a mesma, o dono da obra poderá autorizar que, depois da respectiva aprovação, os materiais e elementos de construção não se separem por lotes, devendo, no entanto, fazer-se sempre a separação por tipos.

11.6.4 – O empreiteiro assegurará a conservação dos materiais e elementos de construção durante o seu armazenamento ou depósito.

11.6.5 – Os materiais e elementos de construção deterioráveis pela acção dos agentes atmosféricos podem ser indicados taxativamente ou a título exemplificativo neste caderno de encargos. Em qualquer caso, os mesmos serão obrigatoriamente depositados em armazéns fechados que ofereçam segurança e protecção contra as intempéries e humidade do solo.

11.6.6 – Os materiais e elementos de construção existentes em armazém ou depósito e que se encontrem deteriorados serão rejeitados e removidos para fora do local dos trabalhos, nos termos da cláusula seguinte.

11.7 – Remoção de materiais ou elementos de construção:

11.7.1 – Os materiais e elementos de construção rejeitados provisoriamente deverão ser perfeitamente identificados e separados dos restantes.

11.7.2 – Os materiais e elementos de construção rejeitados definitivamente serão removidos para fora do local dos trabalhos no prazo que a fiscalização da obra estabelecer, de acordo com as circunstâncias.

11.7.3 – Em caso de falta de cumprimento pelo empreiteiro das obrigações estabelecidas nas cláusulas 11.7.1 e 11.7.2, poderá a fiscalização fazer transportar os materiais ou os elementos de construção em causa para onde mais convenha, pagando o que necessário for, tudo à custa do empreiteiro, mas dando-lhe prévio conhecimento da decisão.

11.7.4 – O empreiteiro, no final da obra, terá de remover do local dos trabalhos os restos de materiais ou elementos de construção, entulhos, equipamento, andaimes e tudo o mais que tenha servido para a sua execução, dentro do prazo estabelecido neste caderno de encargos.

12 – Recepção e liquidação da obra:
12.1 – Recepção provisória:
12.1.1 – Logo que a obra esteja concluída ou que, por força do contrato, parte ou partes dela possam ou devam ser recebidas separadamente, proceder-se-á, a pedido do empreiteiro ou por iniciativa do dono da obra, à sua vistoria para o efeito da recepção provisória, nos termos dos artigos 217.º e seguintes do Decreto-Lei n.º 59/99, de 2 de Março.

12.1.2 – Verificando-se pela vistoria realizada que existem trabalhos que não estão em condições de ser recebidos, considerar-se-á efectuada a recepção provisória em toda a extensão da obra que não seja objecto de deficiência.

12.2 – Prazo de garantia:

12.2.1 – O prazo de garantia é de cinco anos ([1]) contados a partir da data da recepção provisória.

12.2.2 – Caso tenham ocorrido recepções provisórias parcelares, o prazo de garantia fixado na cláusula anterior é igualmente aplicável a cada uma das partes da obra que tenham sido recebidas pelo dono da obra.

12.3 – Obrigações do empreiteiro durante o prazo de garantia:

12.3.1 – Durante o prazo de garantia o empreiteiro é obrigado a fazer, imediatamente e à sua custa, as substituições de materiais ou equipamentos e a executar todos os trabalhos de reparação que sejam indispensáveis para assegurar a perfeição e o uso normal da obra nas condições previstas.

12.3.2 – Exceptuam-se do disposto na cláusula anterior as substituições e os trabalhos de conservação que derivem do uso normal da obra ou de desgaste e depreciação normais consequentes da sua utilização para os fins a que se destina.

12.4 – Restituição dos depósitos e quantias retidas e extinção da caução:

12.4.1 – Feita a recepção definitiva de toda a obra, serão restituídas ao empreiteiro as quantias retidas como garantia ou a qualquer outro título a que tiver direito e promover-se-á, pela forma própria, a extinção da caução prestada.

12.4.2 – A demora superior a 22 dias na restituição das quantias retidas e na extinção da caução, quando imputável ao dono da obra, dá ao empreiteiro o direito de exigir juro das respectivas importâncias, calculado sobre o tempo decorrido desde o dia seguinte ao do decurso daquele prazo, com base na taxa mencionada no n.º 1 do artigo 213.º do Decreto-Lei n.º 59/99, de 2 de Março.

12.4.3 – No caso de caução prestada por depósito em dinheiro e de reforço de garantia em numerário nos termos do artigo 211.º do Decreto-Lei n.º 59/99, de 2 de Março, a restituição compreenderá, além do capital devido, os juros entretanto vencidos.

([1]) Poderá ser estabelecido prazo inferior, se devidamente justificado pela natureza do trabalho ou pelo prazo previsto de utilização da obra.

12.4.4 – É título bastante para a extinção das cauções a apresentação junto das entidades que as emitiram de duplicado ou cópia autenticada do auto de vistoria previsto no n.º 1 do artigo 227.º do Decreto-Lei n.º 59/99, de 2 de Março.

ANEXO A QUE SE REFERE O N.º 1.11.1
DESTE CADERNO DE ENCARGOS

Modelo de guia de depósito

Escudos: ...$...
Vai ..., residente (ou com escritório) em ..., na ..., depositar na ... (sede, filial, agência ou delegação) da ... (instituição) a quantia de ... (por extenso, em moeda corrente) (em dinheiro ou representada por) ..., como caução exigida para a empreitada de ..., para os efeitos do n.º 1 do artigo 112.º do Decreto-Lei n.º 59/99, de 2 de Março. Este depósito fica à ordem de ... (entidade), a quem deve ser remetido o respectivo conhecimento.
Data.
Assinaturas.

ANEXO A QUE SE REFERE O N.º 1.11.1
DESTE CADERNO DE ENCARGOS

Modelo de garantia bancária

O Banco ..., com sede em ..., matriculado na Conservatória do Registo Comercial de ..., com o capital social de ..., presta a favor de ..., garantia autónoma, à primeira solicitação, no valor de ..., correspondente a ... (percentagem), destinado a garantir o bom e integral cumprimento das obrigações que ... (empresa adjudicatária) assumirá no contrato que com ela a ... (dono da obra) vai outorgar e que tem por objecto ... (designação da empreitada), regulado nos termos da legislação aplicável (Decreto-Lei n.º 59/99, de 2 de Março).
O Banco obriga-se a pagar aquela quantia à primeira solicitação da ... (dono da obra) sem que esta tenha de justificar o pedido e sem que o primeiro possa invocar em seu benefício quaisquer meios de defesa relacionados com o contrato atrás identificado ou com o cumprimento das obrigações que ... (empresa adjudicatária) assume com a celebração do respectivo contrato.

O Banco deve pagar aquela quantia no dia seguinte ao do pedido, findo o qual, sem que o pagamento seja realizado, contar-se-ão juros moratórios à taxa mais elevada praticada pelo Banco para as operações activas, sem prejuízo de execução imediata da dívida assumida por este.

A presente garantia bancária autónoma não pode em qualquer circunstância ser denunciada, mantendo-se em vigor até à sua extinção, nos termos previstos na legislação aplicável (Decreto-Lei n.º 59/99, de 2 de Março).

Data.
Assinaturas.

ANEXO A QUE SE REFERE O N.º 1.11.1
DESTE CADERNO DE ENCARGOS

Modelo de seguro-caução à primeira solicitação

A companhia de seguros ..., com sede em ..., matriculada na Conservatória do Registo Comercial de ..., com o capital social de ..., presta a favor de ... (dono da obra) e ao abrigo de contrato de seguro-caução celebrado com ... (tomador do seguro), garantia à primeira solicitação, no valor de ..., correspondente a ... (percentagem), destinada a garantir o bom e integral cumprimento das obrigações que ... (empresa adjudicatária) assumirá no contrato que com ela a ... (dono da obra) vai outorgar e que tem por objecto ... (designação da empreitada), regulado nos termos da legislação aplicável (Decreto-Lei n.º 59/99, de 2 de Março).

A companhia de seguros obriga-se a pagar aquela quantia nos cinco dias úteis seguintes à primeira solicitação da ... (dono da obra) sem que esta tenha de justificar o pedido e sem que a primeira possa invocar em seu benefício quaisquer meios de defesa relacionados com o contrato atrás identificado ou com o cumprimento das obrigações que ... (empresa adjudicatária) assume com a celebração do respectivo contrato.

A companhia de seguros não pode opor à ... (dono da obra) quaisquer excepções relativas ao contrato de seguro-caução celebrado entre esta e o tomador do seguro.

A presente garantia, à primeira solicitação, não pode em qualquer circunstância ser revogada ou denunciada, mantendo-se em vigor até à sua extinção ou cancelamento, nos termos previstos na legislação aplicável (Decreto-Lei n.º 59/99, de 2 de Março).

Data.
Assinaturas.

SECÇÃO II – Empreitadas por percentagem

São aplicáveis as cláusulas indicadas na secção I com as seguintes alterações:

II – Cláusulas gerais do caderno de encargos tipo
1 – Disposições gerais:
...
1.10 – Outros encargos do empreiteiro:
1.10.1 – Salvo disposição em contrário deste caderno de encargos, correrão por conta do empreiteiro, que se considerará para o efeito o único responsável, a reparação e a indemnização de todos os prejuízos que, por motivos imputáveis ao adjudicatário e que não resultem da própria natureza ou concepção da obra, sejam sofridos por terceiros até à recepção definitiva dos trabalhos, em consequência do modo de execução destes últimos, da actuação do pessoal do empreiteiro, dos seus subempreiteiros ou fornecedores e do deficiente comportamento ou da falta de segurança das obras, materiais, elementos de construção e equipamentos ([1]).
2 – Objecto e regime da empreitada:
...
2.2 – Modo de retribuição do empreiteiro:
2.2.1 – O regime da empreitada, quanto ao modo de retribuição do empreiteiro, é por percentagem e, assim, o empreiteiro assume a obrigação de executar a obra por preço correspondente ao seu custo, acrescido de uma percentagem destinada a cobrir os encargos de administração e a remuneração normal da empresa.
2.2.2 – Se de outro modo não for acordado entre o empreiteiro e o dono da obra, a percentagem a que se refere a cláusula anterior não incidirá sobre o custo das remunerações e encargos com o pessoal do empreiteiro que exceder o valor resultante da aplicação do limite percentual indicado neste caderno de encargos, ou no contrato, ao custo total dos trabalhos executados.
2.2.3 – O pessoal a que se refere a cláusula anterior não inclui a direcção técnica nem a tripulação das máquinas.

([1]) As indemnizações devidas a terceiros pela constituição de servidões provisórias ou pela ocupação temporária de prédios particulares necessários à execução da empreitada devem ser incluídas nos encargos gerais da empreitada indicados no ponto 2.4 da proposta anexa ao programa de concurso tipo.

2.2.4 – O custo total dos trabalhos a que se refere a cláusula anterior é o que resulta da soma dos dispêndios para o efeito indicados no contrato, tendo em conta a revisão de preços, se a ela houver lugar.

3 – Pagamentos ao empreiteiro:

3.1 – Disposições gerais:

3.1.1 – O pagamento ao empreiteiro dos trabalhos realizados far-se-á mediante a apresentação dos documentos comprovativos das despesas efectuadas, em conformidade com o disposto no artigo 43.º do Decreto-Lei n.º 59/99, de 2 de Março, com as condições estabelecidas no contrato.

3.1.2 – As despesas relativas à exploração e depreciação de instalações e redes provisórias, a fornecimentos e a outros encargos inerentes ao funcionamento e manutenção do estaleiro, salvo no que se refere a pessoal, serão liquidadas de acordo com os quantitativos para o efeito previstos no contrato.

3.1.3 – As despesas com o pessoal necessário à montagem, exploração e desmontagem do estaleiro serão liquidadas pela forma estabelecida no contrato para o restante pessoal empregado na obra.

3.1.4 – As despesas de pessoal relativas à direcção técnica da obra e à tripulação das máquinas serão liquidadas de acordo com os quantitativos para o efeito previstos no contrato.

3.2 – Adiantamentos ao empreiteiro:

Não são admitidos adiantamentos ao empreiteiro.

3.3 – Descontos nos pagamentos:

...

3.3.3 – O dono da obra deduzirá ainda nos pagamentos parciais a fazer ao empreiteiro:

a) As importâncias necessárias à liquidação das multas que lhe tenham sido aplicadas, nos termos do artigo 233.º do Decreto-Lei n.º 59/99, de 2 de Março;

b) ...

c) ...

...

3.6 – Revisão de preços do contrato:

3.6.1 – Haverá lugar à revisão das percentagens para encargos sociais constantes do contrato desde que ocorra alteração das disposições oficiais que a justifique.

3.6.2 – Poderá haver lugar à revisão, de acordo com as condições estabelecidas neste caderno de encargos, das verbas referentes aos encargos cuja liquidação tenha sido prevista no contrato sob a forma de quantias prefixadas e, bem assim, da percentagem limite aplicável às despesas com o pessoal referida na cláusula 2.2.2.

3.6.3 – Nos casos previstos na cláusula 1.6.3, deverá constar dos contratos entre o empreiteiro e os subempreiteiros o que entre eles for acordado quanto à revisão de preços.

4 – Preparação e planeamento dos trabalhos:

...

4.1.2 – ...

a) ...

b) ...

c) O estudo e definição pelo empreiteiro, em colaboração com o dono da obra, dos processos de construção a adoptar na realização dos trabalhos;

d) A apresentação pelo empreiteiro dos desenhos de construção, dos pormenores de execução e dos elementos do projecto que, nos termos da cláusula 4.3, lhe competir elaborar;

e) A elaboração pelo empreiteiro, em colaboração com o dono da obra, dos planos definitivos de trabalhos e de pagamentos;

f) A aprovação pelo dono da obra dos documentos referidos na alínea *d*);

g) A elaboração de documento do qual conste, em concreto, a avaliação dos riscos profissionais decorrentes da execução da empreitada, bem como a previsão dos meios adequados à prevenção de acidentes relativamente a todos os trabalhadores e ao público em geral.

4.1.3 – Os actos previstos na cláusula anterior deverão realizar-se nos prazos que se encontrem fixados neste caderno de encargos.

...

4.3.3 – O empreiteiro não poderá, para os efeitos do disposto na cláusula 4.3.1, escolher livremente as soluções de execução a adoptar.

4.4 – Plano de trabalhos e plano de pagamentos:

4.4.1 – No prazo estabelecido neste caderno de encargos ou no contrato, que não poderá exceder 44 dias e que se contará sempre a partir da data da consignação, deverá o empreiteiro elaborar, em colaboração com o dono da obra, o plano definitivo de trabalhos e o respectivo plano de pagamentos da empreitada, observando na sua elaboração a metodologia fixada neste caderno de encargos.

...

9 – Instalações, equipamentos e obras auxiliares:

...

9.1.3 – O custo dos trabalhos que devam considerar-se preparatórios ou acessórios dos que constituem objecto do contrato deve ser incluído nos encargos gerais da empreitada indicados no ponto n.º 2.4 da proposta anexa ao programa de concurso tipo.

...

9.2.4 – O empreiteiro não poderá ocupar outros locais ou utilizar outras instalações sem autorização do dono da obra.

...

9.4.2 – As diligências necessárias à obtenção das licenças para a instalação das redes referidas na cláusula 9.4.1 competem ao empreiteiro, devendo os respectivos encargos, bem como os encargos decorrentes da sua manutenção e exploração, ser incluídos nos encargos gerais da empreitada indicados no n.º 2.4 da proposta anexa ao programa de concurso tipo.

...

9.5 – Equipamento:

9.5.1 – As máquinas, aparelhos, utensílios, ferramentas, andaimes e restante equipamento a utilizar na execução dos trabalhos devem satisfazer, quer quanto às suas características quer quanto ao seu funcionamento, o estabelecido nas leis e regulamentos de segurança aplicáveis.

9.5.2 – Os encargos decorrentes do fornecimento e utilização do equipamento referido na cláusula anterior devem ser incluídos nos encargos gerais da empreitada indicados no n.º 2.4 da proposta anexa ao programa de concurso tipo.

10 – Outros trabalhos preparatórios:

10.1 – Trabalhos de protecção e segurança:

10.1.1 – Os encargos decorrentes da realização dos trabalhos de protecção e segurança especificados no projecto ou neste caderno de encargos, para além dos indicados na cláusula 9.1.2, devem ser incluídos nos encargos gerais da empreitada indicados no n.º 2.4 da proposta anexa ao programa de concurso tipo.

...

10.2 – Demolições e esgotos:

10.2.1 – Quaisquer esgotos ou demolições de obras que houver necessidade de fazer serão executados pelo empreiteiro de acordo com o disposto na cláusula 10.2.2, devendo os respectivos encargos ser incluídos nos encargos gerais da empreitada indicados no n.º 2.4 da proposta anexa ao programa de concurso tipo.

10.2.2 – O empreiteiro tomará as precauções necessárias para assegurar em boas condições o desmonte e a conservação dos materiais e elementos de construção especificados neste caderno de encargos, sendo responsável por todos os danos que eventualmente venham a sofrer.

10.2.3 – Os materiais e elementos de construção a que se refere a cláusula 10.2.2 são propriedade do dono da obra.

10.3 – Remoção de vegetação:

10.3.1 – Os trabalhos necessários aos desenraizamentos, às desmatações, ao arranque de árvores e à regularização final do terreno que houver necessidade de fazer serão executados pelo empreiteiro de acordo com o disposto nas cláusulas seguintes, devendo os respectivos encargos ser incluídos nos encargos gerais da empreitada indicados no n.º 2.4 da proposta anexa ao programa de concurso tipo.

10.3.2 – Os desenraizamentos devem ser suficientemente profundos para garantir a completa extinção das plantas.

10.3.3 – Os produtos resultantes dos trabalhos referidos nas cláusulas anteriores são propriedade do dono da obra e serão removidos para os locais por ele indicados.

...

11 – Materiais e elementos de construção:

...

11.1.6 – Os encargos resultantes da imposição ou aceitação, pelo dono da obra, de qualquer das características de materiais ou elementos de construção serão incluídos nos encargos gerais da empreitada indicados no n.º 2.4 da proposta anexa ao programa de concurso tipo.

...

11.7.4 – O empreiteiro, no final da obra, terá de remover do local dos trabalhos os restos de materiais ou elementos de construção, entulhos, equipamento, andaimes e tudo o mais que tenha servido para a sua execução, dentro do prazo estabelecido neste caderno de encargos, sendo os respectivos custos da responsabilidade do dono da obra.

III – Cláusulas complementares do caderno de encargos tipo

As cláusulas a seguir indicadas destinam-se a complementar as disposições legais e as cláusulas gerais do caderno de encargos tipo, nos termos e dentro dos limites estabelecidos naquelas disposições e cláusulas gerais. As cláusulas assinaladas com um asterisco serão obrigatoriamente incluídas nos cadernos de encargos de todos os concursos. As restantes serão incluídas nos cadernos de encargos dos concursos sempre que sejam de aplicação.

1 – Cláusula geral 1.2.1 – indicação dos regulamentos e dos documentos normativos a observar para a execução dos diferentes trabalhos.

2 (*) – Cláusula geral 1.2.2 – definição das especificações técnicas.

3 (*) – Cláusula geral 1.5 – enumeração das peças do projecto patenteadas no concurso, de acordo com o estabelecido no n.º 5 do artigo 63.º do Decreto-Lei n.º 59/99, de 2 de Março, e no artigo 7.º da portaria de 7 de Fevereiro de 1972 [o projecto deverá incluir também documento relativo à avaliação dos principais riscos decorrentes da execução do mesmo, quer para os trabalhadores quer para o público em geral, o qual, na fase de preparação e planeamento dos trabalhos, deverá ser completado com o documento previsto na alínea *i*) da cláusula geral 4.1.2].

4 – Cláusula geral 1.6 – indicação de quaisquer disposições suplementares relativamente a subempreiteiros.

5 – Cláusula geral 1.6.3, alínea *b*) – apresentação de cópia autenticada do(s) respectivo(s) certificado(s) de classificação de empreiteiro de obras públicas ou do certificado de inscrição em lista oficial de empreiteiros aprovados contendo as autorizações exigidas para a execução de certas partes da obra.

6 – Cláusula geral 1.6.10 – indicação das providências destinadas a distinguir o pessoal do empreiteiro do pessoal dos subempreiteiros.

7 – Cláusula geral 1.9.3 – indicação dos materiais e dos elementos ou processos de construção preconizados no projecto relativamente aos quais se tenha conhecimento da existência de direitos de propriedade industrial.

8 (*) – Cláusula geral 1.10.2 – indicação dos seguros a promover pelo empreiteiro.

9 (*) – Cláusulas gerais 2.1.1 e 2.1.3 – delimitação do objecto da empreitada, quando as peças do projecto não sejam suficientes para o efeito e definição das condições técnicas de execução dos trabalhos.

10 (*) – Cláusula geral 2.2.2 – fixação do limite percentual a aplicar ao custo total dos trabalhos executados.

11 – Cláusula 3.1.1 – indicações relativas às condições de pagamento.

12 – Cláusula 3.3.1 – fixação do desconto para garantia, quando diferente da taxa de 5% do valor de cada pagamento.

13 – Cláusula geral 3.5.1 – indicação dos critérios a seguir na medição dos trabalhos, quando não estejam indicados no projecto.

14 – Cláusula geral 3.6.2 – indicações relativas à revisão das verbas prefixadas no contrato e da percentagem limite aplicável às despesas com pessoal.

15 (*) – Cláusula geral 4.1.3 – indicação dos prazos em que deverão ter lugar os actos de preparação e planeamento da execução da obra.

16 – Cláusula geral 4.3.1 – indicação dos desenhos de construção e pormenores de execução a apresentar pelo empreiteiro.

17 (*) – Cláusula geral 4.4.1 – indicação do prazo para apresentação do plano de trabalhos e do plano de pagamentos (contado a partir da data da consignação) e da metodologia a adoptar para a sua elaboração.

18 – Cláusula geral 4.4.2, alínea *a*) – indicação das fases que devam ser consideradas vinculativas na elaboração do plano de trabalhos, bem como da unidade de tempo que servirá de base à programação.

19 – Cláusula geral 4.4.2, alínea *d*) – indicação de recursos a mobilizar para a execução da empreitada que devem ser considerados no plano de trabalhos.

20 (*) – Cláusulas gerais 5.1.1 e 5.1.2 – indicação do prazo global da empreitada e, eventualmente, de prazos parcelares.

21 – Cláusulas gerais 5.3.1 e 5.3.3 – fixação das multas diárias aplicáveis ao empreiteiro por não cumprir o prazo de execução dos trabalhos – cláusula 5.3.1 – e por não iniciar os trabalhos de acordo com o plano – cláusula 5.3.3.

22 (*) – Cláusula geral 6.1.1 – indicação da qualificação mínima que deve possuir o director técnico da empreitada.

23 – Cláusula geral 6.1.8 – indicação da qualificação a exigir a certos técnicos encarregados da execução dos trabalhos.

24 (*) – Cláusula geral 6.1.9 – indicação do responsável pelo cumprimento das disposições em matéria de higiene, saúde e segurança.

25 – Cláusula geral 6.2.3 – indicação das entidades que, para além do dono da obra, possam exercer acções de fiscalização dos trabalhos.

26 – Cláusula geral 6.3.1 – indicação dos trabalhos a realizar fora das horas regulamentares ou por turnos.

27 (*) – Cláusula geral 6.4.2 – indicação, taxativa ou exemplificativa, dos acontecimentos a consignar obrigatoriamente no livro de registo da obra.

28 – Cláusula geral 7.6.1 – fixação da periodicidade que o empreiteiro deverá observar nas informações à fiscalização sobre o desenvolvimento dos trabalhos.

29 – Cláusula geral 7.7.1 – fixação dos ensaios que, para além dos indicados nos regulamentos em vigor, devam ser realizados na obra ou em partes dela para verificação das suas características ou comportamento e, bem assim, das regras para a apreciação dos resultados dos mesmos.

30 – Cláusula geral 8.2.3 – eventual proibição da realização de trabalhos fora das horas regulamentares ou por turnos.

31 – Cláusula geral 9.1.2, alínea *a*) – indicação das redes provisórias que devam ser conservadas no local.

32 – Cláusula geral 9.1.2, alínea *e*) – referência à localização de cabos, canalizações e outros elementos cuja existência seja conhecida e não estejam indicados no projecto.

33 – Cláusula geral 9.1.2, alínea *f*) – indicação dos locais destinados à colocação de produtos de escavação ou resíduos de limpeza.

34 (*) – Cláusula geral 9.1.4 – indicação das condições a que devem satisfazer o estaleiro e as instalações provisórias.

35 – Cláusula geral 9.2.1 – indicação dos locais e, eventualmente, das instalações e serviços postos à disposição do empreiteiro para a implantação e instalação do estaleiro.

36 – Cláusula 9.2.5 – indicação, em relação às instalações cedidas, da obrigatoriedade da sua reposição nas condições iniciais.

37 – Cláusula geral 9.4.1 – definição das redes provisórias de abastecimento de água, de esgotos e de energia eléctrica a construir pelo empreiteiro.

38 – Cláusula geral 10.1.1 – indicação dos trabalhos de protecção e segurança que constituem encargo do empreiteiro, para além dos que, por natureza ou segundo o uso corrente, como tal são considerados.

39 – Cláusula geral 10.1.5 – indicação dos níveis que usualmente assumem, das características que revestem e, se for caso disso, da época do ano em que se verificam os fenómenos naturais específicos a que os trabalhos estejam particularmente sujeitos.

40 – Cláusula geral 10.2.2 – indicação dos materiais e elementos de construção relativamente aos quais o empreiteiro deva assegurar em boas condições o respectivo desmonte e conservação.

41 – Artigo 167.º, n.º 1, do Decreto-Lei n.º 59/99, de 2 de Março – localização de pedreiras, saibreiras, areeiros ou semelhantes que o empreiteiro poderá explorar para a obra.

42 – Cláusula geral 11.1.1 – definição das qualidades, dimensões, formas e demais características a que devem obedecer os materiais e elementos de construção a empregar na obra e respectivas tolerâncias.

43 – Cláusula geral 11.3.1 – indicações sobre o modo de divisão em lotes dos materiais e elementos de construção.

44 – Cláusula geral 11.3.3 – indicações sobre o modo de colheita, preparação e embalagem de amostras para ensaio de materiais e elementos de construção.

45 – Cláusulas gerais 11.3.5 e 11.3.7 – indicações sobre a obrigatoriedade de realização de ensaios.

46 – Cláusula geral 11.3.11 – fixação das regras de decisão a adoptar perante os resultados dos ensaios de materiais ou elementos de construção e que não se encontrem estabelecidas nos regulamentos e documentos normativos aplicáveis.

47 – Cláusula geral 11.6.5 – indicação, taxativa ou exemplificativa, dos materiais e elementos de construção que serão depositados obrigatoriamente em armazéns fechados.

48 – Cláusula geral 12.2.1 – indicação do prazo de garantia, quando diferente de cinco anos.

4.3 Publicação dos anúncios de procedimentos

DECRETO-LEI N.º 245/2003
DE 7 DE OUTUBRO

Transpõe para a ordem jurídica nacional a Directiva n.º 2001/ /78/CE, da Comissão, de 13 de Setembro, alterando os anexos relativos aos modelos dos concursos para os contratos relativos à adjudicação de empreitadas de obras públicas constantes do Decreto-Lei n.º 59/99, de 2 de Março, os anexos relativos aos modelos dos concursos para aquisição de bens móveis e serviços constantes do Decreto- -Lei n.º 197/99, de 8 de Junho, e os anexos relativos aos modelos dos concursos para a celebração de contratos nos sectores da água, energia, transportes e telecomunicações constantes do Decreto-Lei n.º 223/2001, de 9 de Agosto

No quadro da transposição para o direito interno português das directivas comunitárias sobre contratos públicos e por força da Directiva n.º 2001/78/CE, da Comissão, de 13 de Setembro, rectificada em 9 de Agosto de 2002, relativa à utilização dos formulários tipo aquando da publicação dos anúncios de concursos públicos, torna-se necessário substituir os modelos normalizados de anúncios de concurso para os contratos públicos de fornecimento de bens e serviços, empreitadas de obras públicas, bem como os relativos aos sectores da água, da energia, dos transportes e das telecomunicações, que figuram nos anexos aos Decretos-Leis n.os 97/99, de 8 de Junho, 59/99, de 2 de Março, e 223/2001, de 9 de Agosto.

O Decreto-Lei n.º 197/99, de 8 de Junho, que aprovou o regime da realização de despesas públicas com locação e aquisição de bens e serviços, bem como da contratação pública relativa à locação e aquisição de bens móveis e de serviços, transpôs para a ordem jurídica interna a Directiva n.º 93/36/CEE, do Conselho, de 14 de Junho, com as alterações introduzidas pela Directiva n.º 97/52/CEE, do Parlamento Europeu e do Conselho, de 13 de Outubro.

Por sua vez, o Decreto-Lei n.º 59/99, de 2 de Março, que aprovou o regime jurídico das empreitadas de obras públicas, procedeu à adequada transposição da Directiva n.º 93/37/CEE, do Conselho, de 14 de Junho, com as alterações introduzidas pela Directiva n.º 97/52/CEE, do Parlamento Europeu e do Conselho, de 13 de Outubro.

Por último, o Decreto-Lei n.º 223/2001, de 9 de Agosto, transpôs para o ordenamento jurídico nacional as regras comunitárias referentes aos processos de celebração de contratos nos sectores da água, energia, transportes e telecomunicações, considerando as disposições constantes da Directiva n.º 93/38/CEE, do Conselho, de 14 de Junho, com as alterações introduzidas pela Directiva n.º 98/4/CE, do Parlamento Europeu e do Conselho, de 16 de Fevereiro.

As Directivas n.ºs 92/50/CEE, 93/36/CEE, 93/37/CEE e 93/38/CEE determinam a obrigação de publicar anúncios de concurso no Jornal Oficial das Comunidades Europeias relativamente aos procedimentos que recaem sob o seu âmbito de aplicação e estabelecem modelos de anúncios que devem ser utilizados pelas entidades adjudicantes.

Com o presente diploma transpõe-se para a ordem jurídica interna a Directiva n.º 2001/78/CE, da Comissão, de 13 de Setembro, e substituem-se os modelos dos anúncios constantes dos anexos das referidas directivas e dos Decretos-Leis n.ºs 197/99, de 8 de Junho, 59/99, de 2 de Março, e 223/2001, de 9 de Agosto, por formulários tipo, a fim de simplificar a aplicação das regras de publicidade, adaptando-as aos meios electrónicos, desenvolvidos no âmbito do Sistema de Informação sobre os Contratos Públicos (SIMAP), tendo em vista uma maior transparência e clareza na contratação pública.

Foram ouvidos a Associação Nacional dos Municípios Portugueses, as associações representativas do sector e os órgãos de governo próprio das Regiões Autónomas.

Assim:

Nos termos da alínea *a*) do n.º 1 do artigo 198.º da Constituição, o Governo decreta o seguinte:

ARTIGO 1.º – **Objecto**

O presente diploma transpõe para o ordenamento jurídico interno a Directiva n.º 2001/78/CE, da Comissão, de 13 de Setembro, rectificada em 9 de Agosto de 2002, relativa à utilização de formulários tipo aquando da publicação dos anúncios de procedimentos, que substitui o anexo IV da Directiva n.º 93/36/CEE, do Conselho, os anexos IV, V e VI da Directiva n.º 93/37/CEE, do Conselho, os anexos III e IV da Directiva n.º 92/50/CEE, do Conselho, com a última redacção que lhes foi dada pela Directiva n.º 97/52/CEE, e os anexos XII a XV, XVII e XVIII da Directiva n.º 93/38/CEE, do Conselho, com a última redacção que lhe foi dada pela Directiva n.º 98/4/CE.

ARTIGO 2.º – **Formulários tipo**

1 – Pelo presente diploma são aprovados os formulários tipo a utilizar aquando da publicação dos anúncios de procedimentos, que se publicam em anexo ao presente decreto-lei, dele fazendo parte integrante.

2 – Os formulários tipo referidos no número anterior são os seguintes:

a) Anexo I – anúncio de pré-informação;
b) Anexo II – anúncio de abertura de procedimento;
c) Anexo III – anúncio de adjudicação do contrato;
d) Anexo IV – concessão de obras públicas;
e) Anexo V – anúncio de concurso (contrato a adjudicar por um concessionário);
f) Anexo VI – anúncio periódico indicativo – sectores especiais (quando não se trate de um apelo à concorrência);
g) Anexo VII – anúncio periódico indicativo – sectores especiais (quando se trate de um apelo à concorrência);
h) Anexo VIII – anúncio de concurso – sectores especiais;
i) Anexo IX – sistema de qualificação – sectores especiais;
j) Anexo X – anúncio de adjudicação do contrato – sectores especiais;
l) Anexo XI – anúncio de concurso de concepção;
m) Anexo XII – resultado do concurso de concepção.

3 – As Secretarias-Gerais dos Ministérios das Finanças e das Obras Públicas, Transportes e Habitação devem fazer constar dos sites dos respectivos Ministérios, na Internet, os suportes correspondentes aos formulários tipo, para consulta e cópia.

ARTIGO 3.º – **Alterações ao Decreto-Lei n.º 197/99, de 8 de Junho**

Os anexos ao Decreto-Lei n.º 197/99, de 8 de Junho, são substituídos do seguinte modo:

a) Os anexos II, III e IV a que se referem, respectivamente, o n.º 1 do artigo 87.º, o artigo 115.º e o n.º 1 do artigo 137.º são substituídos pelo texto do anexo II do presente diploma;

b) O anexo VIII a que se refere o n.º 1 do artigo 169.º é substituído pelo texto do anexo XI do presente diploma;

c) O anexo IX a que se refere o n.º 2 do artigo 169.º é substituído pelo texto do anexo XII do presente diploma;

d) O anexo X a que se refere o n.º 1 do artigo 195.º é substituído pelo texto do anexo I do presente diploma;

e) O anexo XI a que se refere o n.º 1 do artigo 196.º, é substituído pelo texto do anexo III do presente diploma.

ARTIGO 4.º – **Alterações ao Decreto-Lei n.º 59/99, de 2 de Março**

Os anexos ao Decreto-Lei n.º 59/99, de 2 de Março, são substituídos da seguinte forma:

a) O modelo n.º 1 do anexo IV a que se referem os n.ºs 7 e 8 do artigo 52.º, o n.º 3 do artigo 83.º e o n.º 2 do artigo 125.º é substituído pelo texto do anexo I do presente diploma;

b) São substituídos pelo texto do anexo II do presente diploma o modelo n.º 2 a que se refere o artigo 80.º, o modelo n.º 3 a que se refere o artigo 123.º e o modelo n.º 4 a que se refere o artigo 135.º, todos do anexo IV;

c) O modelo n.º 5 do anexo IV a que se refere a alínea *b)* do n.º 9 do artigo 52.º é substituído pelo texto do anexo III do presente diploma;

d) O modelo n.º 1 do anexo V a que se refere o n.º 2 do artigo 124.º e o modelo n.º 2 a que se refere o n.º 1 do artigo 130.º são substituídos pelo texto do anexo II do presente diploma;

e) O anexo VI a que se refere o artigo 244.º é substituído pelo texto do anexo IV do presente diploma;

f) O anexo VII a que se refere o n.º 1 do artigo 252.º é substituído pelo texto do anexo V do presente diploma.

ARTIGO 5.º – **Alterações ao Decreto-Lei n.º 223/2001, de 9 de Agosto**

Os anexos ao Decreto-Lei n.º 223/2001, de 9 de Agosto, são substituídos do seguinte modo:

a) O anexo III a que se refere a alínea *a*) do n.º 3 do artigo 19.º é substituído pelo texto do anexo VIII do presente diploma;

b) O anexo IV a que se refere a alínea *b*) do n.º 3 do artigo 19.º é substituído pelo texto dos anexos VI e VII do presente diploma;

c) O anexo V a que se refere a alínea *c*) do n.º 3 do artigo 19.º é substituído pelo texto do anexo VIII do presente diploma;

d) O anexo VI a que se refere a alínea *d*) do n.º 3 do artigo 19.º é substituído pelo texto do anexo XI do presente diploma;

e) O anexo VIII a que se refere o artigo 21.º é substituído pelo texto do anexo X do presente diploma;

f) O anexo IX a que se refere o artigo 38.º é substituído pelo texto do anexo XII do presente diploma.

ARTIGO 6.º – **Entrada em vigor**

O presente diploma entra em vigor no dia seguinte ao da sua publicação, não se aplicando aos concursos e procedimentos iniciados em data anterior à da sua vigência.

5. REGIME DE REVISÃO DE PREÇOS

DECRETO-LEI N.º 6/2004
DE 6 DE JANEIRO

Estabelece o regime de revisão de preços das empreitadas de obras públicas e de obras particulares e de aquisição de bens e serviços

A revisão de preços das empreitadas de obras públicas tem constituído ao longo das últimas décadas uma garantia essencial de confiança entre as partes do contrato, permitindo-lhes formular e analisar propostas baseadas nas condições existentes à data do concurso, remetendo para a figura da revisão a compensação a que houver lugar em função da variação dos custos inerentes à concretização do objecto do contrato.

Os dois diplomas que vigoraram desde 1975 proporcionaram soluções adequadas para a maioria dos problemas que a revisão de preços colocou durante este período, havendo, no entanto, a partir da experiência prática da sua aplicação, todo um conjunto de aperfeiçoamentos que é possível introduzir nos seus mecanismos com vista a uma maior adequação às realidades actuais.

Como principais alterações introduzidas pelo novo regime podem enumerar-se:

Adaptação e compatibilização com as disposições do regime jurídico de empreitadas de obras públicas;

Extensão do âmbito de aplicação do presente diploma aos contratos de empreitadas de obras particulares e de aquisição de bens e serviços, passando a existir um quadro único regulador da revisão de preços;

Reorganização da estrutura da fórmula polinomial, conferindo-lhe aspectos de generalidade que permitem acolher novas soluções no campo da mão-de-obra mais adequadas à actualidade e à realidade do nosso mercado;

Possibilidade de nova organização espacial dos índices de mão--de-obra, permitindo abandonar, no caso do continente, a actual matriz distrital;

Uniformização do termo constante, relativo à parcela não revisível da empreitada, em todas as fórmulas de revisão de preços com o valor de 0,10;

Redução do limite mínimo do coeficiente de actualização de 3% para 1%, quando a revisão de preços é feita por fórmula, para harmonização com a dinâmica de custos actual;

Redução do limite mínimo do coeficiente de actualização de 4% para 2%, no caso de revisão de preços por garantia de custos, por razões similares;

Definição de uma aproximação de seis casas decimais para o cálculo do coeficiente de actualização e no tratamento dos adiantamentos na revisão de preços por fórmula;

Substituição do cronograma financeiro pelo plano de pagamentos, como referência nos cálculos de revisão de preços;

Possibilidade de os concorrentes apresentarem a fórmula de revisão de preços no caso da sua eventual omissão no caderno de encargos.

Foram ouvidos, em consultas regulares ao longo da elaboração deste diploma, as associações mais representativas do sector, bem como a Associação Nacional de Municípios Portugueses e os principais donos de obras públicas.

Assim:

Nos termos da alínea *a*) do n.º 1 do artigo 198.º da Constituição, o Governo decreta o seguinte:

ARTIGO 1.º – Âmbito de aplicação

1 – O preço das empreitadas de obras públicas a que se referem o Decreto-Lei n.º 59/99, de 2 de Março, e o Decreto-Lei n.º 223/2001, de 9 de Agosto, fica sujeito a revisão, em função das variações, para mais ou para menos, dos custos de mão-de-obra, dos materiais e dos equipamentos de apoio, relativamente aos correspondentes valores no mês anterior ao da data limite fixada para a entrega das propostas.

2 – A revisão será obrigatória, com observância do disposto no presente diploma e segundo cláusulas específicas insertas nos cadernos de

encargos e nos contratos, e cobre todo o período compreendido entre o mês anterior ao da data limite fixada para a entrega das propostas e a data do termo do prazo de execução contratualmente estabelecido, acrescido das prorrogações legais.

3 – No caso de eventual omissão do contrato e dos documentos que o integram relativamente à fórmula de revisão de preços, aplicar-se-á a fórmula tipo para obras da mesma natureza ou que mais se aproxime do objecto da empreitada.

4 – Para efeito deste diploma, considera-se que os equipamentos a incorporar na obra são equiparáveis a materiais e, portanto, identicamente revisíveis.

ARTIGO 2.º – **Extensão do âmbito de aplicação**

Os contratos de aquisição de bens e serviços a que se referem o Decreto-Lei n.º 197/99, de 8 de Junho, o Decreto-Lei n.º 223/2001, de 9 de Agosto, e os contratos de empreitadas de obras particulares que estipulem o direito à revisão de preços regem-se pelo disposto no presente diploma em tudo o que neles não for especialmente regulado.

ARTIGO 3.º – **Cláusulas de revisão de preços**

1 – Sem prejuízo da apresentação obrigatória de proposta base que contemple as cláusulas de revisão de preços previstas no caderno de encargos, os concorrentes poderão propor outras em alternativa, devidamente justificadas, ainda que o programa de concurso não admita expressamente propostas condicionadas ou variantes.

2 – No caso de eventual omissão do caderno de encargos relativamente à fórmula de revisão de preços, os concorrentes podem propor, justificadamente, em documento anexo à sua proposta base, a fórmula ou fórmulas a considerar no cálculo da revisão de preços.

3 – Nos casos de concurso em que o respectivo programa preveja a apresentação do projecto base por parte dos concorrentes ou em que seja admitida a apresentação de variantes ao projecto patenteado, deverão os concorrentes apresentar cláusulas de revisão adequadas à solução proposta, sem obrigação de considerar as especificadas no caderno de encargos.

4 – No caso de revisão de preços da proposta por fórmula, sempre que não conste dos indicadores económicos o índice de qualquer material cujo preço no mercado multiplicado pela quantidade prevista no mapa de medições exceda 3% do valor da proposta ou da parte a que determinada fórmula parcelar se referir, os concorrentes podem propor, justificadamente, em documento anexo à sua proposta base, o preço do referido material, que servirá como índice ou preço garantido, uma vez assegurada a possibilidade de confirmar a sua evolução.

5 – Na hipótese do número anterior, deve o concorrente, no mesmo documento, propor e justificar o consequente reajustamento da fórmula.

ARTIGO 4.° – **Plano de pagamentos**

O plano de pagamentos, previsão mensal do valor dos trabalhos a realizar pelo empreiteiro, de acordo com o plano de trabalhos a que diga respeito e aprovado segundo o estipulado no artigo 159.° do Decreto-Lei n.° 59/99, de 2 de Março, servirá de referência nos cálculos das revisões de preços.

ARTIGO 5.° – **Métodos de revisão de preços**

A revisão de preços poderá ser calculada por:
a) Fórmula;
b) Garantia de custos;
c) Fórmula e garantia de custos.

ARTIGO 6.° – **Fórmula polinomial**

1 – As cláusulas de revisão de preços poderão estabelecer que esta se efectue mediante a adaptação da seguinte fórmula geral à estrutura de custos e à natureza e volume dos trabalhos:

$$C_t = a(S_t/S_o) + b(M_t/M_o) + b'(M'_t/M'_o) + b''(M''_t/M''_o) + \ldots + c(E_t/E_o) + d$$

na qual:

C_t é o coeficiente de actualização mensal a aplicar ao montante sujeito a revisão, obtido a partir de um somatório de parcelas com uma aproximação de seis casas decimais e arredondadas para mais quando o valor da sétima casa decimal seja igual ou superior a 5, mantendo-se o valor da sexta casa decimal no caso contrário;

S_t é o índice dos custos de mão-de-obra relativo ao mês a que respeita a revisão;

S_o é o mesmo índice, mas relativo ao mês anterior ao da data limite fixada para a entrega das propostas;

M_t, M'_t, M''_t, ... são os índices dos custos dos materiais mais significativos incorporados ou não, em função do tipo de obra, relativos ao mês a que respeita a revisão, considerando-se como mais significativos os materiais que representem, pelo menos, 1% do valor total do contrato, com uma aproximação às centésimas;

M_o, M'_o, M''_o, ... são os mesmos índices, mas relativos ao mês anterior ao da data limite fixada para a entrega das propostas;

E_t é o índice dos custos dos equipamentos de apoio, em função do tipo de obra, relativo ao mês a que respeita a revisão;

E_o é o mesmo índice, mas relativo ao mês anterior ao da data limite fixada para a entrega das propostas;

a, b, b', b", ..., c são os coeficientes correspondentes ao peso dos custos de mão-de-obra, dos materiais e dos equipamentos de apoio na estrutura de custos da adjudicação ou da parte correspondente, no caso de existirem várias fórmulas, com uma aproximação às centésimas;

d é o coeficiente que representa, na estrutura de custos, a parte não revisível da adjudicação, com aproximação às centésimas; o seu valor é 0,10 quando a revisão de preços dos trabalhos seja apenas feita por fórmula e, em qualquer caso, a soma de a + b + b'+ b" +...+ c + d deverá ser igual à unidade.

2 – Nas fórmulas tipo que vierem a ser publicadas por despacho do Ministro das Obras Públicas, Transportes e Habitação, os índices S_t e S_o referidos no número anterior terão o seguinte significado:

S_t é o índice dos custos de mão-de-obra da equipa de mão-de-obra referente ao tipo de obra que cada fórmula tipo representa relativo ao mês a que respeita a revisão;

S_o é o mesmo índice, mas relativo ao mês anterior ao da data limite fixada para a entrega das propostas.

3 – O monómio de mão-de-obra constante da fórmula geral prevista no n.º 1 poderá, quando a natureza da obra o justifique, dar lugar a um polinómio da forma:

$$a(S_t/S_o) + a'(S'_t/S'_o) + a''(S''_t/S''_o) + ...$$

no qual S, S', S", ... são os índices dos custos das profissões mais significativas, desde que representem, pelo menos, 1% do valor total do contrato, com uma aproximação às centésimas.

4 – Poderá estabelecer-se mais de uma fórmula de revisão para o mesmo contrato, designadamente em atenção à natureza dos diversos trabalhos ou às respectivas fases, mas a fórmula ou fórmulas estipuladas não poderão ser alteradas depois da adjudicação.

5 – No caso de existirem tipos de mão-de-obra e de materiais para os quais não haja indicadores económicos específicos e que representem pelo menos 3% do valor da proposta, poderá o contrato estabelecer que, para eles, se aplique um método de revisão de preços por garantia de custos, sendo o valor da parte restante da empreitada revisto pela fórmula devidamente adaptada.

ARTIGO 7.º – **Revisão de preços de materiais e equipamentos importados a incorporar na obra**

1 – No caso dos materiais e equipamentos importados a incorporar na obra, os seus preços poderão ser revistos em função da alteração do preço no país de origem, com base nos indicadores económicos disponíveis, da variação cambial e da taxa alfandegária, aplicando-se ao preço fixado contratualmente para cada um uma das seguintes expressões:

a):
$$C_t = 0,90 \times (IPM_t/ IPM_o) \times (CM_t/CM_o) \times [(1 + TA_t/100)/ /(1 + TA_o/100)] + 0,10$$

b):
$$C_t = 0,90 \times (IPC_t/ IPC_o) \times (CM_t/CM_o) \times [(1 + TA_t/100)/ /(1 + TA_o/100)] + 0,10$$

onde:

IPM_t é o índice de custo do material do país de origem no mês previsto para a entrega do material;

IPM_o é o mesmo índice, mas relativo ao mês anterior à data limite fixada para a entrega das propostas;

IPC_t é o índice de preços no consumidor do país de origem no mês previsto para a entrega do equipamento;

IPC_o é o mesmo índice, mas relativo ao mês anterior à data limite fixada para a entrega das propostas;

CM_t é o câmbio da moeda à data prevista para a entrega do equipamento ou do material;

CM_o é o câmbio da mesma moeda no último dia útil do mês anterior à data limite fixada para a entrega das propostas;

TA_t é a taxa alfandegária em vigor à data prevista para a entrega do equipamento ou do material;

TA_o é a taxa alfandegária em vigor no último dia útil do mês anterior à data limite fixada para a entrega das propostas.

2 – O contrato deverá estipular os materiais e os equipamentos aos quais se aplica o disposto no n.º 1, explicitando os seus valores, países de origem, moedas utilizadas e taxas alfandegárias consideradas.

3 – Nos contratos em que se aplique o disposto no n.º 1, o valor daqueles materiais ou equipamentos será deduzido da situação de trabalhos respectiva, sendo a diferença obtida revista pela aplicação da fórmula contratual

4 – O contrato poderá estabelecer para estes materiais ou equipamentos a revisão de preços por garantia de custos, com observância do disposto no n.º 4 do artigo 3.º

ARTIGO 8.º – **Adiantamentos na revisão de preços por fórmula**

1 – Sendo concedidos adiantamentos ao adjudicatário, ao abrigo do disposto no artigo 214.º do Decreto-Lei n.º 59/99, de 2 de Março, as fórmulas de revisão serão corrigidas, de acordo com o critério seguinte:

a) Quando sejam concedidos adiantamentos para aquisição da generalidade dos materiais, os coeficientes b, b', b" serão multiplicados pelo factor:

$$1 - A/[V(b(M_a/M_o) + b'(M'_a/M'_o) + b''(M''_a/M''_o) + ...)]$$

em que:

A é o valor do adiantamento concedido;

M_a, M'_a, M''_a, ... são os índices dos custos dos materiais relativos ao mês do pagamento do adiantamento;

V é o valor dos trabalhos contratuais por executar à data do pagamento do adiantamento;

O coeficiente d será adicionado ao valor A/V, podendo a soma dos coeficientes da fórmula corrigida ser diferente da unidade;

b) No caso de o adiantamento se destinar à aquisição de um material específico, o coeficiente referente a esse material será multiplicado pelo factor:

$$1 - A/[V(b(M_a/M_o)]$$

em que:

A é o valor do adiantamento concedido;

M_a é o índice do custo do respectivo material específico relativo ao mês do pagamento do adiantamento;

V é o valor dos trabalhos contratuais por executar à data do pagamento do adiantamento;

O coeficiente d será adicionado ao valor A/V, podendo a soma dos coeficientes da fórmula corrigida ser diferente da unidade;

c) Quando sejam concedidos adiantamentos para aquisição de equipamentos de apoio, o coeficiente c será multiplicado pelo factor:

$$1 - A/[V(c(E_a/E_o))]$$

em que:

A é o valor do adiantamento concedido;

E_a é o índice dos custos dos equipamentos de apoio relativo ao mês do pagamento do adiantamento;

V é o valor dos trabalhos contratuais por executar à data do pagamento do adiantamento;

O coeficiente d será adicionado ao valor A/V, podendo a soma dos coeficientes da fórmula corrigida ser diferente da unidade.

2 – Quando se verifique atraso imputável ao adjudicatário em relação ao plano de trabalhos e de pagamentos em vigor, o valor V a considerar na correcção da fórmula de revisão será a diferença entre o valor total dos trabalhos contratuais aprovados até à data do pagamento do adiantamento e o valor dos trabalhos contratuais que deveriam ter sido executados até essa mesma data, de acordo com o plano de pagamentos em vigor.

3 – O adiantamento a conceder, em cada momento, não pode exceder o valor dos materiais que falta incorporar na obra nem o dos equipamentos de apoio a utilizar, consoante o fim a que se destine, a preços desse momento, ou seja, respectivamente:

$$A \leq V(b(M_a/M_o + M'_a/M'_o + ...)), \quad A \leq V(b(M_a/M_o))$$
$$\text{ou } A \leq V(c(E_a/E_o))$$

4 – Quando haja lugar a trabalhos a menos, deixando de se verificar, por isso, a condição exigida no número anterior, os coeficientes referentes aos materiais e equipamentos de apoio da fórmula contratual abrangidos pelo adiantamento deverão passar a ser iguais a 0 e o termo constante a adicionar a d será o correspondente apenas a essa parte do adiantamento, ou seja, respectivamente:

$$b(M_a/M_o) + b'(M'_a/M'_o) + ..., b(M_a/M_o) \text{ ou } c(E_a/E_o)$$

5 – Sempre que o resultado do factor correctivo previsto nas alíneas *a*), *b*) e *c*) do n.º 1 deste artigo for negativo ou nulo, os coeficientes referentes aos materiais e equipamentos de apoio da fórmula a corrigir deverão passar a ser iguais a 0 e o termo constante a adicionar a d será apenas o correspondente, conforme o caso, à seguinte parte do adiantamento:

a):

$$b(M_a/M_o) + b'(M'_a/M'_o) + b''(M''_a/M''_o) + ...$$

b):

$$b(M_a/M_o)$$

c):

$$c(E_a/E_o)$$

6 – Os coeficientes previstos nos números anteriores, bem como os resultantes da sua aplicação, são calculados com uma aproximação de seis casas decimais e arredondados segundo a regra prevista no n.º 1 do artigo 6.º

7 – Quando, durante a obra, sejam concedidos vários adiantamentos, a correcção da fórmula, para cada um deles, far-se-á a partir da fórmula corrigida do último adiantamento pago.

8 – Verificando-se a execução de trabalhos a mais após o pagamento dos adiantamentos, os seus valores serão revistos aplicando-se a fórmula contratual independentemente da fórmula corrigida.

9 – Quando seja concedido adiantamento para aquisição de equipamentos a que se aplique o mecanismo de revisão previsto no artigo 7.º, os valores de IPM_t, IPC_t e CM_t serão reportados à data do pagamento do adiantamento, para efeito de revisão da parcela do valor dos equipamentos a que se refere o adiantamento.

ARTIGO 9.º – **Limite mínimo do coeficiente de actualização**

Só haverá lugar a revisão de preços quando a variação, para mais ou para menos, do coeficiente de actualização C_t mensal for igual ou superior a 1% em relação à unidade.

ARTIGO 10.º – **Revisão de preços por garantia de custos**

1 – Quando a entidade adjudicante o considere justificado, poderão as cláusulas contratuais garantir ao adjudicatário os custos de determinados tipos de mão-de-obra e materiais mais significativos, devendo a garantia limitar-se aos que representem pelo menos 3% do valor da adjudicação.

2 – Nos casos previstos no número anterior, só haverá lugar a revisão de custo desses tipos de mão-de-obra ou de materiais quando a variação for igual ou superior a 2%, para mais ou para menos.

3 – As revisões a efectuar nos termos deste artigo limitar-se-ão aos tipos de mão-de-obra e materiais cujos custos tenham sido garantidos e corresponderão à diferença que resulte da variação desses custos, afectada, tratando-se de mão-de-obra, do coeficiente 0,90.

4 – O dono da obra terá direito a exigir a justificação dos custos de mão-de-obra e dos materiais apresentados pelo adjudicatário para efeito de revisão.

5 – No caso de ter sido concedido adiantamento, a diferença de preços a considerar relativamente às quantidades de materiais cobertas pela sua concessão será a que se verifique entre os preços garantidos contratualmente e os preços que se praticavam à data do seu pagamento.

ARTIGO 11.º – **Trabalhos a mais**

1 – A revisão de preços de trabalhos a mais far-se-á nos seguintes termos:

a) Aos trabalhos a mais com preços unitários já estabelecidos no contrato ou nos elementos que o integram, aplicar-se-á o esquema de revisão contratual;

b) Aos trabalhos a mais para os quais não haja preços unitários estabelecidos no contrato ou nos elementos que o integram, aplicar-se-á o sistema de revisão por fórmula ou garantia de custos, consoante a natureza, o volume e a duração dos trabalhos, e, em qualquer caso, com observância do disposto no presente diploma, designadamente quanto à data a partir da qual se fará a revisão, que será a relativa ao mês anterior ao da data em que foram propostos os novos preços.

2 – A revisão de preços dos trabalhos a mais ou dos que resultem de rectificações para mais de erros ou omissões do projecto, quando não executados nos prazos previstos nos planos de trabalhos e correspondentes planos de pagamentos, respeitantes a esses trabalhos a mais, aprovados pelo dono da obra, far-se-á nos termos previstos no n.º 2 do artigo 14.º do presente diploma.

ARTIGO 12.º – **Trabalhos a menos**

1 – Quando haja lugar a trabalhos a menos, a revisão de preços dos trabalhos contratuais realizados far-se-á pelo plano de pagamentos resultante da dedução do valor dos trabalhos a menos nos períodos em que, contratualmente, se previa que viessem a ser realizados.

2 – Para efeito do disposto no presente diploma, consideram-se como trabalhos a menos os que resultem das rectificações para menos de erros ou omissões do projecto ou outros que o dono da obra entenda não realizar e tenham sido incluídos no contrato.

ARTIGO 13.º – **Prorrogações**

1 – Sempre que sejam concedidas ao empreiteiro prorrogações legais, a revisão de preços será calculada com base no plano de pagamentos reajustado.

2 – Se a prorrogação for graciosa, o empreiteiro não terá direito a qualquer acréscimo de valor da revisão de preços em relação ao prazo acrescido, devendo esta fazer-se pelo plano de pagamentos que, na data da prorrogação, se encontrar em vigor.

3 – Considera-se que a prorrogação de prazo é graciosa quando derive de causas imputáveis ao empreiteiro, mas que o dono da obra entenda não merecerem a aplicação da multa contratual.

ARTIGO 14.º – **Desvios de prazos**

1 – Sempre que se verifique atraso por caso de força maior ou imputável ao dono da obra, devidamente justificado e comprovado, o emprei-

teiro deverá submeter à aprovação do dono da obra novo plano de trabalhos e correspondente plano de pagamentos, ajustados à situação, que servirá de base ao cálculo da revisão de preços dos trabalhos por executar.

2 – Quando se verifique, por facto imputável ao empreiteiro, atraso no cumprimento do plano de trabalhos e do correspondente plano de pagamentos aprovados, os indicadores económicos a considerar na revisão serão os correspondentes ao período em que os trabalhos por ela abrangidos deveriam ter sido executados, atendendo-se, caso seja inferior, ao valor do coeficiente de actualização (C_t) relativo ao mês em que os trabalhos foram efectivamente executados.

3 – Quando se verifique avanço no cumprimento do plano de trabalhos e do correspondente plano de pagamentos aprovados, os indicadores económicos a considerar na revisão serão os correspondentes ao período em que os trabalhos por ela abrangidos foram efectivamente executados.

ARTIGO 15.º – **Processamento**

1 – Sem prejuízo do que estiver contratualmente estabelecido, as revisões serão calculadas pelo dono da obra, sendo processadas periodicamente em correspondência com as respectivas situações de trabalhos, não devendo o seu apuramento prejudicar o recebimento dos valores das respectivas situações.

2 – Sem prejuízo do disposto no n.º 1, o empreiteiro poderá apresentar por sua iniciativa os cálculos da revisão de preços, elaborados nos mesmos termos dos fixados para o dono da obra.

3 – Nos contratos em que se prevejam situações de trabalhos mensais atender-se-á, para a revisão, aos indicadores económicos relativos ao mês a que ela se reporta.

4 – Quando não se efectuem situações de trabalhos mensais e a revisão for feita por fórmula, aplicar-se-ão os indicadores económicos à parcela dos trabalhos realizada no mês respectivo, de acordo com o plano de pagamentos em vigor.

ARTIGO 16.º – **Revisão provisória**

1 – Se nas datas dos autos de medição ou nas de apresentação dos mapas de quantidades de trabalhos a que se refere o n.º 1 do artigo 208.º

do Decreto-Lei n.º 59/99, de 2 de Março, ainda não forem conhecidos os valores finais dos indicadores económicos a utilizar na revisão de preços dos trabalhos executados, o dono da obra deverá proceder ao pagamento provisório com base no respectivo valor inicial do contrato, revisto em função dos últimos indicadores conhecidos, que poderão ser de meses diferentes.

2 – Nos casos do número anterior, logo que sejam publicados os indicadores económicos respeitantes ao mês da execução dos trabalhos ou do período para tal previsto no plano de trabalhos, o dono da obra procederá ao cálculo definitivo da revisão, pagando ao empreiteiro ou deduzindo, na situação que se seguir, a diferença apurada.

ARTIGO 17.º – **Prazo para pagamento**

O pagamento das revisões de preços deverá ser efectuado no prazo máximo de 44 dias contados, consoante os casos:

a) Das datas dos autos de medição ou das de apresentação dos mapas de quantidades de trabalhos previstos no artigo 208.º do Decreto-Lei n.º 59/99, de 2 de Março, tratando-se de revisões provisórias;

b) Das datas da publicação no *Diário da República* dos indicadores económicos em que se baseiam, tratando-se de acertos;

c) Das datas de apresentação dos cálculos pelo empreiteiro, quando tal esteja previsto no contrato.

ARTIGO 18.º – **Mora no pagamento**

1 – Se o atraso no pagamento exceder o prazo estipulado no contrato ou, quando este seja omisso, o indicado no artigo 17.º, o empreiteiro terá direito a juros de mora, calculados segundo o previsto no Decreto-Lei n.º 32/2003, de 17 de Fevereiro.

2 – Em caso de desacordo sobre o montante indicado numa revisão de preços, o pagamento será efectuado sobre a base provisória das somas aceites pelo dono da obra.

3 – Quando as somas pagas ao empreiteiro forem inferiores àquelas que, finalmente, sejam devidas ao empreiteiro, este terá direito aos juros de mora calculados sobre a diferença e devidos desde a data em que deviam ter sido efectivamente pagos nos termos do artigo 17.º do presente diploma.

4 – Os juros previstos neste artigo serão obrigatoriamente pagos ao empreiteiro, independentemente de este o solicitar, até 22 dias da data em que haja tido lugar o pagamento das revisões.

ARTIGO 19.º – **Caducidade**

1 – O direito à revisão de preços caduca com a conta da empreitada, salvo nas seguintes situações:
  a) Quando existam reclamações ou acertos pendentes;
  b) Quando não estejam disponíveis os indicadores económicos necessários para o cálculo definitivo da revisão de preços dos trabalhos contratuais e a mais;
  c) Quando o cálculo da revisão de preços for da obrigação do dono da obra e a conta final da empreitada não contemple a revisão de preços definitiva dos trabalhos contratuais e a mais.

2 – Sempre que o dono da obra não proceda à elaboração da conta da empreitada, o direito à revisão caduca com a recepção definitiva da obra.

ARTIGO 20.º – **Indicadores económicos**

1 – Os indicadores económicos da mão-de-obra, materiais e equipamentos de apoio serão publicados na 2.ª série do *Diário da República*.

2 – Em caso de obras de natureza muito específica para as quais os indicadores económicos publicados não se mostrem adequados a determinados tipos de mão-de-obra ou de materiais, desde que representem isoladamente pelo menos 3% do valor total estimado para a obra, poderão os cadernos de encargos estabelecer a possibilidade de recorrer a fontes de informação idóneas para fixação de valores que servirão como índices de custos ou como preços garantidos, uma vez assegurada a possibilidade de confirmar a sua evolução.

ARTIGO 21.º – **Comissão de Índices e Fórmulas de Empreitadas**

1 – A Comissão de Índices e Fórmulas de Empreitadas, adiante designada por CIFE, é uma comissão técnica especializada que funciona no Instituto dos Mercados de Obras Públicas e Particulares e do Imobiliário, nos termos do artigo 17.º do Decreto-Lei n.º 60/99, de 2 de Março.

2 – Os indicadores económicos para o cálculo da revisão de preços são fixados por despacho do Ministro das Obras Públicas, Transportes e Habitação.

3 – Os indicadores económicos serão fixados mensalmente, com base em elementos fornecidos pelo Instituto Nacional de Estatística ou em elementos idóneos obtidos pela CIFE, devendo atender-se a todos os encargos emergentes da legislação em vigor no período a que respeitem.

4 – Da fixação dos indicadores económicos a que se refere o presente artigo não cabe recurso.

5 – O Ministro das Obras Públicas, Transportes e Habitação fixará por despacho as fórmulas tipo a aplicar consoante a natureza das empreitadas.

ARTIGO 22.º – **Disposição transitória**

Até serem fixadas as novas fórmulas tipo, continuarão a aplicar-se as fórmulas tipo previstas no despacho do Ministro do Equipamento Social e do Ambiente de 26 de Julho de 1975, publicado no *Diário do Governo*, 2.ª série, n.º 180, suplemento, de 6 de Agosto de 1975.

ARTIGO 23.º – **Legislação revogada**

Ficam revogados o Decreto-Lei n.º 348-A/86, de 16 de Outubro, o Decreto-Lei n.º 474/77, de 12 de Novembro, e o despacho SEOP n.º 35-XII/92, de 14 de Outubro, e demais legislação que contrarie o disposto neste diploma legal.

ARTIGO 24.º – **Entrada em vigor**

O presente diploma entra em vigor no dia 1 de Fevereiro de 2004 e só será aplicável às obras postas a concurso a partir dessa data, sem prejuízo de aplicação às obras em curso das disposições previstas no n.º 2 do artigo 14.º e nos artigos 17.º, 18.º e 19.º, em situações que ocorram a partir da entrada em vigor do presente diploma.

DESPACHO N.º 1592/2004 (2.ª SÉRIE), DE 23 DE JANEIRO

Estabelece novas fórmulas-tipo de revisão de preços para empreitadas postas a concurso a partir de 1 de Fevereiro de 2004

Com a entrada em vigor do Decreto-Lei n.º 6/2004, de 6 de Janeiro, que estabelece o regime de revisão de preços das empreitadas de obras públicas e de obras particulares e de aquisição de bens e serviços, torna-se necessário proceder à publicação de fórmulas tipo adequadas à realidade actual e que respeitem a matriz de estrutura de custos prevista no referido diploma.

Assim, ao abrigo do n.º 5 do artigo 21.º do Decreto-Lei n.º 6/2004, de 6 de Janeiro, determina-se o seguinte:

1 – Nas empreitadas postas a concurso a partir de 1 de Fevereiro de 2004 e de acordo com o n.º 2 do artigo 1.º do Decreto-Lei n.º 6/2004, de 6 de Janeiro, os donos de obra devem contemplar nos cadernos de encargos fórmulas de revisão de preços ajustadas às estruturas de custos das estimativas dos respectivos projectos.

2 – Em alternativa ao previsto no número anterior, os donos de obra podem adoptar as fórmulas tipo estabelecidas no quadro anexo ao presente despacho e que dele faz parte integrante, para obras da mesma natureza ou que mais se aproximem do objecto da empreitada.

3 – As fórmulas tipo a que se refere o número anterior, dispondo cada uma delas de índices de mão-de-obra próprios, que serão regularmente publicados no *Diário da República*, correspondem aos seguintes tipos de obras:

F01 – edifícios de habitação;
F02 – edifícios administrativos;

F03 – edifícios escolares;
F04 – edifícios para o sector da saúde;
F05 – reabilitação ligeira de edifícios;
F06 – reabilitação média de edifícios;
F07 – reabilitação profunda de edifícios;
F08 – campos de jogos com balneários;
F09 – arranjos exteriores;
F10 – estradas;
F11 – túneis;
F12 – pontes de betão armado ou pré-esforçado;
F13 – viadutos de betão armado ou pré-esforçado;
F14 – passagens desniveladas de betão armado ou pré-esforçado.

4 – No caso de eventual omissão do caderno de encargos relativamente à fórmula de revisão de preços e conforme o previsto no n.º 2 do artigo 3.º do Decreto-Lei n.º 6/2004, de 6 de Janeiro, os concorrentes podem propor, justificadamente, em documento anexo à sua proposta base, a fórmula ou fórmulas a considerar no cálculo da revisão de preços, designadamente as fórmulas tipo agora publicadas.

5 – Outras fórmulas tipo que vierem futuramente a ser fixadas, nos termos do n.º 5 do artigo 21.º do Decreto-Lei n.º 6/2004, de 6 de Janeiro, podem ser aplicadas de acordo com o presente despacho, após a data da sua publicação no *Diário da República*.

6 – É revogado o despacho do Ministro do Equipamento Social e do Ambiente de 26 de Julho de 1975 publicado no *Diário da República*, 2.ª série, de 6 de Agosto de 1975.

6. CONDIÇÕES DE SEGURANÇA E DE SAÚDE NOS ESTALEIROS TEMPORÁRIOS OU MÓVEIS

DECRETO-LEI N.º 273/2003
DE 29 DE OUTUBRO

1 – As condições de segurança no trabalho desenvolvido em estaleiros temporários ou móveis são frequentemente muito deficientes e estão na origem de um número preocupante de acidentes de trabalho graves e mortais, provocados sobretudo por quedas em altura, esmagamentos e soterramentos.

Face à necessidade imperiosa de reduzir os riscos profissionais nos sectores com maior sinistralidade laboral, o acordo sobre condições de trabalho, higiene e segurança no trabalho e combate à sinistralidade, celebrado entre o Governo e os parceiros sociais em 9 de Fevereiro de 2001, previu a revisão e o aperfeiçoamento das normas específicas de segurança no trabalho no sector da construção civil e obras públicas, bem como o reforço dos meios e da actividade de fiscalização neste e noutros sectores mais afectados pela incidência de acidentes de trabalho e doenças profissionais.

O presente diploma procede à revisão da regulamentação das condições de segurança e de saúde no trabalho em estaleiros temporários ou móveis, constante do Decreto-Lei n.º 155/95, de 1 de Julho, continuando naturalmente a assegurar a transposição para o direito interno da Directiva n.º 92/57/CEE, do Conselho, de 24 de Junho, relativa às prescrições mínimas de segurança e saúde no trabalho a aplicar em estaleiros temporários ou móveis.

2 – O plano de segurança e saúde constitui um dos instrumentos fundamentais do planeamento e da organização da segurança no trabalho em estaleiros temporários ou móveis, ao dispor do sistema de coordenação de

segurança, o que justifica a necessidade de aperfeiçoar a respectiva regulamentação.

As alterações relativas ao plano de segurança e saúde respeitam, em primeiro lugar, ao processo da sua elaboração. O plano deve ser elaborado a partir da fase do projecto da obra, sendo posteriormente desenvolvido e especificado antes de se passar à execução da obra, com a abertura do estaleiro. Trata-se de um único plano de segurança e saúde para a obra, cuja elaboração acompanha a evolução da fase de projecto da obra para a da sua execução.

O desenvolvimento do plano da fase do projecto para a da execução da obra decorre sob o impulso da entidade executante, que será frequentemente o empreiteiro que se obriga a executar a obra, ou o dono da obra se a realizar por administração directa. A entidade executante fornece os equipamentos de trabalho, recruta e dirige os trabalhadores e decide sobre o recurso a subempreiteiros e a trabalhadores independentes. Ela tem o domínio da organização e da direcção globais do estaleiro e está, por isso, em posição adequada para promover o desenvolvimento do plano de segurança e saúde para a fase da execução da obra. Caberá, em seguida, ao coordenador de segurança em obra validar tecnicamente o desenvolvimento e as eventuais alterações do plano, cuja aprovação competirá ao dono da obra para que se possa iniciar a execução da obra. O regime assenta numa separação de responsabilidades, em que a entidade executante é responsável pela execução da obra e o planeamento da segurança no trabalho e a verificação do seu cumprimento são atribuídos ao coordenador de segurança, de modo a assegurar que as circunstâncias da execução não se sobreponham à segurança no trabalho.

O dono da obra, se não a realizar por administração directa, está associado ao desenvolvimento do plano através do coordenador de segurança em obra a quem cabe aprovar as especificações apresentadas pela entidade executante ou outros intervenientes. O dono da obra nomeará o coordenador de segurança em obra através de uma declaração escrita que o identifica perante todos os intervenientes no estaleiro. O dono da obra tem ainda a responsabilidade específica de impedir que a entidade executante inicie a implantação do estaleiro sem que esteja preparado o plano de segurança e saúde para a fase da execução da obra.

A regulamentação do conteúdo do plano de segurança e saúde é também desenvolvida com a indicação dos aspectos que o mesmo deve prever, tanto na fase do projecto como na da execução da obra.

O regime de empreitada de obras públicas prevê que o projecto da obra que serve de base ao concurso será elaborado tendo em atenção as regras respeitantes à segurança, higiene e saúde no trabalho. Esta disposição tem correspondência substancial com a necessidade de se respeitar os princípios gerais da prevenção de riscos profissionais na elaboração do projecto. No desenvolvimento desses princípios e para que a empreitada de obras públicas tenha em consideração, na maior medida possível, a prevenção dos riscos profissionais, o plano de segurança e saúde em projecto deve ser incluído pelo dono da obra no conjunto dos elementos que servem de base ao concurso e, posteriormente, o plano deve ficar anexo ao contrato de empreitada de obras públicas. Nas obras particulares, o dono da obra deve incluir o plano de segurança e saúde no conjunto dos elementos que servem de base à negociação para que a entidade executante o conheça ao contratar a empreitada.

3 – O coordenador de segurança em obra e o plano de segurança e saúde não são obrigatórios em obras de menor complexidade em que os riscos são normalmente mais reduzidos. Contudo, se houver que executar nessas obras determinados trabalhos que impliquem riscos especiais, a entidade executante deve dispor de fichas de procedimentos de segurança que indiquem as medidas de prevenção necessárias para executar esses trabalhos.

4 – Todos os intervenientes no estaleiro, nomeadamente os subempreiteiros e os trabalhadores independentes, devem cumprir o plano de segurança e saúde para a execução da obra. A entidade executante e o coordenador de segurança em obra devem acompanhar a actividade dos subempreiteiros e dos trabalhadores independentes de modo a assegurar o cumprimento do plano.

A entidade executante deve não apenas aplicar o plano de segurança e saúde nas actividades que desenvolve durante a execução da obra mas também assegurar que os subempreiteiros e os trabalhadores independentes o cumprem, além de outras obrigações respeitantes ao funcionamento do estaleiro. Esta obrigação da entidade executante articula-se com a responsabilidade solidária que sobre ela impende pelo pagamento de coimas aplicadas a um subcontratado que infrinja as regras relativas à segurança, higiene e saúde no trabalho, se a entidade executante não for diligente no controlo da actividade do subcontratado.

5 – A coordenação de segurança estrutura-se em função das actividades do coordenador de segurança em projecto e do coordenador de segurança em obra. A legislação portuguesa é, nesta matéria, mais exigente do que a referida directiva comunitária porque impõe a coordenação de segurança em fase de projecto se este for elaborado por uma equipa de projecto. A nomeação dos coordenadores de segurança cabe ao dono da obra, de acordo com a directiva.

A coordenação e o acompanhamento das actividades da entidade executante, dos subempreiteiros e dos trabalhadores independentes são determinantes para a prevenção dos riscos profissionais na construção. O coordenador de segurança em obra tem especiais responsabilidades na coordenação e no acompanhamento do conjunto das actividades de segurança, higiene e saúde desenvolvidas no estaleiro. A função da coordenação de segurança passará por isso a ser reconhecida através de uma declaração escrita do dono da obra que identifica os coordenadores, as funções que devem exercer e indica a todos os intervenientes que devem cooperar com os coordenadores.

O desempenho da coordenação de segurança contribui tanto mais para a prevenção dos riscos profissionais quanto os coordenadores forem qualificados para essa função. A regulamentação da coordenação de segurança vai ser, por isso, sequencialmente completada por um quadro legal promotor da qualificação dos coordenadores que tenha em consideração as exigências da função e a respectiva acreditação para a qual serão determinantes a formação profissional específica, a experiência profissional e as habilitações académicas.

6 – O dono da obra deve proceder à comunicação prévia da abertura do estaleiro à Inspecção-Geral do Trabalho, em determinadas situações definidas em função do tempo de trabalho total previsível para a execução da obra, em certos casos conjugado com o número de trabalhadores no estaleiro. Nesta matéria, corrige-se uma imprecisão da lei anterior determinando-se que a comunicação prévia deve ser feita nomeadamente quando for previsível, para a execução da obra, um total de mais de 500 dias de trabalho, correspondente ao somatório dos dias de trabalho prestado por cada um dos trabalhadores.

7 – Nas intervenções na obra posteriormente à sua conclusão, a prevenção dos riscos profissionais depende do conhecimento das característi-

cas técnicas da obra, para que se possa identificar os riscos potenciais e adoptar processos de trabalho que os evitem ou minimizem, na medida do possível. A compilação técnica da obra é um instrumento muito importante porque colige os elementos que devem ser tomados em consideração nas intervenções posteriores à conclusão da obra, e que passam a estar enunciados na lei com maior precisão.

8 – No quadro das garantias da aplicação da legislação de segurança e saúde no trabalho na construção, são reforçados os meios e os poderes de intervenção da inspecção do trabalho. Nesse sentido, prevê-se um sistema de registos por parte da entidade executante e dos subempreiteiros, que incluirão, entre outros elementos, a identificação de todos os trabalhadores dos subempreiteiros e os trabalhadores independentes que trabalhem no estaleiro.

Estes registos serão determinantes para que seja mais eficaz o controlo e o acompanhamento da acção dos empregadores e dos trabalhadores independentes com actividade no estaleiro.

9 – O projecto correspondente ao presente diploma foi sujeito a apreciação pública, mediante publicação na separata n.º 4 do Boletim do Trabalho e Emprego, de 13 de Agosto de 2002, tendo sido aperfeiçoados diversos aspectos na sequência dos pareceres de associações sindicais e patronais.

Resulta, nomeadamente, da apreciação pública o esclarecimento das obras em que a existência do plano de segurança e saúde é obrigatória; precisa-se o conteúdo das fichas de procedimentos de segurança para obras de menor dimensão em que haja riscos especiais, por forma que satisfaçam as prescrições da directiva comunitária sobre o plano de segurança e saúde; protege-se a posição do empreiteiro que espera a aprovação do plano de segurança e saúde para iniciar a obra, uma vez que o prazo para a sua execução não começa a correr antes da aprovação do plano; o dono da obra deve transmitir aos representantes dos trabalhadores a declaração que identifica os coordenadores de segurança; dá-se mais saliência ao princípio de que a nomeação dos coordenadores de segurança em projecto e em obra não exonera o dono da obra, o autor do projecto, a entidade executante e o empregador das responsabilidades que lhes cabem em matéria de segurança e saúde no trabalho; o dono da obra poderá assegurar mais eficazmente a elaboração da compilação técnica através da recusa da recepção provisória da obra enquanto a entidade executante não proporcionar os elementos necessários; serão comunicados à Inspecção-Geral do Trabalho os acidentes de trabalho de que resulte, nomeadamente, lesão grave dos trabalhadores, evitando-se a ambiguidade que adviria da comunicação ligada ao internamento dos sinistrados, e preconiza-se que os elementos necessários ao inquérito sejam recolhidos com a maior brevidade para reduzir ao mínimo a interrupção dos trabalhos no estaleiro.

Foram ouvidos os órgãos de governo próprio das Regiões Autónomas.
Assim:
Nos termos da alínea *a*) do n.º 1 do artigo 198.º da Constituição, o Governo decreta o seguinte:

CAPÍTULO I – **Princípios gerais**

ARTIGO 1.º – **Objecto**

O presente diploma estabelece regras gerais de planeamento, organização e coordenação para promover a segurança, higiene e saúde no trabalho em estaleiros da construção e transpõe para a ordem jurídica interna a Directiva n.º 92/57/CEE, do Conselho, de 24 de Junho, relativa às prescrições mínimas de segurança e saúde no trabalho a aplicar em estaleiros temporários ou móveis.

ARTIGO 2.º – **Âmbito**

1 – O presente diploma é aplicável a todos os ramos de actividade dos sectores privado, cooperativo e social, à administração pública central, regional e local, aos institutos públicos e demais pessoas colectivas de direito público, bem como a trabalhadores independentes, no que respeita aos trabalhos de construção de edifícios e de engenharia civil.

2 – O presente diploma é aplicável a trabalhos de construção de edifícios e a outros no domínio de engenharia civil que consistam, nomeadamente, em:
   a) Escavação;
   b) Terraplenagem;
   c) Construção, ampliação, alteração, reparação, restauro, conservação e limpeza de edifícios;

d) Montagem e desmontagem de elementos prefabricados, andaimes, gruas e outros aparelhos elevatórios;

e) Demolição;

f) Construção, manutenção, conservação e alteração de vias de comunicação rodoviárias, ferroviárias e aeroportuárias e suas infra-estruturas, de obras fluviais ou marítimas, túneis e obras de arte, barragens, silos e chaminés industriais;

g) Trabalhos especializados no domínio da água, tais como sistemas de irrigação, de drenagem e de abastecimento de águas e de águas residuais, bem como redes de saneamento básico;

h) Intervenções nas infra-estruturas de transporte e distribuição de electricidade, gás e telecomunicações;

i) Montagem e desmontagem de instalações técnicas e de equipamentos diversos;

j) Isolamentos e impermeabilizações.

3 – O presente diploma não se aplica às actividades de perfuração e extracção que tenham lugar no âmbito das indústrias extractivas.

ARTIGO 3.º – **Definições**

1 – Para efeitos do presente diploma, entende-se por:

a) «Autor do projecto da obra», adiante designado por autor do projecto, a pessoa singular, reconhecida como projectista, que elabora ou participa na elaboração do projecto da obra;

b) «Coordenador em matéria de segurança e saúde durante a elaboração do projecto da obra», adiante designado por coordenador de segurança em projecto, a pessoa singular ou colectiva que executa, durante a elaboração do projecto, as tarefas de coordenação em matéria de segurança e saúde previstas no presente diploma, podendo também participar na preparação do processo de negociação da empreitada e de outros actos preparatórios da execução da obra, na parte respeitante à segurança e saúde no trabalho;

c) «Coordenador em matéria de segurança e saúde durante a execução da obra», adiante designado por coordenador de segurança em obra, a pessoa singular ou colectiva que executa, durante a realização da obra, as tarefas de coordenação em matéria de segurança e saúde previstas no presente diploma;

d) «Responsável pela direcção técnica da obra» o técnico designado pela entidade executante para assegurar a direcção efectiva do estaleiro;

e) «Director técnico da empreitada» o técnico designado pelo adjudicatário da obra pública e aceite pelo dono da obra, nos termos do regime jurídico das empreitadas de obras públicas, para assegurar a direcção técnica da empreitada;

f) «Dono da obra» a pessoa singular ou colectiva por conta de quem a obra é realizada, ou o concessionário relativamente a obra executada com base em contrato de concessão de obra pública;

g) «Empregador» a pessoa singular ou colectiva que, no estaleiro, tem trabalhadores ao seu serviço, incluindo trabalhadores temporários ou em cedência ocasional, para executar a totalidade ou parte da obra; pode ser o dono da obra, a entidade executante ou subempreiteiro;

h) «Entidade executante» a pessoa singular ou colectiva que executa a totalidade ou parte da obra, de acordo com o projecto aprovado e as disposições legais ou regulamentares aplicáveis; pode ser simultaneamente o dono da obra, ou outra pessoa autorizada a exercer a actividade de empreiteiro de obras públicas ou de industrial de construção civil, que esteja obrigada mediante contrato de empreitada com aquele a executar a totalidade ou parte da obra;

i) «Equipa de projecto» conjunto de pessoas reconhecidas como projectistas que intervêm nas definições de projecto da obra;

j) «Estaleiros temporários ou móveis», a seguir designados por estaleiros, os locais onde se efectuam trabalhos de construção de edifícios ou trabalhos referidos no n.º 2 do artigo 2.º, bem como os locais onde, durante a obra, se desenvolvem actividades de apoio directo aos mesmos;

l) «Fiscal da obra» a pessoa singular ou colectiva que exerce, por conta do dono da obra, a fiscalização da execução da obra, de acordo com o projecto aprovado, bem como do cumprimento das disposições legais e regulamentares aplicáveis; se a fiscalização for assegurada por dois ou mais representantes, o dono da obra designará um deles para chefiar;

m) «Representante dos trabalhadores» a pessoa, eleita pelos trabalhadores, que exerce as funções de representação dos trabalhadores nos domínios da segurança, higiene e saúde no trabalho;

n) «Subempreiteiro» a pessoa singular ou colectiva autorizada a exercer a actividade de empreiteiro de obras públicas ou de industrial de construção civil que executa parte da obra mediante contrato com a entidade executante;

o) «Trabalhador independente» a pessoa singular que efectua pessoalmente uma actividade profissional, não vinculada por contrato de trabalho, para realizar uma parte da obra a que se obrigou perante o dono da obra ou a entidade executante; pode ser empresário em nome individual.

2 – As referências aos princípios gerais da segurança, higiene e saúde no trabalho entendem-se como remissões para o regime aplicável em matéria de segurança, higiene e saúde no trabalho.

CAPÍTULO II – Desenvolvimento do projecto e execução da obra

SECÇÃO I – Projecto da obra

ARTIGO 4.º – Princípios gerais do projecto da obra

1 – A fim de garantir a segurança e a protecção da saúde de todos os intervenientes no estaleiro, bem como na utilização da obra e noutras intervenções posteriores, o autor do projecto ou a equipa de projecto deve ter em conta os princípios gerais de prevenção de riscos profissionais consagrados no regime aplicável em matéria de segurança, higiene e saúde no trabalho.

2 – Na integração dos princípios gerais de prevenção referidos no número anterior devem ser tidos em conta, designadamente, os seguintes domínios:

a) As opções arquitectónicas;

b) As escolhas técnicas desenvolvidas no projecto, incluindo as metodologias relativas aos processos e métodos construtivos, bem como os materiais e equipamentos a incorporar na edificação;

c) As definições relativas aos processos de execução do projecto, incluindo as relativas à estabilidade e às diversas especialidades, as condições de implantação da edificação e os condicionalismos envolventes da execução dos trabalhos;

d) As soluções organizativas que se destinem a planificar os trabalhos ou as suas fases, bem como a previsão do prazo da sua realização;

e) Os riscos especiais para a segurança e saúde enumerados no artigo 7.º, podendo nestes casos o autor do projecto apresentar soluções complementares das definições consagradas no projecto;

f) As definições relativas à utilização, manutenção e conservação da edificação.

ARTIGO 5.º – **Planificação da segurança e saúde no trabalho**

1 – O dono da obra deve elaborar ou mandar elaborar, durante a fase do projecto, o plano de segurança e saúde para garantir a segurança e a saúde de todos os intervenientes no estaleiro.

2 – Se a elaboração do projecto se desenvolver em diversas fases e em períodos sucessivos, o plano de segurança e saúde deve ser reformulado em função da evolução do projecto.

3 – O plano de segurança e saúde será posteriormente desenvolvido e especificado pela entidade executante para a fase da execução da obra.

4 – O plano de segurança e saúde é obrigatório em obras sujeitas a projecto e que envolvam trabalhos que impliquem riscos especiais previstos no artigo 7.º ou a comunicação prévia da abertura do estaleiro.

ARTIGO 6.º – **Plano de segurança e saúde em projecto**

1 – O plano de segurança e saúde em projecto deve ter como suporte as definições do projecto da obra e as demais condições estabelecidas para a execução da obra que sejam relevantes para o planeamento da prevenção dos riscos profissionais, nomeadamente:

a) O tipo da edificação, o uso previsto, as opções arquitectónicas, as definições estruturais e das demais especialidades, as soluções técnicas preconizadas, os produtos e materiais a utilizar, devendo ainda incluir as peças escritas e desenhadas dos projectos, relevantes para a prevenção de riscos profissionais;

b) As características geológicas, hidrológicas e geotécnicas do terreno, as redes técnicas aéreas ou subterrâneas, as actividades que eventualmente decorram no local ou na sua proximidade e outros elementos envolventes que possam ter implicações na execução dos trabalhos;

c) As especificações sobre a organização e programação da execução da obra a incluir no concurso da empreitada;

d) As especificações sobre o desenvolvimento do plano de segurança e saúde quando várias entidades executantes realizam partes da obra.

2 – O plano de segurança e saúde deve concretizar os riscos evidenciados e as medidas preventivas a adoptar, tendo nomeadamente em consideração os seguintes aspectos:

a) Os tipos de trabalho a executar;

b) A gestão da segurança e saúde no estaleiro, especificando os domínios da responsabilidade de cada interveniente;

c) As metodologias relativas aos processos construtivos, bem como os materiais e produtos que sejam definidos no projecto ou no caderno de encargos;

d) Fases da obra e programação da execução dos diversos trabalhos;

e) Riscos especiais para a segurança e saúde dos trabalhadores, referidos no artigo seguinte;

f) Aspectos a observar na gestão e organização do estaleiro de apoio, de acordo com o anexo I.

3 – A Inspecção-Geral do Trabalho pode determinar ao dono da obra a apresentação do plano de segurança e saúde em projecto.

ARTIGO 7.° – **Riscos especiais**

O plano de segurança e saúde deve ainda prever medidas adequadas a prevenir os riscos especiais para a segurança e saúde dos trabalhadores decorrentes de trabalhos:

a) Que exponham os trabalhadores a risco de soterramento, de afundamento ou de queda em altura, particularmente agravados pela natureza da actividade ou dos meios utilizados, ou do meio envolvente do posto, ou da situação de trabalho, ou do estaleiro;

b) Que exponham os trabalhadores a riscos químicos ou biológicos susceptíveis de causar doenças profissionais;

c) Que exponham os trabalhadores a radiações ionizantes, quando for obrigatória a designação de zonas controladas ou vigiadas;

d) Efectuados na proximidade de linhas eléctricas de média e alta tensão;

e) Efectuados em vias ferroviárias ou rodoviárias que se encontrem em utilização, ou na sua proximidade;

f) De mergulho com aparelhagem ou que impliquem risco de afogamento;

g) Em poços, túneis, galerias ou caixões de ar comprimido;

h) Que envolvam a utilização de explosivos, ou susceptíveis de originarem riscos derivados de atmosferas explosivas;

i) De montagem e desmontagem de elementos prefabricados ou outros, cuja forma, dimensão ou peso exponham os trabalhadores a risco grave;

j) Que o dono da obra, o autor do projecto ou qualquer dos coordenadores de segurança fundamentadamente considere susceptíveis de constituir risco grave para a segurança e saúde dos trabalhadores.

ARTIGO 8.º – Obras públicas e obras abrangidas pelo regime jurídico da urbanização e edificação

1 – No âmbito do contrato de empreitada de obras públicas, o plano de segurança e saúde em projecto deve:

a) Ser incluído pelo dono da obra no conjunto dos elementos que servem de base ao concurso;

b) Ficar anexo ao contrato de empreitada de obras públicas, qualquer que seja o tipo de procedimento adoptado no concurso.

2 – No caso de obra particular, o dono da obra deve incluir o plano de segurança e saúde em projecto no conjunto dos elementos que servem de base à negociação para que a entidade executante o conheça ao contratar a empreitada.

SECÇÃO II – Coordenação da segurança

ARTIGO 9.º – Coordenadores de segurança

1 – O dono da obra deve nomear um coordenador de segurança em projecto:

a) Se o projecto da obra for elaborado por mais de um sujeito, desde que as suas opções arquitectónicas e escolhas técnicas impliquem complexidade técnica para a integração dos princípios gerais de prevenção de riscos profissionais ou os trabalhos a executar envolvam riscos especiais previstos no artigo 7.º;

b) Se for prevista a intervenção na execução da obra de duas ou mais empresas, incluindo a entidade executante e subempreiteiros.

2 – O dono da obra deve nomear um coordenador de segurança em obra se nela intervierem duas ou mais empresas, incluindo a entidade executante e subempreiteiros.

3 – A actividade de coordenação de segurança, em projecto ou em obra, deve ser exercida por pessoa qualificada, nos termos previstos em legislação especial, e ser objecto de declaração escrita do dono da obra, acompanhada de declaração de aceitação subscrita pelo coordenador ou coordenadores, com os seguintes elementos:

a) A identificação da obra, do coordenador de segurança em projecto e ou do coordenador de segurança em obra;

b) Se a coordenação couber a uma pessoa colectiva, deve ser identificado quem assegura o exercício da mesma;

c) O objectivo da coordenação e as funções de cada um dos coordenadores;

d) Os recursos a afectar ao exercício da coordenação;

e) A referência à obrigatoriedade de todos os intervenientes cooperarem com os coordenadores durante a elaboração do projecto e a execução da obra.

4 – A coordenação de segurança em projecto e em obra pode ser objecto de uma declaração conjunta ou de declarações separadas.

5 – A declaração ou declarações referidas nos números anteriores devem ser comunicadas aos membros da equipa de projecto, ao fiscal da obra e à entidade executante, que as deve transmitir a subempreiteiros e a trabalhadores independentes, bem como afixá-las no estaleiro em local bem visível.

6 – O coordenador de segurança em obra não pode intervir na execução da obra como entidade executante, subempreiteiro, trabalhador independente na acepção do presente diploma ou trabalhador por conta de outrem, com excepção, neste último caso, da possibilidade de cumular com a função de fiscal da obra.

ARTIGO 10.º – **Responsabilidade dos outros intervenientes**

A nomeação dos coordenadores de segurança em projecto e em obra não exonera o dono da obra, o autor do projecto, a entidade executante e o empregador das responsabilidades que a cada um deles cabe, nos termos da legislação aplicável em matéria de segurança e saúde no trabalho.

SECÇÃO III – **Execução da obra**

ARTIGO 11.º – **Desenvolvimento do plano de segurança e saúde para a execução da obra**

1 – A entidade executante deve desenvolver e especificar o plano de segurança e saúde em projecto de modo a complementar as medidas previstas, tendo nomeadamente em conta:

a) As definições do projecto e outros elementos resultantes do contrato com a entidade executante que sejam relevantes para a segurança e saúde dos trabalhadores durante a execução da obra;

b) As actividades simultâneas ou incompatíveis que decorram no estaleiro ou na sua proximidade;

c) Os processos e métodos construtivos, incluindo os que exijam uma planificação detalhada das medidas de segurança;

d) Os equipamentos, materiais e produtos a utilizar;

e) A programação dos trabalhos, a intervenção de subempreiteiros e trabalhadores independentes, incluindo os respectivos prazos de execução;

f) As medidas específicas respeitantes a riscos especiais;

g) O projecto de estaleiro, incluindo os acessos, as circulações, a movimentação de cargas, o armazenamento de materiais, produtos e equipamentos, as instalações fixas e demais apoios à produção, as redes técnicas provisórias, a evacuação de resíduos, a sinalização e as instalações sociais;

h) A informação e formação dos trabalhadores;

i) O sistema de emergência, incluindo as medidas de prevenção, controlo e combate a incêndios, de socorro e evacuação de trabalhadores.

2 – O plano de segurança e saúde para a execução da obra deve corresponder à estrutura indicada no anexo II e ter juntos os elementos referidos no anexo III.

3 – O subempreiteiro pode sugerir e a entidade executante pode promover soluções alternativas às previstas no plano de segurança e saúde em projecto, desde que não diminuam os níveis de segurança e sejam devidamente justificadas.

ARTIGO 12.º – **Aprovação do plano de segurança e saúde para a execução da obra**

1 – O desenvolvimento e as alterações do plano de segurança e saúde referidos nos n.ºs 1 e 3 do artigo anterior devem ser validados tecnicamente pelo coordenador de segurança em obra e aprovados pelo dono da obra, passando a integrar o plano de segurança e saúde para a execução da obra.

2 – O plano de segurança e saúde pode ser objecto de aprovação parcial, nomeadamente se não estiverem disponíveis todas as informações necessárias à avaliação dos riscos e à identificação das correspondentes medidas preventivas, devendo o plano ser completado antes do início dos trabalhos em causa.

3 – O dono da obra deve dar conhecimento por escrito do plano de segurança e saúde aprovado à entidade executante, a qual deve dar conhecimento aos subempreiteiros e trabalhadores independentes por si contratados, antes da respectiva intervenção no estaleiro, da totalidade ou parte do plano que devam conhecer por razões de prevenção.

4 – O prazo fixado no contrato para a execução da obra não começa a correr antes que o dono da obra comunique à entidade executante a aprovação do plano de segurança e saúde.

5 – As alterações do plano de segurança e saúde devem ter em conta o disposto no artigo anterior e nos n.os 1 a 3 do presente artigo.

ARTIGO 13.º – **Aplicação do plano de segurança e saúde para a execução da obra**

1 – A entidade executante só pode iniciar a implantação do estaleiro depois da aprovação pelo dono da obra do plano de segurança e saúde para a execução da obra.

2 – O dono da obra deve impedir que a entidade executante inicie a implantação do estaleiro sem estar aprovado o plano de segurança e saúde para a execução da obra.

3 – A entidade executante deve assegurar que o plano de segurança e saúde e as suas alterações estejam acessíveis, no estaleiro, aos subempreiteiros, aos trabalhadores independentes e aos representantes dos trabalhadores para a segurança, higiene e saúde que nele trabalhem.

4 – Os subempreiteiros e os trabalhadores independentes devem cumprir o plano de segurança e saúde para a execução da obra, devendo esta obrigação ser mencionada nos contratos celebrados com a entidade executante ou o dono da obra.

5 – A Inspecção-Geral do Trabalho pode determinar à entidade executante a apresentação do plano de segurança e saúde para execução da obra.

ARTIGO 14.º – **Fichas de procedimentos de segurança**

1 – Sempre que se trate de trabalhos em que não seja obrigatório o plano de segurança e saúde de acordo com o n.º 4 do artigo 5.º mas que impliquem riscos especiais previstos no artigo 7.º, a entidade executante deve elaborar fichas de procedimentos de segurança para os trabalhos que

comportem tais riscos e assegurar que os trabalhadores intervenientes na obra tenham conhecimento das mesmas.

2 – As fichas de procedimentos de segurança devem conter os seguintes elementos:

a) A identificação, caracterização e duração da obra;

b) A identificação dos intervenientes no estaleiro que sejam relevantes para os trabalhos em causa;

c) As medidas de prevenção a adoptar tendo em conta os trabalhos a realizar e os respectivos riscos;

d) As informações sobre as condicionantes existentes no estaleiro e na área envolvente, nomeadamente as características geológicas, hidrológicas e geotécnicas do terreno, as redes técnicas aéreas ou subterrâneas e as actividades que eventualmente decorram no local que possam ter implicações na prevenção de riscos profissionais associados à execução dos trabalhos;

e) Os procedimentos a adoptar em situações de emergência.

3 – O coordenador de segurança em obra deve analisar a adequabilidade das fichas de procedimentos de segurança e propor à entidade executante as alterações adequadas.

4 – A entidade executante só pode iniciar a implantação do estaleiro quando dispuser das fichas de procedimentos de segurança, devendo o dono da obra assegurar o respeito desta prescrição.

5 – As fichas de procedimentos de segurança devem estar acessíveis, no estaleiro, a todos os subempreiteiros e trabalhadores independentes e aos representantes dos trabalhadores para a segurança, higiene e saúde que nele trabalhem.

6 – A Inspecção-Geral do Trabalho pode determinar à entidade executante a apresentação das fichas de procedimentos de segurança.

ARTIGO 15.º – **Comunicação prévia da abertura do estaleiro**

1 – O dono da obra deve comunicar previamente a abertura do estaleiro à Inspecção-Geral do Trabalho quando for previsível que a execução da obra envolva uma das seguintes situações:

a) Um prazo total superior a 30 dias e, em qualquer momento, a utilização simultânea de mais de 20 trabalhadores;

b) Um total de mais de 500 dias de trabalho, correspondente ao somatório dos dias de trabalho prestado por cada um dos trabalhadores.

2 – A comunicação prévia referida no número anterior deve ser datada, assinada e indicar:

a) O endereço completo do estaleiro;

b) A natureza e a utilização previstas para a obra;

c) O dono da obra, o autor ou autores do projecto e a entidade executante, bem como os respectivos domicílios ou sedes;

d) O fiscal ou fiscais da obra, o coordenador de segurança em projecto e o coordenador de segurança em obra, bem como os respectivos domicílios;

e) O director técnico da empreitada e o representante da entidade executante, se for nomeado para permanecer no estaleiro durante a execução da obra, bem como os respectivos domicílios, no caso de empreitada de obra pública;

f) O responsável pela direcção técnica da obra e o respectivo domicílio, no caso de obra particular;

g) As datas previstas para início e termo dos trabalhos no estaleiro;

h) A estimativa do número máximo de trabalhadores por conta de outrem e independentes que estarão presentes em simultâneo no estaleiro, ou do somatório dos dias de trabalho prestado por cada um dos trabalhadores, consoante a comunicação prévia seja baseada nas alíneas *a*) ou *b*) do n.º 1;

i) A estimativa do número de empresas e de trabalhadores independentes a operar no estaleiro;

j) A identificação dos subempreiteiros já seleccionados.

3 – A comunicação prévia deve ser acompanhada de:

a) Declaração do autor ou autores do projecto e do coordenador de segurança em projecto, identificando a obra;

b) Declarações da entidade executante, do coordenador de segurança em obra, do fiscal ou fiscais da obra, do director técnico da empreitada, do representante da entidade executante e do responsável pela direcção técnica da obra, identificando o estaleiro e as datas previstas para início e termo dos trabalhos.

4 – O dono da obra deve comunicar à Inspecção-Geral do Trabalho qualquer alteração dos elementos da comunicação prévia referidos nas alíneas *a*) a *i*) nas quarenta e oito horas seguintes, e dar ao mesmo tempo conhecimento da mesma ao coordenador de segurança em obra e à entidade executante.

5 – O dono da obra deve comunicar mensalmente a actualização dos elementos referidos na alínea *j*) do n.º 2 à Inspecção-Geral do Trabalho.

6 – A entidade executante deve afixar cópias da comunicação prévia e das suas actualizações, no estaleiro, em local bem visível.

ARTIGO 16.º – **Compilação técnica da obra**

1 – O dono da obra deve elaborar ou mandar elaborar uma compilação técnica da obra que inclua os elementos úteis a ter em conta na sua utilização futura, bem como em trabalhos posteriores à sua conclusão, para preservar a segurança e saúde de quem os executar.

2 – A compilação técnica da obra deve incluir, nomeadamente, os seguintes elementos:

a) Identificação completa do dono da obra, do autor ou autores do projecto, dos coordenadores de segurança em projecto e em obra, da entidade executante, bem como de subempreiteiros ou trabalhadores independentes cujas intervenções sejam relevantes nas características da mesma;

b) Informações técnicas relativas ao projecto geral e aos projectos das diversas especialidades, incluindo as memórias descritivas, projecto de execução e telas finais, que refiram os aspectos estruturais, as redes técnicas e os sistemas e materiais utilizados que sejam relevantes para a prevenção de riscos profissionais;

c) Informações técnicas respeitantes aos equipamentos instalados que sejam relevantes para a prevenção dos riscos da sua utilização, conservação e manutenção;

d) Informações úteis para a planificação da segurança e saúde na realização de trabalhos em locais da obra edificada cujo acesso e circulação apresentem riscos.

3 – O dono da obra pode recusar a recepção provisória da obra enquanto a entidade executante não prestar os elementos necessários à elaboração da compilação técnica, de acordo com o número anterior.

4 – Em intervenções posteriores que não consistam na conservação, reparação, limpeza da obra, ou outras que afectem as suas características e as condições de execução de trabalhos ulteriores, o dono da obra deve assegurar que a compilação técnica seja actualizada com os elementos relevantes.

SECÇÃO IV – **Obrigações dos intervenientes no empreendimento**

ARTIGO 17.º – **Obrigações do dono da obra**

O dono da obra deve:

a) Nomear os coordenadores de segurança em projecto e em obra, nas situações referidas nos n.ºs 1 e 2 do artigo 9.º;

b) Elaborar ou mandar elaborar o plano de segurança e saúde, de acordo com os artigos 5.º e 6.º;

c) Assegurar a divulgação do plano de segurança e saúde, de acordo com o disposto no artigo 8.º;

d) Aprovar o desenvolvimento e as alterações do plano de segurança e saúde para a execução da obra;

e) Comunicar previamente a abertura do estaleiro à Inspecção-Geral do Trabalho, nas situações referidas no n.º 1 do artigo 15.º;

f) Entregar à entidade executante cópia da comunicação prévia da abertura do estaleiro, bem como as respectivas actualizações;

g) Elaborar ou mandar elaborar a compilação técnica da obra;

h) Se intervierem em simultâneo no estaleiro duas ou mais entidades executantes, designar a que, nos termos da alínea i) do n.º 2 do artigo 19.º, tomar as medidas necessárias para que o acesso ao estaleiro seja reservado a pessoas autorizadas;

i) Assegurar o cumprimento das regras de gestão e organização geral do estaleiro a incluir no plano de segurança e saúde em projecto definidas no anexo I.

ARTIGO 18.º – **Obrigações do autor do projecto**

1 – O autor do projecto deve:

a) Elaborar o projecto da obra de acordo com os princípios definidos no artigo 4.º e as directivas do coordenador de segurança em projecto;

b) Colaborar com o dono da obra, ou com quem este indicar, na elaboração da compilação técnica da obra;

c) Colaborar com o coordenador de segurança em obra e a entidade executante, prestando informações sobre aspectos relevantes dos riscos associados à execução do projecto.

2 – Nas situações em que não haja coordenador de segurança em projecto, o autor do projecto deve elaborar o plano de segurança e saúde em

projecto, iniciar a compilação técnica da obra e, se também não for nomeado coordenador de segurança em obra, recolher junto da entidade executante os elementos necessários para a completar.

ARTIGO 19.º – **Obrigações dos coordenadores de segurança**

1 – O coordenador de segurança em projecto deve, no que respeita ao projecto da obra e à preparação e organização da sua execução:

a) Assegurar que os autores do projecto tenham em atenção os princípios gerais do projecto da obra, referidos no artigo 4.º;

b) Colaborar com o dono da obra na preparação do processo de negociação da empreitada e de outros actos preparatórios da execução da obra, na parte respeitante à segurança e saúde no trabalho;

c) Elaborar o plano de segurança e saúde em projecto ou, se o mesmo for elaborado por outra pessoa designada pelo dono da obra, proceder à sua validação técnica;

d) Iniciar a organização da compilação técnica da obra e completá-la nas situações em que não haja coordenador de segurança em obra;

e) Informar o dono da obra sobre as responsabilidades deste no âmbito do presente diploma.

2 – O coordenador de segurança em obra deve no que respeita à execução desta:

a) Apoiar o dono da obra na elaboração e actualização da comunicação prévia prevista no artigo 15.º;

b) Apreciar o desenvolvimento e as alterações do plano de segurança e saúde para a execução da obra e, sendo caso disso, propor à entidade executante as alterações adequadas com vista à sua validação técnica;

c) Analisar a adequabilidade das fichas de procedimentos de segurança e, sendo caso disso, propor à entidade executante as alterações adequadas;

d) Verificar a coordenação das actividades das empresas e dos trabalhadores independentes que intervêm no estaleiro, tendo em vista a prevenção dos riscos profissionais;

e) Promover e verificar o cumprimento do plano de segurança e saúde, bem como das outras obrigações da entidade executante, dos subempreiteiros e dos trabalhadores independentes, nomeadamente no que se refere à organização do estaleiro, ao sistema de emergência, às condicionantes existentes no estaleiro e na área envolvente, aos trabalhos que envolvam riscos especiais, aos processos construtivos especiais, às actividades que possam ser incompatíveis no tempo ou no espaço e ao sistema de comunicação entre os intervenientes na obra;

f) Coordenar o controlo da correcta aplicação dos métodos de trabalho, na medida em que tenham influência na segurança e saúde no trabalho;

g) Promover a divulgação recíproca entre todos os intervenientes no estaleiro de informações sobre riscos profissionais e a sua prevenção;

h) Registar as actividades de coordenação em matéria de segurança e saúde no livro de obra, nos termos do regime jurídico aplicável ou, na sua falta, de acordo com um sistema de registos apropriado que deve ser estabelecido para a obra;

i) Assegurar que a entidade executante tome as medidas necessárias para que o acesso ao estaleiro seja reservado a pessoas autorizadas;

j) Informar regularmente o dono da obra sobre o resultado da avaliação da segurança e saúde existente no estaleiro;

l) Informar o dono da obra sobre as responsabilidades deste no âmbito do presente diploma;

m) Analisar as causas de acidentes graves que ocorram no estaleiro;

n) Integrar na compilação técnica da obra os elementos decorrentes da execução dos trabalhos que dela não constem.

ARTIGO 20.º – **Obrigações da entidade executante**

A entidade executante deve:

a) Avaliar os riscos associados à execução da obra e definir as medidas de prevenção adequadas e, se o plano de segurança e saúde for obrigatório nos termos do n.º 4 do artigo 5.º, propor ao dono da obra o desenvolvimento e as adaptações do mesmo;

b) Dar a conhecer o plano de segurança e saúde para a execução da obra e as suas alterações aos subempreiteiros e trabalhadores independentes, ou pelo menos a parte que os mesmos necessitam de conhecer por razões de prevenção;

c) Elaborar fichas de procedimentos de segurança para os trabalhos que impliquem riscos especiais e assegurar que os subempreiteiros e trabalhadores independentes e os representantes dos trabalhadores para a segurança, higiene e saúde no trabalho que trabalhem no estaleiro tenham conhecimento das mesmas;

d) Assegurar a aplicação do plano de segurança e saúde e das fichas de procedimentos de segurança por parte dos seus trabalhadores, de subempreiteiros e trabalhadores independentes;

e) Assegurar que os subempreiteiros cumpram, na qualidade de empregadores, as obrigações previstas no artigo 22.°;

f) Assegurar que os trabalhadores independentes cumpram as obrigações previstas no artigo 23.°;

g) Colaborar com o coordenador de segurança em obra, bem como cumprir e fazer respeitar por parte de subempreiteiros e trabalhadores independentes as directivas daquele;

h) Tomar as medidas necessárias a uma adequada organização e gestão do estaleiro, incluindo a organização do sistema de emergência;

i) Tomar as medidas necessárias para que o acesso ao estaleiro seja reservado a pessoas autorizadas;

j) Organizar um registo actualizado dos subempreiteiros e trabalhadores independentes por si contratados com actividade no estaleiro, nos termos do artigo seguinte;

l) Fornecer ao dono da obra as informações necessárias à elaboração e actualização da comunicação prévia;

m) Fornecer ao autor do projecto, ao coordenador de segurança em projecto, ao coordenador de segurança em obra ou, na falta destes, ao dono da obra os elementos necessários à elaboração da compilação técnica da obra.

ARTIGO 21.° – **Registo de subempreiteiros e trabalhadores independentes**

1 – A entidade executante deve organizar um registo que inclua, em relação a cada subempreiteiro ou trabalhador independente por si contratado que trabalhe no estaleiro durante um prazo superior a vinte e quatro horas:

a) A identificação completa, residência ou sede e número fiscal de contribuinte;

b) O número do registo ou da autorização para o exercício da actividade de empreiteiro de obras públicas ou de industrial da construção civil, bem como de certificação exigida por lei para o exercício de outra actividade realizada no estaleiro;

c) A actividade a efectuar no estaleiro e a sua calendarização;

d) A cópia do contrato em execução do qual conste que exerce actividade no estaleiro, quando for celebrado por escrito;

e) O responsável do subempreiteiro no estaleiro.

2 – Cada empregador deve organizar um registo que inclua, em relação aos seus trabalhadores e trabalhadores independentes por si contratados que trabalhem no estaleiro durante um prazo superior a vinte e quatro horas:

a) A identificação completa e a residência habitual;

b) O número fiscal de contribuinte;

c) O número de beneficiário da segurança social;

d) A categoria profissional ou profissão;

e) As datas do início e do termo previsível do trabalho no estaleiro;

f) As apólices de seguros de acidentes de trabalho relativos a todos os trabalhadores respectivos que trabalhem no estaleiro e a trabalhadores independentes por si contratados, bem como os recibos correspondentes.

3 – Os subempreiteiros devem comunicar o registo referido no número anterior, ou permitir o acesso ao mesmo por meio informático, à entidade executante.

4 – A entidade executante e os subempreiteiros devem conservar os registos referidos nos n.os 1 e 2 até um ano após o termo da actividade no estaleiro.

ARTIGO 22.º – **Obrigações dos empregadores**

1 – Durante a execução da obra, os empregadores devem observar as respectivas obrigações gerais previstas no regime aplicável em matéria de segurança, higiene e saúde no trabalho e em especial:

a) Comunicar, pela forma mais adequada, aos respectivos trabalhadores e aos trabalhadores independentes por si contratados o plano de segurança e saúde ou as fichas de procedimento de segurança, no que diz respeito aos trabalhos por si executados, e fazer cumprir as suas especificações;

b) Manter o estaleiro em boa ordem e em estado de salubridade adequado;

c) Garantir as condições de acesso, deslocação e circulação necessária à segurança em todos os postos de trabalho no estaleiro;

d) Garantir a correcta movimentação dos materiais e utilização dos equipamentos de trabalho;

e) Efectuar a manutenção e o controlo das instalações e dos equipamentos de trabalho antes da sua entrada em funcionamento e com intervalos regulares durante a laboração;

f) Delimitar e organizar as zonas de armazenagem de materiais, em especial de substâncias, preparações e materiais perigosos;

g) Recolher, em condições de segurança, os materiais perigosos utilizados;

h) Armazenar, eliminar, reciclar ou evacuar resíduos e escombros;

i) Determinar e adaptar, em função da evolução do estaleiro, o tempo efectivo a consagrar aos diferentes tipos de trabalho ou fases do trabalho;

j) Cooperar na articulação dos trabalhos por si desenvolvidos com outras actividades desenvolvidas no local ou no meio envolvente;

l) Cumprir as indicações do coordenador de segurança em obra e da entidade executante;

m) Adoptar as prescrições mínimas de segurança e saúde no trabalho revistas em regulamentação específica;

n) Informar e consultar os trabalhadores e os seus representantes para a segurança, higiene e saúde no trabalho sobre a aplicação das disposições do presente diploma.

2 – Quando exercer actividade profissional por conta própria no estaleiro, o empregador deve cumprir as obrigações gerais dos trabalhadores previstas no regime aplicável em matéria de segurança, higiene e saúde no trabalho.

ARTIGO 23.º – **Obrigações dos trabalhadores independentes**

Os trabalhadores independentes são obrigados a respeitar os princípios que visam promover a segurança e a saúde, devendo, no exercício da sua actividade:

a) Cumprir, na medida em que lhes sejam aplicáveis, as obrigações estabelecidas no artigo 22.º;

b) Cooperar na aplicação das disposições específicas estabelecidas para o estaleiro, respeitando as indicações do coordenador de segurança em obra e da entidade executante.

ARTIGO 24.º – **Acidentes graves e mortais**

1 – Sem prejuízo de outras notificações legalmente previstas, o acidente de trabalho de que resulte a morte ou lesão grave do trabalhador, ou que assuma particular gravidade na perspectiva da segurança no trabalho, deve ser comunicado pelo respectivo empregador à Inspecção-Geral do Trabalho e ao coordenador de segurança em obra, no mais curto prazo possível, não podendo exceder vinte e quatro horas.

2 – A comunicação do acidente que envolva um trabalhador independente deve ser feita pela entidade que o tiver contratado.

3 – Se, na situação prevista em qualquer dos números anteriores, o acidente não for comunicado pela entidade referida, a entidade executante deve assegurar a comunicação dentro do mesmo prazo, findo o qual, não tendo havido comunicação, o dono da obra deve efectuar a comunicação nas vinte e quatro horas subsequentes.

4 – A entidade executante e todos os intervenientes no estaleiro devem suspender quaisquer trabalhos sob sua responsabilidade que sejam susceptíveis de destruir ou alterar os vestígios do acidente, sem prejuízo da assistência a prestar às vítimas.

5 – A entidade executante deve, de imediato e até à recolha dos elementos necessários para a realização do inquérito, impedir o acesso de pessoas, máquinas e materiais ao local do acidente, com excepção dos meios de socorro e assistência às vítimas.

6 – A Inspecção-Geral do Trabalho pode determinar a suspensão imediata de quaisquer trabalhos em curso que sejam susceptíveis de destruir ou alterar os vestígios do acidente, sem prejuízo da assistência a prestar às vítimas.

7 – Compete à Inspecção-Geral do Trabalho, sem prejuízo da competência atribuída a outras entidades, a realização do inquérito sobre as causas do acidente de trabalho, procedendo com a maior brevidade à recolha dos elementos necessários para a realização do inquérito preliminar.

8 – Compete à Inspecção-Geral do Trabalho autorizar a continuação dos trabalhos com a maior brevidade, desde que a entidade executante comprove estarem reunidas as condições técnicas ou organizativas necessárias à prevenção dos riscos profissionais.

CAPÍTULO III – Disposições finais e transitórias

ARTIGO 25.º – Contra-ordenações muito graves

1 – Constitui contra-ordenação muito grave a elaboração do projecto, ainda que para atender a especificações do dono da obra, com opções arquitectónicas, técnicas e organizativas aplicáveis na fase do projecto e que não respeitem as obrigações gerais dos empregadores previstas no regime aplicável em matéria de segurança, higiene e saúde no trabalho.

2 – A contra-ordenação referida no número anterior é imputável ao autor ou autores do projecto, ou ao dono da obra ou à entidade executante que seja empregador do autor do projecto, ou de um deles, sem prejuízo, neste último caso, da responsabilidade dos outros autores.

3 – Constitui contra-ordenação muito grave:

a) Imputável ao dono da obra, a violação dos n.ºs 1 e 2 conjugados com o n.º 4 do artigo 5.º, dos n.ºs 1 e 2 do artigo 6.º, do artigo 7.º, dos n.ºs 1 e 2 do artigo 9.º, do n.º 1 e da primeira parte do n.º 3 do artigo 12.º, do n.º 2 e da segunda parte do n.º 4 do artigo 13.º, dos n.ºs 1, 2 e 4 do artigo 16.º, da alínea *i)* do artigo 17.º e da alínea *a)* do n.º 1 e do n.º 2 do artigo 18.º, se o mesmo for empregador do autor do projecto, das alíneas *a)*, *c)* e *d)* do n.º 1 e das alíneas *b)*, *d)*, *e)*, *h)* e *n)* do n.º 2 do artigo 19.º;

b) Imputável ao autor do projecto que não seja trabalhador do dono da obra ou da entidade executante, a violação da alínea *a)* do n.º 1 e do n.º 2 do artigo 18.º;

c) Imputável à entidade executante, a violação dos n.ºs 1 e 2 do artigo 11.º, da segunda parte do n.º 3 do artigo 12.º, dos n.ºs 1 e 3 e da segunda parte do n.º 4 do artigo 13.º, dos n.ºs 1, 2, 4 e 5 do artigo 14.º e da alínea *a)* do n.º 1 e do n.º 2 do artigo 18.º, se a mesma for empregadora do autor do projecto, as alíneas *a)*, *b)*, *l)* e *m)* do artigo 20.º, do n.º 1 do artigo 21.º e dos n.ºs 4 e 5 do artigo 24.º;

d) Imputável ao empregador, a violação da primeira parte do n.º 4 do artigo 13.º, dos n.ºs 2 e 3 do artigo 21.º, das alíneas *a)* a *g)* do n.º 1 e do n.º 2 do artigo 22.º e do n.º 4 do artigo 24.º;

e) Imputável ao trabalhador independente, a violação da primeira parte do n.º 4 do artigo 13.º, das alíneas *b)* a *e)* do n.º 1 e do n.º 2 do artigo 22.º e do n.º 4 do artigo 24.º;

f) Imputável ao coordenador de segurança em obra, a violação do n.º 6 do artigo 9.º

4 – Constitui ainda contra-ordenação muito grave, imputável ao empregador ou a trabalhador independente, a violação por algum deles do Regulamento de Segurança no Trabalho da Construção Civil, aprovado pelo Decreto n.º 41821, de 11 de Agosto de 1958, se a mesma provocar risco de queda em altura, de esmagamento ou de soterramento de trabalhadores.

ARTIGO 26.º – **Contra-ordenações graves**

Constitui contra-ordenação grave:

a) Imputável ao dono da obra, a violação do n.º 3 do artigo 6.º, da alínea *b)* do n.º 1 e do n.º 2 do artigo 8.º, do n.º 3 e da primeira parte do n.º 5 do artigo 9.º, do n.º 3 do artigo 14.º, dos n.ºs 1 a 4 do artigo 15.º, da alínea *h)* do artigo 17.º e das alíneas *b)* e *c)* do n.º 1 do artigo 18.º, se o mesmo for empregador do autor do projecto, das alíneas *c), f), g), i)* e *m)* do n.º 2 do artigo 19.º e do n.º 2 do artigo 24.º, quando a comunicação do acidente competir àquele, e da segunda parte do n.º 3 do mesmo artigo;

b) Imputável ao autor do projecto que não seja trabalhador do dono da obra ou da entidade executante, a violação das alíneas *b)* e *c)* do n.º 1 do artigo 18.º;

c) Imputável à entidade executante, a violação da segunda parte do n.º 5 do artigo 9.º, do n.º 5 do artigo 13.º, do n.º 6 do artigo 14.º, da segunda parte da alínea *c)* e das alíneas *d)* a *j)* do artigo 20.º, do n.º 4 do artigo 21.º e do n.º 2 e da primeira parte do n.º 3 do artigo 24.º;

d) Imputável ao empregador, a violação do n.º 4 do artigo 21.º, das alíneas *b)* a *e)* e *h)* a *l)* do n.º 1 do artigo 22.º, dos n.ºs 1 e 2 do artigo 24.º, das prescrições previstas no Regulamento de Segurança no Trabalho da Construção Civil, aprovado pelo Decreto n.º 41 821, de 11 de Agosto de 1958, e na Portaria n.º 101/96, de 3 de Abril;

e) Imputável ao trabalhador independente, a violação da alínea *b)* do artigo 23.º, das prescrições previstas no Regulamento de Segurança no Trabalho da Construção Civil, aprovado pelo Decreto n.º 41 821, de 11 de Agosto de 1958, e na Portaria n.º 101/96, de 3 de Abril.

ARTIGO 27.º – **Contra-ordenações leves**

Constitui contra-ordenação leve a violação dos n.os 5 e 6 do artigo 15.º

ARTIGO 28.º – **Critérios especiais de determinação do valor das coimas**

1 – As coimas aplicáveis a trabalhador independente são as correspondentes às infracções aos regimes jurídicos do contrato de serviço doméstico e do contrato individual de trabalho a bordo de embarcações de pesca.

2 – Ao dono da obra que não seja titular de empresa são aplicáveis as coimas dos escalões de dimensão da empresa determinados apenas com base no volume de negócios e fazendo corresponder a este o custo da obra.

ARTIGO 28.º-A – **Regiões Autónomas**

O produto das coimas resultante da aplicação das contra-ordenações previstas no presente diploma e cobradas nas Regiões constitui receita própria destas.

ARTIGO 29.º – **Regulamentação em vigor**

Até à entrada em vigor do novo Regulamento de Segurança para os Estaleiros da Construção mantêm-se em vigor o Regulamento de Segurança no Trabalho da Construção Civil, aprovado pelo Decreto n.º 41 821, de 11 de Agosto de 1958, e a Portaria n.º 101/96, de 3 de Abril, sobre as prescrições mínimas de segurança e de saúde nos locais e postos de trabalho dos estaleiros temporários ou móveis.

ARTIGO 30.º – **Revogação**

É revogado o Decreto-Lei n.º 155/95, de 1 de Julho, na redacção dada pela Lei n.º 113/99, de 3 de Agosto.

ARTIGO 31.º – **Entrada em vigor**

O presente diploma entra em vigor 60 dias após a sua publicação.

Visto e aprovado em Conselho de Ministros de 24 de Julho de 2003. – *José Manuel Durão Barroso – António Manuel de Mendonça Martins da Cruz – Maria Celeste Ferreira Lopes Cardona – António José de Castro Bagão Félix – António Pedro de Nobre Carmona Rodrigues.*

Promulgado em 13 de Outubro de 2003.

Publique-se.

O Presidente da República, JORGE SAMPAIO.

Referendado em 15 de Outubro de 2003.

O Primeiro-Ministro, *José Manuel Durão Barroso.*

ANEXO I

**Gestão e organização geral do estaleiro
a incluir no plano de segurança e saúde em projecto,
previstas na alínea *f*) do n.º 2 do artigo 6.º**

1 – Identificação das situações susceptíveis de causar risco e que não puderam ser evitadas em projecto, bem como as respectivas medidas de prevenção.

2 – Instalação e funcionamento de redes técnicas provisórias, nomeadamente de electricidade, gás e comunicações, infra-estruturas de abastecimento de água e sistemas de evacuação de resíduos.

3 – Delimitação, acessos, circulações horizontais e verticais e permanência de veículos e pessoas.

4 – Movimentação mecânica e manual de cargas.

5 – Instalações e equipamentos de apoio à produção.

6 – Informações sobre os materiais, produtos, substâncias e preparações perigosas a utilizar em obra.

7 – Planificação das actividades que visem evitar riscos inerentes à sua sobreposição ou sucessão, no espaço e no tempo.

8 – Cronograma dos trabalhos a realizar em obra.

9 – Medidas de socorro e evacuação.

10 – Arrumação e limpeza do estaleiro.
11 – Medidas correntes de organização do estaleiro.
12 – Modalidades de cooperação entre a entidade executante, subempreiteiros e trabalhadores independentes.
13 – Difusão da informação aos diversos intervenientes, nomeadamente empreiteiros, subempreiteiros, técnicos de segurança e higiene do trabalho, trabalhadores por conta de outrem e trabalhadores independentes.
14 – Instalações sociais para o pessoal empregado na obra, nomeadamente dormitórios, balneários, vestiários, instalações sanitárias e refeitórios.

ANEXO II

Estrutura do plano de segurança e saúde para a execução da obra, prevista no n.º 2 do artigo 11.º

1 – Avaliação e hierarquização dos riscos reportados ao processo construtivo, abordado operação a operação de acordo com o cronograma, com a previsão dos riscos correspondentes a cada uma por referência à sua origem, e das adequadas técnicas de prevenção que devem ser objecto de representação gráfica sempre que se afigure necessário.

2 – Projecto do estaleiro e memória descritiva, contendo informações sobre sinalização, circulação, utilização e controlo dos equipamentos, movimentação de cargas, apoios à produção, redes técnicas, recolha e evacuação dos resíduos, armazenagem e controlo de acesso ao estaleiro.

3 – Requisitos de segurança e saúde segundo os quais devem decorrer os trabalhos.

4 – Cronograma detalhado dos trabalhos.

5 – Condicionantes à selecção de subempreiteiros, trabalhadores independentes, fornecedores de materiais e equipamentos de trabalho.

6 – Directrizes da entidade executante relativamente aos subempreiteiros e trabalhadores independentes com actividade no estaleiro em matéria de prevenção de riscos profissionais.

7 – Meios para assegurar a cooperação entre os vários intervenientes na obra, tendo presentes os requisitos de segurança e saúde estabelecidos.

8 – Sistema de gestão de informação e comunicação entre todos os intervenientes no estaleiro em matéria de prevenção de riscos profissionais.

9 – Sistemas de informação e de formação de todos os trabalhadores presentes no estaleiro, em matéria de prevenção de riscos profissionais.

10 – Procedimentos de emergência, incluindo medidas de socorro e evacuação.
11 – Sistema de comunicação da ocorrência de acidentes e incidentes no estaleiro.
12 – Sistema de transmissão de informação ao coordenador de segurança em obra para a elaboração da compilação técnica da obra.
13 – Instalações sociais para o pessoal empregado na obra, de acordo com as exigências legais, nomeadamente dormitórios, balneários, vestiários, instalações sanitárias e refeitórios.

ANEXO III

Elementos a juntar ao plano de segurança e saúde para a execução da obra, de acordo com o n.° 2 do artigo 11.°

1 – Peças de projecto com relevância para a prevenção de riscos profissionais.
2 – Pormenor e especificação relativos a trabalhos que apresentem riscos especiais.
3 – Organograma do estaleiro com definição de funções, tarefas e responsabilidades.
4 – Registo das actividades inerentes à prevenção de riscos profissionais, tais como fichas de controlo de equipamentos e instalações, modelos de relatórios de avaliação das condições de segurança no estaleiro, fichas de inquérito de acidentes de trabalho e notificação de subempreiteiros e de trabalhadores independentes.
5 – Registo das actividades de coordenação, de que constem:
   a) As actividades do coordenador de segurança em obra no que respeita a:
      i) Promover e verificar o cumprimento do plano de segurança e saúde por parte da entidade executante, dos subempreiteiros e dos trabalhadores independentes que intervêm no estaleiro;
      ii) Coordenar as actividades da entidade executante, dos subempreiteiros e dos trabalhadores independentes, tendo em vista a prevenção dos riscos profissionais;
      iii) Promover a divulgação recíproca entre todos os intervenientes no estaleiro de informações sobre riscos profissionais e a sua prevenção.
   b) As actividades da entidade executante no que respeita a:
      i) Promover e verificar o cumprimento do plano de segurança e saúde, bem como das obrigações dos empregadores e dos trabalhadores independentes;

ii) Assegurar que os subempreiteiros cumpram, na qualidade de empregadores, as obrigações previstas no artigo 22.°;
iii) Assegurar que os trabalhadores independentes cumpram as obrigações previstas no artigo 23.°;
iv) Reuniões entre os intervenientes no estaleiro sobre a prevenção de riscos profissionais, com indicação de datas, participantes e assuntos tratados.

c) As auditorias de avaliação de riscos profissionais efectuadas no estaleiro, com indicação das datas, de quem as efectuou, dos trabalhos sobre que incidiram, dos riscos identificados e das medidas de prevenção preconizadas.

PARTE III
FORMULÁRIOS, MINUTAS E REQUERIMENTOS

1. OBRAS PARTICULARES

TERMO DE RESPONSABILIDADE DO AUTOR DO PROJECTO

Termo de responsabilidade do autor do projecto de ... (a)

Manuel Santos, arquitecto (b), morador na Rua dos Actos, n.º 3, 1.º, na cidade de Lisboa, contribuinte n.º 100 111 222, inscrito na Ordem dos Arquitectos sob o n.º 003 (c), declara, para efeitos do disposto no n.º 1 do artigo 10.º do Decreto-Lei n.º 555/99, de 16 de Dezembro, que o projecto de arquitectura (a), de que é autor, relativo à obra de construção (d), localizada em Rua do Outeiro, n. 12, na cidade da Maia, freguesia da Maia (e) cujo licenciamento (f) foi requerida por Nuno Mota (g), observa as normas legais e regulamentares aplicáveis, designadamente (h) o disposto no art. 4.º do Dec.-Lei 555/99, de 16/12.

Lisboa, 29 de Janeiro de 2004

O requerente,

(assinatura reconhecida notarialmente ou por exibição do B. I.)

Notas explicativas:
(a) Identificação de qual o tipo de operação urbanística, projecto de arquitectura ou de especialidade em questão.
(b) Nome e habilitação do autor do projecto.
(c) Indicar associação pública de natureza profissional, quando for o caso.
(d) Indicação da natureza da operação urbanística a realizar.
(e) Localização da obra (nota rua, número de polícia e freguesia).
(f) Indicar se se trata de licenciamento ou autorização.
(g) Indicação do nome e morada do requerente.
(h) Discriminar, designadamente, as normas técnicas gerais e específicas de construção, os instrumentos de gestão territorial, o alvará de loteamento ou a informação prévia, quando aplicáveis, bem como justificar fundamentadamente as razões da não observância de normas técnicas e regulamentares nos casos previstos no n.º 5 do artigo 10.º do Decreto-Lei n.º 555/99, de 16 de Dezembro, na redacção que lhe foi conferida pelo Decreto-Lei n.º 177/2001, de 4 de Junho.
(i) Assinatura reconhecida ou comprovada por funcionário municipal mediante a exibição do bilhete de identidade.

TERMO DE RESPONSABILIDADE
PELA DIRECÇÃO TÉCNICA DA OBRA

... (a), morador na ..., contribuinte n.º ..., inscrito na ... (b) sob o n.º ..., declara que se responsabiliza pela direcção técnica da obra de ... (c), localizada em ... (d), cuja aprovação foi requerida por ... (e).
... (data).
... (assinatura) (f).

Instruções de preenchimento:
    (a) Nome e habilitação profissional do responsável pela direcção técnica da obra.
    (b) Indicação da associação pública de natureza profissional, se for o caso.
    (c) Indicação da operação urbanística licenciada ou autorizada, mencionando a respectiva data de licenciamento ou autorização.
    (d) Localização da obra (rua, número de polícia e freguesia).
    (e) Indicação do nome e morada do requerente.
    (f) Assinatura reconhecida ou comprovada por funcionário municipal mediante a exibição do bilhete de identidade.

MODELOS DOS AVISOS PARA PEDIDO DE AUTORIZAÇÃO PARA OPERAÇÕES URBANÍSTICAS ESPECÍFICAS OU PROMOVIDAS PELA ADMINISTRAÇÃO PÚBLICA

```
                        AVISO
        Nos termos do Decreto-Lei n.º 555/99, de 16 de Dezembro,
              torna-se público que deu entrada na

   Câmara Municipal de_____(a), em _____(b) um

                PEDIDO DE LICENCIAMENTO para
   _____(c)

                Processo camarário n.º _____

              PROJECTO EM FASE DE APRECIAÇÃO

        A OPERAÇÃO URBANÍSTICA NÃO SE ENCONTRA LICENCIADA
```

Instruções de preenchimento
(a) Identificação da câmara municipal.
(b) Data de entrada do pedido de licenciamento da operação urbanística na câmara municipal.
(c) Tipo de operação urbanística a licenciar prevista no n.º 2 do artigo 4.º do Decreto-Lei n.º 555/99, de 16 de Dezembro, na redacção que lhe foi conferida pelo Decreto-Lei n.º 177/2001, de 4 de Junho.

```
                    AVISO
        Nos termos do Decreto-Lei n.º 555/99, de 16 de Dezembro,
             torna-se público que deu entrada na
    Câmara Municipal de_____(a), em_____(b) um

              PEDIDO DE AUTORIZAÇÃO para

    _____(c)

                  Processo camarário n.º_____

            PROJECTO EM FASE DE APRECIAÇÃO

    A OPERAÇÃO URBANÍSTICA NÃO SE ENCONTRA AUTORIZADA
```

Instruções de preenchimento

(*a*) Identificação da câmara municipal.
(*b*) Data de entrada do pedido de autorização da operação urbanística na câmara municipal.
(*c*) Tipo de operação urbanística a autorizar prevista no n.º 3 do artigo 4.º do Decreto-Lei n.º 555/99, de 16 de Dezembro, na redacção que lhe foi conferida pelo Decreto-Lei n.º 177/2001, de 4 de Junho.

```
                    AVISO
        Nos termos do Decreto-Lei n.º 555/99, de 16 de Dezembro,
             torna-se público que deu entrada na
    _____(a),

              em _____(b) um

         PEDIDO DE _____(c)

         da _____(d) referente

    _____(e)

                  Processo n.º_____

            PEDIDO EM FASE DE APRECIAÇÃO
```

Instruções de preenchimento

(*a*) Identificação da assembleia ou câmara municipal.
(*b*) Data de entrada do pedido de parecer prévio ou de autorização na câmara municipal ou assembleia municipal.

MODELOS DE ALVARÁS DE LICENCIAMENTO OU AUTORIZAÇÃO DE OPERAÇÕES URBANÍSTICAS

Alvará de loteamento n.º ...

Câmara Municipal de ... (a)

Nos termos do artigo 74.º do Decreto-Lei n.º 555/99, de 16 de Dezembro, é emitido o alvará de ... (b) de loteamento n.º ..., em nome de ... (c), portador do ... (d) n.º ... e número de contribuinte ..., que titula a aprovação da operação de loteamento do prédio sito em ... (e), da freguesia de ..., descrito na Conservatória do Registo Predial de ... (f) sob o n.º ... (g) e inscrito na matriz ... (h) sob o artigo ... da respectiva freguesia.

A operação de loteamento, aprovada por ... de .../.../... (i), respeita o disposto no ... (j) e apresenta, de acordo com a planta que constitui o anexo I, as seguintes características:

... (l);

Condicionamentos da aprovação ... (m);

São cedidos à Câmara Municipal, para integração no domínio público, ... (n) de terreno destinados a ... (o), conforme planta que constitui o anexo II.

Dado e passado para que sirva de título ao requerente e para todos os efeitos prescritos no Decreto-Lei n.º 555/99, de 16 de Dezembro.

O ... (p).

(Selo branco.)

Registado na Câmara Municipal de ..., livro ..., em .../.../...

O ... (q).

Instruções de preenchimento:
   (a) Identificação da câmara municipal.
   (b) Indicar se licenciamento ou autorização.
   (c) Nome do titular do alvará.
   (d) Bilhete de identidade ou cartão de identificação de pessoa colectiva, consoante o caso.
   (e) Identificação de morada completa.
   (f) Identificação da conservatória do registo predial.
   (g) Número do registo na conservatória do registo predial.
   (h) Indicação, consoante o caso, predial urbana ou rústica.
   (i) Indicar se a aprovação ocorreu por deliberações camarárias ou por despacho do presidente da câmara municipal, vereador ou dirigente dos serviços municipais, ou mediante deferimento tácito, e respectiva(s) data(s).
   (j) Indicação do plano municipal e especial de ordenamento do território que estiver em vigor, bem como da respectiva unidade de execução, se a houver.
   (l) Descrição de área do prédio a lotear, área total de construção, volume total de construção, número de lotes e respectivas áreas, bem como finalidade, área de

implantação, área de construção, número de pisos acima e abaixo da cota de soleira e número de fogos de cada lote, com especificação dos fogos destinados a habitação a custos controlados, quando previstos.
(m) Indicação de eventuais condicionamentos impostos no âmbito da aprovação da operação de loteamento.
(n) Dimensão da(s) parcela(s) de terreno cedida(s) para o domínio público da câmara municipal.
(o) Descrição da finalidade a que se destina(m) a(s) área(s) cedida(s), indicando, conforme os casos, espaços verdes e ou de utilização colectiva, infra-estruturas ou equipamentos públicos.
(p) Indicar se presidente da câmara municipal, vereador ou dirigente dos serviços municipais.
(q) Indicação da categoria e nome do funcionário.

Alvará de loteamento n.º ...

Câmara Municipal de ... (a)
Nos termos do artigo 74.º do Decreto-Lei n.º 555/99, de 16 de Dezembro, é emitido o alvará de ... (b) de loteamento n.º ..., em nome de ... (c), portador do ... (d) n.º ... e número de contribuinte ..., que titula a aprovação da operação de loteamento e respectivas obras de urbanização que incidem sobre o prédio sito em ... (e), da freguesia de ..., descrito na Conservatória do Registo Predial de ... (f) sob o n.º ...(g) e inscrito na matriz ... (h) sob o artigo ... da respectiva freguesia.
O loteamento e os projectos das obras de urbanização, aprovados, respectivamente, por ... de .../.../... (i), respeitam o disposto no ... (j) e apresentam, de acordo com a planta que constitui o anexo I, as seguintes características:
... (l);
Condicionamentos da aprovação ... (m);
São cedidos à Câmara Municipal, para integração no domínio público ... (n) de terreno destinados a ... (o), conforme planta que constitui o anexo II;
Para a conclusão das obras de urbanização foi fixado o prazo de ...;
A execução das obras de urbanização vai ser objecto da celebração de contrato de urbanização (p);
Foi prestada a caução a que se refere o artigo 54.º do Decreto-Lei n.º 555/99, de 16 de Dezembro, no valor de ... mediante ... (q).
Dado e passado para que sirva de título ao requerente e para todos os efeitos prescritos no Decreto-Lei n.º 555/99, de 16 de Dezembro.
O ... (r).
(Selo branco.)
Registado na Câmara Municipal de ..., livro ..., em .../.../...
O ... (s).

Instruções de preenchimento:

(a) Identificação da câmara municipal.
(b) Indicar se licenciamento ou autorização.
(c) Nome do titular do alvará.
(d) Bilhete de identidade ou cartão de identificação de pessoa colectiva, consoante o caso.
(e) Identificação de morada completa.
(f) Identificação da conservatória do registo predial.
(g) Número do registo na conservatória do registo predial.
(h) Indicação, consoante o caso, predial urbana ou rústica.
(i) Indicar se a aprovação ocorreu por deliberações camarárias ou por despacho do presidente da câmara municipal, vereador ou dirigente dos serviços municipais, ou mediante deferimento tácito, e respectiva(s) data(s).
(j) Indicação do plano municipal e especial de ordenamento do território que estiver em vigor, bem como da respectiva unidade de execução se a houver.
(l) Descrição de área do prédio a lotear, área total de construção, volume total de construção, número de lotes e respectivas áreas, bem como finalidade, área de implantação, área de construção, número de pisos acima e abaixo da cota de soleira e número de fogos de cada lote com especificação dos fogos destinados a habitações a custos controlados, quando previstos.
(m) Indicação de eventuais condicionamentos impostos no âmbito da aprovação da operação de loteamento.
(n) Dimensão da(s) parcela(s) de terreno cedida(s) para o domínio público da câmara municipal.
(o) Descrição da finalidade a que se destina(m) a(s) área(s) cedida(s), indicando, conforme os casos, espaços verdes e ou de utilização colectiva, infra-estruturas ou equipamentos públicos.
(p) Indicar nos casos em que haja lugar à sua celebração.
(q) Identificação da forma de caução, indicando, conforme os casos, garantia bancária autónoma à primeira solicitação, hipoteca sobre bens imóveis propriedade do requerente, depósito em dinheiro ou seguro caução a favor da câmara municipal.
(r) Indicar se presidente da câmara municipal, vereador ou dirigente dos serviços municipais.
(s) Indicação da categoria e nome do funcionário.

Alvará de obras de urbanização n.º ...

Câmara Municipal de ... (a)
Nos termos do artigo 74.º do Decreto-Lei n.º 555/99, de 16 de Dezembro, é emitido o alvará de ... (b) de obras de urbanização n.º ..., em nome de ... (c), portador do ... (d) n.º ... e número de contribuinte ..., que titula a aprovação das obras

de urbanização que incidem sobre o prédio sito em ... (e), da freguesia de ..., descrito na Conservatória do Registo Predial de ... (f) sob o n.º ... (g) e inscrito na matriz ... (h) sob o artigo ... da respectiva freguesia.

Os projectos das obras de urbanização, aprovados por ... de .../.../... (i), respeitam o disposto no ... (j) e apresentam, de acordo com a planta em anexo, as seguintes características:

... (l);

Condicionamentos da aprovação ... (m);

Para a conclusão das obras de urbanização foi fixado o prazo de ...;

A execução das obras de urbanização vai ser objecto da celebração de contrato de urbanização (n);

Foi prestada a caução a que se refere o artigo 54.º do Decreto-Lei n.º 555/99, de 16 de Dezembro, no valor de ... mediante ... (o).

Dado e passado para que sirva de título ao requerente e para todos os efeitos prescritos no Decreto-Lei n.º 555/99, de 16 de Dezembro.

O ... (p).

(Selo branco).

Registado na Câmara Municipal de ..., livro ..., em .../.../...

O ... (q).

Instruções de preenchimento:
(a) Identificação da câmara municipal.
(b) Indicar se licenciamento ou autorização.
(c) Nome do titular do alvará.
(d) Bilhete de identidade ou cartão de identificação de pessoa colectiva, consoante o caso.
(e) Identificação de morada completa.
(f) Identificação da conservatória do registo predial.
(g) Número do registo na conservatória do registo predial.
(h) Indicação, consoante o caso, predial urbana ou rústica.
(i) Indicar se a aprovação ocorreu por deliberação camarária ou por despacho do presidente da câmara municipal, vereador ou dirigente dos serviços municipais, ou mediante deferimento tácito, e respectiva(s) data(s).
(j) Indicação do plano municipal e especial de ordenamento do território que estiver em vigor.
(l) Descrição sumária do tipo de obras a executar.
(m) Indicação de eventuais condicionamentos impostos no âmbito da aprovação das obras de urbanização.
(n) Indicar nos casos em que haja lugar à sua celebração.
(o) Identificação da forma de caução, indicando, conforme os casos: garantia bancária autónoma à primeira solicitação, hipoteca sobre bens imóveis propriedade do requerente, depósito em dinheiro ou seguro caução a favor da câmara municipal.

(p) Indicar se presidente da câmara municipal, vereador ou dirigente dos serviços municipais.
(q) Indicação da categoria e nome do funcionário.

Alvará de obras de ... (a) n.° ...

Câmara Municipal de ... (b)

Nos termos do artigo 74.° do Decreto-Lei n.° 555/99, de 16 de Dezembro, é emitido o alvará de ... (c) de obras de ... (d) n.° ... em nome de ... (e), portador do ... (f) n.° ... e número de contribuinte ..., que titula a aprovação das obras que incidem sobre o prédio sito em ... (g), da freguesia de ..., descrito na Conservatória do Registo Predial de ... (h) sob o n.° ... (i) e inscrito na matriz ... (j) sob o artigo ... da respectiva freguesia.

As obras, aprovadas por ... de .../.../... (l), respeitam o disposto no ... (m), bem como o alvará de loteamento n.° ... (n), e apresentam as seguintes características: ... (o);

Condicionamentos das obras ... (p);

Prazo para a conclusão das obras ...

Dado e passado para que sirva de título ao requerente e para todos os efeitos prescritos no Decreto-Lei n.° 555/99, de 16 de Dezembro.

O ... (q).

(Selo branco.)

Registado na Câmara Municipal de ..., livro ..., em .../.../...

O ... (r).

Instruções de preenchimento:
(a) Indicar, conforme o caso, obras de construção, reconstrução, ampliação ou alteração.
(b) Identificação da câmara municipal.
(c) Indicar se licenciamento ou autorização.
(d) Indicar, conforme o caso, obras de construção, reconstrução, ampliação ou alteração.
(e) Nome do titular do alvará.
(f) Bilhete de identidade ou cartão de identificação de pessoa colectiva, consoante o caso.
(g) Identificação de morada completa.
(h) Identificação da conservatória do registo predial.
(i) Número do registo na conservatória do registo predial.
(j) Indicação, consoante o caso, predial urbana ou rústica.
(l) Indicar se a aprovação ocorreu por deliberação camarária ou por despacho do presidente da câmara municipal, vereador ou dirigente dos serviços municipais, ou mediante deferimento tácito, e respectiva(s) data(s).

(m) Indicação do plano municipal e especial de ordenamento do território que estiver em vigor.
(n) Indicar quando as obras se situem em área abrangida por operação de loteamento.
(o) Indicação de tipo de obras a executar, indicando a área total de construção (metros quadrados), volumetria do edifício (metros cúbicos), área de implantação, número de pisos acima e abaixo da cota de soleira, cércea e número de fogos, quando se registe o respectivo aumento, bem como o uso a que se destina a edificação.
(p) Indicação de eventuais condicionamentos impostos no âmbito da aprovação das obras.
(q) Indicar se presidente da câmara municipal, vereador ou dirigente dos serviços municipais.
(r) Indicação da categoria e nome do funcionário.

Alvará de licença parcial de obras n.º ...

Câmara Municipal de ... (a)
Nos termos do artigo 74.º do Decreto-Lei n.º 555/99, de 16 de Dezembro, é emitido o alvará de licença parcial de obras n.º ..., em nome de ... (b), portador do ... (c) n.º ... e número de contribuinte ..., que titula a aprovação das obras que incidem sobre o prédio sito em ... (d), da freguesia de ..., descrito na Conservatória do Registo Predial de ... (e) sob o n.º ... (f) e inscrito na matriz ... (g) sob o artigo ... da respectiva freguesia.
As obras, aprovadas por ... de .../.../... (h), respeitam o disposto no ... (i), bem como o alvará de loteamento n.º ... (j), e apresentam as seguintes características:
... (l);
Condicionamentos do licenciamento ... (m);
Prazo para a conclusão das obras ...;
Foi prestada a caução a que se refere o n.º 6 do artigo 23.º do Decreto-Lei n.º 555/99, de 16 de Dezembro, na redacção que lhe foi conferida pelo Decreto-Lei n.º 177/2001, de 4 de Junho, no valor de ... mediante ... (n).
Dado e passado para que sirva de título ao requerente e para todos os efeitos prescritos no Decreto-Lei n.º 555/99, de 16 de Dezembro.
O ... (o).
(Selo branco.)
Registado na Câmara Municipal de ..., livro ..., em .../.../...
O ... (p).

Instruções de preenchimento:
(a) Identificação da câmara municipal.

(b) Nome do titular do alvará.
(c) Bilhete de identidade ou cartão de identificação de pessoa colectiva, consoante o caso.
(d) Identificação de morada completa.
(e) Identificação da conservatória do registo predial.
(f) Número do registo na conservatória do registo predial.
(g) Indicação, consoante o caso, predial urbana ou rústica.
(h) Indicar se a aprovação ocorreu por deliberação camarária ou mediante deferimento tácito, e respectiva data.
(i) Indicação do plano municipal e especial de ordenamento do território que estiver em vigor.
(j) Indicar quando as obras se situem em área abrangida por operação de loteamento.
(l) Indicação de área total de construção (metros quadrados), volumetria do edifício (metros cúbicos), número de pisos acima e abaixo da cota de soleira, cércea, número de fogos e uso a que se destina a edificação.
(m) Indicação de eventuais condicionamentos impostos no âmbito da aprovação das obras.
(n) Identificação da forma de caução, indicando, conforme os casos, garantia bancária autónoma à primeira solicitação, hipoteca sobre bens imóveis propriedade do requerente, depósito em dinheiro ou seguro caução a favor da câmara municipal.
(o) Indicar se presidente da câmara municipal, vereador ou dirigente dos serviços municipais.
(p) Indicação da categoria e nome do funcionário.

Alvará de obras de demolição n.º ...

Câmara Municipal de ... (a)
Nos termos do artigo 74.º do Decreto-Lei n.º 555/99, de 16 de Dezembro, é emitido o alvará de ... (b) de obras de demolição n.os.., em nome de ... (c), portador do ... (d) n.º ... e número de contribuinte ..., que titula a aprovação das obras de demolição que incidem sobre o prédio sito em ... (e), da freguesia de ..., descrito na Conservatória do Registo Predial de ... (f) sob o n.º ... (g) e inscrito na matriz ... (h) sob o artigo ... da respectiva freguesia.
As obras, aprovadas por ... de .../.../... (i), respeitam o disposto no ... (j), bem como o alvará de loteamento n.º ... (l).
Condicionamentos das obras ... (m).
Prazo para a conclusão das obras ...
Dado e passado para que sirva de título ao requerente e para todos os efeitos prescritos no Decreto-Lei n.º 555/99, de 16 de Dezembro.
O ... (n).
(Selo branco.)

Registado na Câmara Municipal de ..., livro ..., em .../.../...
O ... (o).

___

Instruções de preenchimento:
(a) Identificação da câmara municipal.
(b) Indicar se licenciamento ou autorização.
(c) Nome do titular do alvará.
(d) Bilhete de identidade ou cartão de identificação de pessoa colectiva, consoante o caso.
(e) Identificação de morada completa.
(f) Identificação da conservatória do registo predial.
(g) Número do registo na conservatória do registo predial.
(h) Indicação, consoante o caso, predial urbana ou rústica.
(i) Indicar se a aprovação ocorreu por deliberação camarária ou por despacho do presidente da câmara municipal, vereador ou dirigente dos serviços municipais, ou mediante deferimento tácito, e respectiva(s) data(s).
(j) Indicação do plano municipal e especial de ordenamento do território que estiver em vigor.
(l) Indicar quando as obras se situem em área abrangida por operação de loteamento.
(m) Indicação de eventuais condicionamentos impostos no âmbito da aprovação das obras de demolição.
(n) Indicar se presidente da câmara municipal, vereador ou dirigente dos serviços municipais.
(o) Indicação da categoria e nome do funcionário.

Alvará de alteração de utilização n.° ...

Câmara Municipal de ... (a)
Nos termos do artigo 74.° do Decreto-Lei n.° 555/99, de 16 de Dezembro, é emitido o alvará de ... (b) de alteração de utilização n.° ..., em nome de ... (c), portador do ... (d) n.° ... e número de contribuinte ..., que titula a aprovação da alteração de utilização do ... (e) sito em ... (f), da freguesia de ..., descrito na Conservatória do Registo Predial de ... (g) sob o n.° ... (h) e inscrito na matriz ... (i) sob o artigo ... da respectiva freguesia.
A alteração foi aprovada por ... de .../.../... (j), e respeita o disposto no ... (l) bem como o alvará de loteamento n.° ... (m).
Utilização a que foi destinado o edifício ou fracção autónoma ... (n).
Condicionamentos da alteração de utilização ... (o).
O edifício preenche os requisitos legais para a constituição de propriedade horizontal ... (p).
Dado e passado para que sirva de título ao requerente e para todos os efeitos prescritos no Decreto-Lei n.° 555/99, de 16 de Dezembro.

O ... (q).
(Selo branco.)
Registado na Câmara Municipal de ..., livro ..., em .../.../...
O ... (r).

Instruções de preenchimento:
(a) Identificação da câmara municipal.
(b) Indicar se licenciamento ou autorização.
(c) Nome do titular do alvará.
(d) Bilhete de identidade ou cartão de identificação de pessoa colectiva, consoante o caso.
(e) Indicar se se trata de edifício ou fracção autónoma e, neste último caso, completar com a indicação do respectivo edifício.
(f) Identificação de morada oompleta.
(g) Identificação da conservatória do registo predial.
(h) Número do registo na conservatória do registo predial.
(i) Indicação, consoante o caso, predial urbana ou rústica.
(j) Indicar se a aprovação ocorreu por deliberação camarária ou por despacho do presidente da câmara municipal, vereador ou dirigente dos serviços municipais, ou mediante deferimento tácito, e respectiva(s) data(s).
(l) Indicação do plano municipal e especial de ordenamento do território que estiver em vigor.
(m) Indicar quando exista.
(n) Indicar o tipo de utilização autorizada discriminando a área de pavimento e respectiva localização afecta a cada tipo de utilização, bem como o número de lugares de estacionamento autorizado.
(o) Indicação de eventuais condicionamentos impostos no âmbito da aprovação da alteração de utilização.
(p) Indicar quando for o caso.
(q) Indicar se presidente da câmara municipal, vereador ou dirigente dos serviços municipais.
(r) Indicação da categoria e nome do funcionário.

Alvará de utilização n.° ...

Câmara Municipal de ... (a)
Nos termos do artigo 74.° do Decreto-Lei n.° 555/99, de 16 de Dezembro, é emitido o alvará de autorização de utilização n.° ..., em nome de ... (b), portador do ... (c) n.° ... e número de contribuinte ..., que titula a autorização de utilização do ... (d) sito em ... (e), da freguesia de ..., descrito na Conservatória do Registo Predial de ... (f) sob o n.° ... (g) e inscrito na matriz ... (h) sob o artigo ... da respectiva freguesia, a que corresponde o alvará de ... (i) n.° ..., emitido em ..., a favor de ...

Por despacho de .../.../... (j), foi autorizada a seguinte utilização ... (l).
O técnico responsável pela direcção técnica da obra foi ... (m).
Os autores dos projectos foram ... (n).
As partes comuns do edifício encontram-se concluídas e em conformidade com o projecto aprovado ... (o).
O edifício preenche os requisitos legais para a constituição da propriedade horizontal ... (p).
Dado e passado para que sirva de título ao requerente e para todos os efeitos prescritos no Decreto-Lei n.° 555/99, de 16 de Dezembro.
O ... (q)
(Selo branco.)
Registado na Câmara Municipal de ..., livro ..., em .../.../...
O ... (r).

Instruções de preenchimento:
(a) Identificação da câmara municipal.
(b) Nome do titular do alvará.
(c) Bilhete de identidade ou cartão de identificação de pessoa colectiva, consoante o caso.
(d) Indicar se se trata de edifício ou fracção autónoma e, neste último caso, completar com indicação do respectivo edifício.
(e) Identificação de morada completa.
(f) Identificação da conservatória do registo predial.
(g) Número do registo na conservatória do registo predial.
(h) Indicação, consoante o caso, predial urbana ou rústica.
(i) Indicar se se trata de licenciamento ou autorização, bem como qual o tipo de obra (construção, reconstrução, ampliação e alteração).
(j) Indicar se a autorização ocorreu por despacho do presidente da câmara municipal, vereador ou dirigente dos serviços municipais, ou mediante deferimento tácito, e respectiva data.
(l) Indicar o tipo de utilização autorizada, discriminando a área de pavimento e respectiva localização afecta a cada tipo de utilização, bem como o número de lugares de estacionamento autorizado.
(m) Quando tiverem sido realizadas obras.
(n) Referir o nome dos autores do projecto de arquitectura e dos projectos de especialidades, quando tiverem sido realizadas obras.
(o) Incluir quando se trate da utilização de fracção(ões) autónoma(s) e tenham sido realizadas obras.
(p) Indicar quando for o caso.
(q) Indicar se presidente da câmara municipal, vereador ou dirigente dos serviços municipais.
(r) Indicação da categoria e nome do funcionário.

Alvará de trabalhos de remodelação de terrenos n.º ...

Câmara Municipal de ... (a)
Nos termos do artigo 74.º do Decreto-Lei n.º 555/99, de 16 de Dezembro, é emitido o alvará de ... (b) trabalhos de remodelação de terrenos n.º ..., em nome de ... (c), portador do ... (d) n.º ... e número de contribuinte ..., que titula a aprovação dos trabalhos de remodelação de terrenos, que incidem sobre o prédio sito em ... (e), da freguesia de ..., descrito na Conservatória do Registo Predial de ... (f) sob o n.º ... (g) e inscrito na matriz ... (h) sob o artigo ... da respectiva freguesia.

Os trabalhos foram aprovados por ... de .../.../... (i), respeitam o disposto no ... (j) bem como no alvará de loteamento n.º ... (l) e apresentam as seguintes características:

... (m);
Condicionamentos dos trabalhos ... (n);
Prazo para a conclusão dos trabalhos ...

Dado e passado para que sirva de título ao requerente e para todos os efeitos prescritos no Decreto-Lei n.º 555/99, de 16 de Dezembro.

O ... (o).
(Selo branco.)
Registado na Câmara Municipal de ..., livro ..., em .../.../...
O ... (p)

Instruções de preenchimento:
    (a) Identificação da câmara municipal.
    (b) Indicar se licenciamento ou autorização.
    (c) Nome do titular do alvará.
    (d) Bilhete de identidade ou cartão de identificação de pessoa colectiva, consoante o caso.
    (e) Identificação de morada completa.
    (f) Identificação da conservatória do registo predial.
    (g) Número do registo na conservatória do registo predial.
    (h) Indicação, consoante o caso, predial urbana ou rústica.
    (i) Indicar se a aprovação ocorreu por deliberação camarária ou por despacho do presidente da câmara municipal, vereador ou dirigente dos serviços municipais, ou mediante deferimento tácito, e respectiva(s) data(s).
    (j) Indicação do plano municipal e especial de ordenamento do território que estiver em vigor.
    (l) Indicar quando os trabalhos se situem em área abrangida por operação de loteamento.
    (m) Descrição sumária do tipo de trabalhos a executar.
    (n) Indicação de eventuais condicionamentos impostos no âmbito da aprovação da operação.

(o) Indicar se presidente da câmara municipal, vereador ou dirigente dos serviços municipais.
(p) Indicação da categoria e nome do funcionário.

Alvará de autorização de outras operações urbanísticas n.º ...

Câmara Municipal de ... (a)
Nos termos do artigo 74.º do Decreto-Lei n.º 555/99, de 16 de Dezembro, é emitido o alvará de autorização de outras operações urbanísticas n.º ..., em nome de ... (b), portador do ... (c) n.º ... e número de contribuinte ..., que titula a aprovação da operação de ... (d), que incide sobre o prédio sito em ... (e), da freguesia de ..., descrito na Conservatória do Registo Predial de ... (f) sob o n.º ... (g) e inscrito na matriz ... (h) sob o artigo ... da respectiva freguesia.
A operação foi aprovada por despacho de .../.../... (i), respeita o disposto no ... (j) e apresenta as seguintes características:
... (l);
Condicionamentos da operação ... (m);
Prazo para a conclusão da operação ...
Dado e passado para que sirva de título ao requerente e para todos os efeitos prescritos no Decreto-Lei n.º 555/99, de 16 de Dezembro.
O ... (n).
(Selo branco.)
Registado na Câmara Municipal de ..., livro ..., em .../.../...
O ... (o).

Instruções de preenchimento:
(a) Identificação da câmara municipal.
(b) Nome do titular do alvará.
(c) Bilhete de identidade ou cartão de identificação de pessoa colectiva, consoante o caso.
(d) Indicar qual o objectivo da operação.
(e) Identificação de morada completa.
(f) Identificação da conservatória do registo predial.
(g) Número do registo na conservatória do registo predial.
(h) Indicação, consoante o caso, predial urbana ou rústica.
(i) Indicar se a autorização ocorreu por despacho do presidente da câmara municipal, vereador ou dirigente dos serviços municipais, ou mediante deferimento tácito, e respectiva data.
(j) Indicação do plano municipal e especial de ordenamento do território que estiver em vigor.
(l) Descrição sumária do tipo de trabalhos a executar.

(m) Indicação de eventuais condicionamentos impostos no âmbito da aprovação da operação.
(n) Indicar se presidente da câmara municipal, vereador ou dirigente dos serviços municipais.
(o) Indicação da categoria e nome do funcionário.

MODELOS DE AVISO A FIXAR PELO TITULAR DE ALVARÁ DE LICENCIAMENTO

```
                              AVISO
        Nos termos do n.º 1 do artigo 78º do Decreto-Lei n.º 555/99, de 16 de Dezembro,
torna-se público que a Câmara Municipal de _____ (a), emitiu em _____ (b),

            O ALVARÁ DE LOTEAMENTO N.º _____

Titular do alvará _____(c)

Prédio descrito na Conservatória do Registo Predial de _____(d), sob o n.º _____(e), e
inscrito na matriz sob o artigo _____ (f), da freguesia de _____(g)

                   A operação foi aprovada por...de  /  / (h)

        Área abrangida pelo Plano _____ (i)

                Área do prédio a lotear      _____
                Área de Implantação          _____
                Área Total de Construção    _____
        N.º de Lotes, com a área de _____ m2 a _____ m2 (j)
        N.º Máximo de Pisos acima da cota de soleira
        N.º Máximo de Pisos abaixo da cota de soleira.....
                N.º de Fogos total           _____
                N.º de Lotes para habitação  _____
                N.º de Lotes para serviços   _____
                N.º de Lotes para comércio   _____
                N.º de Lotes para indústria  _____
                N.º de Lotes para _____   (l)
        Área (s) de cedência para o domínio público municipal _____
        Finalidade da(s) cedência(s) _____ (m)

    PRAZO PARA A CONCLUSÃO DAS OBRAS DE URBANIZAÇÃO (n) _____
```

Instruções de preenchimento

(*a*) Identificação da câmara municipal.
(*b*) Data de emissão do alvará.
(*c*) Identificação do titular do alvará.
(*d*) Identificação da conservatória do registo predial.
(*e*) Identificação do número da descrição na conservatória do registo predial.
(*f*) Identificação do número da matriz.
(*g*) Identificação da freguesia.
(*h*) Indicar se a aprovação ocorreu por deliberação camarária ou por despacho do presidente da câmara municipal, vereador, ou dirigente dos serviços municipais, ou mediante deferimento tácito, e respectiva(s) data(s).

(*i*) Identificação do plano municipal de ordenamento do território em vigor, bem como a respectiva unidade de execução, se a houver.

(*j*) Indicação das áreas mínima e máxima dos lotes.

(*l*) Indicação, conforme os casos, de «Habitação e comércio»/«Habitação e serviços»/«Habitação, comércio e serviços»/«Comércio e serviços»/«Indústria».

(*m*) Descrição do uso a que se destina a área cedida, indicando, conforme os casos, espaços verdes e de utilização colectiva, infra-estruturas e equipamentos.

(*n*) Caso a operação de loteamento implique a realização de obras de urbanização.

AVISO

Nos termos do n.º 1 do artigo 78º do Decreto-Lei n.º 555/99, de 16 de Dezembro,

torna-se público que a Câmara Municipal de _____ (a), emitiu em _____ (b),

O ALVARÁ DE OBRAS DE URBANIZAÇÃO N.º _____,

Titular do alvará _____(c)

Prédio descrito na Conservatória do Registo Predial de _____(d), sob o n.º _____(e), e inscrito na matriz sob o artigo _____ (f), da freguesia de _____(g)

As obras foram aprovadas por...de / / (h)

Área abrangida pelo Plano _____(i)

PRAZO PARA A CONCLUSÃO DAS OBRAS DE URBANIZAÇÃO _____

Instruções de preenchimento

(*a*) Identificação da câmara municipal.

(*b*) Data de emissão do alvará.

(*c*) Identificação do titular do alvará.

(*d*) Identificação da conservatória do registo predial.

(*e*) Identificação do número da descrição na conservatória do registo predial.

(*f*) Identificação do número da matriz.

(*g*) Identificação da freguesia.

(*h*) Indicar se a aprovação ocorreu por deliberação camarária ou por despacho do presidente da câmara municipal, vereador ou dirigente dos serviços municipais, ou mediante deferimento tácito, e respectiva(s) data(s).

(*i*) Identificação do plano municipal do ordenamento do território em vigor.

```
                            AVISO
         Nos termos do n.º 1 do artigo 78º do Decreto-Lei n.º 555/99, de 16 de Dezembro,
torna-se público que a Câmara Municipal de _____ (a), emitiu em _____ (b),

O ALVARÁ DE TRABALHOS DE REMODELAÇÃO DOS TERRENOS N.º _____.

Titular do alvará _____(c)

Prédio descrito na Conservatória do Registo Predial de _____ (d), sob o n.º _____ (e), e
inscrito na matriz sob o artigo _____ (f), da freguesia de _____ (g)

            Os trabalhos foram aprovados por...de   /   / (h)

              Área de terreno a remodelar _____
              Finalidade dos trabalhos _____ (i)

         PRAZO PARA A CONCLUSÃO DOS TRABALHOS _____
```

Instruções de preenchimento

(*a*) Identificação da câmara municipal.
(*b*) Data de emissão do alvará.
(*c*) Identificação do titular do alvará.
(*d*) Identificação da conservatória do registo predial.
(*e*) Identificação do número da descrição na conservatória do registo predial
(*f*) Identificação do número da matriz.
(*g*) Identificação da freguesia.
(*h*) Indicar se a aprovação ocorreu por deliberação camarária ou por despacho do presidente da câmara municipal, vereador ou dirigente dos serviços municipais, ou mediante deferimento tácito, e respectiva(s) data(s).
(*i*) Indicar qual o objectivo da operação.

```
                                    AVISO
                Nos termos do n.º 1 do artigo 78º do Decreto-Lei n.º 555/99, de 16 de Dezembro,
  torna-se público que a Câmara Municipal de _____ (a), emitiu em _____ (b),

                  O ALVARÁ DE OBRAS DE ....(c) N.º _____,

  Titular do alvará _____ (d)

  Prédio descrito na Conservatória do Registo Predial de _____ (e), sob o n.º _____ (f), e
         inscrito na matriz sob o artigo _____ (g), da freguesia de _____ (h)

                      As obras foram aprovadas por... de  /  / (i)

                          Área total de construção _____ (j)
                          Volumetria da edificação _____ (j)
                                  Cércea _____ (j)
                          N.º de Pisos acima da cota soleira _____ (j)
                          N.º de Pisos abaixo da cota soleira _____ (j)
                          Uso a que se destina a edificação _____ (j)

  PRAZO PARA A CONCLUSÃO DAS OBRAS _____
```

Instruções de preenchimento

(*a*) Identificação da câmara municipal.
(*b*) Data de emissão do alvará.
(*c*) Indicar, conforme o caso, obras de construção, reconstrução, ampliação ou alteração, de demolição ou de execução da estrutura.
(*d*) Identificação do titular do alvará.
(*e*) Identificação da conservatória do registo predial.
(*f*) Identificação do número da descrição na conservatória do registo predial.
(*g*) Identificação do número da matriz.
(*h*) Identificação da freguesia.
(*i*) Indicar se a aprovação ocorreu por deliberação camarária ou por despacho do presidente da câmara municipal, vereador ou dirigente dos serviços municipais, ou mediante deferimento tácito, e respectiva(s) data(s).
(*j*) Indicar quando aplicável.

```
                              AVISO
           Nos termos do n.º 1 do artigo 78º do Decreto-Lei n.º 555/99, de 16 de Dezembro,
  torna-se público que a Câmara Municipal de _____ (a), emitiu em _____ (b),

       O ALVARÁ DE AUTORIZAÇÃO DE OUTRAS OPERAÇÕES URBANÍSTICAS N.º
                           _____,

  Titular do alvará _____ (c)
  Prédio descrito na Conservatória do Registo Predial de _____ (d), sob o n.º _____ (e), e
           inscrito na matriz sob o artigo _____ (f), da freguesia de _____ (g)
                  A operação foi aprovada por despacho de / /  (h)
                  Área de terreno objecto da operação urbanística _____
                        Finalidade da operação_____ (i)
                  PRAZO PARA A CONCLUSÃO DA OPERAÇÃO_____
```

Instruções de preenchimento

(*a*) Identificação da câmara municipal.
(*b*) Data de emissão do alvará.
(*c*) Identificação do titular do alvará.
(*d*) Identificação da conservatória do registo predial.
(*e*) Identificação do número da descrição na conservatória do registo predial.
(*f*) Identificação do número da matriz.
(*g*) Identificação da freguesia.
(*h*) Indicar se presidente da câmara municipal, vereador ou dirigente dos serviços municipais.
(*i*) Indicar qual o objectivo da operação.

```
                                    AVISO
          Nos termos do n.º 7 do artigo 7º e do n.º 1 do artigo 78º do Decreto-Lei n.º 555/99, de 16 de Dezembro,
          torna-se público que _____(a), vai realizar _____(b) no

          Prédio descrito na Conservatória do Registo Predial de _____(c), sob o n.º _____(d), e
          inscrito na matriz sob o artigo _____ (e), da freguesia de _____ (f)

          Características da operação urbanística _____ (g)
```

Instruções de preenchimento

(*a*) Denominação da entidade da Administração Pública promotora da operação urbanística.

(*b*) Tipo de operação urbanística prevista no artigo 2.º do Decreto-Lei n.º 555/99, de 16 de Dezembro.

(*c*) Identificação da conservatória do registo predial.

(*d*) Identificação do número da descrição na conservatória do registo predial.

(*e*) Identificação do número da matriz.

(*f*) Identificação da freguesia.

(*g*) Na identificação das características da operação urbanística devem ser indicados os elementos constantes dos anexos anteriores consoante o respectivo tipo.

```
                           AVISO
             Câmara Municipal de _____ (a)

Nos termos do n.º 2 do artigo 78º do Decreto-Lei n.º 555/99, de 16 de Dezembro, torna-se público que a Câmara
Municipal de _____ (a), emitiu em _____ (b), O ALVARÁ DE LOTEAMENTO N.º
_____, em nome de _____ (c),na sequência
de _____ (d), através do qual foi _____ (e), do
prédio sito em _____ (f), na freguesia de _____ (g), descrito na Conservatória do
Registo Predial de _____ (h), sob o n.º _____ (i) e inscrito na matriz sob o
artigo _____ (j) da respectiva freguesia.

Área abrangida pelo Plano _____ (l)
Operação de loteamento com as seguintes características :
                    Área do prédio a lotear    _____
                    Área de implantação        _____
                    Área Total de Construção   _____
        N.º de Lotes, com a área de _____ m 2 a _____ m 2 (m)
        N.º Máximo de Pisos acima da cota de soleira   _____
        N.º Máximo de pisos abaixo da cota de soleira..._____
                    N.º de fogos total         _____
                    N.º de Lotes para habitação _____
                    N.º de Lotes para serviços  _____
                    N.º de Lotes para comércio  _____
                    N.º de Lotes para indústria _____
                    N.º de Lotes para _____ (n)
        Área(s) de cedência(s) para o domínio público municipal _____
                    Finalidade(s) da cedência _____ (o)

     PRAZO PARA A CONCLUSÃO DAS OBRAS DE URBANIZAÇÃO _____ ( p)
              O Presidente da Câmara Municipal, _____
```

Instruções de preenchimento

(*a*) Identificação da câmara municipal.
(*b*) Data de emissão do alvará.
(*c*) Identificação do titular do alvará.
(*d*) Identificação do acto do órgão municipal relativo ao licenciamento ou autorização da operação de loteamento.
(*e*) Licenciado ou autorizado o loteamento (em função do procedimento adoptado).
(*f*) Localização do(s) prédio(s) objecto da operação de loteamento.
(*g*) Identificação da freguesia.
(*h*) Identificação da conservatória do registo predial.
(*i*) Identificação do número da descrição na conservatória do registo predial.
(*j*) Identificação do artigo matricial.
(*l*) Identificação do plano municipal de ordenamento do território, bem como da respectiva unidade de execução, se houver
(*m*) Indicação das áreas mínima e máxima dos lotes.
(*n*) Indicação, conforme os casos, de «Habitação e comércio»/«Habitação e serviços»/«Habitação, comércio e serviços»/«Comércio e serviços»/«Indústria».
(*o*) Descrição do uso a que se destina a área cedida indicando, conforme os casos, espaços verdes e de utilização colectiva, infra-estruturas e equipamentos.
(*p*) Caso a operação de loteamento implique a realização de obras de urbanização.

AVISO

Nos termos do n.º 7 do artigo 7º e do n.º 1 do artigo 78º do Decreto-Lei n.º 555/99, de 16 de Dezembro,

torna-se público que a(o) _____ *(a)*, vai realizar uma operação de loteamento no prédio sito em _____ *(b)* na freguesia de _____ *(c)* descrito na Conservatória do Registo Predial de _____ *(d)*, sob o n.º _____ *(e)*, e inscrito na matriz sob o artigo _____ *(f)*, da respectiva freguesia.

Área abrangida pelo Plano _____ *(g)*

Operação de loteamento com as seguintes características _____

Área do prédio a lotear _____
Área de implantação _____
N.º de lotes, com a área de _____ m2 a _____ m2 *(h)*
N.º Máximo de pisos acima da cota soleira _____
N.º Máximo de Pisos abaixo da cota soleira _____
N.º de fogos total _____
N.º de Lotes para habitação _____
N.º de Lotes para serviços _____
N.º de Lotes para indústria _____
N.º de Lotes para _____ *(i)*

O dirigente máximo ou presidente do órgão da entidade da Administração Pública promotora da operação _____

Instruções de preenchimento

(*a*) Denominação da entidade pública promotora da operação de loteamento.

(*b*) Localização do(s) prédio(s) objecto da operação.

(*c*) Identificação da freguesia.

(*d*) Identificação da conservatória do registo predial.

(*e*) Identificação do número da descrição na conservatória do registo predial.

(*f*) Identificação do número da matriz.

(*g*) Identificação do plano municipal de ordenamento do território, bem como da respectiva unidade de execução, se houver.

(*h*) Indicação das áreas mínima e máxima dos lotes.

(*i*) Indicação, conforme os casos, de «Habitação e comércio»/«Habitação e serviços»/«Habitação, comércio e serviços»/«Comércio e serviços»/«Indústria».

LIVRO DE OBRA

Coluna n.° 1:
Título: data;
Conteúdo: data dos registos.
Coluna n.° 2:
Título: sujeito;
Conteúdo: nome e qualidade do autor do registo – técnico responsável pela direcção técnica da obra, técnico autor do projecto, titular do alvará, identificação do empreiteiro de obras públicas ou do industrial de construção civil, funcionário municipal ou de empresa privada responsável pela fiscalização de obras ou outro agente de fiscalização previsto na legislação em vigor.
Coluna n.° 3:
Título: observações;
Conteúdo: datas de início e conclusão da obra, factos que impliquem a sua paragem ou suspensão, todas as alterações feitas ao projecto licenciado ou autorizado, identificação do certificado de classificação ou do título de registo na actividade de todos os subempreiteiros e dos respectivos representantes permanentes na obra, bem como outras circunstâncias relevantes sobre a execução da obra, nomeadamente o desenvolvimento dos trabalhos, qualidade da execução e dos materiais utilizados, equipamentos aplicados e cumprimento das normas legais e regulamentares aplicáveis.

ELEMENTOS ESTATÍSTICOS REFERENTES A OPERAÇÕES URBANÍSTICAS A SEREM REMETIDAS PELAS CÂMARAS MUNICIPAIS AO INSTITUTO NACIONAL DE ESTATÍSTICA

1. Operações de loteamento com ou sem a realização de obras de urbanização

Devem ser indicados os seguintes elementos:
a) Câmara municipal remetente;
b) Identificação do processo interno;
c) Tipo de procedimento administrativo;
d) Data de emissão do alvará de licença ou autorização e respectivo número;
e) Identificação do promotor da operação urbanística, consistindo em nome, morada e código postal, telefone, telemóvel e endereço electrónico;
f) Identificação do local objecto da operação de loteamento, consistindo em indicação da freguesia, local exacto e código postal;

g) Entidade promotora, discriminando se se trata de:
   1) Pessoa singular;
   2) Administração central;
   3) Administração regional;
   4) Administração local;
   5) Empresa privada;
   6) Empresa de serviços públicos;
   7) Cooperativa de habitação;
   8) Instituição sem fins lucrativos;
h) Articulação com instrumentos urbanísticos, discriminando se se trata de:
   1) Plano especial de ordenamento do território;
   2) Plano director municipal;
   3) Plano de urbanização;
   4) Plano de pormenor;
   5) Medidas preventivas;
   6) Zona de defesa e controlo urbano;
   7) Área crítica de recuperação e reconversão urbanística;

i) Inserção ou não da operação de loteamento numa área urbana de génese ilegal, e se se trata de legalização ou não;

j) Realização ou não de obras de urbanização e respectivas datas prováveis de início e de conclusão;

l) Parâmetros globais, discriminando:
   1) Área objecto da operação de loteamento;
   2) Área total dos lotes;
   3) Áreas totais de implantação, de impermeabilização e de construção, discriminando a área de construção em função dos usos predominantes;
   4) Áreas de cedências para o domínio público, discriminando as áreas afectas a infra-estruturas, a espaços verdes e de utilização colectiva e a equipamentos;
   5) Número total de lotes;
   6) Número total de edificações, discriminado por tipo de edificações;
   7) Volume total de construção;
   8) Cércea máxima;
   9) Número máximo e número médio de pisos acima e abaixo da cota de soleira;
   10) Número de convivências e respectiva capacidade de alojamento;
   11) Número total de fogos e número de fogos segundo a tipologia;
   12) Número de fogos a custos controlados;
   13) Indicações referentes aos estacionamentos, discriminando áreas e números de lugares afectos a estacionamento público e privado, coberto e descoberto.

2. Obras de edificação e de demolição

Devem ser indicados os seguintes elementos (discriminados por edificação se a operação inclui mais de uma edificação):
   a) Câmara municipal remetente;
   b) Identificação do processo interno;
   c) Tipo de procedimento administrativo;
   d) Número do alvará de licença ou autorização e respectivas datas de emissão e de termo;
   e) Número do alvará de licença ou autorização da operação de loteamento quando esta preceda as obras de edificação;
   f) Identificação do promotor da operação urbanística, consistindo em nome, morada e código postal, telefone, telemóvel e endereço electrónico;
   g) Entidade promotora, discriminando se se trata de:
      *g*1) Pessoa singular;
      *g*2) Administração central;
      *g*3) Administração regional;
      *g*4) Administração local;
      *g*5) Empresa privada;
      *g*6) Empresa de serviços públicos;
      *g*7) Cooperativa de habitação;
      *g*8) Instituição sem fins lucrativos;
   h) Identificação da edificação;
   i) Identificação do local da obra, consistindo em indicação da freguesia, local exacto e código postal;
   j) Tipo de obra, discriminando se se trata de construção nova, reconstrução, ampliação, alteração ou demolição;
   l) Características da obra de demolição, discriminando:
      *l*1) Tipo de demolição;
      *l*2) Área de construção a demolir;
      *l*3) Tipo de edificação;
      *l*4) Número de pisos acima e abaixo da cota de soleira da edificação;
      *l*5) Cércea;
      *l*6) Número de divisões;
      *l*7) Convivências, discriminando o número e capacidade de alojamento;
      *l*8) Área e número de lugares de estacionamento;
      *l*9) Número total de fogos com indicação das diferentes tipologias componentes da edificação;
      *l*10) Número total de fogos a custos controlados;
   m) Características da obra de edificação, discriminando:
      *m*1) Uso a que se destina a edificação;

*m*2) Área total de construção, discriminada em função dos usos predominantes;
*m*3) Área total habitável;
*m*4) Volume total de construção;
*m*5) Tipo de edificação;
*m*6) Número de pisos acima e abaixo da cota de soleira;
*m*7) Cércea;
*m*8) Número total de divisões;
*m*9) Convivências, discriminando o número e capacidade de alojamento;
*m*10) Áreas totais destinadas aos estacionamentos públicos e privados, bem como os respectivos números totais de lugares;
*m*11) Número total de fogos discriminado por tipologias;
*m*12) Número total de fogos a custos controlados.

3. Utilização de edificação

Devem ser indicados os seguintes elementos:
a) Câmara municipal remetente;
b) Identificação do processo interno;
c) Tipo de procedimento administrativo;
d) Data de emissão do alvará de licença ou autorização administrativa de obras e respectivo número;
e) Número e data de emissão do alvará de licença ou autorização de utilização da edificação;
f) Identificação do promotor da operação urbanística, consistindo em nome, morada e código postal, telefone, telemóvel e endereço electrónico;
g) Identificação do local da obra, consistindo em indicação da freguesia, local exacto e código postal;
h) Tipo de obra, discriminando se se trata de construção nova, reconstrução, ampliação ou alteração.

4. Trabalhos de remodelação de terrenos

Devem ser indicados os seguintes elementos:
a) Câmara municipal remetente;
b) Identificação do processo interno;
c) Tipo de procedimento administrativo;
d) Número e data de emissão do alvará de licença ou autorização;
e) Data prevista de início e conclusão;
f) Identificação do promotor da operação urbanística, consistindo em nome, morada e código postal, telefone, telemóvel e endereço electrónico;

g) Identificação do local dos trabalhos, consistindo em freguesia, local exacto e código postal;
h) Área total do terreno;
i) Área total a remodelar;
j) Área total a impermeabilizar;
l) Finalidade dos trabalhos;
m) Entidade promotora, discriminando se se trata de:
   1) Pessoa singular;
   2) Administração central;
   3) Administração regional;
   4) Administração local;
   5) Empresa privada;
   6) Empresa de serviços públicos;
   7) Cooperativa de habitação;
   8) Instituição sem fins lucrativos.

5. Alteração de utilização

Devem ser indicados os seguintes elementos:
a) Câmara municipal remetente;
b) Identificação do processo interno;
c) Tipo de procedimento administrativo;
d) Indicação se a alteração de utilização se refere à edificação ou a fracção autónoma;
e) Data de emissão do alvará de licença ou autorização e respectivo número;
f) Identificação do promotor da operação urbanística, consistindo em nome, morada e código postal, telefone, telemóvel e endereço electrónico;
g) Identificação do local da operação, consistindo em indicação da freguesia, local exacto e código postal;
h) Caracterização da edificação antes e após a alteração de utilização, nos seguintes elementos:
   1) Destino da edificação;
   2) Área de construção, segundo o tipo de uso;
   3) Área total habitável;
   4) Tipo de edificação;
   5) Número de convivências e respectiva capacidade de alojamento;
   6) Número de lugares e área de estacionamento público, privado, coberto e descoberto;
   7) Número de fogos segundo a tipologia.

MODELO DE ALVARÁ DE LICENÇA DE UTILIZAÇÃO RELATIVO AOS ESTABELECIMENTOS QUE VENDEM PRODUTOS ALIMENTARES E DE ALGUNS ESTABELECIMENTOS DE COMÉRCIO NÃO ALIMENTAR E DE SERVIÇOS QUE PODEM ENVOLVER RISCOS PARA A SAÚDE E SEGURANÇA DAS PESSOAS

CÂMARA MUNICIPAL
DE _____

SERVIÇO DE : _____

ALVARÁ DE LICENÇA DE UTILIZAÇÃO DOS ESTABELECIMENTOS ABRANGIDOS PELO DECRETO-LEI N.º 370/99, DE 18 DE SETEMBRO (1), (2).

LICENÇA DE UTILIZAÇÃO N.º _____

INSCRIÇÃO NO LIVRO DE REGISTO N.º _____ FOLHAS N.º _____

EMITIDA EM : ____ / ____ / ____

| PLANO DIRECTOR MUNICIPAL ☐ | PLANO DE URBANIZAÇÃO ☐ | PLANO DE PORMENOR ☐ | PLANOS ESPECIAIS DE ORDENAMENTO DO TERRITÓRIO ☐ |

ÁREA NÃO ABRANGIDA POR PLANO MUNICIPAL DE ORDENAMENTO DO TERRITÓRIO OU ALVARÁ DE LOTEAMENTO ☐

	NÚMERO	DATA
INFORMAÇÃO PRÉVIA		
LICENCIAMENTO DE OBRAS		

1. TITULAR DA LICENÇA _____

1.2. SEDE OU MORADA _____

CÓDIGO POSTAL _____ TELEF. _____

NIPC _____ C. FISCAL _____

2. ENTIDADE EXPLORADORA _____

2.1 SEDE OU MORADA _____

CÓDIGO POSTAL _____ TELEF. _____

NIPC _____ C. FISCAL _____

3. REGIME DO EDIFÍCIO _____ REGISTO PREDIAL N.º _____
(n.º 2 do artigo 28º do DL 445 91, de 20 de Novembro)

4. USO A QUE SE DESTINAM AS EDIFICAÇÕES _____

5. NOME DO ESTABELECIMENTO _____

6. TIPO DE ESTABELECIMENTO :
6.1 - Estabelecimentos constantes da lista que constitui o ANEXO I da Portaria n.º 33/2000, de 28 de Janeiro de 2000.

CAE _____

6.1.1 - Possui secção de talho ☐   Possui secção de peixaria ☐

6.1.2 - Autorizado a vender produtos agro-alimentares pré-embalados, nos termos do art.º 25º do DL 158/97, de 24/06 ☐

6.2 - Estabelecimentos constantes da lista que constitui o ANEXO II da Portaria n.º 33/2000, de 28 de Janeiro de 2000.

CAE _____

6.3 - Estabelecimentos constantes da lista que constitui o ANEXO III da Portaria n.º 33/2000, de 28 de Janeiro de 2000.

CAE _____

6.4 - O(s) Estabelecimento(s) referido(s) anteriormente dispõe (m) de instalações destinadas ao fabrico próprio de pastelaria, panificação e gelados enquadradas na classe D, nos termos do Decreto Regulamentar n.º 25/93, de 17 de Agosto.

CAE _____

6.5 - O(s) Estabelecimento(s) referido(s) anteriormente dispõe (m) de secções de restauração e bebidas, nos termos do n.º 3 do art.º 2º e do n.º 4 do art.º 5º, ambos do DL n.º 370/99, de 18/09 :   SIM / NÃO   (riscar o que não interessar)

O (A) _____ (selo branco)

7. ALTERAÇÕES (3) _____

O (A) _____ (selo branco)

(¹) Nos termos do disposto nos n.ºs 1 e 2 do artigo 10.º da Lei n.º 67/98, de 26 de Outubro (Lei de Protecção de Dados), todos os campos informativos são de preenchimento obrigatório, tendo em conta o tipo de estabelecimento em causa.

(²) O titular da licença tem direito de acesso, livre e sem restrições, às informações respeitantes aos seus dados, de acordo com o previsto no artigo 11.º da Lei n.º 67/98, de 26 de Outubro (Lei de Protecção de Dados).

(³) Ao titular da licença assistem ainda todos os direitos previstos na Lei n.º 67/98, de 26 de Outubro (Lei de Protecção de Dados), nomeadamente o direito de rectificação e de alteração dos dados, com as limitações aí previstas.

2. OBRAS PÚBLICAS

ANEXO I

ANÚNCIO DE PRÉ-INFORMAÇÃO

Obras ☐
Fornecimentos ☐
Serviços ☐

O concurso está abrangido pelo Acordo sobre Contratos Públicos (ACP)?
NÃO ☐   SIM ☐

SECÇÃO I: ENTIDADE ADJUDICANTE

I.1) Designação e endereço oficiais da entidade adjudicante

Organismo	À atenção de
Endereço	Código postal
Localidade/Cidade	País
Telefone	Fax
Correio electrónico	Endereço internet (URL)

I.2) Endereço onde podem ser obtidas informações adicionais
indicado em I.1 ☐   *Se distinto, ver anexo A*

I.3) Tipo de entidade adjudicante
Governo central ☐   Instituição Europeia ☐
Autoridade regional/local ☐   Organismo de direito público ☐
Outro ☐

SECÇÃO II: OBJECTO DO CONCURSO   OBRAS   ☐
II.1) DESIGNAÇÃO DADA AO CONTRATO PELA ENTIDADE ADJUDICANTE

II.2) LOCAL DE EXECUÇÃO

Código NUTS _____
II.3) NOMENCLATURA
II.3.1) Classificação CPV (Common Procurement Vocabulary) *

	Vocabulário principal	Vocabulário complementar *(se aplicável)*
Objecto principal	□□.□□.□□.□□-□	□□□□-□ □□□□-□ □□□□-□
Objectos complementares	□□.□□.□□.□□-□	□□□□-□ □□□□-□ □□□□-□
	□□.□□.□□.□□-□	□□□□-□ □□□□-□ □□□□-□
	□□.□□.□□.□□-□	□□□□-□ □□□□-□ □□□□-□

II.3.2) Outra nomenclatura relevante (NACE): _____
II.4) NATUREZA E EXTENSÃO DA OBRA _____

II.5) CUSTO ESTIMADO DA OBRA SEM IVA *(se conhecido)*
Entre _____ e _____ Moeda: _____
II.6) DATAS PREVISTAS *(se conhecidas)*
Do lançamento do concurso □□/□□/□□□□ *(dd/mm/aaaa)*
Do início das obras □□/□□/□□□□ *(dd/mm/aaaa)*
II.7) DATA PREVISTA DE CONCLUSÃO *(se conhecida)* □□/□□/□□□□ *(dd/mm/aaaa)*
II.8) MODALIDADES ESSENCIAIS DE FINANCIAMENTO E DE PAGAMENTO *(se conhecidas)*

II.9) OUTRAS INFORMAÇÕES *(se aplicável)* _____

(Para fornecer informações suplementares sobre os lotes, utilizar o anexo B sempre que necessário)

SERVIÇOS ☐

II.1) DESIGNAÇÃO DADA AO CONCURSO PELA ENTIDADE ADJUDICANTE

II.2) NOMENCLATURA
II.2.1) Classificação CPV (Common Procurement Vocabulary) *

	Vocabulário principal	Vocabulário complementar *(se aplicável)*
Objecto principal	☐☐.☐☐.☐☐.☐☐-☐	☐☐☐☐-☐ ☐☐☐☐-☐ ☐☐☐☐-☐
Objectos complementares	☐☐.☐☐.☐☐.☐☐-☐	☐☐☐☐-☐ ☐☐☐☐-☐ ☐☐☐☐-☐
	☐☐.☐☐.☐☐.☐☐-☐	☐☐☐☐-☐ ☐☐☐☐-☐ ☐☐☐☐-☐
	☐☐.☐☐.☐☐.☐☐-☐	☐☐☐☐-☐ ☐☐☐☐-☐ ☐☐☐☐-☐
	☐☐.☐☐.☐☐.☐☐-☐	☐☐☐☐-☐ ☐☐☐☐-☐ ☐☐☐☐-☐

II.2.2) Outra nomenclatura relevante (CPA/CPC)**
II.2.3) Categoria de serviços ☐☐
II.3) NATUREZA E QUANTIDADE OU VALOR DOS BENS OU SERVIÇOS PARA CADA UMA DAS CATEGORIAS DE SERVIÇOS

II.4) DATA PREVISTA DO LANÇAMENTO DO CONCURSO *(se conhecida)*
☐☐/☐☐/☐☐☐☐ *(dd/mm/aaaa)*
II.5) OUTRAS INFORMAÇÕES *(se aplicável)*

II.1) DESIGNAÇÃO DADA AO CONCURSO PELA ENTIDADE ADJUDICANTE

II.2) NOMENCLATURA
II.2.1) Classificação CPV (Common Procurement Vocabulary) *

	Vocabulário principal	Vocabulário complementar *(se aplicável)*
Objecto principal	☐☐.☐☐.☐☐.☐☐-☐	☐☐☐☐-☐ ☐☐☐☐-☐ ☐☐☐☐-☐
Objectos complementares	☐☐.☐☐.☐☐.☐☐-☐	☐☐☐☐-☐ ☐☐☐☐-☐ ☐☐☐☐-☐
	☐☐.☐☐.☐☐.☐☐-☐	☐☐☐☐-☐ ☐☐☐☐-☐ ☐☐☐☐-☐
	☐☐.☐☐.☐☐.☐☐-☐	☐☐☐☐-☐ ☐☐☐☐-☐ ☐☐☐☐-☐
	☐☐.☐☐.☐☐.☐☐-☐	☐☐☐☐-☐ ☐☐☐☐-☐ ☐☐☐☐-☐

II.2.2) Outra nomenclatura relevante (CPA/CPC)**

II.2.3) Categoria de serviços ☐☐

II.3) NATUREZA E QUANTIDADE OU VALOR DOS BENS OU SERVIÇOS PARA CADA UMA DAS CATEGORIAS DE SERVIÇOS

II.4) DATA PREVISTA DO LANÇAMENTO DO CONCURSO *(se conhecida)*
☐☐/☐☐/☐☐☐☐ *(dd/mm/aaaa)*

II.5) OUTRAS INFORMAÇÕES *(se aplicável)*

(Para fornecer informações sobre os lotes, utilize o número de exemplares do anexo B necessários)

(Utilizar a presente secção as vezes necessárias)

SECÇÃO IV: INFORMAÇÕES DE CARÁCTER ADMINISTRATIVO

IV.1) NÚMERO DE REFERÊNCIA ATRIBUÍDO AO PROCESSO PELA ENTIDADE ADJUDICANTE

SECÇÃO VI: INFORMAÇÕES ADICIONAIS
VI.1) Trata-se de um anúncio não obrigatório?
NÃO ☐   SIM ☐

VI.2) O PRESENTE CONTRATO ENQUADRA-SE NUM PROJECTO/PROGRAMA FINANCIADO PELOS FUNDOS COMUNITÁRIOS?
NÃO ☐   SIM ☐
Em caso afirmativo, indicar o projecto/programa, bem como qualquer referência útil

_____
_____
_____
_____
_____

VI.3) DATA DE ENVIO DO PRESENTE ANÚNCIO ☐☐/☐☐/☐☐☐☐ *(dd/mm/aaaa)*

* cfr. descrito no Regulamento CPV 2195/2002, publicado no JOCE nº L340 de 16 de Dezembro, para os contratos de valor igual ou superior ao limiar europeu

** cfr. descrito no Regulamento 3696/93, publicado no JOCE nº L342 de 31 de Dezembro, alterado pelo Regulamento 1232/98 da Comissão de 17 de Junho, publicado no JOCE nº L177, de 22 de Junho

ANEXO A

1.2) Endereço onde podem ser obtidas informações adicionais

Organismo	À atenção de
Endereço	Código postal
Localidade/Cidade	País
Telefone	Fax
Correio electrónico	Endereço internet (URL)

ANEXO B
ANÚNCIO DE PRÉ-INFORMAÇÃO/INFORMAÇÃO SOBRE OS LOTES

LOTE Nº ☐☐

1) Nomenclatura
1.1) Classificação CPV (Common Procurement Vocabulary) *

	Vocabulário principal	Vocabulário complementar *(se aplicável)*
Objecto principal	☐☐.☐☐.☐☐.☐☐-☐	☐☐☐☐-☐ ☐☐☐☐-☐ ☐☐☐☐-☐
Objectos complementares	☐☐.☐☐.☐☐.☐☐-☐	☐☐☐☐-☐ ☐☐☐☐-☐ ☐☐☐☐-☐
	☐☐.☐☐.☐☐.☐☐-☐	☐☐☐☐-☐ ☐☐☐☐-☐ ☐☐☐☐-☐
	☐☐.☐☐.☐☐.☐☐-☐	☐☐☐☐-☐ ☐☐☐☐-☐ ☐☐☐☐-☐
	☐☐.☐☐.☐☐.☐☐-☐	☐☐☐☐-☐ ☐☐☐☐-☐ ☐☐☐☐-☐

1.2) Outra nomenclatura relevante (NACE/CPA/CPC) _____

2) Natureza e extensão _____

3) Custo previsto *(sem IVA)*: _____ Moeda: _____

4) Datas previstas *(se conhecidas)*
Do lançamento do concurso   ☐☐/☐☐/☐☐☐☐ *(dd/mm/aaaa)*
Do início da execução/fornecimento   ☐☐/☐☐/☐☐☐☐ *(dd/mm/aaaa)*
5) Data de conclusão *(se conhecida)*   ☐☐/☐☐/☐☐☐☐ *(dd/mm/aaaa)*

LOTE Nº ☐☐
1) Nomenclatura
1.1) Classificação CPV (Common Procurement Vocabulary) *

	Vocabulário principal	Vocabulário complementar *(se aplicável)*
Objecto principal	☐☐.☐☐.☐☐.☐☐-☐	☐☐☐☐-☐ ☐☐☐☐-☐ ☐☐☐☐-☐
Objectos complementares	☐☐.☐☐.☐☐.☐☐-☐	☐☐☐☐-☐ ☐☐☐☐-☐ ☐☐☐☐-☐
	☐☐.☐☐.☐☐.☐☐-☐	☐☐☐☐-☐ ☐☐☐☐-☐ ☐☐☐☐-☐
	☐☐.☐☐.☐☐.☐☐-☐	☐☐☐☐-☐ ☐☐☐☐-☐ ☐☐☐☐-☐
	☐☐.☐☐.☐☐.☐☐-☐	☐☐☐☐-☐ ☐☐☐☐-☐ ☐☐☐☐-☐

1.2) Outra nomenclatura relevante (NACE/CPA/CPC)* _____
_____
_____
2) Natureza e extensão _____
_____
3) Custo previsto *(sem IVA)*: _____Moeda: _____
_____
4) Datas previstas *(se conhecidas)*
Do lançamento do concurso ☐☐/☐☐/☐☐☐☐ *(dd/mm/aaaa)*
Do início da execução/fornecimento ☐☐/☐☐/☐☐☐☐ *(dd/mm/aaaa)*
5) Data de conclusão *(se conhecida)* ☐☐/☐☐/☐☐☐☐ *(dd/mm/aaaa)*

Utilizar o presente anexo as vezes necessárias

* CPV cfr. descrito no Regulamento CPV 2195/2002, publicado no JOCE nº L340 de 16 de Dezembro, para os contratos de valor igual ou superior ao limiar europeu

** CPC/CPA cfr. descrito no Regulamento 3696/93, publicado no JOCE nº L342 de 31 de Dezembro, alterado pelo Regulamento 1232/98 da Comissão de 17 de Junho, publicado no JOCE nº L177, de 22 de Junho

ANEXO II

ANÚNCIO DE CONCURSO

Obras ☐
Fornecimentos ☐
Serviços ☐

O concurso está abrangido pelo Acordo sobre Contratos Públicos (ACP)?
NÃO ☐   SIM ☐

SECÇÃO I: ENTIDADE ADJUDICANTE

I.1) DESIGNAÇÃO E ENDEREÇO OFICIAIS DA ENTIDADE ADJUDICANTE

Organismo	À atenção de
Endereço	Código postal
Localidade/Cidade	País
Telefone	Fax
Correio electrónico	Endereço internet (URL)

I.2) ENDEREÇO ONDE PODEM SER OBTIDAS INFORMAÇÕES ADICIONAIS
indicado em I.1 ☐   *Se distinto, ver anexo A*

I.3) ENDEREÇO ONDE PODE SER OBTIDA A DOCUMENTAÇÃO
indicado em I.1 ☐   *Se distinto, ver anexo A*

I.4) ENDEREÇO PARA ONDE DEVEM SER ENVIADOS AS PROPOSTAS/PEDIDOS DE PARTICIPAÇÃO
indicado em I.1 ☐   *Se distinto, ver anexo A*

I.5) TIPO DE ENTIDADE ADJUDICANTE
Governo central ☐   Instituição Europeia ☐
Autoridade regional/local ☐   Organismo de direito público ☐   Outro ☐

SECÇÃO II: OBJECTO DO CONCURSO

II.1) DESCRIÇÃO
II.1.1) Tipo de contrato de obras (no caso de um contrato de obras)
Execução ☐   Concepção e execução ☐
Execução, seja por que meio for, de uma obra que satisfaça as necessidades indicadas pela entidade adjudicante ☐

II.1.2) Tipo de contrato de fornecimentos (no caso de um contrato de fornecimentos)
Compra ☐   Locação ☐   Locação financeira ☐   Locação-venda ☐
Combinação dos anteriores ☐

II.1.3) Tipo de contrato de serviços *(no caso de um contrato de serviços)*
Categoria de serviços ☐☐
II.1.4) Trata-se de um contrato-quadro?   NÃO ☐   SIM ☐
II.1.5) Designação dada ao contrato pela entidade adjudicante
_____
_____
_____

II.1.6) Descrição/objecto do concurso
_____
_____
_____

II.1.7) Local onde se realizará a obra, a entrega dos fornecimentos ou a prestação de serviços
_____
_____

Código NUTS _____
II.1.8) Nomenclatura
II.1.8.1) Classificação CPV (Common Procurement Vocabulary) *

	Vocabulário principal	Vocabulário complementar *(se aplicável)*
Objecto principal	☐☐.☐☐.☐☐.☐☐-☐	☐☐☐☐-☐ ☐☐☐☐-☐ ☐☐☐☐-☐
Objectos complementares	☐☐.☐☐.☐☐.☐☐-☐	☐☐☐☐-☐ ☐☐☐☐-☐ ☐☐☐☐-☐
	☐☐.☐☐.☐☐.☐☐-☐	☐☐☐☐-☐ ☐☐☐☐-☐ ☐☐☐☐-☐
	☐☐.☐☐.☐☐.☐☐-☐	☐☐☐☐-☐ ☐☐☐☐-☐ ☐☐☐☐-☐

II.1.8.2) Outra nomenclatura relevante (CPA/NACE/CPC)
** _____

II.1.9) Divisão em lotes *(Para fornecer informações sobre os lotes utilizar o número de exemplares do anexo B necessários)*
NÃO ☐   SIM ☐
Indicar se se podem apresentar propostas para: um lote ☐ vários lotes ☐ todos os lotes ☐
II.1.10) As variantes serão tomadas em consideração? *(se aplicável)*
NÃO ☐   SIM ☐
II.2) QUANTIDADE OU EXTENSÃO DO CONCURSO
II.2.1) Quantidade ou extensão total *(incluindo todos os lotes e opções, se aplicável)*
_____
_____
_____

II.2.2) Opções *(se aplicável)*. *Descrição e momento em que podem ser exercidas* (se possível)
_____
_____
_____

II.3) Duração do contrato ou prazo de execução
Indicar o prazo em meses ☐☐ e/ou em dias ☐☐☐ *a partir da decisão de adjudicação*
Ou: Início ☐☐/☐☐/☐☐☐☐ e/ou termo ☐☐/☐☐/☐☐☐☐ *(dd/mm/aaaa)*

SECÇÃO III: INFORMAÇÕES DE CARÁCTER JURÍDICO, ECONÓMICO, FINANCEIRO E TÉCNICO
III.1) CONDIÇÕES RELATIVAS AO CONCURSO
III.1.1) Cauções e garantias exigidas *(se aplicável)*
_____
_____
_____

III.1.2) Principais modalidades de financiamento e pagamento e/ou referência às disposições que as regulam *(se aplicável)*
_____
_____
_____

III.1.3) Forma jurídica que deve revestir o agrupamento de empreiteiros, de fornecedores ou de prestadores de serviços *(se aplicável)*_____
_____
_____

III.2) CONDIÇÕES DE PARTICIPAÇÃO
III.2.1) Informações relativas à situação do empreiteiro/do fornecedor/do prestador de serviços e formalidades necessárias para avaliar a capacidade económica, financeira e técnica mínima exigida
_____
_____
_____
_____

III.2.1.1) Situação jurídica - documentos comprovativos exigidos
_____
_____
_____
_____

III.2.1.2) Capacidade económica e financeira - documentos comprovativos exigidos
_____
_____
_____
_____

III.2.1.3) Capacidade técnica - documentos comprovativos exigidos

_____
_____
_____

III.3) CONDIÇÕES RELATIVAS AOS CONTRATOS DE SERVIÇOS
III.3.1) A prestação do serviço está reservada a uma determinada profissão?
NÃO ☐   SIM ☐
Em caso afirmativo, referência às disposições legislativas, regulamentares ou administrativas relevantes

_____
_____

III.3.2) As entidades jurídicas devem declarar os nomes e qualificações profissionais do pessoal responsável pela execução do contrato?
NÃO ☐   SIM ☐

SECÇÃO IV: PROCEDIMENTOS
IV.1) TIPO DE PROCEDIMENTO
Concurso público ☐
Concurso limitado com publicação de anúncio ☐
Concurso limitado sem publicação de anúncio ☐
Concurso limitado por prévia qualificação ☐
Concurso limitado sem apresentação de candidaturas ☐
Procedimento por negociação com publicação prévia de anúncio ☐
Procedimento por negociação sem publicação prévia de anúncio ☐

IV.1.1) Já foram seleccionados candidatos? *(apenas para procedimentos por negociação e se aplicável)*
NÃO ☐   SIM ☐
Em caso afirmativo, usar Informações adicionais (secção VI) para informações complementares

IV.1.2) Justificação para a utilização do procedimento acelerado *(se aplicável)*

_____
_____
_____

IV.1.3) Publicações anteriores referentes ao mesmo projecto *(se aplicável)*
IV.1.3.1) Anúncio de pré-informação referente ao mesmo projecto
no Diário da República ☐☐☐☐☐☐ IIIª Série
☐☐☐☐/☐☐☐☐ de ☐☐/☐☐/☐☐☐☐ *(dd/mm/aaaa)*

Número do anúncio no índice do JO
☐☐☐☐/S ☐☐☐-☐☐☐☐☐☐☐ de ☐☐/☐☐/☐☐☐☐ *(dd/mm/aaaa)*

IV.1.3.2) Outras publicações anteriores
no Diário da República ☐☐☐☐☐☐ IIIª Série
☐☐☐☐/☐☐☐☐ de ☐☐/☐☐/☐☐☐☐ *(dd/mm/aaaa)*
Número do anúncio no índice do JO
☐☐☐☐/S ☐☐☐-☐☐☐☐☐☐☐ de ☐☐/☐☐/☐☐☐☐ *(dd/mm/aaaa)*

IV.1.4) Número de empresas que a entidade adjudicante pretende convidar a apresentar propostas *(se aplicável)*
Número ☐☐   ou   Mínimo ☐☐/ Máximo ☐☐

IV.2) CRITÉRIOS DE ADJUDICAÇÃO
A) Preço mais baixo ☐
Ou:
B) Proposta economicamente mais vantajosa, tendo em conta ☐
B1) os critérios a seguir indicados *(se possível, por ordem decrescente de importância)* ☐

1_____ 4_____
7_____
2_____ 5_____
8_____
3_____ 6_____
9_____

Por ordem decrescente de importância   NÃO ☐   SIM ☐
ou
B2) os critérios indicados no caderno de encargos ☐

IV.3) INFORMAÇÕES DE CARÁCTER ADMINISTRATIVO
IV.3.1) Número de referência atribuído ao processo pela entidade adjudicante
_____
_____

IV.3.2) Condições para a obtenção de documentos contratuais e adicionais
Data limite de obtenção   ☐☐/☐☐/☐☐☐☐   *(dd/mm/aaaa)*
Custo *(se aplicável)*: _____ Moeda: _____
Condições e forma de pagamento
_____
_____
_____

IV.3.3) Prazo para recepção de propostas ou pedidos de participação *(consoante se trate de um concurso público ou de um concurso limitado ou de um processo por negociação)*
☐☐/☐☐/☐☐☐☐ *(dd/mm/aaaa)* ou ☐☐☐ dias a contar do envio do anúncio
Hora *(se aplicável)* _____

IV.3.4) Envio dos convites para apresentação de propostas aos candidatos seleccionados *(nos concursos limitados e nos processos por negociação)*
Data prevista   ☐☐/☐☐/☐☐☐☐ *(dd/mm/aaaa)*

IV.3.5) Língua ou línguas que podem ser utilizadas nas propostas ou nos pedidos de participação

ES	DA	DE	EL	EN	FR	IT	NL	PT	FI	SV	Outra - país terceiro
☐	☐	☐	☐	☐	☐	☐	☐	☐	☐	☐	_____

IV.3.6) Prazo durante o qual o proponente deve manter a sua proposta *(no caso de um concurso público)*
Até ☐☐/☐☐/☐☐☐☐ *(dd/mm/aaaa)* ou ☐☐ meses e/ou ☐☐☐ dias a contar da data fixada para a recepção das propostas

IV.3.7) Condições de abertura das propostas

IV.3.7.1) Pessoas autorizadas a assistir à abertura das propostas *(se aplicável)*
_____
_____

_____
IV.3.7.2) Data, hora e local
Data ☐☐/☐☐/☐☐☐☐ *(dd/mm/aaaa)* Hora _____ Local _____

_____

SECÇÃO VI: INFORMAÇÕES ADICIONAIS

VI.1) Trata-se de um anúncio não obrigatório?
NÃO ☐   SIM ☐

VI.2) Indicar, se for caso disso, se se trata de um concurso periódico e o calendário previsto de publicação de próximos anúncios
_____
_____

_____
VI.3) O presente contrato enquadra-se num projecto/programa financiado pelos fundos comunitários?
NÃO ☐   SIM ☐
Em caso afirmativo, indicar o projecto/programa, bem como qualquer referência útil
___
_____
_____

_____
VI.4) OUTRAS INFORMAÇÕES *(se aplicável)*
_____
_____

_____
VI.5) DATA DE ENVIO DO PRESENTE ANÚNCIO ☐☐/☐☐/☐☐☐☐ *(dd/mm/aaaa)*

* cfr. descrito no Regulamento CPV 2195/2002, publicado no JOCE nº L340 de 16 de Dezembro, para os contratos de valor igual ou superior ao limiar europeu

* cfr. descrito no Regulamento CPV 2195/2002, publicado no JOCE nº L340 de 16 de Dezembro, para os contratos de valor igual ou superior ao limiar europeu

** cfr. descrito no Regulamento 3696/93, publicado no JOCE nº L342 de 31 de Dezembro, alterado pelo Regulamento 1232/98 da Comissão de 17 de Junho, publicado no JOCE nº L177, de 22 de Junho

ANEXO A

1.2) ENDEREÇO ONDE PODEM SER OBTIDAS INFORMAÇÕES ADICIONAIS

Organismo	À atenção de
Endereço	Código postal
Localidade/cidade	País
Telefone	Fax
Correio electrónico	Endereço internet (URL)

1.3) ENDEREÇO ONDE PODE SER OBTIDA A DOCUMENTAÇÃO

Organismo	À atenção de
Endereço	Código postal
Localidade/cidade	País
Telefone	Fax
Correio electrónico	Endereço internet (URL)

1.4) ENDEREÇO PARA ONDE DEVEM SER ENVIADOS AS PROPOSTAS/PEDIDOS DE PARTICIPAÇÃO

Organismo	À atenção de
Endereço	Código postal
Localidade/cidade	País
Telefone	Fax
Correio electrónico	Endereço internet (URL)

ANEXO B – INFORMAÇÕES RELATIVAS AOS LOTES

Lote n° ☐☐

....

1) Nomenclatura

1.1) Classificação CPV (Common Procurement Vocabulary) *

	Vocabulário principal	Vocabulário complementar *(se aplicável)*
Objecto principal	☐☐.☐☐.☐☐.☐☐-☐	☐☐☐☐-☐ ☐☐☐☐-☐ ☐☐☐☐-☐
Objectos complementares	☐☐.☐☐.☐☐.☐☐-☐	☐☐☐☐-☐ ☐☐☐☐-☐ ☐☐☐☐-☐
	☐☐.☐☐.☐☐.☐☐-☐	☐☐☐☐-☐ ☐☐☐☐-☐ ☐☐☐☐-☐
	☐☐.☐☐.☐☐.☐☐-☐	☐☐☐☐-☐ ☐☐☐☐-☐ ☐☐☐☐-☐
	☐☐.☐☐.☐☐.☐☐-☐	☐☐☐☐-☐ ☐☐☐☐-☐ ☐☐☐☐-☐

1.2) Outra nomenclatura relevante (CPA/NACE/CPC)

** _____

_____

_____

2) Descrição sucinta _____
_____
_____
3) Extensão ou quantidade _____
___

------

4) Indicações acerca de uma outra data de início de execução/fornecimento *(se aplicável)*
Início de execução ☐☐/☐☐/☐☐☐☐ *(dd/mm/aaaa)*/fornecimento ☐☐/☐☐/☐☐☐☐ *(dd/mm/aaaa)*
Lote nº ☐☐
1) Nomenclatura
1.1) Classificação CPV (Common Procurement Vocabulary) *

	Vocabulário principal	Vocabulário complementar *(se aplicável)*
Objeto principal	☐☐.☐☐.☐☐.☐☐-☐	☐☐☐☐-☐ ☐☐☐☐-☐ ☐☐☐☐-☐
Objectos complementares	☐☐.☐☐.☐☐.☐☐-☐	☐☐☐☐-☐ ☐☐☐☐-☐ ☐☐☐☐-☐
	☐☐.☐☐.☐☐.☐☐-☐	☐☐☐☐-☐ ☐☐☐☐-☐ ☐☐☐☐-☐
	☐☐.☐☐.☐☐.☐☐-☐	☐☐☐☐-☐ ☐☐☐☐-☐ ☐☐☐☐-☐

1.2) Outra nomenclatura relevante (CPA/NACE/CPC)**
_____

2) Descrição sucinta
_____

_____
3) Extensão ou quantidade _____
___
_____
_____

4) Indicações acerca de uma outra data de início de execução/fornecimento *(se aplicável)*
Início de execução ☐☐/☐☐/☐☐☐☐ *(dd/mm/aaaa)*/fornecimento ☐☐/☐☐/☐☐☐☐ *(dd/mm/aaaa)*

(Utilizar o presente anexo as vezes necessárias)

* cfr. descrito no Regulamento CPV 2195/2002, publicado no JOCE nº L340 de 16 de Dezembro, para os contratos de valor igual ou superior ao limiar europeu

** cfr. descrito no Regulamento 3696/93, publicado no JOCE nº L342 de 31 de Dezembro, alterado pelo Regulamento 1232/98 da Comissão de 17 de Junho, publicado no JOCE nº L177, de 22 de Junho

ANEXO III

ANÚNCIO DE ADJUDICAÇÃO
DO CONTRATO

Obras ☐
Fornecimentos ☐
Serviços ☐

O concurso está abrangido pelo Acordo sobre Contratos Públicos (ACP)?
NÃO ☐ SIM ☐

SECÇÃO I: ENTIDADE ADJUDICANTE
I.1) DESIGNAÇÃO E ENDEREÇO OFICIAIS DA ENTIDADE ADJUDICANTE

Organismo	À atenção de
Endereço	Código postal
Localidade/Cidade	País
Telefone	Fax
Correio electrónico	Endereço internet (URL)

I.2) TIPO DE ENTIDADE ADJUDICANTE
Governo central ☐   Instituição Europeia ☐
Autoridade regional/local ☐   Organismo de direito público ☐   Outro ☐

SECÇÃO II: OBJECTO DO CONCURSO
II.1) TIPO DE CONTRATO
Obras ☐   Fornecimentos ☐   Serviços ☐
Categoria de serviços ☐☐
Está de acordo com a publicação do presente anúncio para as categorias de serviços 17 a 27?
NÃO ☐ SIM ☐

II.2) TRATA-SE DE UM CONTRATO-QUADRO? NÃO ☐   SIM ☐

II.3) NOMENCLATURA
II.3.1) Classificação CPV (Common Procurement Vocabulary) *

	Vocabulário principal	Vocabulário complementar (se aplicável)
Objecto principal	☐☐.☐☐.☐☐.☐☐-☐	☐☐☐☐-☐ ☐☐☐☐-☐ ☐☐☐☐-☐
Objectos complementares	☐☐.☐☐.☐☐.☐☐-☐	☐☐☐☐-☐ ☐☐☐☐-☐ ☐☐☐☐-☐
	☐☐.☐☐.☐☐.☐☐-☐	☐☐☐☐-☐ ☐☐☐☐-☐ ☐☐☐☐-☐
	☐☐.☐☐.☐☐.☐☐-☐	☐☐☐☐-☐ ☐☐☐☐-☐ ☐☐☐☐-☐
	☐☐.☐☐.☐☐.☐☐-☐	☐☐☐☐-☐ ☐☐☐☐-☐ ☐☐☐☐-☐

II.3.2) Outra nomenclatura relevante (CPA/NACE/CPC) **

_____

II.4) DESIGNAÇÃO DADA AO CONCURSO PELA ENTIDADE ADJUDICANTE
_____
_____
_____

II.5) DESCRIÇÃO SUCINTA
_____
_____
_____

II.6) VALOR TOTAL ESTIMADO (sem IVA)
_____
_____
_____

SECÇÃO IV: PROCEDIMENTOS
IV.1) TIPO DE PROCEDIMENTO

Concurso público	☐
Concurso limitado com publicação de anúncio	☐
Concurso limitado sem publicação de anúncio	☐
Concurso limitado por prévia qualificação	☐
Concurso limitado sem apresentação de candidaturas	☐
Procedimento por negociação com publicação prévia de anúncio	☐
Procedimento por negociação sem publicação prévia de anúncio	☐

IV.1.1) Justificação para a utilização do procedimento por negociação sem publicação prévia de anúncio ver anexo

IV.2) Critérios de adjudicação
Preço mais baixo ☐
ou
Proposta economicamente mais vantajosa tendo em conta ☐

_____   _____
_____   _____
_____   _____
_____   _____

SECÇÃO V: ADJUDICAÇÃO DO CONTRATO
V.1) ADJUDICAÇÃO E VALOR DO CONTRATO
V.1.1) Nome e endereço do fornecedor, do empreiteiro ou do prestador de serviços a quem o contrato foi atribuído.
CONTRATO nº_____

Organismo	À atenção de
Endereço	Código postal
Localidade/Cidade	País
Telefone	Fax
Correio electrónico	Endereço internet (URL)

V.1.2) Informações sobre o preço do contrato ou sobre a proposta mais alta e a mais baixa tomadas em consideração *(preço sem IVA)*

Preço _____

Ou: proposta mais baixa _____ / proposta mais alta _____

Moeda: _____

V.2) Subcontratação

V.2.1) O contrato poderá vir a ser subcontratado?   NÃO ☐   SIM ☐

Em caso afirmativo, indicar o valor e a percentagem do contrato que poderá ser subcontratado

Valor *(sem IVA)* _____ Moeda _____ Ou Percentagem _____ %

Desconhecido ☐

(Utilizar a presente secção as vezes necessárias)

SECÇÃO VI: INFORMAÇÕES ADICIONAIS

VI.1) TRATA-SE DE UM ANÚNCIO NÃO OBRIGATÓRIO?

NÃO ☐   SIM ☐

VI.2) NÚMERO DE REFERÊNCIA ATRIBUÍDO AO PROCESSO PELA ENTIDADE ADJUDICANTE

_____
_____
_____

VI.3) DATA DA ADJUDICAÇÃO DO CONTRATO ☐☐/☐☐/☐☐☐☐ *(dd/mm/aaaa)*

VI.4) NÚMERO DE PROPOSTAS RECEBIDAS ☐☐☐

VI.5) O CONTRATO FOI OBJECTO DE ANÚNCIO PUBLICADO NO JO?

NÃO ☐   SIM ☐

Em caso afirmativo, indique a referência - Número do anúncio no Índice do JO

☐☐☐☐/S   ☐☐☐-☐☐☐☐☐☐☐   de   ☐☐/☐☐/☐☐☐☐   *(dd/mm/aaaa)*

VI.6) O PRESENTE CONTRATO ENQUADRA-SE NUM PROJECTO/PROGRAMA FINANCIADO PELOS FUNDOS COMUNITÁRIOS?

NÃO ☐   SIM ☐

Em caso afirmativo, indicar o projecto/programa, bem como qualquer referência útil

_____
_____

VI.7) Outras Informações *(se aplicável)*

_____
_____
_____

VI.8) DATA DE ENVIO DO PRESENTE ANÚNCIO   ☐☐/☐☐/☐☐☐☐ *(dd/mm/aaaa)*

* cfr. descrito no Regulamento CPV 2195/2002, publicado no JOCE nº L340 de 16 de Dezembro, para os contratos de valor igual ou superior ao limiar europeu

** cfr. descrito no Regulamento 3696/93, publicado no JOCE nº L342 de 31 de Dezembro, alterado pelo Regulamento 1232/98 da Comissão de 17 de Junho, publicado no JOCE nº L177, de 22 de Junho

ANEXO
ANÚNCIO DE ADJUDICAÇÃO DO CONTRATO

OBRAS ☐
FORNECIMENTOS ☐
SERVIÇOS ☐

IV.1.1) Justificação para a utilização do procedimento por negociação
Os motivos para a utilização do processo por negociação devem estar de acordo com as disposições relevantes das directivas:
    Obras: *Artigo 7 Dir. 93/37/CEE*
    Fornecimentos: Artigo 6 Dir. 93/36/CEE
    Serviços: *Artigo 11 Dir. 92/50/CEE*

IV.1.1.1) Processo por negociação com publicação prévia de anúncio

a) Propostas irregulares ou propostas inaceitáveis em resposta a   - concurso público ☐
   - concurso limitado ☐

b) Quando a natureza e condicionalismos das obras ou dos serviços não permitam a fixação global do preço ☐

c) Quando a natureza dos serviços não permitir o estabelecimento das especificações do contrato com uma precisão suficiente para que seja possível adjudicar o contrato mediante concurso público ou limitado ☐

d) Quando as obras forem realizadas apenas para efeitos de investigação, ensaio ou aperfeiçoamento e não com o objectivo de assegurar uma rentabilidade ou a cobertura dos custos de investigação e de desenvolvimento ☐

IV.1.1.2) Processo por negociação sem publicação prévia de anúncio

e) Ausência de propostas ou inadequação das mesmas em resposta a   - concurso público ☐
   - concurso limitado ☐

f) Quando se trate de produtos fabricados apenas para fins de investigação, ensaio, estudo ou desenvolvimento, nas condições estabelecidas pela directiva (apenas para os fornecimentos) ☐

g) Quando as obras/os bens/os serviços apenas possam ser confiados a um proponente determinado por razões
   - técnicas ☐
   - artísticas ☐
   - relacionadas com ☐
    a protecção de direitos exclusivos

h) Urgência imperiosa resultante de acontecimentos imprevisíveis para a entidade adjudicante e de acordo com as condições estritas fixadas nas directivas ☐

i) Obras/fornecimentos/serviços complementares, de acordo com as condições estritas fixadas nas directivas ☐

j) Obras ou serviços que consistam na repetição de anteriores obras e serviços, de acordo com as condições estritas fixadas nas directivas ☐

k) Contrato de serviços atribuído ao laureado ou a um dos laureados de um concurso ☐

ANEXO IV

CONCESSÃO DE OBRAS PÚBLICAS

Obras

SECÇÃO I: ENTIDADE ADJUDICANTE
I.1) DESIGNAÇÃO E ENDEREÇO OFICIAIS DA ENTIDADE ADJUDICANTE

Organismo	À atenção de
Endereço	Código postal
Localidade/Cidade	País
Telefone	Fax
Correio electrónico	Endereço internet (URL)

I.2) ENDEREÇO ONDE PODEM SER OBTIDAS INFORMAÇÕES ADICIONAIS
indicado em I.1 ☐   Se distinto, ver anexo A
I.3) ENDEREÇO ONDE PODE SER OBTIDA A DOCUMENTAÇÃO
indicado em I.1 ☐   Se distinto, ver anexo A
I.4) ENDEREÇO PARA ONDE DEVEM SER ENVIADAS AS CANDIDATURAS
indicado em I.1 ☐   Se distinto, ver anexo A
I.5) TIPO DE ENTIDADE ADJUDICANTE
Governo central ☐   Instituição Europeia ☐
Autoridade regional/local ☐   Organismo de direito público ☐   Outro ☐

SECÇÃO II: OBJECTO DO CONCURSO
II.1) DESCRIÇÃO DA CONCESSÃO
II.1.1) Designação dada da ao contrato pela entidade adjudicante _____

II.1.2) Descrição

II.1.3) Local _____
Código NUTS _____
II.1.4) Nomenclatura
II.1.4.1) Classificação CPV (Common Procurement Vocabulary) *

	Vocabulário principal	Vocabulário complementar (se aplicável)
Objecto principal	☐☐.☐☐.☐☐.☐☐-☐	☐☐☐☐-☐ ☐☐☐☐-☐ ☐☐☐☐-☐
Objectos complementares	☐☐.☐☐.☐☐.☐☐-☐	☐☐☐☐-☐ ☐☐☐☐-☐ ☐☐☐☐-☐
	☐☐.☐☐.☐☐.☐☐-☐	☐☐☐☐-☐ ☐☐☐☐-☐ ☐☐☐☐-☐
	☐☐.☐☐.☐☐.☐☐-☐	☐☐☐☐-☐ ☐☐☐☐-☐ ☐☐☐☐-☐
	☐☐.☐☐.☐☐.☐☐-☐	☐☐☐☐-☐ ☐☐☐☐-☐ ☐☐☐☐-☐

II.1.4.2) Outra nomenclatura relevante (NACE) _____
II.2) QUANTIDADE OU EXTENSÃO DO CONTRATO
II.2.1) Quantidade ou extensão total
_____
_____

II.2.2) Percentagem mínima das obras que podem ser atribuídas a terceiros *(se aplicável)*
_____
_____
_____

SECÇÃO III: INFORMAÇÕES DE CARÁCTER JURÍDICO, ECONÓMICO, FINANCEIRO E TÉCNICO
III.1) CONDIÇÕES DE PARTICIPAÇÃO
III.1.1) Informações relativas à situação do empreiteiro e formalidades necessárias para avaliar a capacidade económica, financeira e técnica mínima exigida
_____
_____
_____

III.1.1.1) Situação jurídica - documentos comprovativos exigidos
_____
_____
_____

III.1.1.2) Capacidade económica e financeira - documentos comprovativos exigidos
_____
_____
_____

III.1.1.3) Capacidade técnica - documentos comprovativos exigidos
_____
_____

_____
SECÇÃO IV: PROCESSOS
IV.1) Critérios de adjudicação
_____   _____
_____   _____
_____   _____
_____   _____

IV.2) INFORMAÇÕES DE CARÁCTER ADMINISTRATIVO
IV.2.1) Número de referência atribuído ao processo pela entidade adjudicante
_____
_____

IV.2.2) Prazo para recepção das candidaturas
☐☐/☐☐/☐☐☐☐ *(dd/mm/aaaa)* ☐☐☐ dias a contar do envio do anúncio
Hora *(se aplicável)*_____

IV.2.3) Língua ou línguas que podem ser utilizadas pelos candidatos

ES	DA	DE	EL	EN	FR	IT	NL	PT	FI	SV	Outra – país terceiro
☐	☐	☐	☐	☐	☐	☐	☐	☐	☐	☐	_____

SECÇÃO VI: INFORMAÇÕES ADICIONAIS

VI.1) TRATA-SE DE UM ANÚNCIO NÃO OBRIGATÓRIO?
NÃO ☐   SIM ☐

VI.2) O CONTRATO ENQUADRA-SE NUM PROJECTO/PROGRAMA FINANCIADO PELOS FUNDOS COMUNITÁRIOS?
NÃO ☐   SIM ☐
Em caso afirmativo, indicar o projecto/programa, assim como qualquer referência útil
_____
_____
_____

VI.3) OUTRAS INFORMAÇÕES *(se aplicável)*
_____
_____
_____

VI.4) DATA DE ENVIO DO PRESENTE ANÚNCIO: ☐☐/☐☐/☐☐☐☐ *(dd/mm/aaaa)*

* cfr. descrito no Regulamento CPV 2195/2002, publicado no JOCE nº L340 de 16 de Dezembro, para os contratos de valor igual ou superior ao limiar europeu

ANEXO A

1.2) ENDEREÇO ONDE PODEM SER OBTIDAS INFORMAÇÕES ADICIONAIS

Organismo	À atenção de
Endereço	Código postal
Localidade/Cidade	País
Telefone	Fax
Correio electrónico	Endereço internet (URL)

1.3) ENDEREÇO ONDE PODE SER OBTIDA DOCUMENTAÇÃO

Organismo	À atenção de
Endereço	Código postal
Localidade/Cidade	País
Telefone	Fax
Correio electrónico	Endereço internet (URL)

1.4) ENDEREÇO PARA ONDE DEVEM SER ENVIADAS AS CANDIDATURAS

Organismo	À atenção de
Endereço	Código postal
Localidade/Cidade	País
Telefone	Fax
Correio electrónico	Endereço internet (URL)

ANEXO V

ANÚNCIO DE CONCURSO
(contrato a adjudicar por um concessionário)

Obras

O concurso está abrangido pelo Acordo sobre Contratos Públicos (ACP)?
NÃO ☐   SIM ☐

SECÇÃO I: CONCESSIONÁRIO

I.1) DESIGNAÇÃO E ENDEREÇO OFICIAIS DO CONCESSIONÁRIO

Organismo	À atenção de
Endereço	Código postal
Localidade/Cidade	País
Telefone	Fax
Correio electrónico	Endereço internet (URL)

I.2) ENDEREÇO ONDE PODEM SER OBTIDAS INFORMAÇÕES ADICIONAIS
indicado em I.1 ☐   *Se distinto, ver anexo A*

I.3) ENDEREÇO ONDE PODE SER OBTIDA A DOCUMENTAÇÃO
indicado em I.1 ☐   *Se distinto, ver anexo A*

I.4) ENDEREÇO PARA ONDE DEVEM SER ENVIADOS AS PROPOSTAS/OS PEDIDOS DE PARTICIPAÇÃO
indicado em I.1 ☐   *Se distinto, ver anexo A*

SECÇÃO II: OBJECTO DO CONCURSO
II.1) DESCRIÇÃO DAS OBRAS
II.1.1) Tipo de contrato
Execução ☐   Concepção e execução ☐
Execução, seja por que meio for, de uma obra que satisfaça as necessidades indicadas pelo concessionário ☐
II.1.2) Designação dada ao contrato pelo concessionário _____

_____

II.1.3) Descrição
_____
_____

II.1.4) Local de execução _____
Código NUTS _____
II.1.5) Nomenclatura
II.1.5.1) Classificação CPV (Common Procurement Vocabulary) *

	Vocabulário principal	Vocabulário complementar *(se aplicável)*
Objecto principal	☐☐.☐☐.☐☐.☐☐-☐	☐☐☐☐-☐ ☐☐☐☐-☐ ☐☐☐☐-☐
Objectos complementares	☐☐.☐☐.☐☐.☐☐-☐	☐☐☐☐-☐ ☐☐☐☐-☐ ☐☐☐☐-☐
	☐☐.☐☐.☐☐.☐☐-☐	☐☐☐☐-☐ ☐☐☐☐-☐ ☐☐☐☐-☐
	☐☐.☐☐.☐☐.☐☐-☐	☐☐☐☐-☐ ☐☐☐☐-☐ ☐☐☐☐-☐
	☐☐.☐☐.☐☐.☐☐-☐	☐☐☐☐-☐ ☐☐☐☐-☐ ☐☐☐☐-☐

II.1.5.2) Outra nomenclatura relevante (NACE) _____
II.2) QUANTIDADE OU EXTENSÃO DO CONTRATO
II.2.1) Quantidade ou extensão total
_____
_____

II.3) Duração do contrato ou prazo de execução
Prazo em meses: ☐☐ e/ou em dias ☐☐☐ *(a partir da assinatura do contrato)*
Ou: Início ☐☐/☐☐/☐☐☐☐ e/ou termo ☐☐/☐☐/☐☐☐☐ *(dd/mm/aaaa)*

SECÇÃO III: INFORMAÇÕES DE CARÁCTER FINANCEIRO, ECONÓMICO E TÉCNICO
III.1) Condições relativas ao contrato
III.1.1) Cauções e garantias exigidas *(se aplicável)*
_____
_____
_____

III.2) CONDIÇÕES DE PARTICIPAÇÃO
III.2.1) Condições de carácter económico e técnico que o proponente deve preencher
_____
_____
_____

SECÇÃO IV: PROCEDIMENTOS

IV.1) Tipo de procedimento

Concurso público ☐   Concurso limitado ☐   Processo por negociação ☐   Outro ☐

IV.1.2) Publicações anteriores referentes ao mesmo concurso

IV.1.2.1) Anúncio de pré-informação referente ao mesmo concurso

no Diário da República ☐☐☐☐☐ IIIª Série

☐☐☐☐/☐☐☐☐ de ☐☐/☐☐/☐☐☐☐ *(dd/mm/aaaa)*

Número do anúncio no índice do JO

☐☐☐☐/S ☐☐☐-☐☐☐☐☐☐☐ de ☐☐/☐☐/☐☐☐☐ *(dd/mm/aaaa)*

IV.1.2.2) Outras publicações anteriores

no Diário da República ☐☐☐☐☐ IIIª Série

☐☐☐☐/☐☐☐☐ de ☐☐/☐☐/☐☐☐☐ *(dd/mm/aaaa)*

Número do anúncio no índice do JO

☐☐☐☐/S ☐☐☐-☐☐☐☐☐☐☐ de ☐☐/☐☐/☐☐☐☐ *(dd/mm/aaaa)*

IV.2) Critérios de adjudicação

A) Preço mais baixo ☐

Ou:

B) Proposta economicamente mais vantajosa, tendo em conta ☐

  B1) os critérios a seguir indicados *(se possível, por ordem decrescente de importância)* ☐

1_____   4_____   7_____
—   —   —
2_____   5_____   8_____
—   —   —
3_____   6_____   9_____
—   —   —

Por ordem decrescente de importância   NÃO ☐   SIM ☐

ou

  B2) os critérios indicados no caderno de encargos ☐

IV.3) INFORMAÇÕES DE CARÁCTER ADMINISTRATIVO

IV.3.1) Número de referência atribuído ao processo pelo concessionário

_____

_____

_____

IV.3.2) Prazo para

recepção das propostas   ☐☐/☐☐/☐☐☐☐ *(dd/mm/aaaa)*

(no caso de um concurso público)   ou

                                           ☐☐☐ dias *(a contar do envio do anúncio)*

recepção dos pedidos de participação   ☐☐/☐☐/☐☐☐☐ *(dd/mm/aaaa)*

(no caso de um concurso limitado   ou

ou processo por negociação)

                                           ☐☐☐ dias *(a contar do envio do anúncio)*

IV.3.3) Envio dos convites para apresentação de propostas aos candidatos seleccionados

Data prevista ☐☐/☐☐/☐☐☐☐ *(dd/mm/aaaa)*

IV.3.4) Língua ou línguas que podem ser utilizadas nas propostas ou nos pedidos de participação

ES	DA	DE	EL	EN	FR	IT	NL	PT	FI	SV	Outra – país terceiro
☐	☐	☐	☐	☐	☐	☐	☐	☐	☐	☐	_____

IV.3.5) Prazo durante o qual o proponente deve manter a sua proposta

Até ☐☐/☐☐/☐☐☐☐ *(dd/mm/aaaa)*

ou ☐☐ meses e/ou ☐☐☐ dias *(a contar da data fixada para a recepção das propostas)*

SECÇÃO VI: INFORMAÇÕES ADICIONAIS

VI.1) Trata-se de um anúncio não obrigatório?
NÃO ☐ SIM ☐

VI.2) O presente contrato enquadra-se num projecto/programa financiado pelos fundos comunitários?
NÃO ☐ SIM ☐

Em caso afirmativo, indicar o projecto/programa, assim como qualquer referência útil

___
_____
_____
_____

VI.3) Outras informações *(se aplicável)*
_____
_____
_____

VI.4) DATA DE ENVIO DO PRESENTE ANÚNCIO ☐☐/☐☐/☐☐☐☐ *(dd/mm/aaaa)*

* cfr. descrito no Regulamento CPV 2195/2002, publicado no JOCE nº L340 de 16 de Dez, para os contratos de valor igual ou superior ao limiar europeu

ANEXO A

1.2) ENDEREÇO ONDE PODEM SER OBTIDAS INFORMAÇÕES ADICIONAIS

Organismo	À atenção de
Endereço	Código postal
Localidade/Cidade	País
Telefone	Fax
Correio electrónico	Endereço internet (URL)

1.3) ENDEREÇO ONDE PODE SER OBTIDA DOCUMENTAÇÃO

Organismo	À atenção de
Endereço	Código postal
Localidade/Cidade	País
Telefone	Fax
Correio electrónico	Endereço internet (URL)

1.4) ENDEREÇO PARA ONDE DEVEM SER ENVIADOS AS PROPOSTAS/OS PEDIDOS DE PARTICIPAÇÃO

Organismo	À atenção de
Endereço	Código postal
Localidade/Cidade	País
Telefone	Fax
Correio electrónico	Endereço internet (URL)

ANEXO VI

ANÚNCIO PERIÓDICO INDICATIVO
SECTORES ESPECIAIS

(quando não se trate de um apelo à concorrência)

Obras ☐
Fornecimentos ☐
Serviços ☐

Este contrato é abrangido pelo Acordo sobre Contratos Públicos (ACP)?
NÃO ☐   SIM ☐

SECÇÃO I: ENTIDADE ADJUDICANTE

I.1) DESIGNAÇÃO E ENDEREÇO OFICIAIS DA ENTIDADE ADJUDICANTE

Organismo	À atenção de
Endereço	Código postal
Localidade/Cidade	País
Telefone	Fax
Correio electrónico	Endereço internet (URL)

I.2) ENDEREÇO ONDE PODEM SER OBTIDAS INFORMAÇÕES ADICIONAIS
indicado em I.1 ☐   Se distinto, ver anexo A

Utilizar o presente anexo as vezes necessárias

SECÇÃO II: OBJECTO DO CONCURSO OBRAS ☐
II.1) DESIGNAÇÃO DADA AO CONTRATO PELA ENTIDADE ADJUDICANTE

II.2) LOCAL _____
Código NUTS _____
II.3) NOMENCLATURA
II.3.1) Classificação CPV (Common Procurement Vocabulary) *

	Vocabulário principal	Vocabulário complementar *(se aplicável)*
Objecto principal	☐☐.☐☐☐☐.☐☐-☐	☐☐☐☐-☐ ☐☐☐☐-☐ ☐☐☐☐-☐
Objectos complementares	☐☐.☐☐☐☐.☐☐-☐	☐☐☐☐-☐ ☐☐☐☐-☐ ☐☐☐☐-☐
	☐☐.☐☐☐☐.☐☐-☐	☐☐☐☐-☐ ☐☐☐☐-☐ ☐☐☐☐-☐
	☐☐.☐☐☐☐.☐☐-☐	☐☐☐☐-☐ ☐☐☐☐-☐ ☐☐☐☐-☐

II.3.2) Outra nomenclatura relevante (NACE): _____
II.4) NATUREZA E EXTENSÃO DA OBRA _____

II.5) CUSTO ESTIMADO DA OBRA *(sem IVA)* _____ Moeda

II.6) DATAS PREVISTAS *(se conhecidas)*
Do lançamento do concurso ☐☐/☐☐/☐☐☐☐ *(dd/mm/aaaa)*
Do início das obras ☐☐/☐☐/☐☐☐☐ *(dd/mm/aaaa)*
II.7) DATA PREVISTA DE CONCLUSÃO DAS OBRAS *(se conhecida)* ☐☐/☐☐/☐☐☐☐
(dd/mm/aaaa)
II.8) CONDIÇÕES E FORMA DE PAGAMENTO
_____
_____
_____
_____

II.9) TIPO DE PROCESSO
Concurso público ☐   Concurso limitado ☐   Processo por negociação ☐
II.10) OUTRAS INFORMAÇÕES *(se aplicável)* _____

(Para fornecer informações suplementares sobre os lotes, utilizar o anexo B sempre que necessário)

Utilizar o presente anexo as vezes necessárias

ANEXO VII

ANÚNCIO PERIÓDICO INDICATIVO
SECTORES ESPECIAIS
(quando se trate de um apelo à concorrência)

Obras ☐
Fornecimentos ☐
Serviços ☐

Este contrato é abrangido pelo Acordo sobre Contratos Públicos (ACP)?
NÃO ☐   SIM ☐

SECÇÃO I: ENTIDADE ADJUDICANTE
I.1) Designação e endereço oficiais da entidade adjudicante

Organismo	À atenção de
Endereço	Código postal
Localidade/Cidade	País
Telefone	Fax
Correio electrónico	Endereço internet (URL)

I.2) ENDEREÇO ONDE PODEM SER OBTIDAS INFORMAÇÕES ADICIONAIS
indicado em I.1 ☐   *Se distinto, ver anexo A*

I.3) ENDEREÇO ONDE PODE SER OBTIDA A DOCUMENTAÇÃO
indicado em I.1 ☐   *Se distinto, ver anexo A*

I.4) ENDEREÇO PARA ONDE DEVEM SER ENVIADOS OS PEDIDOS DE PARTICIPAÇÃO
indicado em I.1 ☐   *Se distinto, ver anexo A*

SECÇÃO II: OBJECTO DO CONCURSO   OBRAS ☐
II.1) Designação dada ao contrato pela entidade adjudicante _____

II.2) Nomenclatura

II.2.1) Classificação CPV (Common Procurement Vocabulary) *

	Vocabulário principal	Vocabulário complementar *(se aplicável)*
Objecto principal	☐☐.☐☐.☐☐.☐☐-☐	☐☐☐☐-☐ ☐☐☐☐-☐ ☐☐☐☐-☐
Objectos complementares	☐☐.☐☐.☐☐.☐☐-☐	☐☐☐☐-☐ ☐☐☐☐-☐ ☐☐☐☐-☐
	☐☐.☐☐.☐☐.☐☐-☐	☐☐☐☐-☐ ☐☐☐☐-☐ ☐☐☐☐-☐
	☐☐.☐☐.☐☐.☐☐-☐	☐☐☐☐-☐ ☐☐☐☐-☐ ☐☐☐☐-☐
	☐☐.☐☐.☐☐.☐☐-☐	☐☐☐☐-☐ ☐☐☐☐-☐ ☐☐☐☐-☐

Parte III – Formulários, minutas e requerimentos 519

II.2.2) Outra nomenclatura relevante (NACE) _____

(Para fornecer informações suplementares sobre os lotes, utilizar o anexo B sempre que necessário)

II.3) NATUREZA E EXTENSÃO DA OBRA

_____

_____

_____

_____

II.4) PRAZO DE RECEPÇÃO DOS PEDIDOS DE PARTICIPAÇÃO ☐☐/☐☐/☐☐☐☐ *(dd/mm/aaaa)*

II.5) OUTRAS INFORMAÇÕES *(se aplicável)*

_____

_____

_____

II.1) DESIGNAÇÃO DADA AO CONTRATO PELA ENTIDADE ADJUDICANTE

_____

II.2) NOMENCLATURA

II.2.1) Classificação CPV (Common Procurement Vocabulary) *

	Vocabulário principal	Vocabulário complementar *(se aplicável)*
Objecto principal	☐☐.☐☐.☐☐.☐☐-☐	☐☐☐☐-☐ ☐☐☐☐-☐ ☐☐☐☐-☐
Objectos	☐☐.☐☐.☐☐.☐☐-☐	☐☐☐☐-☐ ☐☐☐☐-☐ ☐☐☐☐-☐
complementares	☐☐.☐☐.☐☐.☐☐-☐	☐☐☐☐-☐ ☐☐☐☐-☐ ☐☐☐☐-☐
	☐☐.☐☐.☐☐.☐☐-☐	☐☐☐☐-☐ ☐☐☐☐-☐ ☐☐☐☐-☐
	☐☐.☐☐.☐☐.☐☐-☐	☐☐☐☐-☐ ☐☐☐☐-☐ ☐☐☐☐-☐

II.2.2) Outra nomenclatura relevante (NACE)

_____

(Para fornecer informações suplementares sobre os lotes, utilizar o anexo B sempre que necessário)

II.3) NATUREZA E EXTENSÃO DA OBRA

_____

_____

_____

II.4) PRAZO DE RECEPÇÃO DOS PEDIDOS DE PARTICIPAÇÃO ☐☐/☐☐/☐☐☐☐ *(dd/mm/aaaa)*

II.5) OUTRAS INFORMAÇÕES *(se aplicável)*

_____

_____

_____

(Utilizar a presente secção as vezes necessárias)

SECÇÃO II: OBJECTO DO CONCURSO　　　　　**FORNECIMENTOS** ☐

　　　　　　　　　　　　　　　　　　　　　　SERVIÇOS ☐

II.1) DESIGNAÇÃO DADA AO CONTRATO PELA ENTIDADE ADJUDICANTE

_____

II.2) NOMENCLATURA

II.2.1) Classificação CPV (Common Procurement Vocabulary) *

	Vocabulário principal	Vocabulário complementar *(se aplicável)*
Objecto principal	☐☐.☐☐.☐☐.☐☐-☐	☐☐☐☐-☐ ☐☐☐☐-☐ ☐☐☐☐-☐
Objectos complementares	☐☐.☐☐.☐☐.☐☐-☐	☐☐☐☐-☐ ☐☐☐☐-☐ ☐☐☐☐-☐
	☐☐.☐☐.☐☐.☐☐-☐	☐☐☐☐-☐ ☐☐☐☐-☐ ☐☐☐☐-☐
	☐☐.☐☐.☐☐.☐☐-☐	☐☐☐☐-☐ ☐☐☐☐-☐ ☐☐☐☐-☐
	☐☐.☐☐.☐☐.☐☐-☐	☐☐☐☐-☐ ☐☐☐☐-☐ ☐☐☐☐-☐

II.2.2) Outra nomenclatura relevante (CPA/CPC)
** _____

II.2.3) Categoria de serviço *(no caso de um contrato de serviços)* ☐☐
(Para fornecer informações suplementares sobre os lotes, utilizar o anexo B sempre que necessário)

II.3) NATUREZA E QUANTIDADE DE BENS/SERVIÇOS *(utilizar outra folha, se necessário)*
_____
_____

_____
II.4) PRAZO DE RECEPÇÃO DOS PEDIDOS DE PARTICIPAÇÃO ☐☐/☐☐/☐☐☐☐ *(dd/mm/aaaa)*

II.5) OUTRAS INFORMAÇÕES *(se aplicável)*
_____
_____

_____
II.1) DESIGNAÇÃO DADA AO CONTRATO PELA ENTIDADE ADJUDICANTE
_____

_____
II.2) NOMENCLATURA

II.2.1) Classificação CPV (Common Procurement Vocabulary) *

	Vocabulário principal	Vocabulário complementar *(se aplicável)*
Objecto principal	☐☐.☐☐.☐☐.☐☐-☐	☐☐☐☐-☐ ☐☐☐☐-☐ ☐☐☐☐-☐
Objectos complementares	☐☐.☐☐.☐☐.☐☐-☐	☐☐☐☐-☐ ☐☐☐☐-☐ ☐☐☐☐-☐
	☐☐.☐☐.☐☐.☐☐-☐	☐☐☐☐-☐ ☐☐☐☐-☐ ☐☐☐☐-☐
	☐☐.☐☐.☐☐.☐☐-☐	☐☐☐☐-☐ ☐☐☐☐-☐ ☐☐☐☐-☐
	☐☐.☐☐.☐☐.☐☐-☐	☐☐☐☐-☐ ☐☐☐☐-☐ ☐☐☐☐-☐

II.2.2) Outra nomenclatura relevante (CPA/CPC)
** _____

II.2.3) Categoria de serviço *(no caso de um contrato de serviços)* ☐☐
(Para fornecer informações suplementares sobre os lotes, utilizar o anexo B sempre que necessário)

II.3) NATUREZA E QUANTIDADE DE BENS/SERVIÇOS *(utilizar outra folha, se necessário)*
_____
_____

_____
II.4) PRAZO DE RECEPÇÃO DOS PEDIDOS DE PARTICIPAÇÃO ☐☐/☐☐/☐☐☐☐ *(dd/mm/aaaa)*

II.5) OUTRAS INFORMAÇÕES *(se aplicável)*
_____
_____

_____
(Utilizar a presente secção as vezes necessárias)

SECÇÃO IV: INFORMAÇÕES DE CARÁCTER ADMINISTRATIVO
IV.1) NÚMERO DE REFERÊNCIA ATRIBUÍDO AO PROCESSO PELA ENTIDADE ADJUDICANTE ___

_____

SECÇÃO VI: INFORMAÇÕES ADICIONAIS
VI.1) TRATA-SE DE UM ANÚNCIO NÃO OBRIGATÓRIO?
NÃO ☐   SIM ☐
VI.2) O PRESENTE CONTRATO ENQUADRA-SE NUM PROJECTO/PROGRAMA FINANCIADO PELOS FUNDOS COMUNITÁRIOS?
NÃO ☐   SIM ☐
Em caso afirmativo, indique o projecto/programa, bem como qualquer referência útil
___
_____
_____

_____
VI.3) DATA DO ENVIO DO PRESENTE ANÚNCIO   ☐☐/☐☐/☐☐☐☐ *(dd/mm/aaaa)*

ANEXO - SECTORES ESPECIAIS
ANÚNCIO PERIÓDICO INDICATIVO COM APELO À CONCORRÊNCIA
INFORMAÇÕES ADICIONAIS, SE DISPONÍVEIS
(As informações que não forem fornecidas através do presente anúncio deverão ser prestadas aos interessados quando estiverem disponíveis)

SECÇÃO AII: OBJECTO DO CONCURSO
AII.1) DESCRIÇÃO
AII.1.1) Tipo de contrato de obras *(no caso de um contrato de obras)*
Execução   ☐
Concepção e execução   ☐
Realização, seja por que meio for, de   ☐
actividades de construção ou de
engenharia civil, referidas no anexo XI da
Directiva 93/38
AII.1.2) Tipo de contrato de fornecimentos *(no caso de um contrato de fornecimentos)*
Compra ☐   Locação ☐   Locação financeira ☐   Locação-venda ☐
Combinação dos anteriores ☐
AII.1.3) Trata-se de um contrato-quadro?   NÃO ☐   SIM ☐

AII.1.4) Designação dada ao contrato pela entidade adjudicante
_____
_____
_____

AII.1.5) Descrição
_____
_____
_____

AII.1.6) Local onde se realizará a obra, a entrega ou a prestação
_____
_____
_____

Código NUTS _____
AII.1.7) Divisão em lotes
NÃO ☐   SIM ☐
(Para fornecer informações sobre os lotes, utilizar anexo B sempre que necessário)
Podem apresentar-se propostas para:
um lote ☐   vários lotes ☐   todos os lotes ☐

AII.2) QUANTIDADE E EXTENSÃO DO CONTRATO
AII.2.1) Quantidade ou extensão total *(incluindo todos os lotes e opções, se aplicável)*
_____
_____

AII.2.1.1) Opções *(se aplicável)* Descrição e momento em que podem ser exercidas *(se possível)*
_____
_____

SECÇÃO AIII: INFORMAÇÕES DE CARÁCTER JURÍDICO, ECONÓMICO, FINANCEIRO E TÉCNICO

AIII.1) CONDIÇÕES DE PARTICIPAÇÃO
AIII.1.1) Informações relativas à situação do empreiteiro/do fornecedor/do prestador de serviços e formalidades necessárias para avaliar a capacidade económica, financeira e técnica mínima exigida
_____
_____
_____

AIII.1.1.1) Situação jurídica - documentos comprovativos exigidos
_____
_____
_____

AIII.1.1.2) Capacidade económica e financeira - documentos comprovativos exigidos

_____
_____
_____

AIII.1.1.3) Capacidade técnica - documentos comprovativos exigidos

_____
_____
_____

AIII.1.2) Diversos

_____
_____
_____

SECÇÃO AIV: PROCESSOS
AIV.1) TIPO DE PROCESSO
Concurso limitado ☐   Processo por negociação ☐
AIV.2) INFORMAÇÕES DE CARÁCTER ADMINISTRATIVO
AIV.2.1) CONDIÇÕES PARA A OBTENÇÃO DE DOCUMENTOS CONTRATUAIS E ADICIONAIS
Custo *(se aplicável)* _____   Moeda:_____
Condições e forma de pagamento_____

AIV.2.2) Datas previstas *(se conhecidas)*
Do lançamento do processo ☐☐/☐☐/☐☐☐☐ *(dd/mm/aaaa)*

Do início das obras/do fornecimento/da prestação ☐☐/☐☐/☐☐☐☐ *(dd/mm/aaaa)*
De conclusão ☐☐/☐☐/☐☐☐☐ *(dd/mm/aaaa)*
ou
Duração do contrato ☐☐☐ meses e/ou ☐☐☐ dias

AIV.2.3) Língua ou línguas que podem ser utilizadas nos pedidos de participação

ES	DA	DE	EL	EN	FR	IT	NL	PT	FI	SV	Outra – país terceiro
☐	☐	☐	☐	☐	☐	☐	☐	☐	☐	☐	_____

SECÇÃO AVI: INFORMAÇÕES ADICIONAIS
AVI.1) INDICAR, SE FOR CASO DISSO, SE SE TRATA DE UM CONCURSO PERIÓDICO E O CALENDÁRIO PREVISTO DE PUBLICAÇÃO DE PRÓXIMOS ANÚNCIOS

_____
_____
_____

AVI.2) INFORMAÇÕES ADICIONAIS *(se aplicável)*

Os empreiteiros/fornecedores/prestadores de serviços interessados devem dar a conhecer o seu interesse no(s) concurso(s); o(s) concurso(s) será (serão) lançado(s) sem publicação posterior de um anúncio.

_____
_____
_____

ANEXO A

1.2) ENDEREÇO ONDE PODE SER OBTIDA A DOCUMENTAÇÃO RELATIVA AO PRESENTE ANÚNCIO

Organismo	À atenção de
Endereço	Código postal
Localidade/Cidade	País
Telefone	Fax
Correio electrónico	Endereço internet (URL)

1.3) ENDEREÇO ONDE PODEM SER OBTIDAS INFORMAÇÕES ADICIONAIS

Organismo	À atenção de
Endereço	Código postal
Localidade/Cidade	País
Telefone	Fax
Correio electrónico	Endereço internet (URL)

1.4) ENDEREÇO PARA ONDE DEVEM SER ENVIADOS OS PEDIDOS DE PARTICIPAÇÃO

Organismo	À atenção de
Endereço	Código postal
Localidade/Cidade	País
Telefone	Fax
Correio electrónico	Endereço internet (URL)

ANEXO B: SECTORES ESPECIAIS
ANÚNCIO PERIÓDICO INDICATIVO COM APELO À CONCORRÊNCIA
INFORMAÇÕES SOBRE OS LOTES

LOTE Nº □□

1) Nomenclatura

1.1) Classificação CPV (Common Procurement Vocabulary) *

	Vocabulário principal	Vocabulário complementar *(se aplicável)*
Objecto principal	□□.□□.□□.□□-□	□□□□-□ □□□□-□ □□□□-□
Objectos complementares	□□.□□.□□.□□-□	□□□□-□ □□□□-□ □□□□-□
	□□.□□.□□.□□-□	□□□□-□ □□□□-□ □□□□-□
	□□.□□.□□.□□-□	□□□□-□ □□□□-□ □□□□-□

1.2) Outra nomenclatura relevante (NACE/CPA/CPC) ** _____

2) Natureza e extensão _____

3) Datas previstas *(se conhecidas)*
Do lançamento do concurso   □□/□□/□□□□ *(dd/mm/aaaa)*
Do início da execução/fornecimento □□/□□/□□□□ *(dd/mm/aaaa)*

4) Data de conclusão *(se conhecida)* □□/□□/□□□□ *(dd/mm/aaaa)*

LOTE Nº □□
1) Nomenclatura
1.1) Classificação CPV (Common Procurement Vocabulary) *

	Vocabulário principal	Vocabulário complementar *(se aplicável)*
Objecto principal	□□.□□.□□.□□-□	□□□□-□ □□□□-□ □□□□-□
Objectos complementares	□□.□□.□□.□□-□	□□□□-□ □□□□-□ □□□□-□
	□□.□□.□□.□□-□	□□□□-□ □□□□-□ □□□□-□
	□□.□□.□□.□□-□	□□□□-□ □□□□-□ □□□□-□
	□□.□□.□□.□□-□	□□□□-□ □□□□-□ □□□□-□

1.2) Outra nomenclatura relevante (NACE/CPA/CPC)
** _____

2) Natureza e extensão _____
_____

3) Datas previstas *(se conhecidas)*
Do lançamento do concurso   □□/□□/□□□□ *(dd/mm/aaaa)*
Do início da execução/fornecimento □□/□□/□□□□ *(dd/mm/aaaa)*

4) Data de conclusão *(se conhecida)* □□/□□/□□□□ *(dd/mm/aaaa)*
(Utilizar o presente anexo as vezes necessárias)

* cfr. descrito no Regulamento CPV 2195/2002, publicado no JOCE nº L340 de 16 de Dezembro, para os contratos de valor igual ou superior ao limiar europeu
** cfr. descrito no Regulamento 3696/93, publicado no JOCE nº L342 de 31 de Dezembro, alterado pelo Regulamento 1232/98 da Comissão de 17 de Junho, publicado no JOCE nº L177, de 22 de Junho

ANEXO VIII

**ANÚNCIO DE CONCURSO
SECTORES ESPECIAIS**

Obras   □
Fornecimentos   □
Serviços   □

O concurso está abrangido pelo Acordo sobre Contratos Públicos (ACP)?
NÃO □   SIM □

SECÇÃO I: ENTIDADE ADJUDICANTE

I.1) Designação e endereço oficiais da entidade adjudicante

Organismo	À atenção de
Endereço	Código postal
Localidade/Cidade	País
Telefone	Fax
Correio electrónico	Endereço internet (URL)

I.2) ENDEREÇO ONDE PODEM SER OBTIDAS INFORMAÇÕES ADICIONAIS
indicado em I.1 ☐   Se distinto, ver anexo A

I.3) ENDEREÇO ONDE PODE SER OBTIDA A DOCUMENTAÇÃO
indicado em I.1 ☐   Se distinto, ver anexo A

I.4) ENDEREÇO PARA ONDE DEVEM SER ENVIADOS AS PROPOSTAS/PEDIDOS DE PARTICIPAÇÃO
indicado em I.1 ☐   Se distinto, ver anexo A

SECÇÃO II: OBJECTO DO CONCURSO

II.1) DESCRIÇÃO

II.1.1) Tipo de contrato de obras *(no caso de um contrato de obras)*

Execução ☐
Concepção e execução ☐
Realização, seja por que meio for, de actividades de construção ou de engenharia civil, referidas no anexo XI da Directiva 93/38 ☐

II.1.2) Tipo de contrato de fornecimentos *(no caso de um contrato de fornecimentos)*
Compra ☐   Locação ☐   Locação financeira ☐   Locação-venda ☐
Combinação dos anteriores ☐

II.1.3) Tipo de contrato de serviços *(no caso de um contrato de serviços)*
Categoria de serviços ☐☐

II.1.4) Trata-se de um contrato-quadro?   NÃO ☐   SIM ☐

II.1.5) Nome dado ao contrato pela entidade adjudicante _____
_____

II.1.6) Descrição/objecto do concurso _____
_____
_____

II.1.7) Local onde se realizará a obra, a entrega dos fornecimentos ou a prestação de serviços _____

CÓDIGO NUTS _____

II.1.8) Nomenclatura

II.1.8.1) Classificação CPV (Common Procurement Vocabulary) *

	Vocabulário principal	Vocabulário complementar *(se aplicável)*
Objecto principal	☐☐.☐☐.☐☐.☐☐-☐	☐☐☐☐-☐ ☐☐☐☐-☐ ☐☐☐☐-☐
Objectos complementares	☐☐.☐☐.☐☐.☐☐-☐	☐☐☐☐-☐ ☐☐☐☐-☐ ☐☐☐☐-☐
	☐☐.☐☐.☐☐.☐☐-☐	☐☐☐☐-☐ ☐☐☐☐-☐ ☐☐☐☐-☐
	☐☐.☐☐.☐☐.☐☐-☐	☐☐☐☐-☐ ☐☐☐☐-☐ ☐☐☐☐-☐
	☐☐.☐☐.☐☐.☐☐-☐	☐☐☐☐-☐ ☐☐☐☐-☐ ☐☐☐☐-☐

**II.1.8.2) Outra nomenclatura relevante (CPA/NACE/CPC) ** ** _____
_____

II.1.9) Divisão em lotes *(para fornecer informações sobre os lotes, utilizar o número de exemplares do anexo B necessários)*
NÃO ☐   SIM ☐
Indicar se se podem apresentar propostas para:
um lote ☐   vários lotes ☐   todos os lotes ☐

II.1.10) **As variantes serão tomadas em consideração?** *(se aplicável)*
NÃO ☐   SIM ☐

II.1.11) **Existe alguma derrogação à utilização de especificações europeias?**
NÃO ☐   SIM ☐   *Em caso afirmativo, assinalar nos espaços correspondentes do anexo C*

II.2) QUANTIDADE OU EXTENSÃO DO CONCURSO

II.2.1) **Quantidade ou extensão total** *(incluindo todos os lotes e opções, se aplicável)* ____

II.2.2) **Opções** *(se aplicável)*. **Descrição e momento em que podem ser exercidas** *(se possível)*
_____
_____

II.3) DURAÇÃO DO CONTRATO E PRAZO DE EXECUÇÃO
Prazo em meses ☐☐ e/ou em dias ☐☐☐ *a partir da decisão de adjudicação*
Ou: Início ☐☐/☐☐/☐☐☐☐ e/ou termo ☐☐/☐☐/☐☐☐☐ *(dd/mm/aaaa)*

SECÇÃO III: INFORMAÇÕES DE CARÁCTER JURÍDICO, ECONÓMICO, FINANCEIRO E TÉCNICO

III.1) CONDIÇÕES RELATIVAS AO CONCURSO

III.1.1) **Cauções e garantias exigidas** *(se aplicável)* _____
_____

III.1.2) **Principais modalidades de financiamento e pagamento e/ou referência às disposições que as regulam** *(se aplicável)* _____
_____

III.1.3) **Forma jurídica que deve revestir o agrupamento de empreiteiros, de fornecedores ou de prestadores de serviços** *(se aplicável)*
_____
_____

III.2) CONDIÇÕES DE PARTICIPAÇÃO

III.2.1) **Informações relativas à situação do empreiteiro/do fornecedor/do prestador de serviços e formalidades necessárias para avaliar a capacidade económica, financeira e técnica mínima exigida**
_____
_____

III.2.1.1) **Situação jurídica - documentos comprovativos exigidos**
_____
_____

III.2.1.2) **Capacidade económica e financeira - documentos comprovativos exigidos**
_____
_____

III.2.1.3) **Capacidade técnica - documentos comprovativos exigidos**
_____
_____

III.2.1.4) Informações adicionais *(se aplicável)*
_____
_____

III.3) CONDIÇÕES RELATIVAS AOS CONTRATOS DE SERVIÇOS

III.3.1) A prestação de serviço está reservada a uma determinada profissão?
  NÃO ☐   SIM ☐
  Em caso afirmativo, referência às disposições legislativas, regulamentares ou administrativas, relevantes
_____
_____

III.3.2) As entidades jurídicas devem declarar os nomes e qualificações profissionais do pessoal responsável pela execução do contrato?
  NÃO ☐   SIM ☐

SECÇÃO IV: PROCEDIMENTOS

IV.1) TIPO DE PROCEDIMENTO
  Concurso público ☐   Concurso limitado ☐   Processo por negociação ☐

IV.1.1) Publicações anteriores referentes ao mesmo projecto *(se aplicável)*

SECÇÃO IV: PROCEDIMENTOS

IV.1) TIPO DE PROCEDIMENTO
  Concurso público ☐   Concurso limitado ☐   Processo por negociação ☐

IV.1.1) Publicações anteriores referentes ao mesmo projecto *(se aplicável)*

IV.1.1.1) Publicações periódicas referentes ao mesmo projecto

no Diário da República ☐☐☐☐☐☐ IIIª Série
☐☐☐☐/☐☐☐☐ de ☐☐/☐☐/☐☐☐☐ (dd/mm/aaaa)
Número do anúncio no índice do JO
☐☐☐☐/S ☐☐☐-☐☐☐☐☐☐☐ de ☐☐/☐☐/☐☐☐☐ *(dd/mm/aaaa)*

IV.1.1.2) Outras publicações anteriores

no Diário da República ☐☐☐☐☐☐ IIIª Série
☐☐☐☐/☐☐☐☐ de ☐☐/☐☐/☐☐☐☐ (dd/mm/aaaa)
Número do anúncio no índice do JO
☐☐☐☐/S ☐☐☐-☐☐☐☐☐☐☐ de ☐☐/☐☐/☐☐☐☐ *(dd/mm/aaaa)*

IV.1.2) Número de empresas que a entidade adjudicante pretende convidar a apresentar propostas *(se aplicável)*
  Número ☐☐   ou Mínimo ☐☐   /Máximo ☐☐

IV.2) CRITÉRIOS DE ADJUDICAÇÃO

  A) Preço mais baixo ☐

  Ou:

  B) Proposta economicamente mais vantajosa, tendo em conta ☐

    B1) os critérios a seguir indicados *(se possível, por ordem decrescente de importância)* ☐

    1_____ 4_____ 7_____
    2_____ 5_____ 8_____
    3_____ 6_____ 9_____

Por ordem decrescente de importância   NÃO ☐   SIM ☐
ou
B2) os critérios indicados no caderno de encargos ☐

IV.3) INFORMAÇÕES DE CARÁCTER ADMINISTRATIVO

IV.3.1) Número de referência atribuído ao processo pela entidade adjudicante _____
_____

IV.3.2) Condições para a obtenção de documentos contratuais e adicionais
Data limite de obtenção   ☐☐/☐☐/☐☐☐☐ *(dd/mm/aaaa)*
Custo *(se aplicável)* _____ Moeda: _____
Condições e formas de pagamento _____
_____

IV.3.3) Prazo para recepção de propostas ou pedidos de participação
(consoante se trate de um concurso público ou de um concurso limitado ou de um processo por negociação)

☐☐/☐☐/☐☐☐☐ *(dd/mm/aaaa)* ou ☐☐☐ dias a contar do envio do anúncio
Hora *(se aplicável)* _____

IV.3.4) Envio dos convites para apresentação de propostas aos candidatos seleccionados *(nos concursos limitados e nos processos por negociação)*

Data prevista ☐☐☐/☐☐/☐☐☐☐ *(dd/mm/aaaa)*

IV.3.5) Língua ou línguas que podem ser utilizadas nas propostas ou nos pedidos de participação

ES	DA	DE	EL	EN	FR	IT	NL	PT	FI	SV	Outra – país terceiro
☐	☐	☐	☐	☐	☐	☐	☐	☐	☐	☐	_____

IV.3.6) Prazo durante o qual o proponente deve manter a sua proposta *(nos concursos públicos)*

Até ☐☐/☐☐/☐☐☐☐ *(dd/mm/aaaa)* ou   ☐☐ meses e/ou ☐☐☐ dias a contar da data fixada para a recepção das propostas

IV.3.7) Condições de abertura das propostas

IV.3.7.1) Pessoas autorizadas a assistir à abertura das propostas *(quando aplicável)*
_____
_____

IV.3.7.2) Data, hora e local
data ☐☐/☐☐/☐☐☐☐ *(dd/mm/aaaa)*   hora _____
local _____

SECÇÃO VI: INFORMAÇÕES ADICIONAIS

VI.1) TRATA-SE DE UM ANÚNCIO NÃO OBRIGATÓRIO?
NÃO ☐   SIM ☐

VI.2) INDICAR, SE FOR CASO DISSO, SE SE TRATA DE UM CONCURSO PERIÓDICO E O CALENDÁRIO PREVISTO DE PUBLICAÇÃO DE PRÓXIMOS ANÚNCIOS
_____
_____

VI.3) O PRESENTE CONTRATO ENQUADRA-SE NUM PROJECTO/PROGRAMA FINANCIADO PELOS FUNDOS COMUNITÁRIOS? *

NÃO ☐   SIM ☐

Em caso afirmativo, indicar o projecto/programa, bem como qualquer referência útil ___
_____

VI.4) OUTRAS INFORMAÇÕES *(se aplicável)*
_____
_____

VI.5) DATA DE ENVIO DO PRESENTE ANÚNCIO   ☐☐\☐☐\☐☐☐☐   *(dd/mm/aaaa)*

* cfr. descrito no Regulamento CPV 2195/2002, publicado no JOCE nº L340 de 16 de Dezembro, para os contratos de valor igual ou superior ao limiar europeu

** cfr. descrito no Regulamento 3696/93, publicado no JOCE nº L342 de 31 de Dezembro, alterado pelo Regulamento 1232/98 da Comissão de 17 de Junho, publicado no JOCE nº L177, de 22 de Junho

ANEXO A

1.2) ENDEREÇO ONDE PODEM SER OBTIDAS INFORMAÇÕES ADICIONAIS

Organismo	Á atenção de
Endereço	Código postal
Localidade/Cidade	País
Telefone	Fax
Correio electrónico	Endereço internet (URL)

1.3) ENDEREÇO ONDE PODE SER OBTIDA A DOCUMENTAÇÃO

Organismo	Á atenção de
Endereço	Código postal
Localidade/Cidade	País
Telefone	Fax
Correio electrónico	Endereço internet (URL)

1.4) ENDEREÇO PARA ONDE DEVEM SER ENVIADOS AS PROPOSTAS/PEDIDOS DE PARTICIPAÇÃO

Organismo	Á atenção de
Endereço	Código postal
Localidade/Cidade	País
Telefone	Fax
Correio electrónico	Endereço internet (URL)

ANEXO B

**ANÚNCIO DE CONCURSO – SECTORES ESPECIAIS
INFORMAÇÕES RELATIVAS AOS LOTES**

Lote nº ☐☐
1) Nomenclatura

1.1) Classificação CPV (Common Procurement Vocabulary) *

	Vocabulário principal	Vocabulário complementar *(se aplicável)*
Objecto principal	☐☐.☐☐.☐☐.☐☐-☐	☐☐☐☐-☐ ☐☐☐☐-☐ ☐☐☐☐-☐
Objectos complementares	☐☐.☐☐.☐☐.☐☐-☐	☐☐☐☐-☐ ☐☐☐☐-☐ ☐☐☐☐-☐
	☐☐.☐☐.☐☐.☐☐-☐	☐☐☐☐-☐ ☐☐☐☐-☐ ☐☐☐☐-☐
	☐☐.☐☐.☐☐.☐☐-☐	☐☐☐☐-☐ ☐☐☐☐-☐ ☐☐☐☐-☐
	☐☐.☐☐.☐☐.☐☐-☐	☐☐☐☐-☐ ☐☐☐☐-☐ ☐☐☐☐-☐

1.2) Outra nomenclatura relevante (CPA/NACE/CPC) ** _____
2) Descrição sucinta _____
_____
3) Extensão ou quantidade _____
4) Indicações acerca de uma outra data de início de execução/fornecimento *(se aplicável)*
Início de execução ☐☐/☐☐/☐☐☐☐ *(dd/mm/aaaa)*/fornecimento ☐☐/☐☐/☐☐☐☐ *(dd/mm/aaaa)*

Lote nº ☐☐
1) Nomenclatura

1.1) Classificação CPV (Common Procurement Vocabulary) *

	Vocabulário principal	Vocabulário complementar *(se aplicável)*
Objecto principal	☐☐.☐☐.☐☐.☐☐-☐	☐☐☐☐-☐ ☐☐☐☐-☐ ☐☐☐☐-☐
Objectos complementares	☐☐.☐☐.☐☐.☐☐-☐	☐☐☐☐-☐ ☐☐☐☐-☐ ☐☐☐☐-☐
	☐☐.☐☐.☐☐.☐☐-☐	☐☐☐☐-☐ ☐☐☐☐-☐ ☐☐☐☐-☐
	☐☐.☐☐.☐☐.☐☐-☐	☐☐☐☐-☐ ☐☐☐☐-☐ ☐☐☐☐-☐

1.2) Outra nomenclatura relevante (CPA/NACE/CPC) ** _____
2) Descrição sucinta _____
_____
3) Extensão ou quantidade _____
4) Indicações acerca de uma outra data de início de execução/fornecimento *(se aplicável)*
Início de execução ☐☐/☐☐/☐☐☐☐ *(dd/mm/aaaa)*/fornecimento ☐☐/☐☐/☐☐☐☐ *(dd/mm/aaaa)*

.... *(Utilizar o presente anexo as vezes necessárias)* ....

* cfr. descrito no Regulamento CPV 2195/2002, publicado no JOCE nº L340 de 16 de Dezembro, para os contratos de valor igual ou superior ao limiar europeu

** cfr. descrito no Regulamento 3696/93, publicado no JOCE nº L342 de 31 de Dezembro, alterado pelo Regulamento 1232/98 da Comissão de 17 de Junho, publicado no JOCE nº L177, de 22 de Junho

ANEXO C
ANÚNCIO DE CONTRATO - SECTORES ESPECIAIS
DERROGAÇÕES À UTILIZAÇÃO DE ESPECIFICAÇÕES EUROPEIAS

Artigo 18(6) de directiva 93/38/CEE

OBRAS ☐
FORNECIMENTOS ☐
SERVIÇOS ☐

A base da derrogação à obrigação de definir as especificações técnicas por referência a especificações europeias é a seguinte (para consultar o texto na íntegra, ver directiva):

Se for tecnicamente impossível determinar, de modo satisfatório, a conformidade de um produto com as especificações europeias ☐

Se o cumprimento da obrigação prejudicar a aplicação da Directiva 86/361/CEE do Conselho, de 24 de Julho de 1986, relativa à primeira etapa do reconhecimento mútuo das aprovações de equipamentos terminais de telecomunicações, ou da Decisão 87/95/CEE do Conselho, de 22 de Dezembro de 1986, relativa à normalização no domínio das tecnologias da informação e das telecomunicações ☐

Se a utilização de especificações obrigar a entidade adjudicante a adquirir fornecimentos incompatíveis com instalações já utilizadas ou acarretar custos ou dificuldades técnicas desproporcionados ☐

Se a especificação europeia em causa for inadequada à aplicação especial prevista ou se não tiver tido em conta os progressos técnicos verificados desde a sua adopção ☐

Se o projecto for verdadeiramente inovador e for inadequado o recurso a especificações europeias existentes. ☐

ANEXO IX

SISTEMA DE QUALIFICAÇÃO
SECTORES ESPECIAIS

Obras ☐
Fornecimentos ☐
Serviços ☐

Os contratos abrangidos por este sistema de qualificação são abrangidos pelo Acordo sobre Contratos Públicos (ACP)?

NÃO ☐   SIM ☐

SECÇÃO I: ENTIDADE ADJUDICANTE

I.1) DESIGNAÇÃO E ENDEREÇO OFICIAIS DA ENTIDADE ADJUDICANTE

Organismo	À atenção de
Endereço	Código postal
Localidade/Cidade	País
Telefone	Fax
Correio electrónico	Endereço internet (URL)

I.2) ENDEREÇO ONDE PODEM SER OBTIDAS INFORMAÇÕES ADICIONAIS
   indicado em I.1 ☐   *Se distinto, ver anexo A*

I.3) ENDEREÇO ONDE PODE SER OBTIDA A DOCUMENTAÇÃO
   indicado em I.1 ☐   *Se distinto, ver anexo A*

I.4) ENDEREÇO PARA ONDE DEVEM SER ENVIADOS AS CANDIDATURAS/OS PEDIDOS DE PARTICIPAÇÃO
   indicado em I.1 ☐   *Se distinto, ver anexo A*

SECÇÃO II: OBJECTO DO SISTEMA DE QUALIFICAÇÃO

II.1) DESCRIÇÃO

II.1.1) Designação dada ao sistema de qualificação pela entidade adjudicante _____

_____

II.1.2) Objecto do sistema de qualificação - descrição dos bens, serviços ou obras

_____
_____

II.1.3) Condições que devem reunir os fornecedores, empreiteiros e prestadores de serviços para serem qualificados e métodos de acordo com os quais cada uma das condições será comprovada.

Quando a descrição dessas condições e dos métodos de verificação for muito extensa e se baseie em documentos acessíveis aos fornecedores, empreiteiros e prestadores de serviços interessados, é suficiente um resumo das principais condições e métodos e uma referência aos mencionados documentos.

_____
_____
_____

II.1.4) Nomenclatura

II.1.4.1) Classificação CPV (Common Procurement Vocabulary) *

	Vocabulário principal	Vocabulário complementar *(se aplicável)*
Objecto principal	☐☐.☐☐☐☐☐☐☐-☐	☐☐☐☐-☐ ☐☐☐☐-☐ ☐☐☐☐-☐
Objectos complementares	☐☐.☐☐☐☐☐☐☐-☐	☐☐☐☐-☐ ☐☐☐☐-☐ ☐☐☐☐-☐
	☐☐.☐☐☐☐☐☐☐-☐	☐☐☐☐-☐ ☐☐☐☐-☐ ☐☐☐☐-☐
	☐☐.☐☐☐☐☐☐☐-☐	☐☐☐☐-☐ ☐☐☐☐-☐ ☐☐☐☐-☐
	☐☐.☐☐☐☐☐☐☐-☐	☐☐☐☐-☐ ☐☐☐☐-☐ ☐☐☐☐-☐

**II.1.4.2) Outra nomenclatura relevante (CPA/NACE/CPC) ** _____

   Categoria de serviços *(se aplicável)* ☐☐

.... *(Utilizar a presente secção as vezes necessárias)* ....

SECÇÃO IV: PROCESSOS

IV.1) INFORMAÇÕES DE CARÁCTER ADMINISTRATIVO

IV.1.1) Número de referência atribuído ao processo pela entidade adjudicante _____

_____

IV.1.2) O presente anúncio constitui um apelo à concorrência?
NÃO ☐   SIM ☐

IV.1.3) Duração do sistema de qualificação
Desde ☐☐/☐☐/☐☐☐☐ Até ☐☐/☐☐/☐☐☐☐ *(dd/mm/aaaa)*
Duração indeterminada ☐
Outras ☐

IV.1.4) Formalidades para a renovação do sistema de qualificação
_____
_____

SECÇÃO VI: INFORMAÇÕES ADICIONAIS

VI.1) TRATA-SE DE UM ANÚNCIO NÃO OBRIGATÓRIO?
NÃO ☐   SIM ☐

VI.2) ALGUM DOS CONTRATOS SE ENQUADRA NUM PROJECTO/PROGRAMA FINANCIADO PELOS FUNDOS COMUNITÁRIOS?
NÃO ☐   SIM ☐
Em caso afirmativo, indicar o projecto/programa, assim como qualquer referência útil ___
_____
_____

VI.3) OUTRAS INFORMAÇÕES *(se aplicável)*
_____
_____

VI.4) DATA DO ENVIO DO PRESENTE ANÚNCIO ☐☐/☐☐/☐☐☐☐ *(dd/mm/aaaa)*

* cfr. descrito no Regulamento CPV 2195/2002, publicado no JOCE nº L340 de 16 de Dezembro, para os contratos de valor igual ou superior ao limiar europeu

** cfr. descrito no Regulamento 3696/93, publicado no JOCE nº L342 de 31 de Dezembro, alterado pelo Regulamento 1232/98 da Comissão de 17 de Junho, publicado no JOCE nº L177, de 22 de Junho

ANEXO A

1.2) ENDEREÇO ONDE PODEM SER OBTIDAS INFORMAÇÕES ADICIONAIS

Organismo	À atenção de
Endereço	Código postal
Localidade/Cidade	País
Telefone	Fax
Correio electrónico	Endereço internet (URL)

1.3) ENDEREÇO ONDE PODE SER OBTIDA DOCUMENTAÇÃO

Organismo	Á atenção de
Endereço	Código postal
Localidade/Cidade	País
Telefone	Fax
Correio electrónico	Endereço internet (URL)

1.4) ENDEREÇO PARA ONDE DEVEM SER ENVIADOS OS PEDIDOS DE PARTICIPAÇÃO/AS CANDIDATURAS

Organismo	Á atenção de
Endereço	Código postal
Localidade/Cidade	País
Telefone	Fax
Correio electrónico	Endereço internet (URL)

ANEXO X
ANÚNCIO DE ADJUDICAÇÃO DO CONTRATO
SECTORES ESPECIAIS

Obras ☐
Fornecimentos ☐
Serviços ☐

O concurso está abrangido pelo Acordo sobre Contratos Públicos (ACP)?
NÃO ☐   SIM ☐

SECÇÃO I: ENTIDADE ADJUDICANTE

I.1) DESIGNAÇÃO E ENDEREÇO OFICIAIS DA ENTIDADE ADJUDICANTE

Organismo	Á atenção de
Endereço	Código postal
Localidade/Cidade	País
Telefone	Fax
Correio electrónico	Endereço internet (URL)

SECÇÃO II: OBJECTO DO CONCURSO

II.1) TIPO DE CONTRATO

Obras ☐   Fornecimentos ☐   Serviços ☐
Categoria de serviços ☐☐
Acordo para a publicação deste anúncio para as categorias de serviços 17 a 27?
NÃO ☐   SIM ☐

II.2) TRATA-SE DE UM CONTRATO-QUADRO? NÃO ☐ SIM ☐

II.3) NOMENCLATURA

II.3.1) Classificação CPV (Common Procurement Vocabulary) *

	Vocabulário principal	Vocabulário complementar *(se aplicável)*
Objecto principal	☐☐.☐☐.☐☐.☐☐-☐	☐☐☐☐-☐ ☐☐☐☐-☐ ☐☐☐☐-☐
Objectos complementares	☐☐.☐☐.☐☐.☐☐-☐	☐☐☐☐-☐ ☐☐☐☐-☐ ☐☐☐☐-☐
	☐☐.☐☐.☐☐.☐☐-☐	☐☐☐☐-☐ ☐☐☐☐-☐ ☐☐☐☐-☐
	☐☐.☐☐.☐☐.☐☐-☐	☐☐☐☐-☐ ☐☐☐☐-☐ ☐☐☐☐-☐
	☐☐.☐☐.☐☐.☐☐-☐	☐☐☐☐-☐ ☐☐☐☐-☐ ☐☐☐☐-☐

II.3.2) Outra nomenclatura relevante (CPA/NACE/CPC) ** _____

II.4) DESIGNAÇÃO DADA AO CONTRATO PELA ENTIDADE ADJUDICANTE _____
_____

II.5) DESCRIÇÃO SUCINTA _____
_____

II.6) VALOR TOTAL ESTIMADO *(sem IVA)* _____
_____

SECÇÃO IV: PROCEDIMENTOS

IV.1) TIPO DE PROCEDIMENTO

Concurso público ☐   Processo por negociação com apelo à concorrência ☐

Concurso limitado ☐   Processo por negociação sem apelo à concorrência ☐

IV.1.1) Justificação para a utilização de processo sem apelo à concorrência *(se aplicável, utilizar anexo I)*

IV.2) CRITÉRIOS DE ADJUDICAÇÃO
Preço mais baixo ☐

ou

Proposta economicamente mais vantajosa *(precisar os critérios no ponto V.4.2.4)* ☐

SECÇÃO V: ADJUDICAÇÃO DO CONTRATO

CONTRATO n°

V.1) ADJUDICAÇÃO E VALOR DO CONTRATO

V.1.1) Designação e endereço do fornecedor, empreiteiro ou prestador de serviços a quem o contrato foi atribuído

Organismo	À atenção de
Endereço	Código postal
Localidade/Cidade	País
Telefone	Fax
Correio electrónico	Endereço internet (URL)

**V.1.2) Informações sobre o preço do contrato ou sobre a proposta mais alta
e a proposta mais baixa tomadas em consideração** *(preço sem IVA)*

Preço: _____

ou proposta mais baixa _____ /proposta mais alta _____

Moeda: _____

V.2) SUBCONTRATAÇÃO

O contrato poderá vir a ser subcontratado? NÃO ☐   SIM ☐

Em caso afirmativo, indicar o valor ou a percentagem do contrato que poderá vir a ser subcontratado

Valor *(sem IVA)*: _____   Moeda: _____

Ou percentagem _____ %

V.3) PREÇO PAGO PELAS AQUISIÇÕES DE OPORTUNIDADE *(se aplicável)*

Valor *(sem IVA)*: _____   Moeda: _____

CONTRATO n°

V.1) ADJUDICAÇÃO E VALOR DO CONTRATO

V.1.1) Designação e endereço do fornecedor, empreiteiro ou prestador de serviços a quem o contrato foi atribuído

Organismo	A atenção de
Endereço	Código postal
Localidade/Cidade	País
Telefone	Fax
Correio electrónico	Endereço internet (URL)

**V.1.2) Informações sobre o preço do contrato ou sobre a proposta mais alta
e a proposta mais baixa tomadas em consideração** *(preço sem IVA)*

Preço: _____

ou proposta mais baixa _____ /proposta mais alta _____

Moeda: _____

V.2) SUBCONTRATAÇÃO

O contrato poderá vir a ser subcontratado? NÃO ☐   SIM ☐

Em caso afirmativo, indicar o valor ou a percentagem do contrato que poderá vir a ser subcontratado

Valor *(sem IVA)*: _____   Moeda: _____

Ou percentagem _____ %

V.3) PREÇO PAGO PELAS AQUISIÇÕES DE OPORTUNIDADE *(se aplicável)*

Valor *(sem IVA)*: _____ Moeda: _____

.... *(Utilizar a presente secção as vezes necessárias)* ....

V.4) INFORMAÇÃO OBRIGATÓRIA NÃO DESTINADA A PUBLICAÇÃO

V.4.1) Número de contratos adjudicados ☐☐

V.4.2) Contrato nº ☐☐ ....

V.4.2.1) Valor do contrato

Montante *(sem IVA)* _____ Moeda _____

V.4.2.2) Origem do produto ou do serviço

ESPAÇO ECONÓMICO EUROPEU (EEE)   ☐

NÃO EEE   ☐

PAÍS ABRANGIDO PELO ACORDO SOBRE CONTRATOS PÚBLICOS?   NÃO ☐   SIM ☐

V.4.2.3) Foram feitas derrogações à utilização de especificações europeias?

NÃO ☐   SIM ☐   *Em caso afirmativo, assinalar nos espaços correspondentes no anexo II*

V.4.2.4) Critérios de adjudicação utilizados

Preço mais baixo ☐   Proposta economicamente mais vantajosa, em termos de ☐

Outros (Art. 35)   ☐ _____

V.4.2.5) Variantes

O contrato foi adjudicado a um proponente que apresentou uma variante?

NÃO ☐   SIM ☐

V.4.2.6) Propostas anormalmente baixas: foi excluída alguma proposta por ser anormalmente baixa?

NÃO ☐   SIM ☐

V.4.2) Contrato nº ☐☐ ....

V.4.2.1) Valor do contrato

Montante *(sem IVA)* _____ Moeda _____

V.4.2.2) Origem do produto ou do serviço

ESPAÇO ECONÓMICO EUROPEU (EEE)   ☐

NÃO EEE   ☐

PAÍS ABRANGIDO PELO ACORDO SOBRE CONTRATOS PÚBLICOS?   NÃO ☐   SIM ☐

V.4.2.3) Foram feitas derrogações à utilização de especificações europeias?

NÃO ☐   SIM ☐   *Em caso afirmativo, assinalar nos espaços correspondentes no anexo II*

V.4.2.4) Critérios de adjudicação utilizados

Preço mais baixo ☐   ☐ Proposta economicamente mais vantajosa, em termos de ☐

Outros (Art. 35) ☐   _____

_____

V.4.2.5) Variantes

O contrato foi adjudicado a um proponente que apresentou uma variante?   NÃO ☐   SIM ☐

V.4.2.6) Propostas anormalmente baixas: foi excluída alguma proposta por ser anormalmente baixa?

NÃO ☐   SIM ☐

.... *(Utilizar a presente parte V.4 as vezes necessárias)* ....

SECÇÃO VI: INFORMAÇÕES ADICIONAIS

VI.1) Trata-se de um anúncio não obrigatório?
NÃO ☐   SIM ☐

VI.2) Número de referência atribuído ao processo pela entidade adjudicante _____
_____

VI.3) Data de adjudicação do contrato ☐☐/☐☐/☐☐☐☐ *(dd/mm/aaaa)*

VI.4) Número de propostas recebidas ☐☐☐

VI.5) O contrato foi objecto de publicação de anúncio no JO?
NÃO ☐   SIM ☐

Em caso afirmativo, indicar o número de referência do anúncio

no Diário da República ☐☐☐☐☐☐ IIIª Série
☐☐☐☐/☐☐☐☐ de ☐☐/☐☐/☐☐☐☐ *(dd/mm/aaaa)*
Número do anúncio no índice do JO
☐☐☐☐/S ☐☐☐-☐☐☐☐☐☐☐ de ☐☐/☐☐/☐☐☐☐ *(dd/mm/aaaa)*

VI.6) Tipo de apelo à concorrência

Anúncio de contrato ☐   Anúncio periódico indicativo ☐
Anúncio sobre um sistema de qualificação ☐

VI.7) O presente contrato enquadra-se num projecto/programa financiado pelos fundos comunitários? *
NÃO ☐   SIM ☐
Em caso afirmativo, indicar o projecto/programa, assim como qualquer referência útil __
_____
_____

VI.8) Outras informações *(se aplicável)*
_____
_____

VI.9) Data de envio do presente anúncio ☐☐/☐☐/☐☐☐☐ *(dd/mm/aaaa)*

ANEXO I

ANÚNCIO DE ADJUDICAÇÃO DE CONTRATO - SECTORES ESPECIAIS
Justificação para a utilização de processo sem apelo à concorrência

Artigos 20º (nº2) e 16º da Directiva 93/38/CEE

OBRAS ☐
FORNECIMENTOS ☐
SERVIÇOS ☐

O motivo para a utilização do processo por negociação *sem publicação prévia de um anúncio de concurso* deve estar de acordo com os artigos relevantes da Directiva Sectores Especiais (nº 2 do artigo 20º e artigo 16º).

Assinale, em seguida, o espaço correspondente *(Para o texto na íntegra, consultar as disposições correspondentes das directivas)*

a) Ausência de propostas ou inadequação das mesmas em resposta a um processo com apelo à concorrência prévia ☐

b) O contrato é adjudicado exclusivamente para fins de investigação, experimentação, estudo ou desenvolvimento ☐

c) As obras/bens/serviços só podem ser executados por um proponente determinado por razões:
 - técnicas ☐
 - artísticas ☐
 - relacionadas com a protecção de direitos exclusivos ☐

d) Urgência imperiosa resultante de acontecimentos imprevisíveis para as entidades adjudicantes ☐

e) Fornecimentos complementares ☐

f) Obras ou serviços complementares ☐

g) Obras novas, que consistam na repetição de obras anteriores ☐

h) Mercadorias cotadas e compradas na bolsa ☐

i) Contratos baseados num acordo-quadro ☐

j) Aquisições de oportunidade ☐

k) Aquisição de bens em condições especialmente vantajosas ☐

l) Contrato celebrado na sequência de um concurso de concepção ☐

m) Contrato para serviços das categorias 17 a 27 (enumeradas no anexo XVI B da directiva) ☐

ANEXO II

ANÚNCIO DE ADJUDICAÇÃO DE CONTRATO - SECTORES ESPECIAIS
Derrogações à utilização de especificações europeias
Artigo 18º (nº 6) da Directiva 93/38/CEE

OBRAS ☐
FORNECIMENTOS ☐
SERVIÇOS ☐

A base da derrogação à obrigação de definir especificações técnicas por referência a especificações europeias é a seguinte:
(Para o texto na íntegra, consultar as disposições correspondentes)

se for tecnicamente impossível determinar, de modo satisfatório, a conformidade de um produto com as especificações europeias; ☐

se o cumprimento da obrigação prejudicar a aplicação da Directiva 86/361/CEE do Conselho, de 24 de Julho de 1986, relativa à primeira etapa do reconhecimento mútuo das aprovações de equipamentos terminais de telecomunicações, ou da Decisão 87/95/CEE do Conselho, de 22 de Dezembro de 1986, relativa à normalização no domínio das tecnologias da informação e das telecomunicações; ☐

se a utilização de especificações obrigar a entidade adjudicante a adquirir fornecimentos incompatíveis com instalações já utilizadas ou acarretar custos ou dificuldades técnicas desproporcionados; ☐

se a especificação europeia em causa for inadequada à aplicação especial prevista ou se não tiver em conta os progressos técnicos verificados desde a sua adopção; ☐

se o projecto for verdadeiramente inovador e for inadequado o recurso a especificações europeias existentes. ☐

ANEXO XI

ANÚNCIO DE CONCURSO DE CONCEPÇÃO

Serviços ☐
Serviços Especiais ☐

SECÇÃO I: ENTIDADE ADJUDICANTE

I.1) DESIGNAÇÃO E ENDEREÇO OFICIAIS DA ENTIDADE ADJUDICANTE

Organismo	À atenção de
Endereço	Código postal
Localidade/Cidade	País
Telefone	Fax
Correio electrónico	Endereço internet (URL)

I.2) ENDEREÇO ONDE PODEM SER OBTIDAS INFORMAÇÕES ADICIONAIS
    indicado em I.1 ☐   *Se distinto, ver anexo A*

I.3) ENDEREÇO ONDE PODE SER OBTIDA A DOCUMENTAÇÃO
    indicado em I.1 ☐   *Se distinto, ver anexo A*

I.4) ENDEREÇO PARA ONDE DEVEM SER ENVIADOS OS PROJECTOS/PEDIDOS DE PARTICIPAÇÃO
    indicado em I.1 ☐   *Se distinto, ver anexo A*

I.5) TIPO DE ENTIDADE ADJUDICANTE

Governo central	☐	Instituição Europeia	☐
Autoridade regional/local	☐	Organismo de direito público	☐
Outro	☐		

SECÇÃO II: OBJECTO DO CONCURSO

II.1) DESCRIÇÃO DO PROJECTO

II.1.1) Designação dada ao contrato pela entidade adjudicante _____
_____

II.1.2) Descrição _____
_____

II.1.3) Local de execução _____
    Código NUTS _____

II.1.4) Nomenclatura

II.1.4.1) Classificação CPV (Common Procurement Vocabulary) *

	Vocabulário principal	Vocabulário complementar *(se aplicável)*
Objecto principal	☐☐.☐☐.☐☐.☐☐-☐	☐☐☐☐-☐ ☐☐☐☐-☐ ☐☐☐☐-☐
Objectos complementares	☐☐.☐☐.☐☐.☐☐-☐	☐☐☐☐-☐ ☐☐☐☐-☐ ☐☐☐☐-☐
	☐☐.☐☐.☐☐.☐☐-☐	☐☐☐☐-☐ ☐☐☐☐-☐ ☐☐☐☐-☐
	☐☐.☐☐.☐☐.☐☐-☐	☐☐☐☐-☐ ☐☐☐☐-☐ ☐☐☐☐-☐
	☐☐.☐☐.☐☐.☐☐-☐	☐☐☐☐-☐ ☐☐☐☐-☐ ☐☐☐☐-☐

II.1.4.2) Outra nomenclatura relevante (CPC)** _____
_____
    Categoria de serviço ☐☐

SECÇÃO III: INFORMAÇÕES DE CARÁCTER JURÍDICO, ECONÓMICO, FINANCEIRO E TÉCNICO

III.1) CRITÉRIOS DE SELECÇÃO DOS PARTICIPANTES *(se aplicável)*
_____
_____

III.2) A PARTICIPAÇÃO ESTÁ RESERVADA A UMA DETERMINADA PROFISSÃO *(se aplicável)*?
    NÃO ☐   SIM ☐
    Em caso afirmativo, indicar qual _____

SECÇÃO IV: PROCEDIMENTOS

IV.1) TIPO DE PROCEDIMENTO

Concurso público ☐   Concurso limitado ☐

IV.1.1) Número (ou intervalo de variação) de participantes que se prevê convidar *(se aplicável)*

Número: ☐☐   ou   Mínimo: ☐☐/máximo: ☐☐

IV.1.1.1) Nomes dos participantes já seleccionados *(se aplicável)*

1. _____
2. _____
3. _____
4. _____
5. _____
6. _____
7. _____

IV.2) CRITÉRIOS DE AVALIAÇÃO DOS PROJECTOS

_____
_____
_____

IV.3) INFORMAÇÕES DE CARÁCTER ADMINISTRATIVO

IV.3.1) Número de referência atribuído ao projecto pela entidade adjudicante *

_____

IV.3.2) Condições para a obtenção de documentos contratuais e adicionais

Data limite de obtenção ☐☐/☐☐/☐☐☐☐ *(dd/mm/aaaa)*
Custo *(se aplicável)* _____   Moeda: _____
Condições e forma de pagamento _____
_____

IV.3.3) Prazo para recepção dos projectos ou dos pedidos de participação

☐☐/☐☐/☐☐☐☐ *(dd/mm/aaaa)* ou ☐☐☐ dias a contar do envio do anúncio
Hora *(se aplicável)* _____

IV.3.4) Envio dos convites de participação aos candidatos seleccionados *(nos concursos limitados)*

Data prevista ☐☐/☐☐/☐☐☐☐ *(dd/mm/aaaa)*

IV.3.5) Língua ou línguas que podem ser utilizadas pelos candidatos

ES	DA	DE	EL	EN	FR	IT	NL	PT	FI	SV	Outra – país terceiro
☐	☐	☐	☐	☐	☐	☐	☐	☐	☐	☐	_____

IV.4) PRÉMIOS E JÚRI

IV.4.1) Número e valor dos prémios a atribuir *(se aplicável)*

_____
_____

IV.4.2) Se aplicável, informações sobre os pagamentos a todos os participantes

_____
_____

IV.4.3) O contrato de prestação de serviços celebrado na sequência de um concurso de concepção deve ser atribuído ao vencedor ou a um dos vencedores deste concurso?

NÃO ☐   SIM ☐

IV.4.4) A entidade adjudicante está vinculada à decisão do júri?

NÃO ☐   SIM ☐

IV.4.5) Nomes dos membros do júri seleccionados *(se aplicável)*

_____
_____

SECÇÃO VI: INFORMAÇÕES ADICIONAIS

VI.1) TRATA-SE DE UM ANÚNCIO NÃO OBRIGATÓRIO?

NÃO ☐   SIM ☐

VI.2) O PRESENTE CONCURSO DE CONCEPÇÃO ENQUADRA-SE NUM PROJECTO/PROGRAMA FINANCIADO PELOS FUNDOS ESTRUTURAIS COMUNITÁRIOS?

NÃO ☐   SIM ☐

Em caso afirmativo, indicar o projecto/programa, assim como qualquer referência útil ___
_____
_____

VI.3) OUTRAS INFORMAÇÕES *(se aplicável)*
_____
_____

VI.4) DATA DE ENVIO DO PRESENTE ANÚNCIO   ☐☐/☐☐/☐☐☐☐ *(dd/mm/aaaa)*

* cfr. descrito no Regulamento CPV 2195/2002, publicado no JOCE nº L340 de 16 de Dezembro, para os contratos de valor igual ou superior ao limiar europeu

** cfr. descrito no Regulamento 3696/93, publicado no JOCE nº L342 de 31 de Dezembro, alterado pelo Regulamento 1232/98 da Comissão de 17 de Junho, publicado no JOCE nº L177, de 22 de Junho

ANEXO A

1.2) ENDEREÇO ONDE PODEM SER OBTIDAS INFORMAÇÕES ADICIONAIS

Organismo	À atenção de
Endereço	Código postal
Localidade/Cidade	País
Telefone	Fax
Correio electrónico	Endereço internet (URL)

1.3) Endereço onde pode ser obtida a documentação relativa ao presente anúncio

Organismo	À atenção de
Endereço	Código postal
Localidade/Cidade	País
Telefone	Fax
Correio electrónico	Endereço internet (URL)

1.4) Endereço para onde devem ser enviados os projectos/pedidos de participação

Organismo	À atenção de
Endereço	Código postal
Localidade/Cidade	País
Telefone	Fax
Correio electrónico	Endereço internet (URL)

ANEXO XII

RESULTADO
DO CONCURSO DE CONCEPÇÃO

Serviços ☐
Serviços Especiais ☐

SECÇÃO I: ENTIDADE ADJUDICANTE

I.1) Designação e endereço oficiais da entidade adjudicante

Organismo	À atenção de
Endereço	Código postal
Localidade/Cidade	País
Telefone	Fax
Correio electrónico	Endereço internet (URL)

I.2) Tipo de entidade adjudicante

Governo central ☐   Instituição Europeia ☐
Autoridade regional/local ☐   Organismo de direito público ☐
Outro ☐

SECÇÃO II: OBJECTO DO CONCURSO/DESCRIÇÃO DO PROJECTO

II.1) DESIGNAÇÃO DADA AO CONCURSO PELA ENTIDADE ADJUDICANTE

II.2) NOMENCLATURA

II.2.1) Classificação CPV (Common Procurement Vocabulary) *

	Vocabulário principal	Vocabulário complementar *(se aplicável)*
Objecto principal	□□.□□.□□.□□-□	□□□□-□ □□□□-□ □□□□-□
Objectos complementares	□□.□□.□□.□□-□	□□□□-□ □□□□-□ □□□□-□
	□□.□□.□□.□□-□	□□□□-□ □□□□-□ □□□□-□
	□□.□□.□□.□□-□	□□□□-□ □□□□-□ □□□□-□
	□□.□□.□□.□□-□	□□□□-□ □□□□-□ □□□□-□

**II.2.2) Outra nomenclatura relevante (CPC) ** _____

Categoria de serviços □□

II.3) DESCRIÇÃO

_____
_____
_____
_____

II.4) VALOR DO PRÉMIO OU PRÉMIOS *(se aplicável)*

_____

SECÇÃO V: RESULTADOS DO CONCURSO

V.1) ADJUDICAÇÃO E PRÉMIOS *(se aplicável)*

V.1.1) Nome e endereço do vencedor ou vencedores do concurso

NÚMERO _____

Designação	À atenção de
Endereço	Código postal
Localidade/Cidade	País
Telefone	Fax
Correio electrónico	Endereço internet (URL)

V.1.2) Valor do prémio

Prémio *(sem IVA)*: _____ Moeda: _____

V.1.1) Nome e endereço do vencedor ou vencedores do concurso

NÚMERO _____

Designação	À atenção de
Endereço	Código postal
Localidade/Cidade	País
Telefone	Fax
Correio electrónico	Endereço internet (URL)

V.1.2) Valor do prémio

Prémio *(sem IVA)*: _____ Moeda: _____

.... *(Utilizar a presente secção as vezes necessárias)* ....

SECÇÃO VI: INFORMAÇÕES ADICIONAIS

VI.1) TRATA-SE DE UM ANÚNCIO NÃO OBRIGATÓRIO?

NÃO ☐   SIM ☐

VI.2) NÚMERO DE PARTICIPANTES   ☐☐☐

VI.3) NÚMERO DE PARTICIPANTES ESTRANGEIROS   ☐☐☐

VI.4) O CONCURSO FOI OBJECTO DE UM ANÚNCIO PUBLICADO NO JO?

NÃO ☐   SIM ☐

Em caso afirmativo, indicar o número da referência do anúncio
no Diário da República ☐☐☐☐☐ IIIª Série
☐☐☐☐/☐☐☐☐ de ☐☐/☐☐/☐☐☐☐ *(dd/mm/aaaa)*
Número do anúncio no índice do JO

☐☐☐☐/S ☐☐☐-☐☐☐☐☐☐☐ DE ☐☐/☐☐/☐☐☐☐ *(DD/MM/AAAA)*

VI.5) O CONCURSO DE CONCEPÇÃO ENQUADRA-SE NUM PROJECTO/PROGRAMA FINANCIADO PELOS FUNDOS COMUNITÁRIOS?

NÃO ☐   SIM ☐

Em caso afirmativo, indicar o projecto/programa, assim como qualquer referência útil

_____
_____

VI.6) OUTRAS INFORMAÇÕES *(se aplicável)*

_____
_____
_____
_____

VI.7) DATA DE ENVIO DO PRESENTE ANÚNCIO   ☐☐/☐☐/☐☐☐☐ *(dd/mm/aaaa)*

* cfr. descrito no Regulamento CPV 2195/2002, publicado no JOCE nº L340 de 16 de Dezembro, para os contratos de valor igual ou superior ao limiar europeu

** cfr. descrito no Regulamento 3696/93, publicado no JOCE nº L342 de 31 de Dezembro, alterado pelo Regulamento 1232/98 da Comissão de 17 de Junho, publicado no JOCE nº L177, de 22 de Junho

3. CONTRATO DE EMPREITADA

CONTRATO DE EMPREITADA

CONTRAENTES:

PRIMEIRA: F................................, com sede em ...., na ...., pessoa colectiva n.° ...., matriculada na competente Conservatória do Registo Comercial sob o n.° ...., adiante designada por ...., representada por ....;

SEGUNDA: F..............................., com sede na ...., pessoa colectiva n.° ...., matriculada na competente Conservatória do Registo Comercial sob o n.° ...., adiante designada por ...., representada por ....;
Entre a primeira e a segunda contraentes é celebrado o presente contrato que se rege pelas seguintes cláusulas:

1.ª

1 – A ....dá de empreitada a reconstrução de uma unidade fabril sina no ...., ... ao Empreiteiro que aceita executar os trabalhos que fazem parte do Programa de Concurso.

2 – Consideram-se incluídos na empreitada os trabalhos preparatórios ou complementares que forem necessários à sua execução.

3 – A natureza, espécie, quantidade, ritmo de execução e valor dos trabalhos objecto da presente empreitada encontram-se perfeitamente definidos nos seguintes documentos, bem como naqueles que nestes sejam mencionados e fazem parte integrante deste contrato: Plano da

Obra, Programa de Trabalho, Caderno de Encargos e Memória Descritiva de Trabalhos.

2.ª

1 – O preço a pagar é fixo, no que ambas as partes estão expressa e especialmente de acordo.

2 – O empreiteiro aceita executar os trabalhos peço valor abaixo indicado sem direito a revisão de preços.

3.ª

É de € ...., o preço a pagar pela .... ao Empreiteiro, já incluindo o IVA correspondente, à taxa legal em vigor.

4.ª

1 – O preço devido pela .... ao Empreiteiro será pago em prestações mensais calculadas em função das medições do trabalho realizado.

2 – O Empreiteiro emitirá até ao dia 10 de cada mês uma factura respeitante á soma que lhe é devida pelo trabalho realizado nos 30 dias anteriores e apurado em medição.

3 – O pagamento da factura referida no número anterior é efectuado na sede da ...., até 30 dias após a data da sua recepção.

4 – A .... reterá em seu poder, a título de garantia pelo cumprimento do contrato, uma soma equivalente a 10% do valor de cada factura, salvo se o Empreiteiro prestar garantia bancária de igual montante. Estas garantias bancárias serão de conta do Empreiteiro.

5.ª

A .... reserva-se o direito de não efectuar os pagamentos referidos na cláusula anterior se:

a) Os trabalhos objecto de medição apresentarem vícios de execução ou não corresponderem à execução do que estava projectado;

b) Nos trabalhos objecto de medição tiver sido utilizado qualquer material rejeitado pela fiscalização ou não aprovado por ela;

c) Se tratar, no todo ou em parte, de reconstrução de trabalhos já feitos, mas danificados pelo Empreiteiro.

6.ª

1 – As medições dos trabalhos efectuados serão feitas até ao dia 18 do mês a que se respeitam, por meio de inspecção conjuntamente realizada pela Fiscalização e pelo director da obra, que se subscreverão uma acta de cada medição que efectuarem.

2 – Só são objecto de medição os seguintes trabalhos:

a) Realizados em execução da descrição de trabalhos, desde que concluídos e sem vícios aparentes;

b) Realizados sem serem execução da descrição de trabalhos, desde que efectuados por determinação da ....

3 – Os trabalhos uma vez medidos são sempre considerados, ainda que venham a ser demolidos.

7.ª

1 – Os trabalhos previstos na cláusula 1.ª devem concluírem-se no prazo de oito meses a contar da data da consignação, ou seja, no dia ....

2 – Não são contados no decurso do prazo para a conclusão dos trabalhos os dias em que os mesmo tenham estado interrompidos por caso fortuito ou de força maior, desde que o Empreiteiro requeira a suspensão da contagem do prazo, no período de 10 dias sobre a cassação do evento que foi causa da referida situação.

3 – Os diversos prazos parcelares da execução da empreitada estão fixados no Programa de Trabalhos.

4 – Considera-se início dos trabalhos o começo da execução da obra, nos termos determinados no Plano de trabalhos.

5 – Se os trabalhos não se iniciarem na data da consignação ou não se concluírem dentro do prazo previsto no n.º 1 desta cláusula, o Emprei-

teiro pagará à .... a multa diária de 5% do valor da empreitada, sem prejuízo da faculdade que assiste à ....de declarar rescindido o contrato a partir do trigésimo dia de mora, cessando na data de tal declaração o pagamento da multa.

6 – A obra só se considerará concluída quando a fiscalização a aceitar provisoriamente, reportando-se os efeitos dessa aceitação à data em que o Empreiteiro terminou definitivamente os seus trabalhos.

8.ª

1 – A conclusão dos trabalhos deverá ser notificada pelo Empreiteiro à .... através de carta registada com aviso de recepção ou entregue sob protocolo.

2 – No prazo de 15 dias a contar da recepção da carta mencionada no número anterior, a .... promoverá a recepção provisória da obra, fazendo-a inspeccionar pela Fiscalização.

3 – A .... comunicará ao Empreiteiro, no prazo de 15 dias a contar da inspecção que:

a) Aceita provisoriamente a obra, considerando-a concluída, embora ressalvando o seu direito de invocar a existência de vícios ocultos;

b) Aceita provisoriamente a obra, com a ressalva contida na alínea anterior, mas sob condição de serem reparados os vícios e imperfeições já patentes; ou

c) Rejeita a obra.

4 – Se no prazo referido no número anterior a .... nada disser, o Empreiteiro no dia imediato ao termo do mesmo prazo, insistirá por uma resposta da .... em carta registada, com aviso de recepção. A .... poderá responder a esta insistência nos termos referidos no número antecedente, mas se nada disser no prazo de 30 dias a contar da recepção desta última carta, considera-se a obra provisoriamente recebida.

9.ª

1 – O prazo de garantia dos trabalho previstos no presente contrato é de um ano a contar da data da sua recepção provisória.

2 – Durante o prazo de garantia o Empreiteiro é responsável pela conservação, reparação e reconstrução da obra.

10.ª

1 – Findo o prazo da garantia, o empreiteiro deve requerer à .... em carta registada com aviso de recepção, a recepção definitiva da obra.
2 – A .... mandará que a fiscalização, conjuntamente com o director da obra, proceda a uma inspecção dos trabalhos dentro do referido prazo.
3 – Após a inspecção, a ...., poderá, conforme o resultado da mesma:
a) Aceitar definitivamente a obra;
b) Aceitar a obra sob a condição de serem reparados os vícios ou imperfeições que descriminará;
c) Aceitar apenas partes da obra que sejam autónomas ou se mostrem sem vícios ou imperfeições;
d) Rejeitar a obra.
4 – No caso de existirem vícios ou imperfeições que impliquem a sua rejeição ou a aceitação condicional ou parcial, a .... exigirá do Empreiteiro a reparação dos vícios e imperfeições que especificamente lhe indicará, a qual deve ser feita dentro do prazo que a .... julgar suficiente e razoável.
Se o Empreiteiro não proceder á reparação exigida, pode a .... proceder à sua reparação por terceiro, utilizando para tanto os depósitos ou garantias prestadas pelo Empreiteiro ou exigir-lhe a indemnização pelos prejuízos sofridos.

11.ª

1 – O Empreiteiro é responsável perante a .... ou terceiros, nos termos gerais de direito, e designadamente, por factos imputáveis ao comportamento dos seus empregados ou colaboradores, à deficiente execução dos trabalhos ou à má qualidade dos materiais e utensílios.
2 – O Empreiteiro é também responsável pelos prejuízos provocados pela entrada em mora, de acordo com o disposto na cláusula 7.ª

12.ª

1 – Para garantia do integral cumprimento deste contrato, o Empreiteiro presta garantia bancária no montante de € .... correspondente a 5% do valor da empreitada.

2 – A garantia referida no número anterior, bem como os depósitos mencionados no n.º 4, cláusula 4.ª ou as garantias bancárias referidas na mesma, só poderão ser levantados ou distratadas logo que seja comunicado ao Empreiteiro a recepção definitiva da obra.

13.ª

O Empreiteiro deverá segurar contra acidentes de trabalho todo o seu pessoal. Deverá igualmente ser possuidor de um seguro de responsabilidade civil, perante terceiros, que cubra eventuais danos causados a pessoas e bens durante a execução dos trabalhos. Obrigar-se-á a apresentar as respectivas apólices sempre que tal lhe seja exigido pelo dono da obra.

14.ª

1 – Os trabalhos não previstos neste contrato e nos documentos que o integram e que dos mesmos não sejam necessariamente preparatórios ou complementares, só poderão ser executados mediante acordo expresso entre as partes.

2 – O conteúdo do número antecedente não prejudica a aplicabilidade do artigo 1216.º do Código Civil.

15.ª

A falta de cumprimento de alguma ou algumas das obrigações assumidas neste contrato por qualquer das partes, contidas no texto contratual ou exercício desse direito.

16.ª

Para apreciação das questões emergentes do presente contracto, são competentes os tribunais da comarca do Porto.

Local,   Data,

A Primeira Contraente:

A Segunda Contraente:

4. MODELOS DE ALVARÁS, TÍTULOS DE REGISTO, MINUTAS E FOLHAS DE INFORMAÇÃO

MINUTA DE DECLARAÇÃO A SER EMITIDA EM PAPEL TIMBRADO DA COMPANHIA DE SEGUROS

Declaração da entidade seguradora

Para os devidos efeitos declara-se que _____ (denominação da seguradora) com sede social em _____,(morada) com o NIPC nº _____, celebrou com _____, (firma/denominação da empresa) com domicílio fiscal/sede social em _____,(morada) com o NIF/NIPC nº _____, um contrato de seguro de acidentes de trabalho para todo o pessoal que esta empresa ao seu serviço na actividade da construção, titulado pela apólice nº _____, devidamente regulada pela Norma nº 12/99-R, de 8 de Novembro, do Instituto dos Seguros de Portugal, relativa à apólice uniforme do seguro de acidentes de trabalho para trabalhadores por conta de outrém.

Mais declara que durante os três últimos anos [1]   não foram participados quaisquer sinistros.

   foram participados os seguintes sinistros:

Número de acidentes de trabalho nos três últimos anos, segundo as causas

Três últimos anos	Mortais				Não mortais			
	Queda	Soterramentos	Outros	"in itinere"	Queda	Soterramentos	Outros	"in itinere"

[1] - Retirar o que não interessa

_____, _____ de _____ de _____

Assinatura
(com selo branco ou carimbo da seguradora)

REQUERIMENTO DE INGRESSO (*)
ALVARÁ DE CONSTRUÇÃO

Exm.º Senhor
Presidente do Conselho de Administração do
Instituto dos Mercados de Obras Públicas e Particulares e do Imobiliário

1 IDENTIFICAÇÃO

NIF/NIPC

Firma ou Denominação Social

Sede (rua, praça, avenida, etc., n.º e andar)

Código Postal

Telefone

Telemóvel

Fax

E-mail

Vem, ao abrigo do Decreto-Lei n.º 12/2004, de 9 de Janeiro, requerer:

2 HABILITAÇÕES

Indique o número da classe pretendida
(Para cancelamento coloque 0)

1.ª Categoria - Edifícios e Património Construído

2.ª Categoria - Vias de Comunicação, Obras de Urbanização e Outras Infra-estruturas

Empreiteiro Geral ou Construtor Geral de

Edifícios de Construção Tradicional (**)
Edifícios com Estrutura Metálica (**)
Edifícios de Madeira (**)
Reabilitação e Conservação de Edifícios (**)

1.ª Estruturas e elementos de betão
2.ª Estruturas metálicas
3.ª Estruturas de madeira
4.ª Alvenarias, rebocos e assentamento de cantarias
5.ª Estuques, pinturas e outros revestimentos
6.ª Carpintarias
7.ª Trabalhos em perfis não estruturais
8.ª Canalizações e condutas em edifícios
9.ª Instalações sem qualificação específica
10.ª Restauro de bens imóveis historico-artisticos

Empreiteiro Geral ou Construtor Geral de

Obras Rodoviárias (**)
Obras Ferroviárias (**)
Obras de Urbanização (**)

1.ª Vias de circulação rodoviária e aeródromos
2.ª Vias de circulação ferroviária
3.ª Pontes e viadutos de betão
4.ª Pontes e viadutos metálicos
5.ª Obras de arte correntes
6.ª Saneamento básico
7.ª Oleodutos e gasodutos
8.ª Calcetamentos
9.ª Ajardinamentos
10.ª Infra-estruturas de desporto e de lazer
11.ª Sinalização não eléctrica e dispositivos de protecção e segurança

(*) Este requerimento destina-se a empresas que não sejam titulares de alvará.
(**) Ver quadro do ponto 2 das instruções.

Modelo 1- A
Preço: € 0,50

Parte III – Formulários, minutas e requerimentos

Indique o número da classe pretendida
(Para cancelamento coloque 0)

3.ª Categoria - Obras Hidráulicas

1.ª Obras fluviais e aproveitamentos hidráulicos ☐
2.ª Obras portuárias ☐
3.ª Obras de protecção costeira ☐
4.ª Barragens e diques ☐
5.ª Dragagens ☐
6.ª Emissários ☐

4.ª Categoria - Instalações Eléctricas e Mecânicas

1.ª Instalações eléctricas de utilização de baixa tensão ☐
2.ª Redes eléctricas de baixa tensão e postos de transformação ☐
3.ª Redes e instalações eléctricas de tensão de serviço até 60KV ☐
4.ª Redes e instalações eléctricas de tensão de serviço superior a 60KV ☐
5.ª Instalações de produção de energia eléctrica ☐
6.ª Instalações de tracção eléctrica ☐
7.ª Infra-estruturas de telecomunicações ☐
8.ª Sistemas de extinção de incêndios, segurança e detecção ☐
9.ª Ascensores, escadas mecânicas e tapetes rolantes ☐

4.ª Categoria - Instalações Eléctricas e Mecânicas (cont.)

10.ª Aquecimento, ventilação, ar condicionado e refrigeração ☐
11.ª Estações de tratamento ambiental ☐
12.ª Redes de distribuição e instalações de gás ☐
13.ª Redes de ar comprimido e vácuo ☐
14.ª Instalações de apoio e sinalização em sistemas de transportes ☐
15.ª Outras instalações mecânicas e electromecânicas ☐

5.ª Categoria - Outros Trabalhos

1.ª Demolições ☐
2.ª Movimentação de terras ☐
3.ª Túneis e outros trabalhos de geotecnia ☐
4.ª Fundações especiais ☐
5.ª Reabilitação de elementos estruturais de betão ☐
6.ª Paredes de contenção e ancoragens ☐
7.ª Drenagens e tratamento de taludes ☐
8.ª Reparações e tratamentos superficiais em estruturas metálicas ☐
9.ª Armaduras para betão armado ☐
10.ª Cofragens ☐
11.ª Impermeabilizações e isolamentos ☐
12.ª Andaimes e outras estruturas provisórias ☐
13.ª Caminhos agrícolas e florestais ☐

Junta-se a documentação abaixo assinalada para comprovação dos requisitos legais:

3	DOCUMENTOS

☐ Documento comprovativo do prévio pagamento da taxa inicial

Idoneidade
☐ Cartão de Identificação Fiscal (NIF) ou Cartão de Identificação de Pessoa Colectiva (NIPC)
☐ Declaração de Início de Actividade (empresário em nome individual) ou Certidão de Teor do Registo Comercial (sociedade)
☐ Documento de Identificação do empresário ou dos representantes legais da sociedade
☐ Certificado de Registo Criminal do empresário ou dos representantes legais da sociedade
☐ Declaração de Idoneidade Comercial do empresário (Modelo 2 IMOPPI) ou dos representantes legais da sociedade (Modelo 3 IMOPPI)

Capacidade Técnica
☐ Organograma
☐ Ficha Curricular do empresário ou dos representantes legais da sociedade (Modelo 4 IMOPPI)
☐ Declaração de remunerações conforme entregue na Segurança Social, referente ao último mês
☐ Declaração da entidade seguradora (minuta)
☐ Quadro Técnico - Relação Nominal (Modelo 5 IMOPPI)
☐ Ficha Curricular do Técnico (Modelo 6 IMOPPI)
☐ Bilhete de Identidade, NIF e carteira ou documento profissional do técnico
☐ Vínculo Contratual entre técnico e empresa (Modelo 7 IMOPPI)
☐ Relação do Equipamento da empresa (Modelo 8 IMOPPI) e correspondentes comprovativos

Capacidade Económica e Financeira
Empresário em nome individual
☐ Anexo I da Declaração Anual de Informação Contabilística e Fiscal, com comprovativo de entrega nos Serviços Fiscais
Sociedades comerciais
☐ Anexo A da Declaração Anual de Informação Contabilística e Fiscal, com comprovativo de entrega nos Serviços Fiscais

_____ , _____ de _____ de _____

Assinatura(s) conforme BI e carimbo
(empresário ou representante(s) legal(ais) que obriga(m) a sociedade)

A preencher pelos Serviços
C.E. ☐☐☐☐☐☐/☐☐

REQUERIMENTO DE RECLASSIFICAÇÃO(*)
ALVARÁ DE CONSTRUÇÃO

Exm.º Senhor
Presidente do Conselho de Administração do
Instituto dos Mercados de Obras Públicas e Particulares e do Imobiliário

1 | IDENTIFICAÇÃO

NIF/NIPC

N.º Alvará

Firma ou Denominação Social

Sede *(rua, praça, avenida, etc., n.º e andar)*

Código Postal

Telefone   **Telemóvel**

Fax   **E-mail**

Vem, ao abrigo do Decreto-Lei n.º 12/2004 de 9 de Janeiro, requerer:

2 | TIPO DE PEDIDO

Elevação de classe ☐   Nova habilitação ☐   Diminuição de classe ☐   Cancelamento de habilitações ☐

3 | HABILITAÇÕES

Indique o número da classe pretendida
(Para cancelamento coloque 0)

1.ª Categoria - Edifícios e Património Construído

2.ª Categoria - Vias de Comunicação, Obras de Urbanização e Outras Infra-estruturas

Empreiteiro Geral ou Construtor Geral de

- Edifícios de Construção Tradicional (**) .... ☐
- Edifícios com Estrutura Metálica (**) .... ☐
- Edifícios de Madeira (**) .... ☐
- Reabilitação e Conservação de Edifícios (**) .... ☐
  - 1.ª Estruturas e elementos de betão .... ☐
  - 2.ª Estruturas metálicas .... ☐
  - 3.ª Estruturas de madeira .... ☐
  - 4.ª Alvenarias, rebocos e assentamento de cantarias .... ☐
  - 5.ª Estuques, pinturas e outros revestimentos .... ☐
  - 6.ª Carpintarias .... ☐
  - 7.ª Trabalhos em perfis não estruturais .... ☐
  - 8.ª Canalizações e condutas em edifícios .... ☐
  - 9.ª Instalações sem qualificação específica .... ☐
  - 10.ª Restauro de bens imóveis historico-artísticos .... ☐

Empreiteiro Geral ou Construtor Geral de

- Obras Rodoviárias (**) .... ☐
- Obras Ferroviárias (**) .... ☐
- Obras de Urbanização (**) .... ☐
  - 1.ª Vias de circulação rodoviária e aeródromos .... ☐
  - 2.ª Vias de circulação ferroviária .... ☐
  - 3.ª Pontes e viadutos de betão .... ☐
  - 4.ª Pontes e viadutos metálicos .... ☐
  - 5.ª Obras de arte correntes .... ☐
  - 6.ª Saneamento básico .... ☐
  - 7.ª Oleodutos e gasodutos .... ☐
  - 8.ª Calcetamentos .... ☐
  - 9.ª Ajardinamentos .... ☐
  - 10.ª Infra-estruturas de desporto e de lazer .... ☐
  - 11.ª Sinalização não eléctrica e dispositivos de protecção e segurança .... ☐

(*) Este requerimento destina-se a empresas que já são titulares de alvará.
(**) Ver quadro do ponto 3 das instruções.

Modelo 1- B
Preço: € 0,50

4 ÁREA DA SEGURANÇA E HIGIENE DO TRABALHO

NIF	NOME	CAP - NÍVEL

_____ , _____ de _____ de _____

Assinatura(s) conforme BI e carimbo
(empresário ou representante(s) legal(ais) que obriga(m) a sociedade)

DECLARAÇÃO DE IDONEIDADE COMERCIAL
EMPRESÁRIO EM NOME INDIVIDUAL

1 IDENTIFICAÇÃO DO EMPRESÁRIO

NIF

Nome

B.I. **Emitido por** **Data de emissão**

Morada *(rua, praça, avenida, etc., n.º e andar)*

Código Postal

Telefone **Telemóvel** **E-mail**

Para os efeitos previstos na alínea a) do artigo 7.º e do artigo 8.º do Decreto-Lei n.º 12/2004, de 9 de Janeiro, declaro sob compromisso de honra, não ter sido condenado, por decisão transitada em julgado, em pena de prisão não suspensa por qualquer dos seguintes crimes (n.º 2 do artigo 8.º):

a) Ameaça, coacção, sequestro, rapto ou escravidão;
b) Burla ou burla relativa a trabalho ou emprego;
c) Insolvência dolosa, insolvência negligente, favorecimento de credores ou perturbação de arrematações;
d) Falsificação de documento, quando praticado no âmbito da actividade da construção;
e) Incêndios, explosões e outras condutas especialmente perigosas, danos contra a natureza ou poluição;
f) Infracção de regras de construção, dano em instalações e perturbação de serviços;
g) Associação criminosa;
h) Tráfico de influência;
i) Desobediência, quando praticado no âmbito da actividade da construção;
j) Corrupção activa;
l) Tráfico de estupefacientes e de substâncias psicotrópicas;
m) Fraude na obtenção de subsídio ou subvenção, desvio de subvenção, subsídio ou crédito bonificado, fraude na obtenção de crédito, ofensa à reputação económica, ou corrupção activa com prejuízo do comércio internacional;
n) Emissão de cheque sem provisão;
o) Concorrência desleal, contrafacção ou imitação e uso ilegal de marca, quando praticado no âmbito da actividade da construção;
p) Crimes relativos a branqueamento de capitais;
q) Crimes tributários,

nem me encontrar abrangido por nenhuma das seguintes situações (n.º 3 do artigo 8.º):

a) Proibição legal ou judicial do exercício do comércio e proibição legal, judicial ou administrativa do exercício da actividade da construção, durante o respectivo período de duração;
b) Ter sido objecto da sanção acessória prevista no n.º 1 do artigo 5.º do Decreto-Lei n.º 396/91, de 16 de Outubro, tornada pública nos termos do n.º 2 do mesmo artigo, durante o período de inabilidade legalmente previsto;
c) Ter sido objecto de três decisões condenatórias definitivas, pela prática dolosa de ilícitos de mera ordenação social muito graves, previstos no Decreto-Lei n.º 12/2004, de 9 de Janeiro;
d) Ter sido representante legal de empresa ou empresas de construção que, no exercício das suas funções, no conjunto, tenha ou tenham sido punida ou punidas nos mesmos termos da alínea anterior.

_____ , _____ de _____ de _____

Assinatura conforme BI

Modelo 2
Preço: € 0,50

A preencher pelos Serviços
C.E. ☐☐☐☐☐☐ / ☐☐

DECLARAÇÃO DE IDONEIDADE COMERCIAL
SOCIEDADE E REPRESENTANTE LEGAL

1 | IDENTIFICAÇÃO DO REPRESENTANTE LEGAL

NIF | Nome
B.I. | Emitido por | Data de emissão
Morada (rua, praça, avenida, etc., n.º e andar)
Código Postal
Telefone | Telemóvel | E-mail

2 | IDENTIFICAÇÃO DA SOCIEDADE

NIPC | Denominação Social

Para os efeitos previstos na alínea a) do artigo 7.º e do artigo 8.º do Decreto-Lei n.º 12/2004, de 9 de Janeiro, declaro sob compromisso de honra, não ter sido condenado, por decisão transitada em julgado, em pena de prisão não suspensa por qualquer dos seguintes crimes (n.º 2 do artigo 8.º):

a) Ameaça, coacção, sequestro, rapto ou escravidão;
b) Burla ou burla relativa a trabalho ou emprego;
c) Insolvência dolosa, insolvência negligente, favorecimento de credores ou perturbação de arrematações;
d) Falsificação de documento, quando praticado no âmbito da actividade da construção;
e) Incêndios, explosões e outras condutas especialmente perigosas, danos contra a natureza ou poluição;
f) Infracção de regras de construção, dano em instalações e perturbação de serviços;
g) Associação criminosa;
h) Tráfico de influência;
i) Desobediência, quando praticado no âmbito da actividade da construção;
j) Corrupção activa;
l) Tráfico de estupefacientes e de substâncias psicotrópicas;
m) Fraude na obtenção de subsídio ou subvenção, desvio de subvenção, subsídio ou crédito bonificado, fraude na obtenção de crédito, ofensa à reputação económica, ou corrupção activa com prejuízo do comércio internacional;
n) Emissão de cheque sem provisão;
o) Concorrência desleal, contrafacção ou imitação e uso ilegal de marca, quando praticado no âmbito da actividade da construção;
p) Crimes relativos a branqueamento de capitais;
q) Crimes tributários.

Modelo 3
Preço: € 0,50

nem me encontrar abrangido por nenhuma das seguintes situações (n.º 3 do artigo 8.º):

   a) Proibição legal ou judicial do exercício do comércio e proibição legal, judicial ou administrativa do exercício da actividade da construção, durante o respectivo período de duração;
   b) Ter sido objecto da sanção acessória prevista no n.º 1 do artigo 5.º do Decreto Lei n.º 396/91, de 16 de Outubro, tornada pública nos termos do n.º 2 do mesmo artigo, durante o período de inabilidade legalmente previsto;
   c) Ter sido objecto de três decisões condenatórias definitivas, pela prática dolosa de ilícitos de mera ordenação social muito graves, previstos no Decreto Lei n.º 12/2004, de 9 de Janeiro;
   d) Ter sido representante legal de empresa ou empresas de construção que, no exercício das suas funções, no conjunto, tenha ou tenham sido punida ou punidas nos mesmos termos da alínea anterior.

Mais declaro sob compromisso de honra e na qualidade de representante legal da sociedade acima identificada, que a mesma não se encontra abrangida por nenhuma das seguintes situações (alíneas a), b) e c) do n.º 3 do artigo 8.º):

   a) Proibição legal ou judicial do exercício do comércio e proibição legal, judicial ou administrativa do exercício da actividade da construção, durante o respectivo período de duração;
   b) Ter sido objecto da sanção acessória prevista no n.º 1 do artigo 5.º do Decreto Lei n.º 396/91, de 16 de Outubro, tornada pública nos termos do n.º 2 do mesmo artigo, durante o período de inabilidade legalmente previsto;
   c) Ter sido objecto de três decisões condenatórias definitivas, pela prática dolosa de ilícitos de mera ordenação social muito graves, previstos no Decreto-Lei n.º 12/2004, de 9 de Janeiro;

Assinatura conforme BI

_____, _____ de _____ de _____

_____

A preencher pelos Serviços
C.E. ☐☐☐☐☐☐/☐☐

FICHA CURRICULAR
EMPRESÁRIO OU REPRESENTANTE LEGAL
Experiência na actividade da construção

1 IDENTIFICAÇÃO DO EMPRESÁRIO / REPRESENTANTE LEGAL
NIF ☐☐☐☐☐☐☐☐☐ Nome ☐☐

2 IDENTIFICAÇÃO DA SOCIEDADE COMERCIAL
NIPC ☐☐☐☐☐☐☐☐☐ Denominação Social ☐☐☐☐☐☐☐☐☐☐☐☐☐☐☐☐☐☐☐☐☐☐☐☐☐☐☐☐☐☐☐☐☐☐☐☐

3 EXPERIÊNCIA PROFISSIONAL
Início na actividade da construção (ano): ☐☐☐☐   Início de funções na empresa (ano): ☐☐☐☐

ANO	EMPRESA	TIPO DE OBRA	FUNÇÃO	VALOR DA OBRA (EUR)

Modelo 4
Preço: € 0,50

ANO	EMPRESA	TIPO DE OBRA	FUNÇÃO	VALOR DA OBRA (EUR)

_____ , _____ de _____ de _____

Assinatura conforme BI

_____

QUADRO TÉCNICO
RELAÇÃO NOMINAL

1 IDENTIFICAÇÃO DA EMPRESA
NIF/NIPC — Firma ou Denominação Social

2 RELAÇÃO NOMINAL
2.1 Inicial ☐   2.2 Substituição ☐   2.3 Adicional ☐

3 ÁREA DA PRODUÇÃO

NIF	NOME	ESPECIALIDADE

Modelo 5
Preço: € 0,50

4 ÁREA DA SEGURANÇA E HIGIENE DO TRABALHO

NIF	NOME	CAP - NÍVEL

_____ , _____ de _____ de _____

Assinatura(s) conforme BI e carimbo
(empresário ou representante(s) legal(ais) que obriga(m) a sociedade)

Parte III – Formulários, minutas e requerimentos 569

	A preencher pelos Serviços
	C.E. ☐☐☐☐☐☐/☐☐

FICHA CURRICULAR DO TÉCNICO

1 IDENTIFICAÇÃO

NIF ☐☐☐☐☐☐☐☐☐ **Nome** ☐☐☐☐☐☐☐☐☐☐☐☐☐☐☐☐☐☐☐☐☐☐☐

Nacionalidade ☐☐☐ **Código Documento** ☐☐ (ver Tabela A) **N.º** ☐☐☐☐☐☐☐☐ **N.º Segurança Social** ☐☐☐☐☐☐☐☐☐☐☐

Morada *(rua, praça, avenida, etc., n.º e andar)*
☐☐☐☐☐☐☐☐☐☐☐☐☐☐☐☐☐☐☐☐☐☐☐☐☐☐☐☐☐☐☐☐☐☐☐

Código Postal ☐☐☐☐ - ☐☐☐ ☐☐☐☐☐☐☐☐☐☐☐☐☐☐☐☐

Telefone ☐☐☐☐☐☐☐☐☐ **Telemóvel** ☐☐☐☐☐☐☐☐☐ **E-mail** _____

2 HABILITAÇÕES ACADÉMICAS

2.1 Categoria Profissional ☐☐☐ (ver Tabela B) **2.2 Curso** ☐☐☐ (ver Tabela C) **2.3 Conclusão** ☐☐☐☐ (Ano)

Outras _____ **Outros** _____

2.4 Carteira ou Documento Profissional   **Emitida em**   **Válida até**

☐☐☐ (ver Tabela D) N.º _____ ___/___/___ ___/___/___

☐☐☐ (ver Tabela D) N.º _____ ___/___/___ ___/___/___

☐☐☐ (ver Tabela D) N.º _____ ___/___/___ ___/___/___

Outras _____

3 FORMAÇÃO COMPLEMENTAR

4 Desempenha funções técnicas em entidade licenciadora ou dono de obra pública? Sim ☐ Não ☐

Se respondeu **Sim**, deverá anexar documento comprovativo de autorização para a acumulação de funções, nos termos legais em vigor sobre incompatibilidades e especificar as funções desempenhadas: _____

Modelo 6
Preço: € 0,50

5 EXPERIÊNCIA PROFISSIONAL

O preenchimento deste campo é de extrema importância para uma completa análise da adequação da experiência do técnico à natureza das habilitações detidas ou requeridas pela empresa.

EMPRESA	FUNÇÕES	PERÍODO ___/___/___ a ___/___/___

Descreva as principais obras em que interveio, discriminando a natureza da sua intervenção, ano, tipo e valor das mesmas.

Declaro por minha honra, que as informações acima prestadas são verdadeiras (*).

Assinatura conforme BI

_____ , _____ de _____ de _____

(*) As falsas declarações e as falsas informações prestadas, no âmbito dos procedimentos previstos no Decreto-Lei n.º 12/2004, de 9 de Janeiro pelos empresários em nome individual, representantes legais das sociedades comerciais e técnicos das empresas, integram o crime de falsificação de documentos nos termos do artigo 256.º do Código Penal.
(nº 3 do artigo 48.º do Decreto-Lei n.º 12/2004, de 9 de Janeiro)

Parte III – Formulários, minutas e requerimentos 571

A preencher pelos Serviços
C.E. ☐☐☐☐☐☐ / ☐☐

VÍNCULO CONTRATUAL ENTRE TÉCNICO E EMPRESA

1 | IDENTIFICAÇÃO DO TÉCNICO

NIF ☐☐☐☐☐☐☐☐☐

Nome ☐☐☐☐☐☐☐☐☐☐☐☐☐☐☐☐☐☐☐☐☐☐☐☐☐☐☐☐☐☐

2 | IDENTIFICAÇÃO DA EMPRESA

NIF/NIPC ☐☐☐☐☐☐☐☐☐

Firma ou Denominação Social ☐☐☐☐☐☐☐☐☐☐☐☐☐☐☐☐☐☐☐☐☐☐☐☐☐☐☐☐

3 | O técnico é também representante legal da empresa?   Não ☐   Sim ☐ desde ____ / ____ / ____

4 | TIPO DE COLABORAÇÃO

4.1 Técnico do Quadro a tempo inteiro ☐   **4.2 Técnico do Quadro a tempo parcial** ☐

desde ____ / ____ / ____   desde ____ / ____ / ____

4.3 Caso seja técnico do quadro a tempo parcial indique as actividades que exerce em paralelo:

_____

5 | DECLARAÇÕES DE HONRA

5.1 - Eu, técnico do quadro da empresa supra identificada, declaro que **não sou técnico do quadro nem consultor** de outra empresa inscrita no IMOPPI, pelo que se ainda subsistir qualquer relação anteriormente comunicada ao IMOPPI, deve a mesma ser considerada extinta a partir desta data (alínea a) do n.º 1 do artigo 17.º do Decreto-Lei 12/2004, de 9 de Janeiro).

Data   Assinatura conforme BI

____ / ____ / ____   _____
                                                          (Técnico)

5.2 - Obrigo-me a comunicar ao IMOPPI, **no prazo de 15 dias**, qualquer alteração ou cessação da relação contratual actualmente existente, conforme disposto no n.º 2 do artigo 17.º do Decreto-Lei 12/2004, de 9 de Janeiro.

Data   Assinatura conforme BI   Assinatura(s) conforme BI

____ / ____ / ____   _____   _____
                              (Técnico)   (empresário ou representante(s) legal(ais) que obriga(m) a sociedade)

Modelo 7
Preço: € 0,50

572 Manual Jurídico da Construção

A preencher pelos Serviços
C.E. ☐☐☐☐☐☐ / ☐☐

RELAÇÃO DO EQUIPAMENTO

1 IDENTIFICAÇÃO DA EMPRESA
NIF/NIPC — Firma ou Denominação Social

2 EQUIPAMENTO
- [A] Factura/recibo de aquisição
- [B] Mapa de reintegrações e amortizações
- [C] Contrato de locação financeira
- [D] Contrato de aluguer com factura/recibo de aluguer
- [E] Título de registo de propriedade

CÓDIGO	QUANTIDADE	DESIGNAÇÃO	ANO	VALOR (EUR)	COMPROVATIVO A B C D E

Modelo em vigor a partir de 1 de Fevereiro de 2004 * **Atenção:** Preencha com letra de imprensa. Antes de preencher, leia as instruções.

Modelo 8
Preço: € 0.50

CÓDIGO	QUANTIDADE	DESIGNAÇÃO	ANO	VALOR (EUR)	COMPROVATIVO				
					A	B	C	D	E

_____ , _____ de _____ de _____

Assinatura(s) conforme BI e carimbo
(empresário ou representantes legais que obrigam a sociedade)

MINUTA DE DECLARAÇÃO A SER EMITIDA EM PAPEL TIMBRADO DA COMPANHIA DE SEGUROS

Declaração da entidade seguradora

Para os devidos efeitos declara-se que _____, (denominação da seguradora) com sede social em _____,(morada) com o NIPC nº _____, celebrou com _____, (firma/denominação da empresa) com domicílio fiscal/sede social em _____,(morada) com o NIF/NIPC nº _____, um contrato de seguro de acidentes de trabalho para todo o pessoal que esta emprega ao seu serviço na actividade da construção, titulado pela apólice nº _____, devidamente regulada pela Norma nº 12/99-R, de 8 de Novembro, do Instituto dos Seguros de Portugal, relativa à apólice uniforme do seguro de acidentes de trabalho para trabalhadores por conta de outrém.

Mais declara que durante os três últimos anos [1])   não foram participados quaisquer sinistros.

foram participados os seguintes sinistros:

Número de acidentes de trabalho nos três últimos anos, segundo as causas

Três últimos anos	Mortais				Não mortais			
	Queda	Soterra-mentos	Outros	"in itinere"	Queda	Soterra-mentos	Outros	"in itinere"

[1]) - Retirar o que não interessa

_____ , ____ de _____ de _____

Assinatura
(com selo branco ou carimbo da seguradora)

_____

5. COMUNICAÇÃO PRÉVIA DE ABERTURA DE ESTALEIRO

COMUNICAÇÃO PRÉVIA DE ABERTURA DE ESTALEIRO
(art.º 15.º, n.º 2, do Dec. Lei n.º 273/2003 de 29/11)

1. Endereço do estaleiro: ....
....
Tel., Fax, Mail. ....

2. Natureza da obra:
....
....

3. Utilização prevista:
....

4. Dono da obra: ....
....
Sede/Endereço ....
....
Tel., Fax, Mail. ....

5. Autor do projecto: ....
....
Endereço. ....
....
Tel., Fax, Mail.

6. Entidade executante: ....
....
Sede/Endereço .
....
Tel., Fax, Mail. ....

7. Fiscalização da Obra (designado pelo dono da obra)
....
Sede/Endereço. ....
....
Tel, Fax, Mail.
Representado por (fiscal da obra): ....
....Tel. ....

8. Coordenação de Segurança e Saúde em Projecto: ....
....
Sede/Endereço. ....
....
Tel., Fax, Mail. ....
Representado por (Coordenador de Segurança para o projecto)
....Tel. ....

9. Coordenação de Segurança e Saúde em Obra: ....
....

Sede/Endereço. . . . .
Tel., Fax., Mail. . . . .
Representado por (Coordenador de Segurança para a obra) . . . .
. . . . Tel :

10. Director Técnico da Empreitada (designado pelo adjudicatário e aceite pelo dono de obra pública)
. . . .
. . . .
Endereço. . . . .

11. Representante da Entidade Executante (em obra pública). . . . .
. . . .
Endereço
. . . .

12. Responsável pela Direcção Técnica da Obra (designado pelo dono de obra particular) . . . .
. . . .
Endereço
. . . .

11. Datas previsíveis de início e termo dos trabalhos no estaleiro
Data de início   Data de termo

12. Estimativa do número máximo de trabalhadores por conta de outrem e independentes, presentes em simultâneo no estaleiro: . . . .
(ou)
Somatório dos dias de trabalho prestado por cada um dos trabalhadores: . . . .
13. Estimativa do número de empresas a operar no estaleiro: . . . .
Estimativa do número de trabalhadores independentes a operar no estaleiro: . . . .
14. Subempreiteiros já seleccionados :
    a) . . . .
       Sede. . . . .
    b) . . . .
       Sede . . . .
    c) . . . .
       Sede. . .
    d) . . . .
       Sede
    e) . . . .
       Sede. . . . .
    f) . . . .
       Sede
    g) . . . .
       Sede. . . . .
(...)

15. Anexos:
(art.º 16º, n.º 3 do Dec. Lei n.º 273/2003 de 29/11)

        Declaração do autor(es) do projecto.
        Declaração de aceitação do coordenador de segurança em projecto;
        Declaração da entidade executante.
        Declaração de aceitação do coordenador de segurança em obra.
        Declaração do fiscal ou fiscais da obra;
        Declaração do director técnico da empreitada
        Declaração do representante da entidade executante.
        Declaração do responsável pela direcção técnica da obra.

       O Dono da Obra   Data

_____   _____